Jean-Pierre Sterck-Degueldre

Eine Frau namens Lydia

Zu Geschichte und Komposition
in Apostelgeschichte 16,11–15.40

Mohr Siebeck

Jean-Pierre Sterck-Degueldre, geboren 1967; 1986-1991 Studium der katholischen Theologie und Religionspädagogik; 2001 Promotion; seit 1991 als Religionspädagoge, seit 1998 als Inspektor für katholische Religion und seit 2003 als Dozent für Theologie und Religionspädagogik in Belgien tätig.

ISBN 3-16-147993-9
ISSN 0340-9570 (Wissenschaftliche Untersuchungen zum Neuen Testament 2. Reihe)

Die Deutsche Bibliothek verzeichnet diese Publikation in der Deutschen Nationalbibliographie; detaillierte bibliographische Daten sind im Internet über *http://dnb.ddb.de* abrufbar.

© 2004 Mohr Siebeck Tübingen.

Das Buch wurde von Druckpartner Rübelmann GmbH in Hemsbach auf alterungsbeständiges Werkdruckpapier gedruckt und von der Buchbinderei Schaumann in Darmstadt gebunden.

Wissenschaftliche Untersuchungen
zum Neuen Testament · 2. Reihe

Herausgeber/Editor
Jörg Frey

Mitherausgeber / Associate Editors
Friedrich Avemarie · Judith Gundry-Volf
Martin Hengel · Otfried Hofius · Hans-Josef Klauck

176

In memoriam Anne Breuer

*Vöör Tant Anna, ming Marään än Uma, de
Vrow, mét döör ales aajevange hat, än di vöör
ejot Déél mét Schoot draa és, dat éch över die
Vrow mét der Naam Lydia jeschrääve han.*

Vorwort

Die vorliegende Untersuchung ist die überarbeitete Fassung meiner Dissertation, die 2001 unter ähnlichem Titel von der Theologischen Fakultät der Ernst-Moritz-Arndt-Universität angenommen wurde. Für die Drucklegung wurde an einigen Stellen gekürzt, auf Fußnoten verzichtet und vor allem die Arbeit zugunsten einer besseren Übersicht neu unterteilt. Darüber hinaus habe ich versucht, die jüngst erschienene Literatur zu berücksichtigen. Die Anregung zu diesem Thema geht im Grunde auf meine Beschäftigung mit feministischer Exegese zurück, die sich besonders mit den in der Bibel genannten Frauen auseinandersetzt. Mein methodologischer Ansatz ist ein anderer, doch hier fand ich viele Impulse, die meine Untersuchung geprägt haben.

Mein Dank gilt natürlich zu allererst meinem Doktorvater, Herrn Professor Dr. Peter Pilhofer, der mir die Möglichkeit gegeben hat, diese Arbeit in Angriff zu nehmen. Vielen Dank für sein Vertrauen, seine fachkritische Betreuung, seine Geduld, die oftmals zu spät eingereichten Unterlagen doch noch rechtzeitig einzusehen, und seine Unterstützung, die akademischen Hürden zu nehmen. Sein enzyklopädisches Wissen zu Philippi und sein unkonventioneller exegetischer Ansatz haben diese Arbeit auf mannigfaltige Weise bereichert. Für das Entdecken einer neuen Auslegungsmethode und nicht zuletzt der Dornfelder-Rebe bin ich ihm sehr verbunden. Denn haben die Rebe und das Neue Testament nicht so einiges gemeinsam?

Seiner Assistentin, Frau Eva Ebel, die die Fähigkeit besitzt, Unauffindbares aufzufinden, sei hier für ihre freundliche Hilfsbereitschaft und nicht zuletzt für ihre liebe Gastfreundschaft gedankt. Auch den DoktorandInnen der Greifswalder Kolloquien bin ich für die stimulierenden Anregungen unserer *disputationes* dankbar. Dem Zweitgutachter, Herrn Professor Dr. Karl Leo Noethlichs (Historisches Intitut, Rheinisch-Westfälische-Technische-Hochschule Aachen) möchte ich zunächst für sein Interesse an meiner Arbeit danken. Darüber hinaus verdanke ich ihm viele anregende Bemerkungen zu den althistorischen Fragen, die meiner Forschungsarbeit sehr dienlich waren. Herrn Professor Dr. Martin Hengel sei für die Aufnahme in die 2. Reihe der Wissenschaftlichen Untersuchungen zum Neuen Testament und für seine interessanten Anregungen gedankt, die ich nach Möglichkeit berücksichtigt habe. Auch den Professoren Joseph Ponthot (Faculté de Théologie, Université Catholique de Louvain, émérite) und Camille Focant (Faculté de Théologie, UCL) sei mein Dank ausgesprochen. Während meiner Studienzeit haben insbesondere sie mein Interesse für neutestamentliche Exegese geweckt. Weiterhin möchte ich meinen Kolleginnen und Kollegen, Frau Sabine Pressler, Herrn Arthur Piette, Herrn August Deneffe sowie Herrn Guido Ossemann für ihr Korrekturlesen und Herrn Luc Frank, Frau Caroline Leterme, Herrn Peter Van Neuss für ihre Unterstützung danken. Für die praktische Betreuung im Verlag J.C.B. Mohr bin ich Frau Ilse König zu Dank verpflichtet.

Meiner Frau, Nathalie, sowie meinen beiden Kindern gebührt besonderer Dank für die Arbeit hinter den Kulissen. Sie haben über all diese Jahre dieses Projekt mitgetragen.

Meiner verstorbenen Großmutter ist dieses Buch gewidmet.

Limbourg (B), Januar 2004   Jean-Pierre Sterck-Degueldre

Inhaltsverzeichnis

Einleitung

Erstes Kapitel:
Der redaktionelle Charakter der Wir-Stücke

Zweites Kapitel:
Die Redaktion in 16,11–15.40

Drittes Kapitel:
Die Theologie in 16,11–15.40

Literaturverzeichnis

Register

Einleitung

Nach dem Jerusalemer Apostelkonzil (Apg 15,1–35) entschließt sich Paulus, von Antiochien aus seine zweite Missionsreise mit Barnabas anzutreten (Apg 15,36–18,22). Noch vor dem Aufbruch entsteht eine heftige Auseinandersetzung zwischen den beiden Missionaren, woraufhin sich ihre Wege trennen.

Mit Silas als Reisegefährten steuert Paulus zunächst die in Syrien und Cilicien gegründeten Gemeinden an, um sie zu stärken und ihnen die in Jerusalem gefaßten Beschlüsse mitzuteilen. So gelangen sie auch nach Derbe und Lystra, wo Paulus Timotheus als weiteren Begleiter wählt. Dieser wird zuvor wegen der Juden beschnitten. Die nun folgende Reiseroute verläuft im Zickzackkurs. Zweimal interveniert der Geist, um die Reisepläne der Missionare zu durchkreuzen. Zuerst verwehrt der Heilige Geist ihnen die Verkündigung des Wortes in der Provinz Asien (16,6). Dann ist es der Geist Jesu, der die Missionare von der nord-östlichen Route in Richtung Bithynien abhält (V.7). Folglich durchwandern sie Mysien und gelangen nach Alexandria Troas. Eine nächtliche Vision veranlaßt Paulus dazu, das Evangelium in Makedonien zu verkünden.

Über zwei Zwischenstationen (Samothrake, Neapolis) gelangen die Missionare nach Philippi. Hier nun berichtet Lukas von der ersten Bekehrung nach dem Apostelkonzil, dies auf europäischem Boden.[1] Die Bekehrte ist eine Frau namens Lydia, eine Purpurhändlerin aus der Stadt Thyateira (16,14). Lydia läßt sich und alle, die zu ihrem Haus gehören, taufen. Ihr Haus stellt sie der gegründeten Gemeinde zur Verfügung; es wird zur Anlaufstelle für die Missionare und die Gläubigen (16,40). Lukas setzt die Perikope (Apg 16,11–40) mit der Erzählung des Exorzismus eines Wahrsagegeistes, der Anklage und Gefangennahme der Missionare Paulus und Silas und ihrer wundersamen Freilassung fort.

Die vorliegende Untersuchung wird sich vorrangig mit einem Teil dieser

---

[1] Zur Diskussion des Übergangs nach Europa s. die Auslegung in Kapitel 3, Abschnitt II § 2.

Perikope, nämlich mit Apg 16,11–15.40 beschäftigen. Angesichts der Jerusalemer Beschlüsse scheint die Gründung der Gemeinde in Philippi einen besonderen Stellenwert zu erhalten. Die erste Bekehrung nach dem Apostelkonzil ereignet sich in einer makedonischen Stadt und betrifft eine Frau. Philippi bedeutet offenbar eine weitere Öffnung zum Heidentum hin. Das lukanische Itinerar führt den Heidenmissionar immer tiefer in römische Gefilde, schließlich bis hin zur Hauptstadt des Imperiums (Apg 28,16).

I. Forschungsfeld und -ziel

Das Forschungsfeld (16,11–15.40) ist auf die Bekehrungsgeschichte der Lydia (V.13–15), die diesbezüglichen Notizen zur Anreise der Missionare (V.11f.) und ihr Verlassen der Stadt (V.40) abgegrenzt. Im Mittelpunkt steht nämlich die redaktionelle Überarbeitung der Lydia betreffenden Überlieferung, die eng mit der lokalen Gründungstradition der Gemeinde in Philippi verbunden ist. Mit der Kolonie und der Frau namens Lydia sind gleichsam theologische Motive verbunden, die typisch lukanische Akzente widerspiegeln und – wie sich zeigen wird – im Doppelwerk einen nicht unerheblichen Stellenwert einnehmen.

Forschungsziel ist also das Eruieren der lukanischen Überarbeitung, um die theologische Tragweite der *Bekehrungsgeschichte der Lydia* in der *römischen Kolonie* Philippi und deren Platz im lukanischen Doppelwerk besser zu verstehen.

II. Die Forschungslücke

Jüngst bedauerte David L. Matson, daß die heutige Exegese sich kaum mit der Funktion der Philippi-Erzählung innerhalb der Apg beschäftigt habe. Diese Perikope sei lediglich unter dem Gesichtspunkt der Kindestaufe und des lukanischen Umgangs mit Frauen(traditionen) bearbeitet worden. Deshalb fordert er: „Lydia demands study in her own right and from a perspective that is distinctively Lukan".[2] Tatsächlich fehlt eine solide recherchierte, systematisch durchgeführte redaktionskritische Untersuchung zu Apg 16,11–40 bisher. In den jüngst erschienenen Monographien zu Philippi und der frühen Christengemeinde finden redaktionskritische Überlegungen allenfalls am Rande Erwähnung.

Das Bormannsche Werk schließt z.B. die Apg als geschichtlich relevante Quelle zu den Ursprüngen der Christengemeinde größtenteils aus, um sich vornehmlich dem Philipperbrief zu widmen. So begründet Bormann: „Die hier vorgelegte Darstellung der paulinischen Zeit stützt sich ganz auf den Philipperbrief und zieht den Bericht in Act 16 nur am Rande als Quelle heran. Die Gründe für diese Entscheidung liegen auf unterschiedlichen Ebenen. Dem paulinischen Philipperbrief gebührt als Primärquelle Vorrang vor der Darstellung der Apostelgeschichte. Das Verfahren, Informationen aus Act dort unkritisch ergänzend heranzuziehen, wo die paulinischen Briefe schweigen, soll vermieden werden, da der Charakter des lukanischen Doppelwerkes zu großer Vorsicht bei der Verwendung als historische Quelle mahnt. Die Quellenkritik der Act ist noch nicht zu überzeugenden Ergebnissen gekommen. Die Erzählung der Erstmission der Gemeinde von Philippi ist von mirakulösen und erbaulichen Elementen bestimmt; sie ist nicht an der Darstellung der Situation der Gemeinde in Philippi interessiert, und sie schildert die Beziehungen zwischen Paulus und der Gemeinde nur als Gemeindegründung durch einen dramatischen Kurzaufenthalt des Apostels."[3] Die Gründungstradition der Philippi-Gemeinde in der

---

[2] MATSON, DAVID LERTIS, *Household Conversion Narratives in Acts. Pattern and Interpretation*, JSNT.SS 123, Sheffield 1996, S. 136. Zu den redaktionskritischen Ansätzen in der Acta-Forschung s. den Überblick bei GRÄSSER, ERICH, *Die Apostelgeschichte in der Forschung der Gegenwart*, ThR 26 (1960), S. 93–167; ders., *Acta-Forschung seit 1960*, ThR 41 (1976), S. 141–194.259–29; ders., *Acta-Forschung seit 1960*, ThR 42 (1977), S. 1–68; GASQUE, WARD, *A History of the Criticism of the Acts of the Apostles*, Beiträge zur Geschichte der biblischen Exegese 17, Tübingen 1975, besonders S. 251ff.

[3] BORMANN, LUKAS, *Philippi. Stadt und Christengemeinde zur Zeit des Paulus*, NT.S 78, Leiden/New York/Köln 1995, S. 4f.; ähnlich auch PORTEFAIX, LILIAN, *Sisters Rejoice. Paul's Letter to the Philippians and Luke-Acts as Seen by First-Century Philippian Women*, CB.NT 20, Uppsala 1988, S. 132 A. 4; 135: „The letter to the Philippians is practically the only historical source for our knowledge of their church in its initial stage. The Philippian episode in Acts (16:11–40) can hardly be used as a reliable source, even if it contains a germ of historical truth, since the section must be seen as having been written with the predominant purpose of showing Paul's heroic role in the progress of Christianity." Beide Autoren greifen vorzugsweise auf die paulinischen Briefe zurück, denen sie eine

Apg findet in der Bormannschen Untersuchung also aus methodologischen Gründen nur peripher Beachtung. Auch haben s.E. die „neuen Versuche zur Scheidung von Redaktion und Tradition in der Apostelgeschichte (...) in diese Richtung keinen Fortschritt"[4] gebracht.

Eine zweite Monographie, die fast gleichzeitig mit dem Bormannschen Werk erschienen ist und sich ausführlich mit der Gemeindegründung in Philippi befaßt, stammt von Peter Pilhofer.[5] Der Autor bietet einen lokalgeschichtlichen Ansatz, dessen Zielsetzung es ist, „*vor* der Exegese einschlägiger neutestamentlicher Passagen ein möglichst umfassendes Bild des Umfelds einer konkreten Gemeinde, ihrer Stadt und/oder ihrer Landschaft zu erarbeiten, das dann bei der Auslegung fruchtbar gemacht werden kann."[6] Der Verfasser wertet demnach archäologische Ergebnisse, d.h. epigraphische, numismatische und auch topographische Daten für die Texte des Neuen Testatments und weiterer altchristlichen Literatur aus. Somit gebührt in der Pilhoferschen Untersuchung die in Apg 16,11–40 enthaltenen

---

größere Historizität beimessen. M.E. wird hier zu Unrecht die Apg nur zögernd herangezogen. Das allgemein gültige Urteil von LÜDEMANN, GERD, *Das frühe Christentum nach den Traditionen der Apostelgeschichte. Ein Kommentar*, Göttingen 1987, S. 24, daß die „Apg (...) neben den Paulusbriefen eine wichtige Quelle für die Geschichte des frühen Christentums (bleibt), denn viele der von ihr verwendeten Traditionen sind historisch zuverlässig und bereichern über die Paulusbriefe hinaus unsere Kenntnis des Urchristentums", scheint insbesondere auf Apg 16,11–40 zuzutreffen. Zum Geschichtswert der geographischen, topographischen und verwaltungstechnischen Angaben vgl. beispielsweise Kapitel 2, Abschnitt I § 1–2 (zur geographisch-politischen Umschreibung der Kolonie oder zur Situierung der Gebetsstätte). Allgemeines zum Geschichtswert der Apg und der historiographischen Arbeit des Lukas bei TROCMÉ, ÉTIENNE, *Le "Livre des Actes" et l'histoire*, EHPhR 45, Paris 1957; siehe auch SCHNEIDER, GERHARD, *Die Apostelgeschichte*, HthK V/I, Freiburg/Basel/Wien 1980, S. 122–129 und BOVON, FRANÇOIS, *L'Oeuvre de Luc. Études d'exégèse et de théologie*, LeDiv 130, Paris 1987, S. 23; BOTERMANN, HELGA, *Der Heidenapostel und sein Historiker. Zur historischen Kritik der Apostelgeschichte*, ThBeitr 24 (1993), S. 62–84.

[4] BORMANN, L., *Philippi*, S. 5 A. 14, mit Verweis u.a. auf LÜDEMANN, G., *Christentum*, S. 184–91; BOISMARD, M.-E./LAMOUILLE, A., *Les actes des deux apôtres tome I: Introduction - textes*, ÉtB NS 12, Paris 1990, S. 3–5, und *tome II: Analyses littéraires*, Paris 1990, S. 209ff. unsere Perikope betreffend s. insbesondere S. 214–217, die eine komplexere Scheidung der Quellen vorschlagen, bzw. eine mehrfache Überarbeitung derselben.

[5] PILHOFER, PETER, *Philippi. Bd I: Die erste christliche Gemeinde Europas*, WUNT 87, Tübingen 1995, besonders *Bd II: Katalog der Inschriften von Philippi*, WUNT 119, Tübingen 2000, ein *corpus* aller publizierten griechischen und lateinischen Inschriften aus Philippi samt Kommentar.

[6] PILHOFER, PETER/WITTULSKI, THOMAS, *Archäologie und Neues Testament: Von der Palästinawissenschaft zur lokalgeschichtlichen Methode*, in: ALKIER, STEFAN/BRUCKER, RALPH (Hrsg.), *Exegese und Methodendiskussion*, TANZ 23, Tübingen 1998, S. 243.

Informationen neben den Aussagen des Phil ein wichtiger Platz. Sporadisch
werden Stellen redaktionskritisch hinterfragt[7], aber von einer systematischen
Redaktionskritik kann – verständlicherweise aufgrund der methodologischen
Prämisse – auch hier nicht die Rede sein.

In den archäologischen und epigraphischen Untersuchungen zu der Stadt und
Kolonie Philippi finden sich mitunter ausgiebige Kommentare zu unserer Stelle,
die teils redaktionskritische Überlegungen enthalten.[8] Seitens der theologischen
Arbeiten ist unbedingt das Buch von Winfried Elliger zu erwähnen, der wohl
als erster die archäologischen Daten für die Auslegung der nt Texte aufgearbeitet
hat.[9] Auch hier finden sich redaktionskritische Ansätze, die natürlich aufgrund
der Zielsetzungen des Werkes und Umfang der Thematik vergleichsweise nur
spärlich ausfallen können.

Sporadische Ansätze zur Trennung von Tradition und Redaktion finden sich
zudem in den unterschiedlichen Kommentaren zur Apg. Besonders nennenswert
sind hier zwei Autoren, die sich systematischer mit dieser Fragestellung
beschäftigen. Einerseits fragt Alfons Weiser vor der Auslegung der jeweiligen
Perikope nach geschichtlicher Relevanz, bzw. Komposition und Tradierung der
Erzählung, regelmäßig fließen auch sprachliche Überlegungen sowie mitunter
Ergebnisse der Altertumswissenschaften mit ein. Andererseits macht sich Gerd
Lüdemann nach ähnlichem Verfahren in seinem Kommentar daran, Tradition
und Redaktion in den unterschiedlichen Perikopen der Apg nach Möglichkeit

---

[7] Vgl. vor allem Kapitel 3 „Lukas", PILHOFER, P., *Philippi I*, S. 153–205.

[8] Vgl. besonders COLLART, PAUL, *Philippes, ville de Macédoine, depuis ses origines jusqu'à
la fin de l'époque romaine, Bd I u. II*, Paris 1937, und LEMERLE, PAUL, *Philippes et la
Macédoine orientale à l'époque chrétienne et byzantine, Bd 1: Texte, Bd 2: Album*, BEFAR 158,
Paris 1945. Der Letzere (Bd 1) widmet dem Kommentar von Apg 16,6–40 immerhin 26 Seiten
(15–41).

[9] ELLIGER, WINFRIED, *Paulus in Griechenland. Philippi, Thessaloniki, Athen, Korinth*, SBS
92/93, Stuttgart 1978 Ndr. 1987; und die vulgarisierte sowie überarbeitete Neuauflage: ders., *Mit
Paulus unterwegs in Griechenland, Philippi, Thessaloniki, Athen, Korinth*, Stuttgart 1998, die die
in den letzten 20 Jahren erschienene Literatur berücksichtigt. Elliger ist Philologe, sein Werk ist
jedoch m.E. für die nt Exegese von beachtlicher Bedeutung. Bei der Auswertung epigraphischer
und archäologischer Daten für das NT leistete er regelrechte Pionierarbeit. Vgl. ebenfalls den
Beitrag von LICHTENSTEIN, ERNST, *Philippi. Eine historisch-theologische Betrachtung über den
Eintritt des Christentums in die abendländische Welt*, in: *Lebenskräfte in der abendländischen
Geistesgeschichte*, Dank- und Erinnerungsgabe an Walter Goetz, Marburg/Lahn 1948, S. 1–21,
der jedoch die seiner Zeit zur Verfügung stehenden Daten m.E. nur unzureichend heranzieht.

zu scheiden, um sich sodann dem Historischen zu widmen.[10] Aber Analyse und
Resultate der oftmals sehr interessanten Ansätze können natürlich bei dem Ausmaß
an Perikopen nicht so umfangreich sein, wie es z.B. in Monographien der Fall
ist.

Auch Barbara A. Culloms Dissertation „Acts 16:6–40. A Redactional and
Socio-Historical Analysis"[11] bietet – wie es der Titel vermuten läßt – keine
redaktionskritische Arbeit im eigentlichen Sinne. Obwohl die Verfasserin
ankündigt: „The dissertation will employ the method of redaction criticism as
its primary methodology. Redaction criticism assumes the use of ancillary
disciplines such as text criticism, linguistic study, source criticism, form and
genre criticism"[12], wird der Leser vergebens eine Analyse von Sprache und Stil,
grammatikalische Beobachtungen oder Wortstatistiken suchen. Die Verfasserin
bewegt sich vorrangig auf der literarischen Ebene des Textes. Dort, wo sie die
lukanische Komposition als solche hervorhebt, geschieht dies anhand der Lukas
eigenen theologischen Motive. Ein systematisches Hervorheben der redaktionellen
Arbeit des Verfassers fehlt auch hier.[13]

Die feministische Theologie hat sich nun ausgiebig mit der Philippi-Episode,
vor allem mit den dort genannten Frauen (Lydia, die Purpurhändlerin V.14f.,
die versammelten Frauen V.13b und die wahrsagende Sklavin V.16f.)
auseinandergesetzt.[14] Exemplarisch sei hier die Arbeit von Ivoni Richter Reimer

---

[10] LÜDEMANN, G., *Christentum*.

[11] CULLOM, BARBARA ANN, *Acts 16:6–40. A Redactional and Socio-Historical Analysis*, A
Dissertation submitted to the Graduate School of the University of Notre Dame in Partial
Fulfillment of the Requirements for the Degree of Doctor of Philosophy (Microfilm), Indiana
1985.

[12] CULLOM, B. A., *Acts 16:6–40*, S. 3.

[13] Eine eigentliche Quellen- oder Formkritik findet lediglich in dem historischen Überblick zu
den Wir-Stücken statt (S. 13–26). Meine methodologischen Bedenken bezüglich dieses
redaktionskritischen Ansatzes sollen nicht darüber hinweg täuschen, daß die Cullomsche
Untersuchung sehr interessante Überlegungen zu der Theologie des Lukas einführt. Vgl.
weiterhin den Ansatz bei D'ANGELO, MARY ROSE, *Women in Luke-Acts: A Redactional View*,
JBL 109 (1990), S. 441–461.

[14] So z.B. in deutscher Sprache: einen Überblick über die feministische Bibelauslegung sowie
einen Forschungsüberblick bietet SCHOTTROFF, LUISE/SCHROER, SILVIA/WACKER, MARIE-
THERES, *Feministische Exegese. Forschungserträge zur Bibel aus der Perspektive von Frauen*,
Darmstadt 1995, zu den Methoden feministischer Exegese S. 61–79; näher zu Philippi und Lydia:
SCHOTTROFF, LUISE, *Lydia. Eine neue Qualität der Macht*, in: WALTER, KARIN, *Zwischen
Ohnmacht und Befreiung. Biblische Frauengestalten*, Freiburg/Basel/Wien 1988, S. 148–154;
Ndr. in: dies., *Befreiungserfahrungen*, TB 82, München 1990, S. 305–309; hiernach zitiert;
SCHOTTROFF, LUISE, *Lydias ungeduldige Schwestern. Feministische Sozialgeschichte des frühen*

herangezogen, die ihr Anliegen wie folgt umschreibt: „ (…) in der Perspektive lateinamerikanischer befreiungstheologischer Arbeit und ihrer Präzisierung durch feministische Befreiungstheologie die verschiedenen Geschichten von Frauen in der Apostelgeschichte des Lukas zu rekonstruieren".[15]

Zu Apg 16 behandelt Richter Reimer die Geschichte der beiden Frauengestalten (V. 13–15. 16ff. 40) unter feministisch-theologischer Perspektive (S. 91–201), der Purpurhändlerin namens Lydia widmet sie ein beachtliches Kapitel (S. 91–161), in dem sie zur Deutung der lk Perikope systematisch literarische und epigraphische Quellen sowie die Ergebnisse historischer und archäologischer Untersuchungen heranzieht. Problematisch ist m. E. jedoch der methodologische Ansatz. Man mag darüber hinwegsehen können, daß die Prämisse der feministischen Theologie teils das Resultat der Arbeit vorwegnimmt oder zumindest bis zu einem gewissen Punkt einengt.[16] Denn der Leser ist schließlich über die *Perspektive* der Arbeit im Bilde. Gänzlich methodisch unzulässig scheint mir jedoch, von einer Wortanalyse (etwa durch einen semantischen Vergleich mit antiken Autoren, epigraphischen Quellen, u.ä.) auf die geschichtlichen Umstände zu schließen, ohne zuvor nach der lukanischen Überarbeitung zu fragen. Nicht minder problematisch ist es m. E., anschließend von einer etwaigen historischen Rekonstruktion der Geschichte der Lydia auf Akzente lukanischer Theologie

---

Christentums, Gütersloh 1994; RICHTER REIMER, IVONI, *Frauen in der Apostelgeschichte des Lukas. Eine feministisch-theologische Exegese*, Gütersloh 1992; zusammengefaßt in dies., *Die Apostelgeschichte. Aufbruch und Erinnerung*, in: SCHOTTROFF, LUISE/WACKER, MARIE-THERES (Hrsg.), *Kompendium. Feministische Bibelauslegung*, Gütersloh 1998, S. 542–556; in englischer Sprache: ABRAHAMSEN, VALERIE ANN, *The Rock Reliefs and the Cult of Diana at Philippi*, Cambridge (Mass.) 1986, die epigraphisches Material diskutiert ohne dieses für die Deutung der nt Texte fruchtbar zu machen, die sie zusammengefaßt in folgendem Aufsatz wiedergibt: dies, *Christianity and the Rock Reliefs at Philippi*, BA 51 (1988), S. 46–56; s. weiterhin dies., *Women at Philippi: The Pagan and the Christian Evidence*, JFSR 3 (1987), S. 17–30; PORTEFAIX, L., *Sisters Rejoice*.
[15] RICHTER REIMER, I., *Frauen*, S. 23.
[16] So z.B. wird bei RICHTER REIMER, I., *Frauen*, S. 147ff.157ff., Lydia schließlich als eine sich mit anderen benachteiligten Frauen solidarisierende und befreiende Christin dargestellt, die von Berufs wegen und aufgrund ihrer Herkunft einer unteren sozialen Schicht beizuordnen ist. Ein kritischer Überblick über die hermeneutischen Ansätze heutiger Bibelexegese und deren philosophischen Prämissen bietet OEMING, MANFRED, *Biblische Hermeneutik. Eine Einführung*, Darmstadt 1998.

schließen zu wollen.[17] Selbst wenn Frau Richter Reimer mit ihrer historischen Rekonstruktion richtig liegt, so hat sie hierbei noch lange nicht den Sinn erfaßt, den Lukas der Überlieferung beimißt![18]

III. Methode

Die Methode, zunächst Tradition und Redaktion zu scheiden und dann erst nach der Historizität der tradierten Angaben zu fragen, versteht sich von der Beschaffenheit der Apostelgeschichte her. So urteilt Lüdemann: „Wir dürfen primär nicht nach dem historischen Wert der Apg selbst fragen, sondern nach dem historischen Wert der Traditionen in der Apg. Hat nämlich Lukas keine persönliche Anschauung der von ihm beschriebenen Vorgänge, wäre es kaum sinnvoll (...), den Geschichtswert der Apg auf der luk. Erzählebene zu ermitteln. Vielmehr besteht Lukas' schriftstellerische Tätigkeit darin, Traditionen miteinander zu verknüpfen, d.h. auf der Grundlage von Traditionen eine fortlaufende Erzählung zu komponieren. Daraus folgt als erste Aufgabe, Redaktion und Tradition voneinander zu scheiden. Die zweite Aufgabe besteht darin, den Geschichtswert der Tradition zu ermitteln."[19]

---

[17] Natürlich ist es nicht ihr primäres Ziel, lukanische Theologie oder etwa die redaktionelle Bearbeitung des Lukas hervorzuheben, sondern Lydias Geschichte zu rekonstruieren, die von Lukas bis hin zu den neuesten Kommentatoren von Männern geschrieben wurde. Trotzdem schließt sie von einer historischen Rekonstruktion immer wieder auf den Sinn des Wortes im Text, vgl. beispielhaft die Erläuterungen zu παραβιάζεσθαι, S. 147–156 (s. unter 3.2.3.3.2., »Sie bat dringend... und nötigte uns«.). Grundsätzlich ist jedoch zu überlegen, ob von der literarischen Ebene eines Textes ausgehend Geschichte rekonstruiert werden kann, ohne zuvor die redaktionellen Eingriffe und die theologische Überarbeitung zu hinterfragen.
[18] So z.B. ihre Ausführungen zu 16,15. Diese Kritik soll nicht darüber hinwegtäuschen, daß das Buch viele interessante Ansätze zur Beurteilung der historischen Situation der Lydia enthält.
[19] LÜDEMANN, G., *Christentum*, S. 16. Zu dieser methodischen Schwierigkeit ebenfalls SCHNEIDER, G., *Apostelgeschichte, Bd I*, S. 103; PESCH, RUDOLF, *Apostelgeschichte, 1. Teilband: Apg 1–2*, EKK V/1 Zürich/Köln/Einsiedeln/Neukirchen-Vluyn 1986, S. 45. Vgl. weiterhin BOTERMANN, HELGA, *Der Heidenapostel und sein Historiker. Zur historischen Kritik der Apostelgeschichte*, ThBeitr 24 (1993), S. 62–84. Zur lukanischen Komposition s. weiterhin HAENCHEN, ERNST, *Tradition und Komposition in der Apostelgeschichte*, ZThK 52 (1955), S. 205–225; GEORGE, AUGUSTIN, *Tradition et rédaction chez Luc. La construction du troisième évangile*, in: DE LA POTTERIE, IGNACE (Hrsg.), *De Jésus aux évangiles. Tradition et rédaction dans les évangiles synoptiques*, BEThL 25, Gembloux/Paris 1967, S. 100–129.

Jedoch ist diese Aufgabe aufgrund des literarischen Charakters der Apostelgeschichte besonders schwierig. Die klassischen Methoden der Literarkritik sind
nicht immer anwendbar. So kann z.b. die Vokabelstatistik nur selten zu einem
zwingenden Ergebnis gelangen, da Lukas die benutzten Vorlagen fast immer
in seine Sprache umgeschmolzen hat. Die literarischen Spannungen können auf
die Variation des Schriftstellers zurückgehen und müssen deshalb nicht auf eine
benutzte Quelle hinweisen. Anders als beim Evangelium verfügen wir über keine
erhaltene Vorlage, was das Erheben der redaktionellen Eingriffe erschwert.[20]

Trotzdem sollte der moderne Kritiker nicht voreilig die Aufgabe als unlösbar
ansehen. Das Kombinieren verschiedener Methoden kann, wenn auch nicht immer
zu einem sicheren, so doch zu einem wahrscheinlichen Ergebnis führen. Eine
redaktionskritische Arbeit bietet trotz der offensichtlichen Grenzen dieser Methode
m.E. weiterhin einen guten Ansatz, die lukanische Komposition zu erkennen
und theologische Intentionen hervorzuheben.[21]

Natürlich stößt der Ausleger bei der Apg im Vergleich zu den synoptischen
Evangelien auf eine zusätzliche Schwierigkeit, da eine Quelle nicht erhalten ist.
Dieses Hindernis ist jedoch dort aufgehoben, wo Begriffe und Motive schon
im Lukasevangelium vielleicht sogar nachweislich redaktionell stehen.

Das Eruieren der Redaktion läßt aber oftmals nur ein sehr mageres Gerüst
an tradierten Informationen übrig. Denn mehr „als gelegentliche Inseln älterer
Formulierungen haben wir also nicht zu erwarten; bestenfalls ein paar Wörter
in Folge, aber gewiss keine ausgedehnte Textfragmente."[22] Deshalb ist es nicht
Ziel dieser Forschungsarbeit, eine Überlieferung der ursprünglichen Bekehrungs-

---

[20] Etwas anders JERVELL, JACOB, *Die Apostelgeschichte*, KEK 3, 17. Auflage, 1. Auflage
dieser Neuauslegung, Göttingen 1998, S. 67: „Es ist schwer, die von Lukas benutzten
Traditionen auszusondern, weil alles, was er schreibt, von seiner eigenen Sprache und seinem
eigenen Stil geprägt ist. Es ist deshalb unmöglich, mit sprachlichen Kriterien die verwendeten
Traditionen genau zu bestimmen, obwohl das immer wieder versucht wird. (...) Von lukanischer
Überlieferung können wir nur da reden, wo wir es in anderen, vorlukanischen, neutestamentlichen Schriften bezeugt finden, weiterhin, wo es mehrere verschiedene und nicht vereinbare
Darstellungen von ein und demselben Geschehen gibt, von sachlichen Spannungen her, und in
Einzelfällen dort, wo stilistische Unebenheiten vorliegen".
[21] Ähnlich zu den methodologischen Schwierigkeiten aber auch Chancen, die lk Überarbeitung
zu eruieren und „bei entsprechender Sondierung tatsächlich auf solides Überliefeungsgut zu
stoßen" s. AVEMARIE, FRIEDRICH, *Die Tauferzählungen der Apostelgeschichte. Theologie und
Geschichte*, WUNT 139, Tübingen 2002, S. 3f.7ff.181–183, hier S. 7.
[22] AVEMARIE, F., *Tauferzählungen*, S. 182.

geschichte zu rekonstruieren, sondern die Teilperikope (16,11–15.40) im Lichte lukanischer Überarbeitung u.a. in ihrem Zusammenhang mit dem lk Doppelwerk zu untersuchen. Diese Studie möchte somit dazu beitragen, die schriftstellerische Arbeit des Lukas und darüber hinaus seine Deutung der Taufe der Lydia besser zu verstehen. Deshalb wird gegebenenfalls nach der Historizität des Berichteten gefragt. Hier steht nämlich die Frage im Mittelpunkt: „Erfindet Lukas einfach dort, wo er nachweislich als Redaktor am Werke ist?"

M.E. machen es sich diejenigen Kritiker zu leicht, die die lukansiche Redaktion mit lukanischer Erfindung bzw. romanhafter Fiktion gleichsetzen. Martin Hengel schlägt wohl auch deshalb vor, von dem Begriff „Redaktion" in der Apostelgeschichte Abstand zu nehmen, denn die Wortwahl sei „bei diesem rhetorisch geschickten Erzähler und Autor [=Lukas] sowieso irreführend".[23] Mit Recht betont m.E. Martin Hengel, daß Lukas nicht nur Sammler, Tradent oder „bloßer Redaktor" sei, sondern in Wirklichkeit in beiden Werken zugleich „Sammler *und* Bearbeiter" sowie „Schriftsteller" ist.

Im Rahmen meiner Arbeit scheint es nicht angebracht, eigens einen neuen Begriff zu prägen. Ich schlage deshalb vor, an der Wortwahl „Tradition – Redaktion" festzuhalten, aber eben unter Berücksichtigung der hier geäußerten Überlegungen.

Eine erste Betrachtung mag manchen Auslegern das Ergebnis nahelegen, Apg 16,11–15 auf Tradition zurückzuführen. Diese Verse zeichnen sich nämlich „durch einen nüchternen chronikartigen Erzählstil (aus), der sich unter Verzicht auf alles novellistische Beiwerk auf die Nennung von Orten, Personen und Fakten beschränkt"[24]; sie seien deswegen „wohl nahezu wörtlich der vorlukanischen Quelle entnommen"[25].

Jedoch ist dieses Urteil m.E. zu grob. Denn selbst dort, wo Lukas eindeutig

---

[23] HENGEL, MARTIN/SCHWEMER, ANNE MARIE, *Paulus zwischen Damaskus und Antiochien*, WUNT 108, Tübingen 1998, S. 37, s. auch A. 136.

[24] So ROLOFF, JÜRGEN, *Die Apostelgeschichte*, NTD 5, 17. Auflage, 1. Auflage dieser neuen Fassung, Göttingen 1981, S. 243, ähnlich SCHNEIDER, G., *Apostelgeschichte*, Bd II, S. 212 und PESCH, RUDOLF, *Die Apostelgeschichte*, 2.Teilband: Apg 13–28, EKK V/2, Zürich/Köln/Einsiedeln/Neukirchen-Vluyn 1986, S. 104.

[25] So KRATZ, R., *Rettungswunder. Motiv-, traditions- und formkritische Aufarbeitung einer biblischen Gattung*, EHS.T XXIII 123, Frankfurt a.M./Bern/Las Vegas 1979, S. 479, gefolgt von PESCH, R., *Apostelgeschichte, Bd II*, S. 104.

von der Tradition abhängig ist, überarbeitet er seine Quellen. Sicherlich darf sich seine redaktionelle Überarbeitung in Apg 16,11-15.40 als Rahmenverknüpfung verstehen, die die Bekehrung der Lydia in Philippi einerseits mit dem vorangegangenen (16,9) und dem folgenden Geschehen (17,1ff.) verwebt und andererseits verschiedene Episoden (V.16-18, die Wahrsagerin; 19-24, Mißhandlung und Gefangennahme der Missionare; 25-34, Befreiungswunder; 35-39.40, Freilassung des Paulus und Silas, Besuch der Gemeinde und Verlassen der Stadt) narrativ umschließt. Aber auch hier liegt die Vermutung nahe, daß Lukas nicht nur Tradiertes aneinanderreiht, indem er es z.b. sprachlich überarbeitet und eben unterschiedliche Überlieferungen miteinander verknüpft. Die eingebauten Traditionen müssen sich zudem einem Gesamtkonzept des Doppelwerkes einfügen. Nicht zuletzt deswegen hat Lukas nur selektiv die ihm zur Verfügung stehenden Erzählungen übermittelt. Durch dieses „willkürliche Verschweigen" nämlich läßt er die von ihm in Szene gesetzten Protagonisten zur Geltung kommen und so kann der vom Autor inszenierte Heilsplan Gottes sich verwirklichen.[26]

Eine sprachliche Analyse wird mittels Wortstatistik, dem Hervorheben von Stileigentümlichkeiten und Beobachtungen grammatikalischer Eigenschaften erste Indizien zum Erkennen lk Komposition bieten. Doch die Sprache alleine genügt nicht immer, um Redaktion und Tradition eindeutig voneinander zu scheiden. Wiederkehrende theologische Motive, die zudem typisch lk Akzente verraten, gehen oftmals mit einheitlichen Formulierungen einher. Darum ist die lk Hand dort am Werke, wo das Wort gezielt der theologischen Veranschaulichung dient. Dabei dürfte mehrmals auffallen, wie Lukas mit einigen Worten theologische Aussagen fast schon beiläufig verdeutlicht und gekonnt Anspielungen an verwandte Szenen im Worte suggeriert.

Vorsicht ist jedoch bei allzu undifferenzierten Beurteilungen geboten. Das geschriebene Wort mag aus lk Feder stammen, das damit verbundene Motiv typisch lk Akzent verraten. Aber ist deswegen die Information sogleich „rein" redaktionell gesetzt? Eine nähere Betrachtung des lukanischen Umgangs mit dem markinischen Stoff sollte warnen. Denn selbst wenn Sprache und Motiv eindeutig

---

[26] Siehe dazu SCHÜSSLER-FIORENZA, ELISABETH, *En mémoire d'elle*, CFi 136, Paris 1986, S. 234.

der lk Redaktion zuzuschreiben sind, muß deshalb die Notiz nicht gleichweg
der Phantasie des Autors entsprungen sein. Ein Überprüfen der geschichtlichen
Relevanz ist mitunter am Platz. Hier scheint es angebracht, falls möglich antike
Literatur, Epigraphik, Numismatik sowie die Ergebnisse historischer und
archäologischer Forschungen zu Rate zu ziehen.

Abschließend soll noch kurz festgehalten werden, welche Prämissen bezüglich
der Apostelgeschichte unserer Forschungsarbeit zugrundeliegen:

(1) Die in der Apostelgeschichte enthaltenen Gestaltungselemente, so vor allem
das Vorwort zur Verknüpfung mehrteiliger Werke, die Reden, der dramatische
Episodenstil, die Nachahmung des LXX-Stils, die Verwendung von Summarien
und Zwischenbemerkungen, Briefen und Gebeten und schließlich die Wir-
Berichte, zeigen, daß das Werk formal zur Literarturgattung der biblisch-jüdischen
und hellenistisch-römischen Geschichtsschreibung gehört.

(2) Dabei bedient sich Lukas der Formelemente antiker Historiographie, „um
eine theologische Aufgabe zu lösen".[27] Dazu stellt er manche Themen und
Personen auffallend stark in den Vordergrund, andere hingegen übergeht er oder
erwähnt sie nur am Rande. Hauptthema ist zweifelsohne die Verbreitung des
Wort Gottes (bis ans Ende der Welt) und die aus ihr wachsende Kirche. Kurz
gefaßt: Lukas erzählt die Geschichte des Christuszeugnisses von Jerusalem nach
Rom, von Jesus bis Paulus, von den Juden bis hin zu den Heiden. Somit möchte
er „die Zuverlässigkeit und Unverfälschtheit dieses Zeugnisses"[28] erweisen und
dem Leser die Gewißheit vermitteln, daß Gott all seine Verheißungen erfüllen
wird. Manche Verheißungen (so auch das universale Heil) haben sich schon
(ansatzweise) verwirklicht.

(3) Was die Quellen betrifft, so ist wohl anzunehmen, daß Lukas über
mündliche Nachrichten sowie zum Teil über schriftliche Überlieferungen verfügte.
Die Zuversicht, daß einzelne Quellenstränge oder sogar Grundschriften
rekonstruierbar sind, teile ich nicht. Eine besondere Quellenhypothese wird für
diese Forschungsarbeit nicht vorausgesetzt.

(4) Der Verfasser ist mit Sicherheit identisch mit dem Autor des 3. Evangeli-

---

[27] WEISER, A., *Apostelgeschichte, Bd I*, S. 31.
[28] WEISER, A., *Apostelgeschichte, Bd I*, S. 35.

ums. Dies geht neben Apg 1,1 aus der Einheitlichkeit der Sprache, der Theologie und des Geschichtsverständnisses hervor. Was die traditionelle Identifizierung des Lukas mit dem Arzt und Reisegefährten des Paulus betrifft, so geht Abschnitt II in Kapitel 1 näher auf diese Frage ein. Unabhängig von dieser Problemstellung kann der Verfasser des Doppelwerkes gut Lukas geheißen haben. Deshalb übernehme ich – wie in der Forschung üblich – den Namen Lukas zur Bezeichnung des *auctor ad Theophilum*.

(5) Die Textüberlieferung der Apostelgeschichte läßt zwei wichtige Gruppen von Textzeugen erkennen, nämlich die sogenannte westliche und alexandrinische Textform. Ohne der Textkritik einzelner Passagen vorzugreifen, folge ich in der Regel dem in der 27. Auflage des *Novum Testamentum Graece* von Nestle-Aland vorgeschlagenen Text (NTG[27]).

(6) Der Abfassungsort der Apostelgeschichte ist höchstwahrscheinlich im paulinischen Missionsgebiet anzusiedeln. Indizien, die diese Vermutung bestätigen und eine genauere Ortsbestimmung ermöglichen, werden in Kapitel 1 Abschnitt V und in Kapitel 3 Abschnitt II § 1 diskutiert. Die Abfassungszeit der Apostelgeschichte ist im letzten Viertel des 1. Jhdts anzusetzen, d.h. ungefähr zwischen 80–90 n.Chr. Denn als *datum post quem* ist wegen Lk 21,20 das Jahr 70 n.Chr. bzw. die Zerstörung Jerusalems und des Tempels festzuhalten. Die Apostelgeschichte wird einige Zeit nach dem Evangelium entstanden sein. Auch scheint Lukas noch keine Sammlung von paulinischen Briefen gekannt zu haben, wie sie um 100 n.Chr. vorlag.

IV. Gliederung der Arbeit

Nun gibt es bezüglich der Apg eine Fülle an Literatur, die sich mit den vermeintlichen Quellen und insbesondere der der sogenannten Wir-Stücke beschäftigt. Eben diese Fragestellung tangiert auch unsere Perikope, da hier der erste Wir-Bericht vorliegt (16,10–17) und für die redaktionskritische Analyse und die mit diesem antiken Stilmittel verbundene theologische Intention des Autors von Bedeutung ist. Dem m.E. redaktionellen Charakter der Wir-Berichte wird deshalb ein erstes Kapitel gewidmet. Es gilt die Verwendung der Wir-

Formulierung durch Lukas näher zu verstehen, den Anteil an lukanischer Komposition in den Reiseberichten allgemein und spezifisch für die Anreiseroute nach Philippi und von dort weiter nach Thessaloniki zu erheben. Die damit verbundene theologische Absicht zu skizzieren, soll Gegenstand des ersten Kapitels sein. Methodologisch werden sprachliche und stilistische Beobachtungen mit form- und quellenkritischen Überlegungen kombiniert.

Ein zweites Kapitel widmet sich ganz und gar einer systematischen, redaktions-kritischen Analyse von Apg 16,11–15.40. Der Versuch wird unternommen, die lk Überarbeitung zu erkennen. Natürlich möchte ich hierbei nicht den Anspruch erheben, Tradition und Redaktion messerscharf voneinander scheiden zu können. Wer immer auf solches hofft, erliegt einer Illusion: Lukas würde hier wortwört-lich einen Text wiedergeben, etwa wie ein dummer Schuljunge abschreiben, und dort aus eigenem Kopfe frei von jeglicher Vorlage erfinden. Denn, wo er stellenweise bis aufs Wort seiner Vorlage folgt, tut er dies, weil es seiner Sache dienlich ist. Dort, wo er schöpferisch am Werke ist, überarbeitet er zum Teil solide recherchierte Geschichte. Nur dort, wo jegliche Quelle ausgeschlossen werden kann, soll deshalb von einem eindeutigen Resultat, ausschließlich von Redaktion die Rede sein. Ansonsten muß das Ergebnis nuanciert dargestellt werden.

Falls der überlieferte Text unsicher scheint und dies für die Auslegung von Bedeutung ist, werden die möglichen Lesarten diskutiert und vielleicht eine von NTG[27] abweichende Lesart festgehalten. Der Übersicht wegen wird schließlich die Scheidung von Tradition und Redaktion graphisch – sozusagen am Text nachvollziehbar – mit zusammenfassendem Kommentar geboten.

Ein drittes Kapitel geht auf die somit gewonnenen Erkenntnisse ein und versucht, in Versfolge die verschiedenen Aussagen herauszukristallisieren. Die Tragweite bestimmter Motive wird sogleich im Kontext der Perikope und – falls gegeben – im Zusammenhang des lk Doppelwerkes situiert.

An entsprechender Stelle werde ich versuchen, in einem Exkurs die Arbeitswelt der lydischen Purpurhändlerin mit Hinblick auf die soziale Einordnung der Lydia zu erhellen.

Erstes Kapitel

Der redaktionelle Charakter der Wir-Stücke

I. Einleitung

Ein Problem besonderer Tragweite stellen die sogenannten Wir-Stücke (16,10–17; 20,5–8.13–15; 21,1–18; 27,1–28,16) dar. Wohl seit Irenäus beschäftigen diese Stellen die Ausleger.[1] Die Verwendung der 1. Person Plural interessiert hier nur, insofern die Fragestellung zur Scheidung von Tradition und Redaktion in 16,11–15.40 beiträgt. Die Breite des Diskussionsfeldes würde bei weitem den Rahmen der vorliegenden Arbeit sprengen. Ich möchte mir deshalb nicht anmaßen, den vielen Arbeiten einen neuen Erklärungsversuch hinzuzufügen. Auch ein Überblick über die sämtlichen Lösungsversuche ist nicht mein Ziel. Im folgenden skizziere ich lediglich die eigene Position unter Bewertung der gängigen Argumentationen und besonderer Berücksichtigung jüngerer Arbeiten, ohne den Anspruch zu erheben, die gesamte neuere Literatur zur Frage zu berücksichtigen. Schließlich bringe ich bezüglich der zweiten Missionsreise, sowie insbesondere der mich betreffenden Passage (16,11–15) einige Überlegungen in die Diskussion ein.

Beim heutigen Forschungsstand ist nämlich bislang noch kein Konsens abzusehen.[2] Denn selbst in jüngsten Monographien zu diesem Thema divergieren

---

[1] Irenäus, *Contra Haereses*, III 14,1.

[2] Mit Recht urteilt PORTER, STANLEY E., *The Paul of Acts. Essays in Literary Criticism, Rhetoric, and Theology*, WUNT 115, Tübingen 1999, S.10: „The "we" passages in Acts continue to be discussed for their bearing on questions of source and authorship of the book, as well as its historical reliability. The proposals have been several and their variations legion."; zu den Wir-Stücken s. hier die ersten beiden Kapitel, S. 10–46.47–66. Überblicke zur Forschungsgeschichte vgl. u.a. bei DUPONT, JACQUES, *Les Sources du Livre des Actes. État de la question*, Brügge 1960, S. 74–107.118ff.160f.; GASQUE, WARD, *A History of the Criticism of the Acts of the*

die Meinungen mitunter stark. Folgende Beispiele illustrieren dies sehr gut. So glaubt Jürgen Wehnert, in den Wir-Passagen ein lukanisches Stilmittel aus jüdischer Tradition zu erkennen. Lukas habe mit dem Wechsel von der auktorialen (3. Person) in die autoptische (1. Person) Erzählperspektive eine altjüdische Erzählkonvention historisch ernstgenommen und in den Wir-Passagen nur die ihm tatsächlich zugeflossenen Erinnerungen eines Paulusbegleiters, wahrscheinlich des Silas, verarbeitet. Dieses Stilmittel ändert er jedoch ab, indem er einerseits die 1. Person Plural statt des Singulars verwendet und andererseits nicht etwa den Hauptakteur (Paulus), sondern eine Nebenperson (einen Paulusbegleiter, vielleicht Silas) zu Worte kommen läßt.

Claus-Jürgen Thornton[3] hält hingegen an der Authentizität der Augenzeugenschaft des Autors *ad Theophilum* fest. Lukas könne als Begleiter des Paulus das von ihm Berichtete selbst miterlebt haben. Lukas berichte phasenweise in der 1. Person Plural, aber nicht um Autopsie anzudeuten, d.h. durch Augenzeugenschaft den Wahrheitsgehalt seiner Erzählungen zu verbürgen. Auch bemühe er sich nicht um Autopathie, wolle also nicht den Eindruck erwecken, seeerfahren zu sein, vieles erlebt und erlitten zu haben. Laut Thornton möchte der Autor *ad Theophilum* vielmehr ein Zeugnis des Glaubens ablegen. In diesem Sinne sei er Zeuge dafür, daß „die miterlebte Vergangenheit von Gott gewollte Geschichte ist"[4]. Diese Deutung der Geschichte habe sich ihm zugleich mit ihrem Erleben ergeben. Die in Kapitel 16,20f. und vielleicht in 27f. enthaltenen Informationen (u.a. die geographischen Details) gehen samt des Wir-Gebrauchs wahrscheinlich auf eine „Quelle" zurück, die Lukas selbst oder ein anderer Teilnehmer als Reisebericht in zeitlicher Nähe zum Geschehen anfertigte.

Apostles, Beiträge zur Geschichte der biblischen Exegese 17, Tübingen 1975, S. 25.68.90 u.a. Stellen; CULLOM, B. A., *Acts 16:6–40*, S. 13–26; WEHNERT, JÜRGEN, *Die Wir-Passagen der Apostelgeschichte: ein lukanisches Stilmittel aus jüdischer Tradition*, GTA 40, Göttingen 1989, S. 47–121; THORNTON, CLAUS-JÜRGEN, *Der Zeuge des Zeugen. Lukas als Historiker der Paulusreisen*, WUNT 56, Tübingen 1991, S. 93–117.

[3] THORNTON, C.-J., *Zeuge*. Zur Kritik vgl. SCHILLE, GOTTFRIED, Rezension zu Thornton in ThLZ 118 (1993), Sp. 139–141.

[4] THORNTON, C.-J., *Zeuge*, S. 364.

II. Lukas, ein Begleiter des Paulus?

Im allgemeinen werden die Augenzeugenschaft und somit die Annahme, Lukas sei ein Weggefährte des Paulus gewesen, von der Verwendung der 1. Person Plural in 16,20f. und 27f. hergeleitet.[5] Demnach habe sich Lukas dem Paulus in Alexandria Troas angeschlossen (Apg 16,10), sei in Philippi verblieben, während Paulus weiterzog, und später (20,5) auf der Reise von Philippi nach Alexandria Troas ihm wieder gefolgt.[6]

---

[5] So dürften die altkirchlichen Überlieferungen bezüglich der Verfasserschaft des Doppelwerkes aus einer Kombination eben dieser Stellen und Phm 24; Kol 4,14 sowie 2Tim 4,10f. deduziert worden sein; s. hierzu PESCH, R., *Apostelgeschichte Bd I*, 1986, S. 26; WEISER, ALFONS, *Die Apostelgeschichte*, ÖTBK 5/1, Gütersloh ²1989, S. 39: Denn die altkirchlichen Überlieferungen „stammen ja aus einer Zeit, in der bereits das Interesse an der »Apostolizität« der Schriften sehr lebendig war". Eine weitaus detailliertere Untersuchung zu der Frage, wie in der kirchlichen Tradition die Bezugnahme auf Lukas als Autoren von Lk/Apg entstehen konnte, findet sich bei WEHNERT, J., *Stilmittel*, S. 54–65.
    Anders THORNTON, C.-J., *Zeuge*, S. 8–69, dessen Untersuchung des altkirchlichen Zeugnisses (Irenäus, *haer* III 1,1 u. 3,3) und erzähltheoretische Analyse ihn zu dem Schluß kommen lassen, daß die altkirchliche Tradition, welche den Lukas als Paulusbegleiter und somit als Augenzeugen identifiziert, auf historischen Erinnerungen gründet (S. 80) und daß der „Autor-Narrator" mit dem in den Wir-Stücken zu Worte kommenden Actor identisch ist (S. 141f.). Die antiken Leser konnten s.E. in den Berichten nur wirkliche Erlebnisse des Autors erblicken. Außerdem gibt es für ihn „keinen hinreichenden Grund, in der Überlieferung von der Person des Autors Lukas bewußte Fiktion aus kirchenpolitischen Interessen heraus zu sehen. Damit gewinnt aber die altkirchliche Versicherung, Lukas, der Paulusbegleiter, habe das Evangelium verfaßt, an Bedeutung. Das äußere Zeugnis ist gerade deswegen, weil ein Paulusbegleiter für die Abfassung einer ‚Geschichte Jesu' schwerlich als geeignet erscheinen konnte, stark; es deutet darauf hin, daß hier historische Erinnerung erhalten ist. Wenn dem keine gewichtigen inneren Gründe entgegenstehen, gibt es keinen Anlaß, an seiner Glaubwürdigkeit zu zweifeln" (80f.). „Gewichtige innere Gründe" gibt es nun aber zur Genüge. Es sind nämlich die inhaltlich-theologischen Divergenzen, die Thornton, vermutlich um den Rahmen seiner Arbeit nicht zu sprengen, allerdings außer Betracht läßt (S. 200), die zu der Annahme zwingen, daß Lukas kein Begleiter des Paulus gewesen ist.
    Außerdem belegen fehlende Hinweise auf eine bewußt geschaffene Fiktion aus kirchenpolitischem Interesse nicht zwingend die Historizität der Überlieferung zur Verfasserschaft des Lukas. Wenn die Kirchenväter aus den oben angeführten nt Stellen die Verfasserschaft des Doppelwerkes dem Lukas zugesprochen haben und hierbei ein gewisses Interesse an der Apostolizität der Schriften die Zuweisung der Verfasserschaft motivierte, so könnte dies in dem guten Glauben geschehen sein, daß der gemeinte Lukas wirklich der Autor sei.
    [6] HARNACK, ADOLF VON, *Lukas der Arzt, der Verfasser des dritten Evangeliums und der Apostelgeschichte*, Beiträge zur Einleitung in das Neue Testament 1, Leipzig 1906, S. 2–18; ders., *Die Apostelgeschichte*, Beiträge zur Einleitung in das Neue Testament, Leipzig, 1908, S. 38.43. Vgl. BAUERNFEIND, OTTO, *Die Apostelgeschichte*, ThHK 5, Leipzig 139; Ndr. in: ders., *Kommentar und Studien zur Apostelgeschichte*, WUNT 22, Tübingen 1980, S. 7ff.; DUPONT, J., *Sources*, S. 160; DELEBECQUE, ÉDOUARD, *Les deux Actes des Apôtres*, ÉtB NS6,

Aus verschiedenen Gründen empfiehlt es sich jedoch nicht, den Verfasser des Doppelwerks als Paulusbegleiter anzusehen. Schon die Betrachtung des Wir-Stückes 16,10–17, das uns näher betrifft, läßt folgende Ungereimtheiten erkennen: Wenn Lukas mit der 1. Person Plural seine Anwesenheit zu erkennen gibt, dann müßte er aber kurz nach Lydias Bekehrung die Reisegruppe verlassen haben. In V.17 verschwindet nämlich abrupt das Wir, zudem sind die folgenden Erzählungen stark mirakulös geprägt und deshalb kaum als Augenzeugenbericht zu verstehen (besonders die wundersame Befreiung aus dem Gefängnis, V.25ff.). Letztendlich müßte, wenn Lukas in Philippi geblieben wäre, das Wir in V.40 erneut auftauchen. Der Text müßte dort in etwa lauten: „Sie trösteten (die Brüder und) uns und reisten ab"[7]. Auch entsteht der Eindruck, „daß der Wir-Bericht den geschilderten Ereignissen gar nicht nahesteht".[8] Ähnliches trifft ebenfalls auf die anderen Wir-Stücke zu.

Zudem findet das enge persönliche Verhältnis, das aufgrund einer langjährigen Begleitung die beiden Missionare verbinden müßte, nirgends in den paulinischen Briefen einen Nachhall. Und im Phil wird Lukas nicht erwähnt, obwohl er – der traditionellen Deutung der Wir-Stücke nach – lange Zeit in der Kolonie gewirkt haben soll, sogar während der Gemeindegründung zugegen war.[9]

Dem fügen sich noch ganz andere Schwierigkeiten an. Es mag sein, daß das lukanische Doppelwerk eine „gewisse Nähe zur paulinischen Theologie, auch

---

Paris 1986, S. 251; HEMER, COLIN J., *The Book of Acts in the Setting of Helenistic History*, WUNT 49, Tübingen 1989, S. 312–334.346; JERVELL, JACOB, *Die Apostelgeschichte*, KEK 3, 17. Aufl., 1. Aufl. dieser Auslegung, Göttingen 1998, S.428.430, der meint, das Wir geht auf Lukas zurück, der seine eigenen Aufzeichnungen benutzt. Etwas nuancierter jüngst NOETHLICHS, KARL LEO, *Der Jude Paulus ein Tarser und Römer?* in: VON HAEHLING, RABAN (Hrsg.), *Rom und das himmlische Jerusalem. Die frühen Christen zwischen Anpassung und Ablehnung*, Darmstadt 2000, S. 60 A. 20, der als nicht bewiesen festhält, daß der Vf. von Lk u. Apg kein Reisebegleiter des Paulus gewesen sei.

[7] Ähnlich ZMIJEWSKI, JOSEF, *Die Apostelgeschichte*, RNT 5, Regensburg 1994, S. 593. Vgl. ebenfalls THORNTON, C.-J., *Zeuge*, S. 270 A. 114, der aufgrund dessen eine frühzeitige Abreise des Lukas aus Philippi voraussetzt.

[8] CONZELMANN, HANS/LINDEMANN, ANDREAS, *Arbeitsbuch zum Neuen Testament*, UTB 52, Tübingen [11]1995, S. 352.

[9] Diese beiden Argumente *e silentio*, die WEHNERT, J., *Stilmittel*, S. 52, ähnlich anführt, haben jedoch nur einen geringen Aussagewert und erhalten ihre Aussagekraft nur in Verbindung mit den anderen Feststellungen. Es ist uns nämlich nicht die ganze paulinische Korrespondenz erhalten geblieben, und zudem wird Lydia selbst auch im Phil nicht genannt. Auf die Frage der Nicht-Nennung der Lydia wird an gegebener Stelle noch gründlich eingegangen (Kapitel 2, Abschnitt III § 1,1–2).

in terminologischer Hinsicht, aufweist, (...) (vgl. Apg 13,38f., Lk 18,14, wo die Rechtfertigungslehre jedenfalls anklingt); aber diese kann auch literarisch vermittelt sein"[10].

Größeres Gewicht muß nämlich den „inhaltlich-theologischen Differenzen"[11] beigemessen werden. Die m.E. wichtigsten Divergenzen werden nochmals in Erinnerung gerufen, wobei das Augenmerk insbesondere auf solche fällt, die für die Philippi-Perikope von Belang sind.

Zieht man in Betracht, daß Paulus großen Wert darauf gelegt hat, als Apostel zu gelten (Gal 1f.), Lukas ihm diesen Titel hingegen vorenthält, den er lediglich auf die Zwölf beschränkt (außer 14,4.14, wo die Nennung des Titels allerdings auf vorlukanische Überlieferung zurückgehen könnte)[12], dann scheint eine Begleitung des Paulus durch den Lukas unwahrscheinlich. Denn ein „direkter Paulusschüler würde seinem Lehrer nie den Aposteltitel absprechen"[13]. Paulus selbst weist darauf hin, zwischen seiner Berufung und dem Apostelkonzil nur ein einziges Mal in Jerusalem gewesen zu sein (Gal 2), während Lukas ihn in diesem Zeitraum gleich zweimal dorthin reisen läßt (Apg 9,26–30;11,30). Nach paulinischem Selbstzeugnis hat das Apostelkonzil dem Missionar für Heidenchristen keine Bedingungen auferlegt (Gal 2,6). Doch Lukas berichtet von Mindestauflagen (Apg 15,20.29). Paulus wehrt sich gegen die Beschneidung von Heidenchristen (Gal 2,3; 5,2f.), Lukas berichtet hingegen von der Beschneidung des Timotheus (Apg 16,3). Nach lukanischer Darstellung ist Paulus als „Briefträger" des Aposteldekrets aufgetreten (Apg 16,4), was in seinem Selbstzeugnis jedoch keine Erwähnung findet.[14]

---

[10] CONZELMANN, H./LINDEMANN, A., *Arbeitsbuch*, S. 340f.

[11] WEISER, ALFONS, *Die Apostelgeschichte*, ÖTBK 5/1, Gütersloh ²1989, S. 39, ÖTBK 5/2, Gütersloh 1985, S. 342. Eine ausführliche Diskussion der theologischen Differenzen findet sich bei VIELHAUER, PHILIPP, *Zum »Paulinismus« der Apostelgeschichte*, EvTh 10 (1950), S. 1–15, in: ders., *Aufsätze zum Neuen Testament*, München 1965, S. 9–27. Zu den 12 Aposteln bei Lukas vgl. u.a. KLEIN, GÜNTER, *Die zwölf Apostel. Ursprung und Gehalt einer Idee*, FRLANT 77, Göttingen 1961, der gar das Zwölferapostolat der lk Redaktion zuschreibt (S. 192–200); ZETTNER, CH., *Amt, Gemeinde und christliche Einheit in der Apostelgeschichte des Lukas*, EHS.T 423, Frankfurt a.M./Bern 1991, S. 18ff.

[12] WEISER, A., *Apostelgeschichte, Bd II*, S. 343.

[13] POKORNÝ, PETR, *Theologie der lukanischen Schriften*, FRLANT 174, Göttingen 1998, S. 14.

[14] So urteilen im wesentlichen u.a. HAENCHEN, ERNST, *Die Apostelgeschichte*, KEK III, Göttingen ⁷1977; KÜMMEL, W.G., *Einleitung in das Neue Testament*, Heidelberg ¹⁸1976, S. 150; PLÜMACHER, ECKHARD, Art. *Apostelgeschichte*, TRE 3, S. 521; SCHNEIDER, GERHARD, *Das*

Auch der Gedanke einer petrinischen Heidenmission vor der paulinischen (Apg 10,1–11,18) sowie der des Philippus (Apg 8,26–40) steht im Widerspruch zu Gal 2,1–10. Einerseits rechtfertigt Paulus seine Heidenmission gegenüber den Säulenaposteln, andererseits erwähnt er eine Einteilung der Missionsgebiete, die Apg 15 allerdings ignoriert.

Das Motiv des Petrus als von Gott vorherbestimmten Heidenapostels ist schwer mit der Selbsteinschätzung des Paulus in Einklang zu bringen. Die paulinische Soteriologie ist Lukas bis auf geringe Spuren in Apg 13,27–29.38f.; 15,10f.; 20,28 eigentlich unbekannt. Dafür legt Apg 17,22–31 Paulus die stoische Lehre von der Gottesverwandtschaft in den Mund.[15]

Wie nahe darf Lukas, falls er ein Begleiter des Paulus gewesen ist, wohl dem Heidenmissionar gestanden haben, damit solche Abweichungen zu entschuldigen sind? Oder hat Lukas diese etwa absichtlich eingefügt? Dann müßte man aber theologische Beweggründe voraussetzen, wobei jedoch zu berücksichtigen ist, daß dem Lukas selbst an der Öffnung zum Heidentum sehr gelegen ist.

Auch wer eine vorübergehende Begleitung des Paulus durch Lukas voraus-setzt[16], kann diese Abweichungen nur unzureichend rechtfertigen. Wäre Lukas laut 16,10 wirklich in Alexandria Troas zu der Reisegruppe gestoßen, so dürften die Jerusalemer Beschlüsse bestimmt Gegenstand, wenn nicht einer Diskussion, dann doch einer Mitteilung gewesen sein. Es sind ja schließlich jene, die – nach lukanischer Darstellung – die Missionare dazu veranlassen, ihre Heidenmission auszubreiten. Über die Umstände, in denen Timotheus zur Reisegruppe gelangte, müßte Lukas dann ebenfalls Informationen aus erster Hand bekommen haben. Lukas müßte also, wenn er in Alexandria Troas zur Stelle war, bestens Bescheid wissen. Die Jerusalemer Beschlüsse und was sie dem (Apostel) Paulus bedeuteten,

---

Evangelium nach Lukas, ÖTBK 3/1, Gütersloh/Würzburg 1977 ³1992, S. 32f.; ders., *Die Apostelgeschichte*, HThK 5/1 S. 89ff., 5/2 S. 204, Freiburg/Basel/Wien 1980; VIELHAUER, PHILIPP, *Geschichte der urchristlichen Literatur. Einleitung in das Neue Testament, die Apokryphen und Apostolischen Väter*, Berlin/New York 1975 durchg. Ndr. 1978, S. 391.

[15] WEHNERT, J., *Stilmittel*, S. 52.

[16] So TROCMÉ, É., *Histoire*, S. 143: „Là réside, à notre sens, l'explication profonde de toutes les divergences qu'on a relevées entre les faits et les idées exposés dans les épîtres de Paul et dans l'«Évangile à Théophile».“

mußte einem Begleiter des Paulus besonders in zeitlicher Nähe zum Konvent[17] deutlich gewesen sein. Geht man davon aus, daß Lukas selber Heidenchrist war, also von solchen Beschlüssen direkt betroffen war, so ist nur schwer ersichtlich, daß er als „Augenzeuge der großen Heidenmission" an Mindestbedingungen zur Bekehrung von Heiden entgegen dem paulinischem Selbstzeugnis festhält (15,20.29). Aus dem Blickwinkel eines Verfassers der späteren Generation ist dies schon eher verständlich.[18]

Die zeitliche Distanz zum Geschehen ist ebenfalls notwendig, um Geschichte (religiös) zu deuten. Diese Deutung der Geschichte kann sich eben nicht – wie etwa Thornton meint – dem Subjekt zugleich mit ihrem Erleben ergeben. Natürlich werden sich Paulus und seine Mitarbeiter (und Lukas, falls er zugegen war) schon bei der Überquerung der Ägäis ihre Gedanken über die Tragweite der Reise gemacht haben. Erst in einem größeren chronologischen Zusammenhang erschließt sich der Sinn einzelner Ereignisse. Die Beschreibung der Seefahrt und der Mission, wie sie in Apg 16 vorliegt, ist jedenfalls das Zeugnis einer theologischen Reflexion, wie sie erst Jahre nach dem Geschehen möglich ist. Sie setzt den Erfolg der Makedonienmission und ein Wachsen der dortigen Gemeinden voraus, auf die der Schreiber zurückblickt.

Lukas will allem genau nachgegangen sein (Lk 1,3 ἔδοξε κἀμοὶ παρηκολουθηκότι ἄνωθεν πᾶσιν ἀκριβῶς καθεξῆς σοι γράψαι). Doch deutet selbst Lk 1,2 (οἱ ἀπ᾽ ἀρχῆς αὐτόπται καὶ ὑπηρέται γενόμενοι τοῦ λόγου) schließlich nicht an, daß der Verfasser sich zu dem dort genannten Personenkreis zählt.

---

[17] ROLOFF, J., *Apostelgeschichte*, S. 238, datiert die „Epoche der großen Mission (...) etwa in die Jahre zwischen 48 und 55". Mit Bezugnahme auf die Gallio-Inschrift und Apg 18,12ff. ist des Paulus Aufenthalt in Korinth ab dem Jahre 50 anzusetzen, das Apostelkonzil etwa um 48/49, der Übergang nach Makedonien und die Missionierung in Philippi also in dieser Zeitspanne (49–50). Zur Gallio-Inschrift vgl. LEMERLE, P., *Philippes*, S. 17–19; LÜDEMANN, GERD, *Paulus der Heidenapostel, Bd I: Studien zur Chronologie*, FRLANT 123, Göttingen 1980, S. 181–183, der jedoch eine Frühdatierung der europäischen Heidenmission etwa ab 36 (39) voraussetzt (s. die chronologische Übersicht S. 272f.).

[18] Außerdem blickt der Acta-Verfasser auf die unmittelbar nachpaulinische Zeit der Kirche bereits zurück (Apg 20,28–30) und idealisiert die Urgemeinde (Apg 2 u. 4). Dies erklärt sich am besten aus einer größeren zeitlichen Distanz heraus. Vgl. SCHNEIDER, G., *Apostelgeschichte, Bd I*, S. 113.

III. Die Wir-Stücke und die Itinerarhypothese

Martin Dibelius sah in 13,4–21,18 ein „Itinerar" verarbeitet.[19] Der Verfasser könne demnach die Wir-Berichte in einem Reisestationenverzeichnis vorgefunden haben, jedoch mit Ausnahme des Berichts in Apg 27f.[20] In der 1. Person Plural könne folglich einer der Paulusbegleiter zu Wort kommen, d.h. nach Apg 16,10ff. entweder Silas oder Timotheus.[21] Der Acta-Verfasser habe also das Wir seiner Quelle einfach beibehalten[22].

So meint z.B. Alfons Weiser, Lukas habe dem vorgegebenen Erzählrahmen Einzelüberlieferungen unter zum Teil starker redaktioneller Bearbeitung eingefügt. Der Wechsel verschiedener Arten von Textpassagen (Überlieferungen ver-

---

[19] DIBELIUS, MARTIN, *Aufsätze zur Apostelgeschichte*, hg. v. H. Greeven, FRLANT 60 (=NF 42), Göttingen 1951 ⁵1968, S. 64. Dieser Itinerarhypothese folgten im wesentlichen TROCMÉ, É., *Histoire*, S. 121–153, der ein »journal de voyage« sogar für Kap. 28 voraussetzt (S. 135.139); BULTMANN, RUDOLF, *Zur Frage nach den Quellen der Apostelgeschichte*, in: ders.: *Exegetica. Aufsätze zur Erforschung des Neuen Testaments*, hrsg. v. Erich Dinkler, Tübingen 1967, S. 412–423; KÜMMEL, W.G., *Einleitung*, S. 152, VIELHAUER, Ph., *Geschichte*, S. 392; OBERMEIER, KLAUS, *Die Gestalt des Paulus in der lukanischen Verkündigung. Das Paulusbild der Apostelgeschichte*, Bonn 1975, S. 147.170; LÜDEMANN, G., *Paulus, Bd I*, S. 57.173f.; SCHNEIDER, G., *Apostelgeschichte, Bd I*, S. 91; *Bd II*, S. 195.204.212; ROLOFF, J., *Apostelgeschichte*, S. 238f.243; WEISER, A., *Apostelgeschichte, Bd I*, S. 37ff., *Bd II*, S. 387ff.; PORTER, STANLEY E., *Excursus:'The „We" Passages'*, in: GILL, DAVID W.J./GEMPF, CONRAD (Hrsg.), *The Book of Acts in Its First Setting Century, Vol. II: The Book of Acts in Its Graeco-Roman Setting*, Grand Rappids/Carlisle 1994, S. 545–574 und ders., *The Paul of Acts*, S. 27–42.47.

[20] So z.B. BAUERNFEIND, O., *Apostelgeschichte*, S. 7f.; SCHMITHALS, WALTER, *Die Apostelgeschichte des Lukas*, ZBK.NT 3/2, Zürich 1982, ROLOFF, J., *Apostelgeschichte*, S. 238f.; KÜMMEL, W.G., *Einleitung*, S. 151f.

[21] Vgl. z.B. HAENCHEN, E., *Apostelgeschichte*, S. 472; sowie ders., *Das »Wir« in der Apostelgeschichte und das Itinerar*, ZThK 58 (1961), S. 329–366. PESCH, R., *Apostelgeschichte, Bd II*, S. 100 führt die Lukas vorgegebene Quelle auf Timotheus zurück. Für WEHNERT, J., *Stilmittel*, S. 202, kommen als Quelle die mündlichen Erinnerungen des Silas in Frage, wobei Wehnert jedoch die Existenz eines Itinerars bestreitet (S. 107f.110). POKORNÝ, P., *Theologie*, S. 15, etwas zurückhaltender: „Die "Wir"-Abschnitte der Apostelgeschichte (...) können zwar z.T. aus dem Bericht eines Augenzeugen stammen, der jedoch als Begleiter von Paulus mit Lukas kaum identisch war. Lukas dürfte einen solchen Bericht literarisch bearbeitet haben, denn die erste Person Plural fungiert bei ihm vor allem als dramatisches Mittel und ist als solche in den Reiseerzählungen der ersten christlichen Jahrhunderte oft belegt (...)".

[22] Zuletzt m.W. THORNTON, C.-J., *Zeuge*, S. 299, der vor allem gattungsbezogen argumentiert. Lukas greife allerdings auf einen *Reisebericht* zurück, in dem das Wir wahrscheinlich gattungsgemäß schon enthalten war. Lukas greife für Apg 16; 20f. und vielleicht auch für Kap. 27f. auf eine Quelle zurück, „die er selbst oder ein anderer Reiseteilnehmer angefertigt" habe (S. 341). Thornton berücksichtigt leider kaum redaktionskritische Argumente, die jedoch eindeutig auf lk Redaktion hinweisen.

schiedener Herkunft und regelmäßiger Vermerk von Reisestationen) sowie die
große Übereinstimmung zwischen lukanischer Darstellung und dem paulinischen
Selbstzeugnis würden die Verwendung eines Itinerars nahelegen.

Wenngleich ein vorgegebener Erzählrahmen, d.h. eine „zusammenhängende
Darstellung des Reiseverlaufs"[23] eine chronologisch richtige Kombination der
Einzelüberlieferungen ungemein vereinfacht, ist doch die Annahme, Lukas habe
solch ein Itinerar traditionell vorgefunden, sonst „ließe sich die verhältnismäßig
große Übereinstimmung zwischen seinem Text und dem paulinischen Selbstzeugnis kaum erklären"[24], nicht zwingend. Sollte Lukas denn unfähig gewesen
sein, solch einen Rahmen aufgrund des von ihm gesammelten Materials selbst
zu erstellen?[25]

Gegen die Verwendung eines Itinerars sprechen noch weitere Argumente.[26]
Es ist zwar nicht ganz auszuschließen, daß ein Itinerar schon „unvermittelte
Übergänge von der 3. Person zur 1. Person Plural enthält, wie dies in antiken
Seefahrtsberichten gelegentlich der Fall war"[27]. Jedoch bereitet schon der
Gattungsbegriff „Itinerar" Probleme. Unter einem Itinerar in der Antike ist nicht
die „Beschreibung individueller Reisen zu Wasser und zu Lande (...), sondern
ein normiertes Wegstreckenverzeichnis, das der Reiseplanung dient und über
vorhandene Straßenverbindungen und Raststellen sowie über die Entfernungen
zwischen den Reisestationen in knappster Weise informiert"[28], zu verstehen.

---

[23] WEISER, A., *Apostelgeschichte, Bd II*, S. 390.
[24] WEISER, A., *Apostelgeschichte, Bd II*, S. 390.
[25] Ähnlich CONZELMANN, HANS, *Die Apostelgeschichte*, HNT 7, Tübingen ²1972, S. 6.
[26] Skepsis oder gar Ablehnung gegenüber der Itinerarhypothese finden sich bei SCHILLE,
GOTTFRIED, *Die Fragwürdigkeit eines Itinerars des Paulus*, ThLZ 84 (1959), Sp. 165ff.; ders.,
Die Apostelgeschichte des Lukas, ThHK 5, Berlin 1983, S. 337f., der jedoch voraussetzt, daß
Lukas die Bekehrung der Lydia irrtümlich von Thyateira nach Philippi verlagert habe. Hierin ist
jedoch niemand dem Autor gefolgt. Schon DUPONT, J., *Sources*, S. 140.145f., faßt Schilles
Argumentation zusammen und widerlegt sie überzeugend. Der Text bietet für die Schilleschen
Annahmen keine stichhaltigen Anhaltspunkte. Zur Ablehnung der Itinerarhypothese s. weiterhin
CONZELMANN, H., *Apostelgeschichte*, S. 6f.90; PLÜMACHER, ECKHARD, *Wirklichkeitserfahrung
und Geschichtsschreibung bei Lukas. Erwägungen zu den Wir-Stücken der Apostelgeschichte*,
ZNW 68 (1977), S. 2-22; ders., Art. *Apostelgeschichte*, S. 495; CONZELMANN, H./ LINDEMANN,
A., *Arbeitsbuch*, S. 352; WEHNERT, J., *Stilmittel*, S. 108ff.
[27] So z.B. KÜMMEL, W.G., *Einleitung*, S. 151; ROLOFF, J., *Apostelgeschichte*, S. 239f.
Hingegen WEISER, A., *Apostelgeschichte, Bd II*, S. 392, der für wahrscheinlicher hält, „daß sich
Lukas selbst dieser Konvention bediente und vor allem aus dem Interesse, als glaubwürdiger
Berichterstatter zu gelten, diese literarische Form der Darstellung in sein Werk einbezog".
[28] WEHNERT, J., *Stilmittel*, S. 107.

Doch wirken die dem Itinerar zugewiesenen Texte „schematisch und jedenfalls wenig informativ"[29]. Man kann getrost bezweifeln, daß die dort enthaltenen Reiseangaben wirklich die alten Gastfreunde und die direktesten Anreiserouten finden ließen. Gegen die Itinerarhypothese spricht auch „das Fehlen eines plausiblen ‚Sitzes im Leben' sowie brauchbarer Parallelen für diese literarische Form"[30].

Zudem bleibt unklar, warum diese Itinerarquelle gerade an jenen Stellen die 1. Person Plural verwendet, an denen sie in der Apg vorhanden sind. „Warum beginnt z.B. in Apg 16 der Wir-Bericht erst in V.10 und nicht etwa schon in V.6 oder V.4?"[31] Sollte das Wir tatsächlich auf Silas oder Timotheus zurückgehen, „so käme es einfach zu spät"[32].

Formkritisch hilft Thorntons Vergleich zwischen den Wir-Stücken der Apostelgeschichte und antiken Reiseberichten weiter.[33] Thornton nennt zunächst eine Reihe von Übereinstimmungen, die als Strukturelemente den Reiseberichten der Wir-Stücke gegenüber den restlichen in der Apostelgeschichte (Apg 13f.; 17–19) eigen sind.[34] Zu diesen Strukturelementen findet Thornton Entsprechungen in antiken Reiseberichten, die in Geschichtswerken integriert sind[35] und auf schriftlichen, aber nicht „im strengen Sinn literarischen Vorlagen ruhen"[36]. Durch diesen formgeschichtlichen Vergleich möchte Thornton Aufschluß „über die hypothetische(n) Wir-Quelle(n) und ihren möglichen »Sitz im Leben«"[37] gewinnen. Es empfiehlt sich der *terminus* Reisebericht gegenüber dem Begriff Itinerar, insofern er nicht nur die „Gestalt einer objektiven chronographisch-

---

[29] CONZELMANN, H./LINDEMANN, A., *Arbeitsbuch*, S. 353.

[30] WEHNERT, J., *Stilmittel*, S. 110; Vgl. THORNTON, C.-J., *Zeuge*, S. 274; CONZELMANN, H./LINDEMANN, A., *Arbeitsbuch*, S. 353.

[31] ZMIJEWSKI, J., *Apostelgeschichte*, S. 593.

[32] SCHILLE, GOTTFRIED, *Die Apostelgeschichte des Lukas*, ThHK 5, Berlin 1983, S. 337; vgl. CONZELMANN, H., *Apostelgeschichte*, S. 90.

[33] THORNTON, C.-J., *Zeuge*, S. 272ff. Vgl. schon zuvor: u.a. ROBBINS, VERNON K., *By Land and By Sea: The We-Passages and Ancient Sea Voyages*, in: TALBERT, CHARLES H. (Hrsg.), *Perspectives on Luke-Acts*, PIRS.SSS 5, Danville/Edinburgh 1978, S. 215–242.

[34] Zu den Strukturelementen der Wir-Stücke zählt THORNTON, C.-J., *Zeuge*, S. 278ff., eine lückenlose Reiseroute, eine relative Chronologie der Reisedauer, mitunter präzise Zeitangaben, die Angabe eines Quartiers und unter Umständen auch die Erzählung einer Episode, die sich an einem Ort zugetragen hat, sowie die Schilderung einer Abschiedsszene.

[35] THORNTON, C.-J., *Zeuge*, S. 299–304.

[36] THORNTON, C.-J., *Zeuge*, S. 281.

[37] THORNTON, C.-J., *Zeuge*, S. 280ff.

topographischen Beschreibung"[38] meint, sondern auch „die Form eines Fahrtberichtes"[39], der nur eine *bestimmte* Reise" schildert, bezeichnen kann. Bemerkenswerterweise findet die 1. Person Plural in solchen Reiseberichten Verwendung. Beim Einfügen solcher Reiseberichte in umfangreichere Geschichtswerke wurde das ursprüngliche Wir entweder übernommen oder in die 3. Person verwandelt. Die spätere Hinzufügung des Wir sei – laut Thornton – aufgrund fehlender literarischen Parallelen auszuschließen. Demzufolge habe Lukas einen solchen vorliterarischen Reisebericht wahrscheinlich verwendet und das dort enthaltene Wir beibehalten. Hierbei handle es sich um eine „freie schriftstellerische Entscheidung"[40].

Die in Apg 16 u. 20f. enthaltenen geographischen sowie chronologischen Details führen Thornton zu der Annahme, daß der Reisebericht in zeitlicher Nähe zum Geschehen entstanden ist. Denn Jahrzehnte später dürfte sich laut Thornton wohl kaum jemand an diese Einzelheiten erinnert haben.[41]

IV. Der redaktionelle Charakter der Wir-Formulierungen

Die literarische Heimat der Wir-Berichte (16.20f.) ist wohl am wahrscheinlichsten im antiken Reisebericht anzusiedeln. Auch wenn solch ein Reisebericht gattungsgemäß in der 1. Person Plural abgefaßt worden ist, und selbst wenn diese 1. Person Plural bei seiner Aufnahme in ein größeres Geschichtswerk übernommen werden kann (allerdings nach Thornton nicht nachträglich eingefügt sein

---

[38] THORNTON, C.-J., *Zeuge*, S. 296.
[39] THORNTON, C.-J., *Zeuge*, S. 297. Der kurze Wir-Bericht in 16,11–15 gehe demzufolge auf einen solchen Reisebericht zurück. Hierbei handle es sich um einen Rechenschaftsbericht, vielleicht um einen ursprünglich umfassenden Bericht über das gesamte Kollektenwerk aus der Feder eines Anonymus, welcher von Lukas hier als „Quelle" verarbeitet worden sei. Mit Alexandria Troas und Philippi werden nämlich dort zwei Städte genannt, die auch auf der Kollektenreise eine herausragende Rolle spielen (S. 309).
[40] THORNTON, C.-J., *Zeuge*, S. 299.
[41] THORNTON, C.-J., *Zeuge*, S. 276.277f.341. Zum Zusatz in 16,12 (ἥτις...) S. 304: „Wie auch immer dieser Satz zu verstehen ist, in jedem Falle fügt er sich in das Bild solcher Reiseberichte ein. Die Annahme, Lukas habe ihn erst in seine Quelle eingetragen, ist darum recht unwahrscheinlich". Sprachliche sowie sachliche Überlegungen deuten jedoch genau auf das Gegenteil hin (s. Kapitel 2, Abschnitt I § 1 und besonders § 2).

darf), so folgt daraus noch keineswegs, daß dies in unserem Fall zutrifft, d.h. daß Lukas selbst auf einen solchen schon *bestehenden* Reisebericht zurückgegriffen hat.

Warum sollte der Verfasser der Apostelgeschichte sich nicht selber der Gattung des Reiseberichts bedient haben?[42] Dies scheint mir umso wahrscheinlicher, als schon längst Untersuchungen zu Wortschatz und Stil der Wir-Stücke die literarische Einheit zwischen dem Doppelwerk und den Wir-Berichten erwiesen haben.[43]

Zudem wird die vorliegende Studie Gelegenheit bieten, die Vielseitigkeit des Schriftstellers Lukas zu beobachten. Natürlich wird Lukas bei der Verwendung einer Quelle diese in seine Sprache umgeschmolzen haben. Denn er ist bestimmt kein stümperhafter Kompilator, der lediglich Überlieferungen verschiedener Herkunft aneinanderreihte. Demzufolge müssen die Grenzen einer redaktionsgeschichtlichen Arbeit berücksichtigt werden. Die „längst beobachtete Quellenbehandlung im Lk, namentlich die sprachliche Einebnung von Mk,

---

[42] Diese Möglichkeit schließt selbst THORNTON, C.-J., *Zeuge*, S. 280.341, nicht ganz aus, wenn er da schreibt: „Lukas, der Mitarbeiter des Paulus, kann an den drei Reisen, die er in Wir-Form erzählt, durchaus teilgenommen haben; in c.16.20f und vielleicht auch in c.27f konnte er möglicherweise Quellen benutzen, die er selbst oder ein anderer Reiseteilnehmer angefertigt hat." (S. 341). WEISER, A., *Apostelgeschichte, Bd II*, S. 392, setzt voraus, daß Lukas bei der Verwendung des Itinerars weniger das Wir übernommen hat, sondern sich selbst dieser Konvention bediente. Auch CULLOM, B.A., *Acts 16:6–40*, S. 24, kommt zu dem Schluß, daß die zeitgenössischen literarischen Parallelen „suggest that the use of "we" is a stylistic device which Luke copied from the literature of his day". Vgl. folgende Beispiele solcher antiken Reiseberichte in der 1. Person Plural: Petronius, *Satirikon* 144; Achilleus Tatios, *Leukippe et Cleitophon* 3,1; Dio Chrysostomus 7,2.10; Josephus, *vit.* 3,14–16; weiterhin die Beschreibung des Perserfeldzuges bei Ammianus Marcellius XXIII 2,6; XXIV 1,5; XXV 6,2.9–11; 10,1; den privaten Reisebericht in einem Brief von Julian, *ep.* 24 399B–402B besonders 401B; den amtlichen Reisebericht bzw. dienstlichen Brief bei Arrian, *Periplus Euxini Ponti* 1–11 besonders 1,1; 3,1–4; 6,1; 8,1; 10,1; schließlich noch das Fragment des Rechenschaftsberichts bei Cato, *orig.* (ORF I S.21 F 29). Die Gattungszuteilungen sind aus THORNTON, C.-J, *Zeuge*, S. 280–296, übernommen. Vgl. zur Diskussion weiterhin NORDEN, EDUARD, *Agnostos Theos*, Leipzig/Berlin 1923, S. 313ff.; POKORNÝ, PETR, *Die Romfahrt des Paulus und der antike Roman*, ZNW 64 (1973), S. 233–244, insbesondere 234; PRADER, S. M., *The Problem of the 1st Person Narrative in Acts*, NovT 29 (1987), S. 193.217; BINDEMANN, W., *Verkündigter und Verkündiger. Das Paulusbild der Wir-Stücke der Apostelgeschichte*, ThLZ 114 (1989), Sp. 705–720, insbesondere 716f.

[43] HAWKINS, J.C., *Horae Synopticae. Contributions to the Study of the Synoptic Problem*, Oxford 1899, ²1909 repr. Ndr. 1968, S. 154; HARNACK, A.v., *Arzt*, S. 56; WEHNERT, J., *Stilmittel*, S. 98; SCHILLE, G., *Apostelgeschichte*, S. 337, urteilt: „Die Annahme einer Wir-Quelle ist allerdings verfehlt: Das ‚Wir' erscheint fast durchweg in Partien, die als redaktionelle Arbeit verständlich sind, und muß daher der lukanischen Überarbeitung zugesprochen werden."

verdeutlichen das Gewicht dieses Einwandes"[44]. Folglich genügt die Identität des Stils nicht, um den redaktionellen Charakter nachzuweisen und jegliches Vorhandensein einer Quelle zu widerlegen. Aber hätte Lukas andererseits wirklich auf eine Quelle zurückgegriffen, die das Wir schon enthielt, dann würde er diese folglich dort unverändert wiedergeben, wo er Pronominal- und Verbalformen der 1. Person Plural gebraucht, was jedoch wenig plausibel erscheint.

Nun wird zudem die lexikalische Untersuchung der betreffenden Verbalformen, d.h. der Vergleich ihrer Vorkommen in den Wir-Stücken, im lk Doppelwerk und dem restlichen NT, die gestaltende Hand des Lukas erkennen lassen. Unter anderem Parallelen zum Einsatz dieser Verbalformen in der Beschreibung von Reiseetappen außerhalb der Wir-Stücke, ja sogar im Evangelium werden dieses Urteil bekräftigen.[45] Auch die von Claus-Jürgen Thornton erhobenen Struktur-elemente der Wir-Stücke[46] müssen nicht auf eine Quelle hinweisen. Sie lassen sich auch dadurch erklären, daß Lukas die Erzählkonvention des Reiseberichts gewissenhaft anwendet.[47] Diese Annahme gewinnt dadurch an Gewicht, daß eine einheitliche Formulierung der Reiseetappen in und teils *außerhalb* der Wir-Berichte – u.a. anhand der genannten Verbalformen – zu erkennen ist.[48] Wenn

---

[44] WEHNERT, J., *Stilmittel*, S. 104. THORNTON, C.-J., *Zeuge*, S. 106f., hält aufgrund des Harnackschen Nachweises der Identität der „Sprache des Wir-Erzählers in Acta mit der des übrigen Buches und des 3. Evangeliums" eine Unterscheidung „zwischen dem Verfasser der Wir-Stücke und einem abschließenden Redaktor" für nicht möglich. Wenngleich Thornton mit Recht auf diese Schwierigkeit hinweist, so bleibt eine Trennung von Redaktion und Tradition in den Wir-Stücken dennoch möglich. Das Resultat muß nuanciert dargestellt werden. Tradition und Redaktion schließen nicht immer einander aus. S. weiterhin SCHWEIZER, EDUARD, *Zur Frage der Quellenbenutzung durch Lukas*, in: ders., *Neues Testament und Christologie im Werden. Aufsätze*, Göttingen 1982, S. 33–85.

[45] S. z.B. unten die Anführungen zu ἀνάγομαι in Lk 8,22; Apg 13,13; 16,11.

[46] THORNTON, C.-J., *Zeuge*, S. 299–304.

[47] SCHRAMM, TIM, *Der Markus-Stoff bei Lukas. Eine literarkritische und redaktions-geschichtliche Untersuchung*, SNTSt.MS 14, Cambridge 1971, S. 79f. A. 3 urteilt: „Speziell die Wir-Berichte (16,10–17; 20,5–15; 21,1–18; 27,1–28,16) und die Redekompositionen (...) gelten mit Recht als besonders beweiskräftig für Stileigentümlichkeiten der luk Redaktion". Vgl. DE ZWAAN, J., *The Use of the Greek Language in the Acts*, in: FOAKES JACKSON, F.J./LAKE, KIRSOPP (Hrsg.), *The Beginnings of Christianity. Part I: The Acts of the Apostles, Vol II*, London 1922, S. 65.

[48] So WEHNERT, J., *Stilmittel*, S. 128. Es wird auch gerne die Nennung der Gastgeber bzw. der Unterkunft dem Itinerar zugeschrieben. Aber gerade für solche Informationen scheint Lukas eine Vorliebe zu haben. DUPONT, J., *Sources*, S. 152–155, zählt einige Motive auf, die Lukas gerne hervorhebt. So habe Lukas eine Prädilektion für geographische Details und situiert Städte gerne näher. Ebenfalls interessiere sich Lukas besonders für Orte bzw. Häuser, in denen seine Aktanten einkehren und verweilen. Außerdem hebt Lukas Gleichnisse hervor, worin die

diese Verben in der 1. Person Plural sich teils mit erdrückender Sicherheit als lukanische Vokabeln entpuppen, geht das in ihnen enthaltene Wir dann noch auf die Quelle zurück? Sollte Lukas etwa nichts außer dem Wir übernommen haben? Wenn der Stil lukanisch ist, so ist es das Stilelement „Wir" ebenfalls.[49]

Hier trifft im allgemeinen die Bemerkung von Jürgen Wehnert zu: „Offenbar läßt sich das Problem der WPP [=Wir-Passagen] nicht in der einfachen Alternative 'redaktionell' vs. 'traditionell' erfassen und auf dieser Grundlage lösen – vielmehr greifen beide Aspekte ineinander, so daß sich der Charakter der WPP in folgendem Doppelsatz formulieren läßt: Das „Wir", durch das die WPP stilistisch hervorgehoben werden und als solche in Erscheinung treten, ist eindeutig redaktionell und kein Bestandteil der vorluk. Überlieferung, der Inhalt der WPP, der sich von dem der übrigen Acta-Teile bemerkenswert abhebt, ist mit hoher Sicherheit traditionell und kein Produkt luk. Redaktion."[50]

Wie dieses Urteil im einzelnen auf die 2. Missionsreise und näher auf Apg 16,11–15.40 zutrifft, soll die vorliegende Arbeit zum Vorschein bringen. Das Wir ist jedoch m. E. fraglos eine Zutat des Lukas. Stilistische Beobachtungen eben zu 16,11f. und 17,1 bestätigen dies. Der erste Bericht ist in der 1. Person Plural, der zweite in der 3. Person Singular gehalten. Es „ist dieselbe Art der Angaben, vorgetragen in dem gleichen kurzen und unpathetischen Stil".[51] Das Wir verschwindet 16,17 in der zweiten Philippi-Szene, wobei der Reisebericht V.12 (vor der eigentlichen Gründungstradition) abbricht. Diese Feststellungen

---

Hospitalität eine Rolle spielt. Bemerkenswert ist zudem die Tatsache, daß die Nennung des Quartiers in 16,15 eng mit der οἶκος-Formel zusammenhängt. MATSON, D.L., *Household*, S. 87–89, zeigt, daß die οἶκος-Formel eine Konstante der Haushaltsbekehrungen in Apg ist. Hierbei handle es sich um eine schematische lukanische Formulierung. Die οἶκος-Formel geht – so Matson – auf ein „rhetorical marker" (S. 88) des Lukas zurück. Einerseits erinnert dieses rhetorische Kennzeichen an die anderen Bekehrungserzählungen, in denen es vorkommt. Der Leser erstellt somit implizit eine Verbindung. Andererseits knüpft es an den Auftrag Jesu an, die Häuser zu bekehren (Lk 10,5–7). Vgl. Kapitel 2, Abschnitt IV § 1,3, die Ausführungen zu μένειν und οἶκος.

Natürlich erfindet nicht Lukas erst diese Informationen und wahrscheinlich gehen viele ursprünglich auf Tradition zurück. Jedoch ist das Wiederholen ganz bestimmter Motive ein Zeichen dafür, daß Lukas die ihnen zugrundeliegenden Informationen aus der Tradition thematisiert und sie systematisch in verschiedenen Episoden hervorhebt. Insofern gehen sie dann doch auf lk Redaktion zurück.

[49] Ähnlich HARNACK, A.V., *Arzt*, S. 37f., auf den Abschnitt 16,10–17 bezogen: „Was sollte denn der Verfasser der Quelle unverändert entnommen haben? Lediglich das ἡμεῖς?".

[50] WEHNERT, J., *Stilmittel*, S. 191.

[51] DIBELIUS, M., *Aufsätze*, S. 65, der jedoch die Existenz eines Itinerars annimmt.

zeigen, daß Lukas keineswegs den Reisebericht samt Wir-Stil übernommen hat. Das Wir geht auf Lukas zurück. Aber auch ein Itinerar *muß* nicht als Grundlage für diese Reisenotizen postuliert werden.

V. Die Reiseangaben der 2. Missionsreise und das Wir

Ein Überblick über die Reiseangaben der sogenannten zweiten Missionsreise Apg 15,40–18,22, die uns betrifft, zeigt: Eine durchgehende Quelle muß nicht als Vorlage vorausgesetzt werden. Die in der Forschung vorgeschlagenen Gattungszuteilungen dieser Vorlage sind m.E. nicht ganz problemlos. Zunächst sollen sie daher kritisch hinterfragt werden, und schließlich möchte ich für die detaillierten Reisenotizen in 16,11f. und 17,1 einen Lösungsversuch vorschlagen.[52]

Für ein *Itinerar*[53] bzw. ein Stationenverzeichnis als Grundlage des Missionsberichts enthalten 16,11 zwar eine genaue Anreiseroute, es bleibt jedoch fraglich, ob die Gastfreunde ohne weiteres gefunden werden konnten. Viele Passagen der Reiseberichte scheinen „gar nicht auf diesen Zweck berechnet zu sein"[54]. Die für das Itinerar charakteristischen Durchgangsstationen und Tagesetappen sind zwar 16,11f.; 17,1 vermerkt, jedoch fehlt jegliche Angabe über die Entfernungen zwischen den Stationen. Für die Gattung „Itinerar" wären gegen 16,11 (τῇ ἐπιούσῃ).12 (ἡμέρας τινάς) weder Zeitangaben noch Erlebnisberichte über die Reisenden zu erwarten[55].

Auch das *Reisetagebuch* als vermeintliche Quelle festzuhalten, ist mit einigen

---

[52] Die von ROBBINS, V.K., *We-Passages*, S. 215–242, aufgrund der Wir-Stücke vorgeschlagene Seefahrtsberichtquelle stieß auf starken Widerspruch und braucht deshalb nicht eigens besprochen zu werden. Vgl. z.B. zuletzt die Kritik bei WEHNERT, J., *Stilmittel*, S. 114–117. PERVO, RICHARD I., *Profit with Delight. The Literary Genre of the Acts of the Apostles*, Philadelphia 1987, S. 57 greift Robbins Argumentation beistimmend auf. Allgemein zu den Missionsreisen im lk Doppelwerk vgl. MIESNER, DONALD R., *The Missionary Journeys Narrative: Patterns and Implications*, in: TALBERT, CHARLES H. (Hrsg.), *Perspectives on Luke-Acts*, PIRS.SSS 5, Danville/Edinburgh 1978, S. 199–214.

[53] S. schon oben die kritischen Äußerungen zu diesem Begriff.

[54] PLÜMACHER, E., Art. *Apostelgeschichte*, S. 495. Vgl. auch seine Argumentation in: ders., *Wirklichkeitserfahrung*, S. 2–22, insbesondere S. 5ff.

[55] Wenngleich die meisten Exegeten lediglich die Reiseangaben auf ein Itinerar zurückführen.

Schwierigkeiten verbunden. Denn „derlei Tagebücher dienten der Bewahrung des Details und nicht der allgemeinen Züge des Geschehens, für die das menschliche Gedächtnis allein völlig ausreichte."[56] So ist eine Tagebuch-Quelle nur noch unter der Voraussetzung intensiver Bearbeitung und Kürzungen durch den Redaktor denkbar. Genügend Einzelangaben enthalten in der 2. Missionsreise lediglich 16,11f.; 17,1, was eine Abfassung eines solchen Tagebuchs nur für die Strecke von Alexandria Troas über Philippi bis hin nach Thessaloniki und nicht etwa für alle Reiseangaben wahrscheinlich macht. Denn warum soll Lukas überall außer hier gekürzt haben?[57]

Von einem *Rechenschaftsbericht* wird die Nennung der Tagesetappen, der wichtigsten durchreisten Städte oder Orte, sowie absolute oder relative Zeitangaben erwartet. Berichte über einzelne Erlebnisse und Begründungen des Unterfangens gehören ebenfalls zu dessen Topoi. All diese Gattungsmerkmale begegnen im Philippi-Abschnitt, jedoch nur hier. Deswegen setzen manche Exegeten eine Vorlage hypomnematischen Charakters voraus.[58]

So scheint der Rechenschaftsbericht am zutreffendsten die Gattung des Reiseberichtes zumindest für 16,11f.; 17,1 zu bezeichnen. Jedoch kann dann kaum noch die These einer durchgehenden vorlukanischen, die Reiseinformationen enthaltenen Quelle aufrechterhalten werden.[59] Denn nachweisbar wäre solch ein Rapport lediglich für 16,11f.; 17,1. Auch stellt sich die Frage nach dem

---

[56] PLÜMACHER, E., *Wirklichkeitserfahrung*, S. 5f. In diesem Artikel auch eine ausführliche Diskussion der angeblichen außerbiblischen Belege, die hier nicht eigens wiederholt werden müssen. S. vor allem gegen A.D. Nocks Zuteilung zur Gattung „Reisetagebuch" S. 5ff.

[57] Obwohl bestimmte Kürzungen durchaus theologisch motiviert sind, sind bei weitem nicht alle lückenhaften Reisedarstellungen so zu entschuldigen. So ist z.B. die Nicht-Missionsreise im Zickzack-Kurs durch Kleinasien (Apg 16,6–8), die die Führung Gottes erkennen läßt, unter der die Missionare nach Makedonien geleitet werden, wahrscheinlich die bemerkenswerteste Passage. Vgl. u. in Kapitel 3, Abschnitt II § 2-3. Vgl. weiterhin BOWERS, W.P., *Paul's Route through Mysia. A Note on Acts XVI.8*, JThS 30 (1979), S. 507–511.

[58] Das antike ὑπόμνημα war ein Rechenschaftsbericht, der als amtliches Schreiben von militärischen oder politischen Führern dem römischen Senat vorgelegt wurde. Auch führende Persönlichkeiten faßten ὑπομνήματα zur Schilderung ihrer eigenen Taten ab. Diese Berichte sind nur in stilisierter Form oder sekundärer Bearbeitung z.B. durch einen Geschichtsschreiber erhalten. Zuletzt THORNTON, C.-J., *Zeuge*, S. 309. Die Belege in antiker Literatur bei NORDEN, EDUARD, *Agnostos Theos. Untersuchungen zur Formengeschichte religiöser Rede*, Leipzig/Berlin 1913, Darmstadt ⁴1956 repr. Ndr. 1971, S. 318–319.

[59] Es sei denn, Lukas habe sein Quellenmaterial „epitomierend" bearbeitet. So z.B. PESCH, R., *Apostelgeschichte, Bd II*, S. 154f., ROLOFF, J., *Apostelgeschichte*, S. 274, ohne jedoch Gründe für die Kürzungen der Quelle zu nennen.

möglichen „Sitz im Leben" eines solchen Rechenschaftsberichts.[60] Keiner der
Vorschläge löst das Problem befriedigend.

Von den in Apg 15,36–16,1.6–8.11–12; 17,1.10.14–15; 18,1.18–23
enthaltenen Informationen weisen nämlich nur 16,11f. und 17,1 annähernd die
für die Gattung „Itinerar", „diaire" (Reisetagebuch) oder Rechenschaftsbericht
(ὑπόμνημα) notwendigen Charakteristika auf. Lukas beschreibt nur die Fahrt
von Alexandria Troas über Samothrake und Neapolis nach Philippi und die
Weiterreise über Amphipolis und Apollonia nach Thessaloniki mit dieser
Detailfreude.[61] Nur hier werden dem Leser Informationen über Tagesetappen,
Reise- und Aufenthaltsdauer sowie Zwischenstationen vermittelt, ohne große
Wegstrecken zu überspringen und den Leser über die eigentliche Route im Zweifel
zu lassen.

Deshalb ist eine genaue Gattungszuteilung der in der 2. Missionsreise
enthaltenen Reiseberichte schwierig. Überzeugender wirkt die Annahme, daß
Lukas sich „weithin sein Material selbst beschafft hat".[62] Eigenes Reisen,
Befragungen von Gewährsleuten, Erkundigungen durch Mittelsmänner gehörten
schon seit Herodot und Thukydides zu den Verfahren der griechisch-römischen
Geschichtsschreibung und dienten der Stoffsammlung für ein geplantes Werk.
Natürlich stellen die so erhaltenen mündlichen und schriftlichen Informationen
ja ebenfalls eine Quelle dar. Aber es handelt sich um keine literarische Vorlage
im eigentlichen Sinn. Eine alle Reiseangaben enthaltende, für die ganze Apg
bzw. für die 2. Missionsreise durchgehende Quelle wird dann doch unwahrscheinlich. Wahrscheinlicher sind hingegen disparate Quellen, die Lukas nach
eigenem Bedarf verarbeitet und deren unterschiedlicher Charakter in der
Endfassung seines Werkes durchschimmern.

---

[60] So setzt THORNTON, C.-J., *Zeuge*, S. 305ff., für die Wir-Berichte allgemein einen
dienstlichen Reisebericht der (Jerusalemer) Kollektenreise als Vorlage voraus. Jedoch gelangt der
Vf. u.a. mit Bezugnahme auf 16,11–15 zu der äußerst hypothetischen Annahme, den Bericht
einem namentlich nicht genannten Gemeindeapostel zuzuweisen. Aus der Feder dieses anonymen
Bruders stamme vielleicht ein umfassender Bericht über das ganze Kollektenwerk. Wobei der Vf.
darüber spekuliert, welche Gemeinden den ohnehin schon unbekannten Kollektensammler
entsandten (S. 309–313).
[61] Abgesehen vielleicht von Apg 18,18–23, die die Weiterreise von Korinth über Kenchräa
nach Ephesus und später nach Antiochia (und Jerusalem) erwähnt. Lukas zeigt sich hier jedoch
bei weitem nicht so detailfreudig wie in den Angaben um den Philippi-Abschnitt (16,11f.; 17,1).
[62] PLÜMACHER, E., *Wirklichkeitserfahrung*, S. 7.

Was die präzisen Angaben der 2. Missionsreise in 16,11f.; 17,1 betreffen, so gibt es hier eine andere, ausreichende Erklärung. Eine *beachtliche Liste von Indizien* zeigt nämlich, daß Lukas spezifische Ortskenntnisse in und um Philippi besitzt und darüber hinaus die Philippi-Episode in besonderer Weise herausstreicht:[63]

– Die besagte Nicht-Missionsreise im Zickzackkurs durch Kleinasien mit zweimaliger Intervention des Geistes (16,6f.) im Gegensatz zu der schnellen und detaillierten Überfahrt nach Makedonien[64].

– Der Ruf des Traumgesichts, nach *Makedonien* überzusetzen (V.9)[65].

– Die Beschreibung der Reisebedingungen: ‚geraden Kurs fahren' (εὐθυδρομέω, 16,11; 21,1)[66], die Fahrtzeit von 2 Tagen für die Reise von Alexandria Troas nach Philippi und von 5 Tagen für dieselbe Strecke in entgegengesetzter Richtung (20,6) entspricht den damaligen Segelbedingungen.

– Die Eigenart bestimmter Vokabeln, die in der Philippi-Episode verwendet werden (μερίς, κολωνία, V.12; ὕψιστος, V.17, στρατηγοί, V.20; δεσμοφύλαξ, V.23. 27.36; ῥαβδοῦχοι, V.35.38), spiegeln die regionalen bzw. lokalen Verhältnisse sehr gut wider.[67]

---

[63] Die Motive und Vokabeln sollen hier nur zur Kenntnis genommen werden. Im 2. und 3. Kapitel wird an geeigneter Stelle näher auf einige derselben eingegangen.

[64] Die Ungenauigkeit der lk Angaben (Apg 16,6f.) fällt besonders durch den Vergleich mit dem römischen Straßennetz in Kleinasien auf; s. FRENCH, D.H., *The Roman Road-System of Asia Minor*, ANRW II 7,2 (1980), S. 698–729.

[65] Zu Apg 16,9 (διαβῆναι) ist m.E. die Auslegung von GEIGER, G., *Der Weg als roter Faden durch Lk-Apg*, in: VERHEYDEN, JOSEPH (Hrsg.), *The Unity of Luke-Acts*, BEThL 142, Leuven 1999, S. 663–673, hier 665, verfehlt: „Eine wichtige theologische Komponente ist damit aber nicht verbunden."

[66] Zum redaktionellen Charakter und der Triftigkeit dieser Vokabel s. Kapitel 2, Abschnitt I § 1,3.

[67] Zum Detail siehe PILHOFER, P., *Philippi I*, S. 157.159–162.182–188.193–205; vor allem für die *termini*, die im Laufe der Arbeit nicht weiter berücksichtigt werden können. So ist θεὸς ὕψιστος im hiesigen Kontext nicht etwa eine „bei Nichtjuden gebräuchliche Bezeichnung des jüdischen Gottes" (so HAENCHEN, E., *Apostelgeschichte*, S. 483), sondern eine makedonisch-thrakische Gottheit (vgl. ROBERTS, COLIN/SKEAT, THEODORE C./NOCK, ARTHUR DARBY, *The Gild of Zeus Hypsistos*, HThR 29 (1936), S. 39–88, insbesondere S. 65f.; ELLIGER, W., *Paulus*, S. 67f.; HEMER, C.J., *Acts*, S. 231; TREBILCO, PAUL R., *Paul and Silas "Servants of the Most High God" (Acts 16.16–18)*, JSNT 36 (1989), S. 51–73; PILHOFER, P., *Philippi I*, S. 182–188, wo bezüglich unserer Stelle die ausführlichste Diskussion geführt wird. „Auch in dieser Hinsicht erweist sich der Verfasser der Apostelgeschichte mithin als ein präziser Kenner der lokalen Gegebenheiten in Philippi im ersten Jahrhundert unserer Zeitrechnung" (S. 187). Was die Beamten der Kolonie betrifft (στρατηγοί, δεσμοφύλαξ, ῥαβδοῦχοι), ist ähnliches festzuhalten. Die Nennung eines δεσμοφύλαξ bleibt in der Apg beispiellos, obwohl es mehrmals dazu die

– Die für die Apostelgeschichte einzigartige Anklage in 16,20f.[68]

– Die genaue Bezeichnung der Reiseroute von Philippi nach Thessaloniki (17,1) über die *Via Egnatia*, der die Missionare seit Neapolis (16,11) folgen.

– Die Verwendung der Amtsbezeichnung πολιτάρχης für die thessalonischen Ratsherren (17,4).

Keine andere Perikope im lk Doppelwerk wartet sich mit solch einer Anhäufung von Details und Motiven auf. Nur in der Philippi-Perikope formuliert Lukas so genau. Nur hier gibt es gleichsam drei auf göttliche Kräfte zurückzuführende Eingriffe, um die Mission in die richtigen Wege zu leiten.[69] An keiner anderen Stelle der Apg oder des Lk wird ein „Richtungswechsel" der Mission auf eine solch eigentümliche Weise hervorgehoben.[70] Nach dem Apostelkonzil wird trotz

---

Gelegenheit gegeben hätte (z.B. Apg 5,23; 12,4, wo eigens Wachposten vermerkt sind). Die römischen Behörden στρατηγοί und ῥαβδοῦχοι entsprechen dem lateinischen Pendant *duumviri iure dicundo* und *lictores*. Auch diese *termini* heben den römischen Charakter der Kolonie hervor. Vgl. PILHOFER, P., *Philippi I*, S. 193–199.

[68] Die Anklage der κύριοι der παιδίσκη richtet sich gegen die fremde, in den Augen der Römer staatsgefährdende Lebensweise der Missionare. Deren religiöse Ansichten stehen aus der Sicht der κύριοι im Gegensatz zu dem römischen *mos maiorum*. S. zu dieser Deutung der Anklage, VAN UNNIK, WILLEM CORNELIS, *Die Anklage gegen die Apostel in Philippi (Apostelgeschichte XVI 20f.)* in: *Mullus*, FS Theodor Klauser, JAC.E 1, Münster 1964, S. 366–373; Ndr., in: ders., *Sparsa Collecta. The Collected Essays of W.C. Van Unnik*, Part One, NT.S XXIX, Leiden 1973, S. 374–385; PILHOFER, P., *Philippi I*, S. 189–193. Nur vor dem römisch geprägten Hintergrund einer Kolonie wie Philippi macht eine solche Anklage einen Sinn.

[69] In diesem Zusammenhang sind auch die Öffnung des Herzens der Lydia (16,14) und die wundersame Befreiung (V.25–26) zu deuten. Vgl. unten Kapitel 3, Abschnitt II § 2. Interessant ist auch die Feststellung, daß von den 106 Verwendungen von πνεῦμα in Lk (36)/Apg (70) – immerhin 28 % aller Vorkommen im NT! – nur Apg 16,7 vom Geiste Jesu die Rede ist. Zur Rolle des Geistes s. den übersichtlichen Beitrag von FITZMEYER,. J.A., *The Role of the Spirit in Luke-Acts*, in: VERHEYDEN, JOSEPH (Hrsg.), *The Unity of Luke-Acts*, BEThL 142, Leuven 1999, S. 165–184.

[70] Schließlich mag der Exorzismus der wahrsagenden Magd ebenfalls einen geographischen Bezug haben und die Wichtigkeit des Übergangs nach Makedonien unterstreichen. Vgl. STALEY, JEFFREY L., *Changing Woman: Postcolonial Reflections on Acts 16.6–40*, JSNT 73 (1999), S. 113–135, hier 124: „In the symbolic universe of the Graeco-Roman world, exorcism in 'foreign' territory becomes explicit political acts connecting political oppression with demoniac possession (Mk 5.1–17;7.24–31)." Makedonien stellt nun ein neues, fremdes Territorium dar. Und weiter S. 124f.: „Finally, the designation of the demon-possessed girl as 'pythonic' (16.6) evokes the Greek hieropolis of Delphi (still to the west), the omphalos (navel) of the ancient Greek world. This pythonic spirit of Delphi stands in marked contrast to Jerusalem (to the east), the omphalos of the Jewish and early Christian world, and the center of the book of Acts up to this point in the narrative: a place where God's holy spirit had earlier filled an entire house with amazing displays of power (Acts 2.1–3)."; noch S. 126.

der langen Reise keine Bekehrung erwähnt. Es hat den Anschein, daß Lukas diese eigens für die Kolonie Philippi in Makedonien aufhebt. Der Leser gewinnt das Gefühl, *daß hier und nirgendwo anders die Erstbekehrung nach dem Apostelkonvent stattfinden soll.*

Der Ruf, nach Makedonien überzusetzen, im Munde eines ἀνὴρ Μακεδών, kombiniert mit den Interventionen des Geistes bereiten nicht nur die Mission in Makedonien vor, sondern verraten zudem die Heimatliebe des Schreibers. „Der Übergang nach *Makedonien* wird in diesem Abschnitt so nachdrücklich herausgestellt; was also läge näher, als hier makedonische Interessen am Werk zu sehen, makedonische Traditionen, für die dieser Übergang des Paulus und seiner Gefährten natürlich von zentraler Bedeutung sein mußte, makedonischen Lokalpatriotismus, der stolz darauf war, die Existenz makedonischer Gemeinden auf die Wirksamkeit des Apostelfürsten Paulus selbst zurückführen zu können?"[71]

Es ist wohl in Betracht zu ziehen, daß Lukas selbst sich als ἀνὴρ Μακεδών versteht. Schon öfter äußerten sich Autoren dahin, daß Lukas die nähere Kennzeichnung der Stadt selbst hinzufügte. Die folgende Text- und Redaktionskritik wird dies zudem bestätigen. Schon mehrmals wurde die Heimat des Lukas am ägäischen Meer, in Makedonien oder gar in Philippi angesetzt. Daß diese Vermutung durchaus begründet ist, machte Peter Pilhofer erst kürzlich wahrscheinlich.[72] Philippi braucht hierbei nicht die Heimatstadt des Lukas, die

---

[71] PILHOFER, P., *Philippi I*, S. 155f. Zur Heimat des Lukas in Antiochien s. STROBEL, AUGUST, *Lukas der Antiochener*, ZNW 49 (1958), S. 131–138. Lukas scheint sich auf jeden Fall im pisidischen Antiochien weitaus weniger gut auszukennen, S. PILHOFER, PETER, *Luke's knowledge of Pisidian Antioch*, in: DREW-BEAR, THOMAS/TASLIALAN, MEHMET/THOMAS, CHRISTINE M. (Hrsg.), *First International Congress on Antioch in Pisidia*, Ismit 1999, S. 70–76.

[72] Zur redaktionellen Zufügung der näheren Kennzeichnung der Stadt: VIELHAUER, Ph., *Geschichte*, S. 389; SCHNEIDER, G., *Die Apostelgeschichte, Bd II*, S. 213 (falls der Autor mit „Erzähler" Lukas, den Redaktor, meint); WEISER, A., *Apostelgeschichte, Bd II*, S. 421; OLLROG, WOLF-HENNING, *Paulus und seine Mitarbeiter. Untersuchungen zur Theorie und Praxis der paulinischen Mission*, WMANT 50, Neukirchen-Vluyn 1979, S. 29; ZMIJEWSKI, J., *Apostelgeschichte*, S. 602; PILHOFER, P., *Philippi I*, S. 159–165. Daß Lukas vielleicht aus Makedonien oder gar aus Philippi selbst stamme, vertreten: BOVON, F., *L'oeuvre de Luc*, S. 24; HEMER, C. J., *Acts*, S. 346 A. 77, der eine besondere Beziehung des Lukas zu Philippi voraussetzt; PILHOFER, P., *Philippi I*, S. 157f.204f., dessen Belege um ein Vielfaches reicher sind und sich u.a. auf epigraphische und archäologische Funde stützen. Vgl. zusammenfassend PILHOFER, PETER, Ο Λουκάς ως „ἀνὴρ Μακεδών". Η καταγωγή του ευαγγελιστή από τη Μακεδονία, in: Ancient Macedonia VI 2, Thessaloniki 1999, S. 903–909. Noch ASCOUGH, RICHARD S., *Civic Pride at Philippi. The Text-Critical Problem of Acts 16.12*, NST 44 (1998), S. 93–103; hier 101f.: „I would suggest that the author of the source [Wir-Passagen] behind this

dortige christliche Gemeinde nicht seine ursprüngliche Gemeinde zu sein. Es genügt, wenn er dort einige Zeit gelebt und der christlichen Gemeinde in Philippi angehört hat. Wie dem auch sei, er fühlt sich dieser Gemeinde auf jeden Fall sehr verbunden. Daß es über die geographischen und topographischen Details, über den in Apg 16,8-10.11-15 anklingenden Lokalpatriotismus hinaus auch noch andere Indizien zur Bestätigung dieser These gibt, wird noch an geeigneter Stelle diskutiert.

So viel sei vorweggegriffen: „Un indice incite à la placer (Lukas' Heimat) dans le bassin de la mer Égée, peut-être à Philippes: plusieurs protagonistes de l'oeuvre lucanienne commencent leur ministère dans leur propre patrie: Jésus à Nazareth (Lc 4,16-30) et Paul à Tarse (Ac 9,30). Or le 'nous' – qui est certes un subterfuge littéraire – apparaît dans le cadre du voyage de Paul de Troas à Philippes (Ac 16,10). C'est du reste Philippes et l'administration municipale de cette cité que l'évangéliste connaît le mieux."[73] Für einen Ortsansässigen ist auch die Route nach Philippi kein Geheimnis. Samothrake als Zwischenstation zur Anreise, Amphipolis und Apollonia zur Weiterreise nach Thessaloniki entsprechen dem damaligen Seeweg bzw. Straßenverkehrsnetz.

Seit Neapolis bewegen sich die Missionare auf der *Via Egnatia* fort.[74] Auch hier ist, wie in den vorangegangenen Versen (16,11-12), die Wegbeschreibung von beispielloser Präzision. Übertreffen die Angaben zur Anreiseroute nach Philippi in ihrer Ausführlichkeit um vieles jegliche andere Wegbeschreibung

---

passage is from Philippi. [...] The writer takes obvious pride in his city in a way not uncommon in antiquity". Der Autor der Wir-Quellen stammt also laut Ascough aus Philippi, nicht etwa Lukas, der Autor der Apg (vgl. S. 12 A. 47). POKORNÝ, P., *Theologie*, S. 18, hält für möglich, daß Lukas in Griechenland beheimatet war.

Nennenswert sind in diesem Zusammenhang die Aussagen der sogenannten monarchischen Prologe sowie der antimarkionitischen Evangelienprologe, die die Redaktion des Lk in Griechenland situieren, S. REGUL, J., *Die antimarcionitischen Evangelienprologe*, Freiburg 1969, besonders S. 202.242.

[73] BOVON, F., *L'oeuvre de Luc*, S. 24.
[74] Der Verlauf dieser antiken Verkehrsstraße kann aufgrund erhaltener Itinerarien, der Angaben bei Strabon (VII 7,4) und Polybius (XXXIV 12,2–8) sowie gefundener Meilensteine recht genau bestimmt werden. S. zur Diskussion ADAMS, JOHN PAUL, *Polybius, Pliny and the Via Egnatia*, in: ders.: *Philip II, Alexander the Great, and the Macedonian Heritage*, Washington 1982, S. 269–302; COLLART, PAUL, *Les milliaires de la Via Egnatia*, BCH 100 (1976), S. 177–200; COLLART, P., *Philippes*, S. 490 u. A. 2; ELLIGER,W., *Paulus*, S. 45ff.; vgl. die Karten 2ff. bei PILHOFER, P., *Philippi I*, S. 157 A. 11. Zur *Via Egnatia* vgl. noch O'SULLIVAN, FIRMIN, *The Egnatian Way*, Newton Abbot/Harrisburg 1972.

im lk Doppelwerk, so ist auch in 17,1 die Nennung der Zwischenstationen äußerst bemerkenswert.

Obwohl die Strecke nach Thessaloniki gezwungenermaßen über die *Via Egnatia* verlief, an den Zwischenstationen laut Lukas nichts Nennenswertes geschieht und diese somit für den Erzählfaden belanglos sind, erwähnt er die Städte explizit. Dieser Befund wirkt umso kurioser, wenn andere Reiseberichte herangezogen werden. Auf der ersten Missionsreise ist die Strecke zwischen Perge und dem pisidischen Antiochia wesentlich länger, und es gibt mehrere Verbindungsstraßen. Der Leser bleibt jedoch über Reiseetappen und Wegenetz im unklaren. Ähnliches trifft für die Beschreibung der Route von Antiochia nach Iconium (Apg 13,51) zu. Hier standen zwei Straßen zur Verfügung, über Zwischenstationen kein Wort.[75]

Lukas weiß in den Gefilden um Philippi und in der Stadt selbst bestens Bescheid, und darüber hinaus erweckt er den Eindruck, als wolle er dies geradezu zu erkennen geben.[76]

Diese Beobachtungen stimmen schließlich mit denen der folgenden sprachlichen Untersuchung überein: Sprache und Stil sind u.a. bei jenen Motiven bzw. Angaben, die angeblich auf eine Quelle hinweisen sollen, äußerst lukanisch (Wir-Formulierungen, Zeitangaben). Auch werden die Analyse von Wortschatz und Stil in Apg 16,11–15 und die dort erhobenen redaktionellen Eingriffe schließlich seitens der lukanischen Theologie eine Bestätigung finden.

Zusammenfassend gilt also: Für die 2. Missionsreise kommt m.E. keine durchgehende Quelle in Frage, die Reisenotizen in 16,11f. und 17,1 können sogar auf den Verfasser selbst zurückgehen.[77] Insbesondere die genauen Angaben zur Reiseroute und geographisch-politischen Situation Philippis in 16,11–12 sowie

---

[75] Diese Beispiele schon bei PILHOFER, P., *Philippi I*, S. 200f. Apg 13,4–6 erfährt der Leser ebenso wenig über die Route von Salamis nach Paphos. Bezeichnenderweise geben die Kommentare über den Verlauf der Reise unterschiedliche Auskünfte. Vgl. ZAHN, THEODOR, *Die Apostelgeschichte des Lucas. Zweite Hälfte Kap. 13–28*, KNT V/2, Leipzig ⁴1927, S. 409f.; PESCH, R., *Apostelgeschichte, Bd II*, S. 23f. u. A. 15; HAENCHEN, E., *Apostelgeschichte*, S. 381 u. A. 8. Mit der zweiten Reiseetappe Apg 14,5–7 von Lystra nach Derbe verhält es sich ähnlich. Diese wenigen Beispiele dürften genügen, um die Sonderstellung von 16,11f.; 17,1 hervorzuheben.

[76] So auch PILHOFER, P., *Philippi I*, S. 203.

[77] Dazu Kapitel 2, Abschnitt I § 1 (V.11–12a, Reiseangaben).

die damit verbundenen Zeitangaben (τῇ ἐπιούσῃ, V.11; ἡμέρας τινάς, V.12) erhärten diese Annahme. Es genügt, wenn Lukas Makedonien und die dort vorhandenen Reisemöglichkeiten kennt[78]. Und daß er sie kennt, stellt er in der Philippi-Episode geradezu unter Beweis! Daß er sich in 16,10ff. besonders detailfreudig zeigt, mag noch weitere (theologische) Gründe haben. Die vorliegende Studie wird im 3. Kapitel näher darauf eingehen.

Ich möchte an dieser Stelle der redaktionskritischen Arbeit vorgreifen, und eine traditionsgeschichtliche sowie eine formkritische Überlegung zur Argumentation heranziehen. Die Erwähnung der politischen Situation Philippis (κολωνία) ist z.b. für eine Lokalüberlieferung absolut überflüssig. Erst in einem größeren literarischen Zusammenhang (Aufnahme in die Apg) und für ein weiteres Publikum erhält sie Wirksamkeit. Was für einen Nutzen soll die Nennung der geographischen Lage der Stadt und deren Status für die lokale Christengemeinde gehabt haben? Jedes Kind in Philippi wußte, daß es in einer römischen Kolonie lebte und wo sich diese befand! Wer ein Itinerar vorraussetzt, kann zwar die Wegbeschreibung von Troas nach Philippi auf das zu rekonstruierende Stationenverzeichnis zurückführen, aber keinenfalls die Nennung der Kolonie und der Zugehörigkeit zum ersten Bezirk Makedoniens. Diese Angaben sind in allen anderen Wir-Passagen und dem vermuteten Itinerar ohne jede Analogie. Des weiteren sind sie in einem Stationenverzeichnis ohne Nutzen! Denn hierin interressiert, wie man von einem Ort zum anderen gelangt, aber nicht, daß die „Station" Kolonie ist oder zur ersten μερίς Makdoniens gehört. Schon deshalb stammen diese Angaben in V.11-12 weder aus einem Itinerar noch aus einer Lokalüberlieferung.

Und 16,11-15, bzw. 16,10-17 sowie die anderen Wir-Stücke stehen außerdem an Schnittstellen zwischen verschiedenen Literaturgattungen oder umschließen solche.[79] An unserer Stelle setzt das Wir mit einer Traumvision ein, ist in einem Reisebericht eingebettet, worauf eine Bekehrungsgeschichte folgt, die gleichsam als Gründungstradition der Philippi-Gemeinde geboten wird, und verschwindet

---

[78] Zu den weiteren Indizien, die die spezifischen Ortskenntnisse des Lukas belegen, vgl. Kapitel 2, Abschnitt I § 2,1 sowie II § 1-§ 2. Der in diesen Angaben (16,10-12) durchschimmernde Lokalpatriotismus legt im Zusammenhang mit den archäologischen und epigraphischen Funden die Überlegung nahe, die Heimat des Lukas in Philippi zu postulieren.
[79] Vgl. WEHNERT, J., *Stilmittel*, S. 104. Auch in 16,11-40 sind verschiedene Gattungen enthalten.

erst zu Beginn des folgenden Exorzismus. Das Wir findet sich keineswegs nur im Reisebericht, sondern in insgesamt *vier* unterschiedlichen Gattungen, die aufeinanderfolgen. Die Verschiedenheit der in Wir-Form gehaltenen Passagen und die zumindest für eine Lokaltradierung überflüssige Kennzeichnung der Stadt legen folgendes nahe: (1.) Das Wir kann an unserer Stelle unmöglich aus *einer* Quelle stammen. Es wurde beim Verknüpfen der einzelnen Traditionselemente beigefügt. (2.) Die Situierung der Stadtkolonie in der ersten μερίς Makedoniens geht auf den Redaktor zurück, der die einzelnen Episoden zusammenfügt und in einen größeren literarischen Zusammenhang bringt (Apg). Dabei hat er auf das Stilmittel des Wir zurückgegriffen. Die redaktionskritische Analyse im zweiten Kapitel wird zeigen, daß dies das Werk des Verfassers ist.

Daß Lukas auch in Apg 16,11–15.40 die von ihm rezipierte Tradition sorgfältig sprachlich sowie theologisch überarbeitet hat, wird die vorliegende Arbeit zeigen.

VI. Die theologische Tragweite des Wir

Bleibt nun noch die Frage, wodurch die Verwendung der 1. Person Plural bei Lukas motiviert ist. Wie schon erwähnt, greift Lukas wahrscheinlich auf die Literaturgattung Reisebericht zurück und dürfte gemäß damaliger Konvention das Wir selber eingesetzt haben. Aber zu welchem Zweck steht es hier?

Die Vermutung, Lukas wolle „seinen eigenen Anteil an den Reisen des Paulus (…) kennzeichnen"[80], muß m.E. ausscheiden. Es stimmt, daß sein Erzählstil dadurch lebendiger und „der Leser unmerklich durch das »Wir« tiefer mit eingezogen"[81] wird. Vielleicht schwebten Lukas leserpsychologische Intentionen vor. Dem Grundsatz hellenistischer Historiographie folgend, mag Lukas den Anspruch erheben, selber „ein weit gereister und insbesondere see-erfahrener Mann"[82] zu sein. Auch will er vielleicht „gemäß seinem eigenen, schon im

---

[80] DIBELIUS, M., *Aufsätze*, S. 93.
[81] So KLIESCH, KLAUS, *Die Apostelgeschichte*, SKK.NT 5, Stuttgart 1986, S. 111.
[82] PLÜMACHER, E., Art. *Apostelgeschichte*, S. 514; ähnlich VIELHAUER, Ph., *Geschichte*, S. 391, SCHNEIDER, G., *Apostelgeschichte, Bd I*, S. 93f., WEISER, A., *Apostelgeschichte, Bd II*, S. 392; ZMIJEWSKI, J., *Apostelgeschichte*, S. 593.

Proömium Lk 1,4 hervorgehobenen Grundsatz der ἀσφάλεια" [83] als glaubwürdiger Berichterstatter gelten. Vielleicht will Lukas die Zuverlässigkeit der in den Wir-Berichten enthaltenen Paulusüberlieferungen unterstreichen. Zumal die Wir-Stücke solche Texte umschließen, in denen „eindeutig das Predigen und Wunderwirken des Paulus im Mittelpunkt steht" [84]. Somit könnte er die Erzählungen zur Person des Paulus als „besonders verbürgte Paulusnachrichten" [85] ausweisen. Aber dieses erklärt noch nicht zufriedenstellend den Einsatz der 1. Person Plural an eben den Stellen, wo sie vorhanden sind.

Nun wird während der in den Wir-Berichten geschilderten Reisen jeweils eine der „drei Grundrichtungen des paulinischen »Weges«" [86] eingeschlagen: Makedonien/Achaia (16,10–17), Jerusalem (20f.) und Rom (27f.). Durch die Wir-Form will Lukas die Gottesgefügtheit dieses Weges bezeugen. Lukas greift immer in Schlüsselmomenten auf das Wir zurück. Die geschilderten Geschehnisse stellt er als von Gott gewollte und durch den Geist bewirkte Geschichte dar [87]. Im Übergang nach Makedonien, im Beginn der Reise in die Gefangenschaft und in der Romfahrt erfüllt sich das göttliche δεῖ [88]. Mit der Verwendung der 1. Person Plural möchte Lukas sich als Zeuge dafür verstanden wissen, „daß und wie sich in entscheidenden Momenten der Geschichte des Christentums der göttliche Plan verwirklichte" [89].

---

[83] ZMIJEWSKI, J., *Apostelgeschichte*, S. 593.

[84] ZMIJEWSKI, J., *Apostelgeschichte*, S. 594.

[85] SCHNEIDER, G., *Apostelgeschichte, Bd I*, S. 95.

[86] SCHNEIDER, G., *Apostelgeschichte, Bd I*, S. 94.

[87] Zweimal interveniert der Geist, um die Reisepläne der Missionare zu durchkreuzen. Zuerst verwehrt der Heilige Geist ihnen die Verkündigung des Wortes in der Provinz Asien (16,6). Dann ist es der Geist Jesu, der die Missionare von der nord-östlichen Route in Richtung Bithynien abhält (V.7). Eine nächtliche Vision veranlaßt Paulus schließlich dazu, nach Makedonien überzusetzen (V.10). Hier setzt das erste Wir-Stück ein. Im Bericht der Bekehrung der Lydia öffnet der Herr ihr das Herz (V.14). Vgl. die Auslegung in Kapitel 3, Abschnitt II § 1–3 und ebenfalls § 5f.

[88] THORNTON, C.-J., *Zeuge*, S. 364–366, der allerdings für 16,10f. wie in den gängigen Kommentaren üblich den Übergang nach Europa als theologisches Motiv des Lukas in den Vordergrund stellt. Es ist jedoch zu bezweifeln, daß Lukas den Übergang nach *Europa* hervorheben möchte; vgl. Kapitel 3, Abschnitt II § 2. Das göttliche δεῖ, das zunächst Jesu Weg nach Jerusalem geleitet hat (Lk 2,49; 4,43; 9,22; 13,33; 17,25; 22,37; 24,7.44), wird auf Paulus übertragen (Apg 9,16; 14,22; 19,21; 23,11; 27,24.26), vgl. GEIGER, G., *Der Weg*, S. 668. Vgl. ferner SQUIRES, J.T., *The Plan of God in Luke-Acts*, MSSNTS 76, Cambridge u.a. 1993, S. 17ff.; COSGROVE, CH.H., *The Divine* δεῖ *in Luke-Acts*, NT 26 (1984), S. 167–190 besonders S. 170ff.; POKORNÝ, P., *Theologie*, S. 91f.

[89] THORNTON, C.-J., *Zeuge*, S. 366.

VII. Ergebnis

Zusammenfassend ist aufgrund der vorangegangenen Überlegungen folgende Arbeitshypothese festzuhalten. Lukas war wahrscheinlich kein Paulusbegleiter und berichtet in den Wir-Stücken nicht von Selbsterlebtem. Mit dem Einsatz der 1. Person Plural greift Lukas wahrscheinlich auf ein antikes literarisches Verfahren zurück, das in der Gattung Reisebericht Verwendung findet. Eine nähere Gattungsbestimmung der Vorlage ist m.E. nicht ratsam. Dieser literarische Kunstgriff ist theologisch motiviert. Lukas will Zeuge dafür sein, daß das Geschehene dem Willen Gottes entspricht. Er schreibt Glaubensgeschichte. Darüber hinaus verarbeitet er natürlich Quellen, die er im Lichte seines Glaubens deutet. Die in Kapitel 16f. enthaltenen Reiseangaben, u.a. die dort vermerkten Reisestationen, müssen nicht aus einer literarischen Quelle stammen. Sie können ganz gut auf eigenem Wissen beruhen. Insbesondere für die 16,11–12a beschriebene Route ist eine wie auch immer geartete Vorlage nicht zwingend. Die redaktionsgeschichtliche Analyse von 16,11–15.40 dürfte diese Annahmen des weiteren bestätigen.[90]

---

[90] Wenngleich ich mich im Vorangegangenen gegen eine Begleitung des Paulus durch Lukas (den Arzt) ausgesprochen habe, so möchte ich eine solche Reisebegleitung nicht *definitiv* ausschließen. Denn manche inhaltlich-theologischen Divergenzen können gut auf die schriftstellerische und theologische Selbständigkeit des Lukas zurückzuführen sein. Aber dennoch überwiegen m.E. nach heutigem Forschungsstand die Argumente gegen die Vermutung, Lukas sei des Paulus Reisegefährte gewesen. Vgl. jedoch die Studie von ALEXANDER, LOVEDAY, *The preface to Luke's Gospel*, SNTS.MS 78, Cambridge 1993, der die Form der Lukasprologe Lk 1,1–4 und Apg 1,1 mit jener der wissenschaftlich-technischen Literatur der Antike vergleicht und insbesondere die Berührungspunkte mit den Prologen in „medizinischen" Schriften hervorhebt. Demnach schreibe Lukas seine Prologe, wie ein Arzt seiner Zeit es getan hätte (S. 176–177). Ärzte waren von berufswegen reiseerfahren. Wie dem auch sei, eine Entscheidung dieser Frage berührt unsere Forschungsergebnisse nur peripher.

Zweites Kapitel

Die Redaktion in 16,11-15.40

Um eine bessere Übersicht zu gewährleisten, folgt die Untersuchung nicht nur der Verseinteilung, sondern ist zudem nach dem Inhalt des Erzählstoffes gegliedert. Deshalb ist die Bearbeitung der Verse wie folgt unterteilt: Ein erster Abschnitt bilden die Anreise und der Aufenthalt in der Kolonie. (1) Die V.11-12a beschreiben die Reiseroute, wobei V.12a (κἀκεῖθεν κτλ.) zu dem vorangegangenen Verb (εὐθυδρομήσαμεν) gehört. (2) Der Nebensatz in V.12b (ἥτις κτλ.) erlangt aufgrund seiner Eigenart eine Sonderstellung (Lokalkolorit der Angaben, Singularität des Wortschatzes, textkritisches Problem). (3) V.12c (ἦμεν κτλ.) bildet einen selbständigen Satz, der zudem inhaltlich das eigentliche Geschehen einleitet. Die V.13-14 führen den Leser sodann zum Kern der Geschichte. Der Verkündigung in der Synagoge ist ein eigener Abschnitt gewidmet (V.13), wobei zunächst die προσευχή (1), ihre Errichtung außerhalb der Stadt (2) und schließlich die Predigt der Missionare und die Zuhörerinnen (3) Beachtung finden. Ein dritter Abschnitt untersucht die Taufe der gottesfürchtigen Lydia, d.h. zunächst die Angaben zur Person in V.14a (1), V.14b das Motiv des Eingreifens des Herrn (2), sowie die Taufe der Lydia und ihres Hauses in V.15a (3). Ein vierter Abschnitt behandelt die Erwähnnung von Lydias Bitte, von der Unterkunft der Missionare und der jungen Gemeinde. (1) V.15b enthält die Bitte der Lydia, die nach einer knappen Einleitung in direktem Stil formuliert ist; (2) 15c bemerkt abschließend, daß Lydia die Missionare drängte. Letztendlich bietet V.40 die die Philippi-Perikope rahmende Abschiedsszene (3).

Es folgt eine systematische Untersuchung von Sprache und Stil. Hierbei werden Wortstatistiken benutzt und grammatikalische und stilistische Merkmale hervorgehoben. Vokabeln oder Wendungen gelten dann als lukanisch, wenn sich statistisch eine Vorliebe des Autors zu erkennen gibt. Nicht selten ist mit der Wortwahl eine theologische Absicht verbunden, die somit den redaktionellen Charakter bestätigt. Setzt Lukas zudem ein Wort im Evangelium nachweislich redaktionell, so gilt der Begriff mit Sicherheit als lukanisch. Wo die Quellen es erlauben, wird ebenfalls epigraphisches, numismatisches oder literarisches Material ausgewertet.

I. Die Anreise und der Aufenthalt in der Kolonie

§ 1 Die Reiseroute nach Philippi: V.11–12a

1. Die Missionare stechen in See

Die Perikope beginnt mit einer Reisenotiz: ἀναχθέντες δέ ἀπό (...). ᾽Ανάγω zählt 23 Vorkommen im NT[1], hierbei überwiegend in Apg (17mal), dann Lk (3mal) und schließlich Mt (1mal).

Allgemein sei zunächst vermerkt, daß Lukas „die größte Vorliebe"[2] für Komposita mit Präpositionen (Verba und Nomina) entwickelt. Von 60 Vokabeln, die im NT alleine in Lk u. Apg stehen, sind 39 Komposita mit Präpositionen. Im gemeinsamen Vokabelgut von Mt u. Mk (16 von 63), Mt u. Lk (11 von 79), Mk u. Lk (11 von 25) und Lk u. Pls (24 von 59) ist die Häufigkeit von Komposita wesentlich geringer. Hierbei verwenden Lk 8,22; Apg 13,13; 16,11; 18,21; 20,3.13; 21,1.2; 27,2.4.12.21; 28,10.11 das Passiv als *terminus technicus* der Seefahrtssprache (auslaufen, in See stechen, abfahren nach)[3].

---

[1] Rest: 2 Vorkommen im NT. Die Wortstatistiken sind MORGENTHALER, ROBERT, *Statistik des neutestamentlichen Wortschatzes*, Zürich/Frankfurt a.M. 1958; ALAND, KURT, *Vollständige Konkordanz zum Griechischen Neuen Testament, Band I Teil 1 u. 2, Band II Spezialübersichten*; BALZ, HORST/SCHNEIDER, GERHARD (Hrsg.), *Exegetisches Wörterbuch zum Neuen Testament, Band I–III*, Stuttgart/Berlin/Köln/Mainz 1980/81/83 sowie BAUER, WALTER, *Theologisches Wörterbuch zum Neuen Testament*, 6. völlig neu bearbeitete Auflage, Berlin/New York 1988 entnommen. Die Literaturhinweise werden nur im Sonderfall eigens referiert.
[2] MORGENTHALER, R., *Statistik*, S. 37, der diesen Befund als Beleg der einheitlichen Verfasserschaft heranzieht. Zu den Vokabelstatistiken bzw. den sogenannten Lukanismen vgl. u.a. die Listen bei HAWKINS, J.C., *Horae Synopticae*, S. 15.27.28; CADBURY, HENRY JOEL, *The Style and Literary Method of Luke*, HThSt 6, Cambridge 1919–1920, besonders S. 73–205.
[3] BALZ, H., Art. ἀνάγομαι, EWNT I (1980), Sp. 190f.

Lk 8,22ff. (ἀνήχθησαν) beschreibt bezeichnenderweise die einzige Überquerung des Sees Genezareth.[4] Es folgen drei Wundertaten Jesu: die Stillung des Seesturms (8,22–25), die Besessenenheilung bei Gerasa (V.26–39) und die Erweckung der Tochter des Jairus (V.40–56). Diese Trilogie hat Lukas schon von Mk (4,35–41; 5,1–20.21–43) übernommen[5]. Den Auftakt zur Übersetzung des Sees (Mk 4,35 gegen Lk 8,22) gestaltet Lukas um und fügt u.a. καὶ ἀνήχθησαν ein. ᾽Ανάγομαι fehlt bei Mk ganz, es ist in Lk 8,22 mit Sicherheit redaktionell.

In Apg 13,13 (ἀναχθέντες δὲ ἀπὸ τῆς Παφοῦ (...) ἦλθον εἰς Πέργην τῆς Παμφυλίας) findet sich eine bemerkenswerte Parallele zu unserer Stelle. In beiden Fällen ist ἀνάγομαι Participium conjunctum, das angibt, was einer Handlung vorhergeht[6], gefolgt von ἀπό + Gen. zur Angabe des Herkunftortes. Εἰς + Akk. geben jeweils den Zielort an, ein Verb der Fortbewegung steht jeweils im Aorist (ἦλθον; εὐθυδρομήσαμεν). Satzbau und Wortwahl stimmen in hohem Maße überein.

Apg 18,21f. weist eine ähnliche Konstruktion auf: ἀνήχθη ἀπὸ τῆς ᾽Εφέσου. Apg 16,11 (ἀναχθέντες), 20,3 (ἀνάγεσθαι), 20,13 (ἀνήχθημεν), 21,1 (ἀναχθῆναι), 21,2 (ἀνήχθημεν), 27,2 (ἀνήχθην), 27,4 (ἀναχθέντες), 27,12 (ἀναχθῆναι), 27,21 (ἀνάγεσθαι), 28,10 (ἀναγομένοι mit ἡμῖν zu ergänzen), 28,11 (ἀνήχθημεν) finden sich jeweils in oder an einem Wir-Stück, wo jeweils eine neue Reiseetappe eingeleitet wird. Viele Stellen sind hierbei ähnlich ausformuliert, wobei sogar öfter lk Lieblingsvokabeln in nächster Nähe anzutreffen sind, so beispielseise κἀκεῖθεν und εὐθυδρομέω, die auch hier

---

[4] Zum Parallelismus zwischen beiden Episoden (Lk 8,22–39 und Apg 16,10–17 s. ROBBINS, V. K., *We-Passages*, S. 215–242, hier besonders S. 239–241. Dieser meint gar: „The revision of Markan vocabulary suggests that the author already has the sea voyages of Paul in view as he composes" (S. 239). Es fällt auf, daß in beiden Episoden eine Öffnung zum Heidentum bevorsteht. Wenn Jesus Lk 8,37 die Bitte der Einheimischen nicht erwidert und wieder zurück ins Boot kehrt, so deutet Lukas damit an, daß der Zeitpunkt zur definitiven Öffnung noch nicht gekommen ist.

[5] Vgl. JEREMIAS, JOACHIM, *Die Sprache des Lukasevangeliums. Redaktion und Tradition im Nicht-Markusstoff des dritten Evangeliums*, KEK.S, Göttingen 1980, S. 178, der Lk 8,4–9,50 als einen durch Lukas übernommenen „Markusblock" bezeichnet.

[6] BLASS, FRIEDRICH/DEBRUNNER, ALBERT/REHKOPF, FRIEDRICH, *Grammatik des neutestamentlichen Griechisch*, Göttingen [15]1979 [17]1990, § 418.

vorhanden sind.[7] Zieht man zudem des Lukas Vorliebe für Partizipien in Betracht, die er gerne als Erweiterung des Hauptverbums einsetzt[8], so lassen diese Feststellungen nur folgenden Schluß zu: Ἀνάγομαι ist ein Vorzugswort des Lukas und zweifelsohne an dieser Stelle redaktionell.

Δέ zählt etwa 2800 Vorkommen im NT und ist somit vierthäufigstes Wort und mit Abstand zum vorausgehenden καί und zu dem nachfolgenden ὅτι und γάρ zweithäufigste beiordnende Konjunktion des NT. Innerhalb der Synoptiker und der Apg ist aufgrund der Länge der verschiedenen Schriften der Gebrauch von δέ ungefähr gleich verteilt: Mt 491, Mk 160, Lk 548 und Apg 558. Ganz bestimmte Verwendungen des δέ lassen sich dennoch eindeutig als redaktionell erweisen[9]. Auffallend häufig ist δέ nach Participium und im Genitivus absolutus in der Apg (20,4/10,2 %) vorhanden[10]. Lukas greift liebend gern auf δέ zurück, sei es als Adversativpartikel oder, wie hier, als Kopulativpartikel. Aufgrund der Nähe zu ἀναχθέντες (lk Vorzugsvokabel im Participium) darf auch für δέ mit Sicherheit redaktioneller Charakter vorausgesetzt werden.

Ἀπό zählt ca. 645 Vorkommen im NT, die sich gleichmäßig über alle Schriften verteilen. Die Präposition steht an 7. Stelle der Häufigkeit aller Präpositionen im NT[11]. Dabei wird ἀπό im NT etwa mit 97 verschiedenen Verben kombiniert und liegt somit in der Häufigkeit der Präpositionen nach σύν, ἐπί, κατά und ἐκ/ἐξ an fünfter Stelle. In Verbindung zu ἀνάγομαι steht es bei Lukas in Apg 13,13; 16,11; 18,21 und 27,21, jeweils im Sinne einer örtlichen Trennung. Der schon erhobene Parallelismus zu Apg 13,13 (die Stelle entstammt samt 18,21

---

[7] Die einheitlich stilistische Ausformulierung der Wir-Stücke wurde schon von WEHNERT, J., *Stilmittel*, S. 127–129 untersucht. Ἀνάγομαι und ἔρχομαι gehören demnach zu den in den Wir-Stücken regelmäßig wiederholten Verben der Bewegung, durch welche „eine homogene Darstellung der pln. Reisen erzielt wird" (127). Der Verdacht auf Redaktion erhärtet sich mit der Feststellung, daß das in den Wir-Passagen 8fache eingesetzte ἔρχομαι „bereits als Hauptbegriff in dem von Lukas gestalteten jesuan. Reisebericht Verwendung gefunden hatte" (S. 127).

[8] JEREMIAS, J., *Sprache*, S. 315.

[9] So z.B. auch die Partikelverbindung δὲ καί, die im NT besonders häufig bei Paulus (22) und bei Lukas (Lk 26/Apg 7) begegnen. Lukas hat diese Partikelverbindung 6mal dem Markusstoff beigefügt (Lk 4,41; 5,36; 20,11.12.31; 21,16). Siehe JEREMIAS, J., *Sprache*, S. 78f. Nicht selten ersetzt Lk die Konjunktion καί durch δέ (z.B. 8,27.28.30.33.34.35.36.37.38).

[10] PRIDIK, K.-H., Art. δέ, EWNT I (1980), Sp. 665–668. Die Prozentzahlen verstehen sich in bezug auf alle Stellen mit δέ. Vgl. RIGAUX, BÉDA, *Témoignage de l'évangile de Luc*, Pour une histoire de Jésus IV, Bruges/Paris 1970, S. 49.

[11] MORGENTHALER, R., *Statistik*, S. 160.

keinem Wir-Stück!) und der Bezug von ἀπό zum Verb ἀνάγομαι lassen Redaktion annehmen.

2. Die Reisestationen

Die Nennung der Stadt Τρῳάς sowie der weiteren Reiseetappen Σαμοθρᾴκη, Νέα Πόλις und schließlich des Ortes des Geschehens, Φίλιπποι, läßt zunächst Tradition vermuten, vor allem wenn die Itinerarhypothese als Grundlage vorausgesetzt wird. Jedoch ist dieser Schluß – wie in Kap. 1 diskutiert – nicht zwingend.

Selbst eine genuine Nennung der Stadt Φίλιπποι in der Lokaltradierung der Bekehrungsperikope ist nicht zwingend. Die ersten Christen vor Ort könnten sich bei der Erzählung der Gründungsgeschichte ihrer Gemeinde damit begnügt haben, den Ort des Geschehens mittels eines Adverbs zu vermerken. Da Lukas die Tradition seinem Werke einverleibt, wird die Nennung des Stadtnamens unumgänglich und erhält in dem von ihm geschaffenen Rahmen (die ersterwähnte Bekehrung nach dem Apostelkonvent, Hervorhebung des römischen Charakters der Stadt) eine besondere Tragweite. Falls Lukas die Gründungstradition in Philippi aufgegriffen hat, dann könnte die namentliche Nennung der Stadt erst auf ihn zurückgehen. Bei regionaler Überlieferung (im makedonischen Raum, z.B. in Thessaloniki) wäre die Nennung der Stadt unverzichtbar.

3. Sie segeln geradewegs nach ...

a) Der geschichtliche Hintergrund

Die antike Schiffahrt war sehr von den jeweiligen Wetter- bzw. Windverhältnissen abhängig. Aufgrund der prekären Seetüchtigkeit der antiken Segelschiffe wurde in den Wintermonaten wegen der heftigen Stürme im Mittelmeerraum die Schiffahrt eingestellt. Eine Flaute konnte das Auslaufen eines Schiffes lange verzögern. Die Geschwindigkeit und somit die Dauer einer Seefahrt hingen von der Windrichtung ab. Bei günstigem Wind konnte eine Geschwindigkeit von 4–6 Knoten erreicht werden. Mußte aber gegen den Wind gekreuzt werden, so konnte die Geschwindigkeit etwa auf 1,5–2,5 Knoten sinken.

Eine weitere Schwierigkeit bestand darin, daß es weder einen geregelten Fahrplan für Schiffahrtslinien noch Passagierschiffe gab. In seiner *naturalis historia* (19,3f.) nennt Plinius einige ungewöhnlich schnelle Fahrten. Lionel Casson hat diese Angaben ausgewertet und eine durchschnittliche Geschwindigkeit von 4,6–6 Knoten errechnet.[12] Diese Daten decken sich weithin mit denen anderer literarischer Zeugen aus der Antike (z.B. Plutarch, *Marius*, 8,5; Philostratus, *Vita Ap.*, 7,10; Achilleus Tatios V15,1.17,1; Procopius, *Bell. Vand.*, 1,14,8; u.a.).

Nun herrschten im östlichen Mittelmeerraum in den Sommermonaten Nordostwinde vor, die für die Schiffahrt auf offener See ausschlaggebend sind. Diese Schiffahrtssaison dauert in etwa „vom 10. März bis 1. November, für leichtere Schiffe aber nur vom 26. Mai bis 14. September"[13]. Das Verb εὐθυδρομέω (16,11; 21,1) („gerade Kurs fahren") meint also das Segeln mit dem Wind. Der Wind wehte folglich aus einer östlichen Richtung, kam von achtern. Bei ungünstigem Wind wird das Schiff ständig dazu gezwungen, zu wenden, die Reise dauert wesentlich länger. Apg 20,6 mußte das Segelschiff demzufolge gegen den Wind kreuzen. Überträgt man die von Casson errechneten Geschwindigkeitsangaben auf die Seestrecke von Alexandria Troas nach Neapolis, so entspricht das Verhältnis von 2 zu 5 Tagen (Hin- u. Rückfahrt) den regionalen Reisebedingungen zur See. Die Fahrtgeschwindigkeit von einem Knoten entspricht einer Strecke von einer Seemeile (1,852 km) pro Stunde. Die Distanz beträgt etwa 250 km bzw. ungefähr 135 Seemeilen. Bei einer Geschwindigkeit von 5 Knoten sind also 27 Stunden Fahrt anzusetzen (bei 6 Knoten wären es 221/2 Stunden), die locker in 2 Tagen bewältigt werden konnten. Da es vermieden wurde nachts zu segeln, ist eine Zwischenstation mit nächtlichem Aufenthalt der Missionare auf der Insel Samothrake anzunehmen. In der Hafenstadt Neapolis angelangt, haben die Reisenden sich wahrscheinlich zunächst von den Strapazen der Schiffahrt erholt. Vielleicht erst am darauffolgenden Tag haben sie die etwa 14 km Fußmarsch über die *Via Egnatia* von Neapolis nach Philippi in Angriff

---

[12] CASSON, LIONEL, *Ships and Seamanship in the Ancient World*, Princeton 1971, S. 282–291. Zu den Segelbedingungen in der Antike KROLL, WILHELM, Art. *Schiffahrt*, PRE IIA/1 (1921), Sp. 408–419. Eine Übersicht der Quellen und Methoden zur Erforschung antiker Wasserfahrzeuge findet sich bei GÖTTLICHER, ARVID, *Eine Einführung in die Archäologie der Wasserfahrzeuge*, Berlin 1985.

[13] SUHL, ALFRED, *Paulus und seine Briefe. Ein Beitrag zur paulinischen Chronologie*, StNT 11, Gütersloh 1975, S. 301, der aufgrund der klimatischen Verhältnisse die Überfahrt von Alexandria Troas nach Neapolis Apg 16,11 in das Frühjahr legt.

genommen.[14] Hier reisen sie zumindest auf einer für antike Verhältnisse erstaunlich breiten Straße, die den Missionaren im Vergleich zu so manch anderen Strecken, die sie bewältigt haben, ein bequemes Vorankommen ermöglichte.

b) Der sprachliche Befund

Εὐθυδρομέω kommt nur hier mit εἰς und noch 21,1 absolut vor, beide Male innerhalb von Wir-Stücken. Auffallend ist die parallele Gestaltung beider Stellen (16,11 ἀναχθέντες (...) εὐθυδρομήσαμεν εἰς Σαμοθρᾴκην; 21,1 εὐθυδρομήσαντες ἤλθομεν εἰς τὴν Κῶ): Participium conjunctum + Verb der Fortbewegung (Aorist) + εἰς + Reiseziel (Akk.).

Trotz des geringen Vorkommens sprechen noch weitere Indizien für den redaktionellen Charakter des Verbs. Einerseits bezeugt es Lukas' Vorliebe für Verbkomposita und Partizipien (21,1), andererseits fällt die Nähe zu der lk Vorzugsvokabel ἀνάγομαι (16,11; 21,1.2) und zu anderen Vokabeln, die lk Stil verraten (κἀκεῖθεν, ἔρχομαι, εἰς), auf. Bezüglich des seltenen Vorkommens muß letztendlich die Tatsache in Rechnung gestellt werden, daß „Lukas über einen erheblichen Sonderwortschatz verfügt. Von den ca. 3000 Lexemen, die in Lk/Apg begegnen, sind über 700 (ca. 25 %) dem luk Doppelwerk eigen"[15].

Die Häufigkeit von εἰς (Mt 216, Mk 167, Lk 223, Joh 182, Apg 299, Total NT 1753) ist in den verschiedenen Schriften des NT im großen und ganzen ausgeglichen[16]. Erwähnenswert ist die Tatsache, daß Lukas oft das ἐν seiner Markusvorlage durch das lokale εἰς ersetzt. Es handelt sich hierbei um eine Spracheigentümlichkeit des Autors.[17] Wenngleich diese Belege nicht direkt für unsere Stelle herangezogen werden können, so zeigen sie doch eine gewisse

---

[14] Ein Aufenthalt in Neapolis ist m.E. wahrscheinlich, der Text ermöglicht beide Deutungen. Zu den Reisegeschwindigkeiten auf See vgl. DE SAINT-DENIS, E., *La vitesse des navires anciens*, RA XVIII (1941), S. 121–138 insbesondere S. 123; SEMPLE, E.CH., *The Geography of the Mediterranean Region. Its relation to Ancient History*, London 1962, S. 80–85; CASSON, LIONEL, *Reisen in der Alten Welt*, München ²1978, S. 173–175; SCHNEIDER, HELMUTH, *Einführung in die antike Technikgeschichte*, Darmstadt 1992, S. 140–149.

[15] WEHNERT, J., *Stilmittel*, S. 127; vgl. RIGAUX, B., *Luc*, S. 42: „Le vocabulaire est le plus riche de tous les écrits du Nouveau Testament. L'évangile compte 2.080 mots divers, les Actes 2.054. Comme 1.014 mots sont communs aux deux écrits, le vocabulaire lucanien comporte 3.120 mots; si on retire les mots propres, il en reste 2.697, dont 715 ne reviennent pas ailleurs que chez lui dans le N.T."; HAENCHEN, E., *Apostelgeschichte*, S. 84 A. 1f.

[16] MORGENTHALER, R., *Statistik*, S. 14.

[17] JEREMIAS, J., *Sprache*, S. 59 u. A. 57, s. dort die Belege.

Vorliebe des Lukas für eben die Präposition εἰς auf. In Verbindung zu dem vorangehenden Verb εὐθυδρομέω ist die Präposition natürlich redaktionell.

Zusammenfassend ist festzuhalten, daß das Verb εὐθυδρομέω die regionalen Reisebedingungen zur See gut wiedergibt, samt Präposition lk Wortwahl entspricht und redaktionell gesetzt ist. Darüber hinaus verrät die Formulierung einen theologischen Akzent, da sie einen Reiseverlauf schildert, der im Gegensatz zur vorangegangenen Kleinasienreise steht. Das schnelle Vorankommen auf See ist wie ein Omen für den anstehenden Erfolg in Makedonien und bestätigt die Interpretation des Traumes. Nachdem der Geist die Kleinasienmission verwehrte, erscheint die Makedonienreise in einem weitaus günstigeren Licht.

4. Am folgenden Tag ... und von dort ...

Die Wendungen τῇ δὲ ἐπιούσῃ ... κἀκεῖθεν entstammen mit Sicherheit der lukanischen Feder. Dafür sprechen eindeutig folgende Beobachtungen. Ἔπειμι (herankommen, sich nähern, folgen) findet im NT nur als Participium und stets in der Apg Verwendung. Dabei bezeichnet τῇ ἐπιούσῃ den darauffolgenden Tag[18] und steht 7,26 (mit ἡμέρα); 16,11; 20,15; 21,18 (also dreimal innerhalb eines Wir-Stücks) und schließlich 23,11 (mit νυκτί ergänzt). Die Kopulativpartikel δέ hat Lukas stereotyp 16,11; 21,18 u. 23,11 mit diesem Ausdruck kombiniert: τῇ δὲ ἐπιούσῃ.

Die Krasis κἀκεῖθεν zählt 10 Vorkommen im NT: Mk 9,30, Lk 11,53, Apg 7,4; 13,21[19]; 14,26; 16,12; 20,15; 21,1; 27,4.12; 28,15. Lukas schreibt diese Wendung bei weitem am häufigsten und zieht die Krasis der getrennten

---

[18] Lukas bezeichnet ebenfalls den nächsten Tag durch ἡ ἐπαύριον (ἡμέρα) in Apg 10,9.23.24; 14,20; 21,8; 22,30; 23,32; 25,6.23 (6mal in der Kombination τῇ δὲ ἐπαύριον); ἡ αὔριον (ἡμέρα) oder αὔριον in Apg 4,3; 23,15 (nur M); ἡ ἑτέρα (ἡμέρα) in Apg 20,15 (τῇ δὲ ἑτέρα); 27,3 (τῇ τε ἑτέρα und τῇ ἐχομένῃ Lk 13,33; Apg 20,15 (τῇ δὲ ἐχομένῃ) u. 21,26. Nicht wenige Stellen lassen sich hierbei als eindeutig lk erweisen. So begegnet z.B. das Medium von ἔχω nur Lk 13,33; Apg 20,15 u. 21,26; s. dazu JEREMIAS, J., *Sprache*, S. 234. Und ἕτερος schreibt Lukas mit Vorliebe (Lk 32mal u. Apg 17mal gegen Mt 9/Mk 0/Joh 1) und zwar in verschiedenen Wendungen, die sich jeweils als redaktionell erweisen lassen; s. JEREMIAS, J., *Sprache*, S. 110f. Die unterschiedlichen Formulierungen sind sozusagen Variationen eines gleichen Themas. Sie sind das Zeugnis lk Sprachgewandtheit, das Apg 20,15 besonders ins Auge fällt: κἀκεῖθεν ἀποπλεύσαντες τῇ ἐπιούσῃ κατηντήσαμεν ἄντικρυς Χίου, τῇ δὲ ἑτέρα παρεβάλομεν εἰς Σάμον, τῇ δὲ ἐχομένῃ ἤλθομεν εἰς Μίλητον.

[19] Alle 10 nt Vorkommen sind im örtlichen Sinn zu verstehen (von dort her), außer Apg 13,21, das zeitlich („von da an") zu deuten ist. Vgl. EWNT II (1981), Sp. 583.

Schreibweise (καὶ ἐκεῖθεν)[20] vor. Der Ausdruck ist also auf das Konto des Lukas zu verbuchen.

5. Ergebnis

Die Reiseangaben der V.11–12a sind redaktionell, insofern die Verben der Fortbewegung und die Zeitangaben mit Sicherheit lk Sprache widerspiegeln. Die genannten Reisestationen kann der Verfasser einer wie auch immer gearteten Vorlage entnommen haben, wobei eine Quelle nicht zwingend ist. Lukas könnte sie – im Falle seiner Beheimatung in Philippi – teils aus eigenen Recherchen und teils aus persönlichen Reiseerfahrungen kombiniert haben. Da die Traumepisode in Alexandria Troas aus guten Gründen als redaktionell zu betrachten ist[21], nehme ich selbiges für die Reisestationen zur Kolonie und von dort weg an. An- und Abreise sind für die ursprüngliche Gründungstradition unerheblich, vor allem nicht mit den hier geschilderten Details. Diese wiederum erhalten im weiteren Kontext der Apg (u.a.) eine theologische Tragweite.

---

[20] καὶ ἐκεῖθεν kommt im NT nur in Mk 10,1, Lk 9,4 u. Offb. 22,2 vor.

[21] Insgesamt berichtet Lukas von 5 Visions- bzw. Traumszenen in der Apg: 16,9f.; 18,9f.; 22,17–21; 23,11; 27,23f. Wenngleich das pln. Selbstzeugnis zunächst zugunsten der Historizität dieser Stellen (vgl. 2Kor 12,1–7; 5,13) zu sprechen scheint, so erweisen sich diese Berichte bei näherer Betrachtung als lk Konstrukte. Sprachstil und Vokabular ähneln sich in diesen Berichten und verraten die redaktionelle Hand des Autors. Des weiteren stimmen sie vom formalen Aufbau her überein. Auch enthalten alle 5 Szenen typisch lukanische Akzente und sind z.B. inhaltlich auf die weltweite Verbreitung des Christentums ausgerichtet. Der religionsgeschichtliche Vergleich bekräftigt dieses Urteil: die Gestaltung der Szenen steht „im breiten Strom vorderorientalischer, alttestamentlicher und in der ganzen Antike vielfältig bezeugter Vorstellungen und Aussageweisen über Träume und Visionen" (WEISER, A., *Apostelgeschichte, Bd II*, S. 406–415, hier S. 412). Da der Wortschatz, Stil, Aufbau sowie die theologischen Motive in allen 5 Szenen die Feder des Lukas verraten, scheint es m.E. ratsam, keine Überarbeitung von Überlieferungen unterschiedlicher Herkunft, sondern lukanische Redaktion zu vermuten, gegen PILHOFER, P., *Philippi I*, S. 252. S. weiterhin WIKENHAUSER, ALFRED, *Religionsgeschichtliche Parallelen zu Apg 16,9*, BZ 23 (1935), S. 180–186; LÖNIG, KARL, *Die Saulustradition in der Apostelgeschichte*, NTA NF 9, Münster 1973, S. 163–189; HANSON, J.S., *Dreams and Visions in the Graeco-Roman World and Early Christianity*, ANRW II 23,2 (1980), S. 1395–1427; BARTSCH, H.W., Art. δραμα/δρασις, EWNT II (1981), Sp. 1285–1286.1286–1287; TALBERT, CHARLES H., *Reading Acts: A Literary and Theological Commentary on the Acts of the Apostles*, New York 1997, S. 149.

§ 2 Die geographische und politische Situierung der Stadt: V.12b

1. Textkritik: Eine Kolonie des ersten Distrikts in Makedonien

Bevor der sprachliche Befund von V.12b analysiert werden kann, muß zunächst der Text gesichert werden. Denn ein *textkritisches Problem* besonderer Tragweite gibt uns der Zusatz ἥτις ἐστὶν πρώτης μερίδος τῆς Μακεδονίας πόλις, κολωνία auf[22]. „L'expression est obscure sauf sans doute pour les gens de la région."[23] Daß die Stelle auch so manchem Kopisten „obskur" erschien, zeigt der Lesartenbefund. Denn die hier festgehaltene Lesart ist nur eine von 7:

LA I: ἥτις ἐστὶν πρώτη τῆς μερίδος Μακεδονίας πόλις, κολωνία
Bezeugung: P⁷⁴ ℵ A C Ψ 33vid.36.81.323.945.1175.1891 *pc*

LA II: ἥτις ἐστὶν πρώτη μερίδος τῆς Μακεδονίας πόλις, κολωνία
Bezeugung: B

LA III: ἥτις ἐστὶν πρώτη τῆς μερίδος τῆς Μακεδονίας πόλις, κολωνία
Bezeugung: 𝔐

LA IV: ἥτις ἐστὶν πρώτη μερίς Μακεδονίας πόλις, κολωνία
Bezeugung: E sa^mss

LA V: ἥτις ἐστὶν πρώτη τῆς Μακεδονίας πόλις, κολωνία
Bezeugung: 614.1241.1505.1739. *pc* sy^h

LA VI: ἥτις ἐστὶν κεφαλὴ τῆς Μακεδονίας πόλις, κολωνία
Bezeugung: D sy^p

LA VII: ἥτις ἐστὶν πρώτης μερίδος τῆς Μακεδονίας πόλις, κολωνία
Bezeugung: Clericus cj vg^mss

---

[22] Eine ausführliche Darstellung – und m.E. befriedigende Erklärung – dieses Problems ist bei PILHOFER, P., *Philippi I*, S. 159–165, vorhanden. Vgl. METZGER, BRUCE M., *A Textual Commentary on the Greek New Testament. A Companion Volume the the United Bible Societies' Greek New Testament (third edition)*, London/New York 1975, S. 393–395; SCHNEIDER, G., *Apostelgeschichte, Bd II*, S. 213; LÜDEMANN, G., *Christentum*, S. 186; zuletzt m.W. ASCOUGH, R.S., *Civic Pride*, S. 93–103, der fälschlicherweise mit Hinweis auf PILHOFER, P., *Philippi I*, S. 156–158.205, behauptet, daß Pilhofer in Lukas einen Weggefährten des Paulus sieht (A.12 S. 95). Ascough hält allerdings den Nominativ πρώτη für ursprünglich, der Schreiber (womöglich Autor der Wir-Quelle) demonstriere somit seine Verbundenheit bzw. seinen „personal civic pride" gegenüber Philippi.

[23] Bemerkt z.B. DELEBECQUE, É., *Les deux Actes*, S. 339, lakonisch, aber treffend.

Die am häufigsten bezeugte Lesart I (πρώτη τῆς μερίδος Μακεδονίας πόλις) ergibt kaum einen Sinn. Makedonien ist nämlich nicht selbst μερίς, sondern vielmehr in 4 Distrikte (μερίδες) eingeteilt. Die Bezeichnung μερίς verweist auf die 167 v.Chr. unternommene Einteilung Makedoniens in 4 Distrikte, wobei jene von Osten nach Westen von 1 bis 4 beziffert wurden. Daran hat sich auch nichts geändert, als 148 v. Chr. die Provinz Makedonien unter römische Vorherrschaft fiel. Philippi befand sich im ersten, östlichsten Distrikt, dessen Region sich etwa zwischen dem Nestos und dem Strymon erstreckte.[24] Zur Hauptstadt dieses ersten Distrikts wurde Amphipolis.

Die Übersetzung „die erste Stadt dieses Teils (bzw. Distrikts) Makedoniens" löst auch nicht befriedigend das Problem. Denn Philippi ist nicht Bezirks- oder Provinzhauptstadt, worauf aber nun πρώτη hinzuweisen scheint. Die Stadt liegt aber wohl in der ersten μερίς, d.h. im ersten Distrikt Makedoniens. Die Wahl der Lesart ist von entscheidender Bedeutung. Je nach Lesart scheint Lukas ungenau oder ganz im Gegenteil vorzüglich über die regionalen Verhältnisse informiert.

Nun gebraucht Lukas üblicherweise zur Umschreibung einer Region μέρος[25], was außerdem zu Μακεδονίας (als gesamte Region) besser gepaßt hätte. Jedoch ist μερίς ein Fachbegriff zur Umschreibung der makedonischen Regionen bzw. Distrikte, wie dies eine Inschrift aus Beroia beweist[26]. Diese erwähnt ein συνέδριον πρώτης μερίδος sowie die gleiche Institution der τετάρτης με[ρίδος]. Die Inschrift ist deshalb so interessant, da sie gleichzeitig mit der Abfassung der Apostelgeschichte ist. Dies läßt sich aus [τ]ὴν ἐπαρχείαν Λ.

---

[24] LEMERLE, P., *Philippes*, S. 20f. u. A. 2; PAPAZOGLOU, FANOULA, *Les villes de Macédoine à l'époque romaine*, BCH Suppl. 16, Athènes/Paris 1988, S. 56ff.; PILHOFER, P., *Philippi I*, S. 161.
[25] Μέρος steht im lk Doppelwerk an insgesamt 11 Stellen, dabei in Apg 2,10; 19,1 u. 20,2 jeweils eindeutig in einem geographischen Zusammenhang. Das Wort μερίς steht noch 2mal im Lk, jedoch nur hier in einer geographischen Bedeutung. Auch verwendet Lukas beide Vokabeln nicht unterschiedslos. Μερίς (im Sinn von Distrikt) gebraucht Lukas an der einzigen Stelle, wo dieser Terminus zutrifft, und zwar 16,12!
[26] PILHOFER, P., *Philippi I*, S. 162 u. A. 12 sowie 13, hier steht fälschlicherweise 'Ονοράτου. Vgl. die Sammlung der Inschriften aus Beroia: GOUNAROPOULOU, L./HATZOPOULOS, M.B. (Hrsg.), *Inscriptiones Beroeae*, Inscriptiones Macedoniae inferioris 1, Athen 1998, Nr. 61, S. 161–163. Hier findet sich auch ein weiterer Beleg für die μερίδες, vgl. die Nr. 64. Literatur und eine ausführlichere Diskussion der Inschrift schon bei LEMERLE, P., *Philippes*, S. 20 A. 2; PAPAZOGLOU, F., *Villes de Macédoine*, S. 65 A. 58.

Βαιβίου ᾿Ονωράτου in Z. 2 dieser Inschrift schließen. Dieser *Lucius Baebius Honoratus* war als *praetorius* in Makedonien tätig, bevor er 85 n.Chr. zum *consul suffectus* aufstieg. Damit läßt sich diese Inschrift mit Sicherheit auf die Jahre vor 85 n.Chr. datieren (näherhin wohl auf den Zeitraum 79/84 n.Chr.)".[27] Dieser Begriff spiegelt also einen regionalen bzw. zeitgenössischen Sprachgebrauch wider. Die Numismatik bestätigt diesen Befund ebenfalls. Münzen aus dem ersten Distrikt Makedoniens zeigen Prägungen mit der Aufschrift Μακεδόνων πρώτης, für den Bezirk mit Thessaloniki als Hauptstadt findet sich die Aufschrift Μακεδόνων δευτέρας.[28]

In 16,12 handelt es sich um die erste μερίς, in der sich Philippi befindet. Im Zusatz bezeichnet Lukas die Kolonie Philippi richtig als in der ersten μερίς von Μακεδονία gelegen. Folglich muß für πρώτη der Genitiv gelesen werden. Somit ist πρώτης μερίδος τῆς Μακεδονίας πόλις die ursprüngliche Lesart, sie gibt nämlich die geschichtlichen Gegebenheiten wieder.[29] Die Lesarten, die den Nominativ πρώτη (LA V) oder gar κεφαλή (LA VI) schreiben, sind daher

---

[27] PILHOFER, P., *Philippi I*, S. 161f. und A. 14 bezüglich des *Lucius Baebius Honoratus*. Literarisch ist die Teilung von Makedonien bei Livius XLV,18,6–7 belegt: *In quattuor regiones discribi Macedoniam, ut suum quaeque concilium haberet.*

[28] WIKGREN, ALLEN P., *The Problem in Acts 16:12*, in: TEE, G.D. (Hrsg.), *New Testament Textual Criticism: Its Significance for Exegesis,* Essays in Honour of Bruce M. Metzger, Oxford 1981, S. 171–178; s. weiterhin BELLINGER, ALFRED R., *Philippi in Macedonia*, American Numastic Society Museum Notes 11 (1964), S. 29–52; ELLIGER, W., *Paulus*, S. 51 A. 48. HEMER, C.J., *Acts*, S. 113f. A. 31, spricht Belege für μερίς aus „Egypt and elsewhere" an. Aufgrund des aus Makedonien stammenden Materials ist eine Diskussion über ägyptische Belege völlig überflüssig.

[29] Es handelt sich hierbei vielmehr um eine alte Konjektur des Johannes Clericus, die als Blaß-Konjektur in die Literatur Eingang gefunden hat und sich seither bei den neueren Kommentatoren steigender Beliebtheit erfreut: CONZELMANN, H., *Apostelgeschichte*, S. 99 (mit einem Fragezeichen versehen); HAENCHEN, E., *Apostelgeschichte*, S. 474; COLLART, P., *Philippes*, S. 457 A. 3; LEMERLE, P., *Philippes*, S. 20–23; ELLIGER, W., *Paulus*, S. 51; TAJRA, HARRY W., *The Trial of St. Paul. A Juridical Exegesis of the Second Half of the Acts of the Apostles*, WUNT 2/35, Tübingen 1989, S. 4f.; PILHOFER, P., *Philippi I*, S. 159–165. WEISER, A., *Apostelgeschichte, Bd II*, S. 416.421, entscheidet sich für eine „Zwitter-Lösung". In seiner Übersetzung übernimmt er zwar diese Konjektur, in seinem Kommentar zur Stelle hält er jedoch neben der ersten eine zweite Möglichkeit fest („erste Stadt eines bestimmten Bezirkes von Mazedonien"), da die „Urtextüberlieferung (...) nicht eindeutig" ist; so ähnlich auch JERVELL, J., *Apostelgeschichte*, S. 419.421. Zur Geschichte dieser Konjektur s. LEMERLE, P., *Philippes*, S. 21 A. 1. Obwohl Konjekturen in der nt Textkritik im allgemeinen verpönt sind, kommt man an einigen Stellen ohne eben diese nicht aus. Mit ein Grund mag die relativ späte Kanonisierung der Apg sein, da ihr Wortlaut weniger geschützt war, so NOETHLICHS, K.L., *Der Jude Paulus*, S. 62 A. 20.

sekundär und verstehen sich als Verbesserungen der Kopisten, die sicherlich nicht mit den lokalen Gegebenheiten vertraut waren[30]. Möglicherweise ist πρώτη τῆς versehentlich d.h. als Dittographie aus πρώτης entstanden. Wie auch immer, die Textzeugen D sy^p, die κεφαλή lesen, haben Philippi als Hauptstadt des Bezirks gedeutet. Hierin gipfelt die historische Unkenntnis: Amphipolis nämlich und nicht Philippi war seit 167 v.Chr. Bezirkshauptstadt.[31]

Wer Lesart I festhält, sieht sich gezwungen, πρώτη (...) πόλις dahin gehend zu übersetzen, daß Philippi eine *bedeutende* bzw. eine *führende* Stadt in Makedonien sei.[32] So schreibt Otto Bauernfeind: „Die Stadt Philippi trägt die stolze Bezeichnung πρώτη, vielleicht dürfen wir dabei neben ihrer derzeitigen Größe auch ihre Geschichte in Betracht ziehen: ihr Name kommt von Philippus, dem Vater Alexanders des Großen, sie sah vor ihren Toren den Entscheidungskampf Oktavians gegen die Mörder Cäsars."[33]

Aber es ist eben der *geschichtliche* Kontext, der zweifelsohne πρώτη als Attribut zu μερίς nahelegt. Schon Theodor Zahn urteilt: „Das Wort μερίς soll und muß an die Teilung des großen Königreiches Macedonien durch die Römer erinnern, und da es sich um Philippi handelt, das in dem ersten dieser Bezirke lag, so folgt, daß die Ordnungszahl πρώτη ursprünglich nur als ein Attribut zu μερίς gedacht gewesen sein kann, welches ohne solche Bezifferung überhaupt jeder bestimmten geographischen Bedeutung ermangeln würde."[34]

Da ἥτις ἐστὶν πρώτης μερίδος τῆς Μακεδονίας πόλις, κολωνία den

---

[30] ELLIGER, W., *Paulus*, S. 52, meint, daß die Lesart von D „einer der typischen exegisierenden Paraphrasen des Westlichen Textes" sei. LEMERLE, P., *Philippes*, S. 21, geht davon aus, daß ein Kopist μερίς als Provinz und nicht im Sinne von Bezirk verstanden habe. Nunmehr erschien ihm πρώτης als sinnlos und er deutete es als Haplographie für πρώτη τῆς. Vgl. ähnlich COLLART, P., *Philippes*, S. 457 A. 3; SHERWIN-WHITE, ADRIAN NICHOLAS, *Roman Society and Roman Law in the New Testament*, The Sarum Lectures 1960–61, Oxford 1963, S. 93ff.

[31] Bzw. nach der Schlacht von Pydna 168 v.Chr. Zu den geschichtlichen Einzelheiten vgl. LEMERLE, P., *Philippes*, S. 9ff.; PAPAZOGLOU, F., *Villes de Macédoine*, S. 53ff.; sowie folgende Aufsätze: COLLART, PAUL, Art. *Philippes*, DACL 14 (1939), S. 712–741; SCHMIDT, JOHANNA, Art. *Philippoi (Φίλιπποι)*, PRE XIX/2 (1938), Sp. 2206–2244.

[32] So z.B. PESCH, R. *Apostelgeschichte*, S. 103.104 A. 2; SCHNEIDER, G., *Apostelgeschichte, Bd II*, S. 208 u. A. c. SCHILLE, GOTTFRIED, *Anfänge der Kirche. Erwägungen zur apostolischen Frühgeschichte*, BEvTh 43, München 1966, S. 50, bezeichnet Philippi als eine „makedonische Metropolis", was nun ganz an den historischen Gegebenheiten vorbeigeht. Die *Metropolis* Makedoniens war Thessaloniki.

[33] BAUERNFEIND, O., *Apostelgeschichte*, S. 208.

[34] ZAHN, Th., *Apostelgeschichte, Bd II*, S. 569.

lokalen bzw. regionalen Kontext wiedergibt und sich als die ursprüngliche Lesart erwiesen hat, stellt sich nun die Frage, ob der Zusatz der redaktionellen Arbeit des Lukas zuzuschreiben ist oder dieser ihn aus der Tradition übernahm. Die nun folgende Analyse von Sprache und Stil wird die Annahme unterstützen, daß die Spezifizierung Philippis als κολωνία, πόλις der ersten μερίς von Makedonien nicht genuin mit dem Bekehrungsbericht der Lydia verknüpft war, sondern erst mit der Verbindung der Perikope und dem Gesamtwerk von Lukas eingefügt wurde.

2. Analyse des sprachlichen Befunds

Nach einem ersten Blick zu urteilen, läßt die nüchterne Nennung von geographischen Details und die Eigenart der verwendeten Vokabeln (μερίς, κολωνία) Tradition vermuten. So ist z.B. κολωνία nicht nur im lk Doppelwerk einmalig, sondern schlichtweg ein neutestamentliches Hapaxlegomenon. Eine nähere Betrachtung von Sprachstil und Wortstatistik wird diese Behauptung entkräften.

Im Gegensatz zum klassischen Sprachgebrauch verwendet Lukas gerne ὅστις, ἥτις, ὅτι anstelle des einfachen Relativpronomens ὅς. Das lk Doppelwerk bietet unter allen nt Schriften die meisten Belege für den Gebrauch des Relativpronomens mit unbestimmtem Bezug: Lk 1,20; 2,4.10; 7,37.39; 8,3.26.43; 9,30; 10,42; 12,1; 23,19.55; Apg 5,16; 8,15; 11,20.28; 12,10; 13,31.43; 16,12.16.17; 17,10f.; 21,4; 23,14.21.33; 24,1; 28,18.

Lk 8,26 diff. Mk 5,1; Lk 8,43 diff. Mk 5,26; Lk 9,30 diff. Mk 9,4 sind eindeutig 3 redaktionelle Zufügungen zur Markusvorlage. Zwei weitere Male spezifiziert Lukas eine Stadt, bzw. einen Ort durch einen mit dem unbestimmten Relativpronomen eingeführten Zusatz: Lk 2,4 (ἥτις καλεῖται Βηθλέεμ) und 8,26 (ἥτις ἐστὶν ἀντιπέρα τῆς Γαλιλαίας). Die erste Stelle befindet sich bezeichnenderweise in der Geburtsperikope, wo Lukas Jesus in Bethlehem zur Welt kommen läßt. Der Anteil an redaktioneller Arbeit dürfte hier nicht unerheblich sein. So dürfte die Nachricht über die Schätzung des Quirinius, die Josefs und Marias Reise nach Bethlehem motiviert (2,1–5) und den Zusammenhang mit dem vorangegangenen Kapitel herstellt, sekundär auf Lukas zurückzuführen sein[35]. Lk 8,26 überarbeitet stilistisch seine Vorlage und umschreibt genauer den Ort, wo Jesus mit den Jüngern an Land geht.[36] Diesen Beobachtungen fügt sich noch das häufige Vorkommen des Relativpronomens in Lk (13mal) und Apg (18mal) gegen Mt 5/Mk 2 an. Es kann sich folglich nur um eine lk Stileigentümlichkeit handeln.[37]

Εἶναι zählt in über 30 verschiedenen grammatikalischen Formen ca. 2450 Vorkommen, verteilt über sämtliche nt Schriften. Joh (442), Lk (361), Mt (288), Apg (276) u. Mk (192) enthalten die meisten Belege. Die 3. Pers. Sg. Ind. Präsens Aktiv verwenden Mt 119, Mk 71, Lk 101, Joh 166 u. Apg 60mal. Der hier vorliegende Gebrauch des Verbs spiegelt keine stilistische oder vokabelstatistische Besonderheit für Lk/Apg wider[38]. In Anlehnung an ἥτις dürfte es wohl redaktionellen Charakter besitzen.

Das πρῶτος findet sich an 96 Stellen im NT[39]. Es begegnet oft in den Evangelien (Mt 17/Mk 10/Lk 10/Joh 5 + 2 v.l.)[40] in der Apg 11mal und schließlich im

---

[35] SCHNEIDER, G., *Lukas*, *Bd 1*, S. 65. BOVON, François, *Das Evangelium nach Lukas Bd I: Lk 1,1–9,50*, EKK III/1, Zürich/Neukirchen-Vluyn 1989, S. 116.
[36] Vgl. SAHLIN, HARALD, *Die Perikope vom gerasenischen Besessenen und der Plan des Markusevangeliums*, StTh 18 (1964), S. 159–172; KERTELGE, KARL, *Die Wunder Jesu im Markusevangelium*, StANT 23, München 1970, S. 101–110; SCHRAMM, T., *Markus-Stoff*, S. 126; ANNEN, F., *Heil für die Heiden: Zur Bedeutung und Geschichte der Tradition vom besessenen Gerasener (Mk 5,1–20 par.)*, FTS 20, Frankfurt a.M. 1976, S. 22; STERCK-DEGUELDRE, JEAN-PIERRE, *Le possédé de Gérasa (Mc 5,1–20 et par.): rédaction et théologie*, Mémoire présenté en vue de l'obtention du grade de licencié en Sciences Religieuses, Louvain-la-Neuve 1991, S. 4f.
  Bemerkenswert ist zudem, daß in Lk 8,26 und Apg 16,12, der mit dem Relativpronomen eingeführte Zusatz jeweils dazu beiträgt, die Perikope in den Gesamtkontext des lukanischen Werkes zu situieren, indem ein Verweis auf heidnisches bzw. römisches Gebiet eine Öffnung zum Heidentum bedeutet. Lk 8,26–39 erzählt die einzige Besessenenheilung bzw. Bekehrung in *heidnischen* Gefilden im Lk. Die Erstbekehrung – laut lk Darstellung – nach dem Apostelkonvent geschieht bestimmt nicht zufällig in einer römischen Kolonie.
[37] Sonst noch Offb 3/Hebr 2. Joh u. Pls z.B. kennen das Wort nicht. Vgl. JEREMIAS, J., *Sprache*, S. 43f. sowie A. 13–15.
[38] Allenfalls kann man die 9malige Kombination des unbestimmten Relativpronomens mit εἶναι erwähnen (Lk 2,10; 7,37, 8,26; 9,30; 12,1; 23,19.55; Apg 13,31 und schließlich 16,12). Die 3. Pers. Sg. Praesens Aktiv enthalten hierbei Lk 8,26; 12,1 u. 16,12.
[39] Ausschließlich Joh 5,4; 8,7 *v.l.* Hinzu kommen noch 60 Belege des Adverbs. So gebrauchen Lk 6,42; 9,59.61; 11,38; 12,1; 14,28.31; Apg 3,26; 7,12; 11,26 v.l.; 26,20 πρῶτον.
[40] Lk 2,2; 11,26; 13,30 (x2); 14,18; 15,22; 16,5; 19,16.47; 20,29; Apg 1,1; 12,10; 13,33; 13,50; 16,12; 17,4; 20,18; 25,2; 26,23; 27,43; 28,7; 28,17.

Hebr (9) und der Apk (18). Lukas gebraucht πρῶτος in verschiedenen Bedeutungen. So steht das Adjektiv zeitlich (der erste, der früheste, der frühere) in Lk 11,26; Apg 26,23 (Subst.) u. Apg 20,18 (Adj.). Im Sinne einer Reihenfolge bzw. von der Zahl ist es z.B. Lk 2,2; 4,18; 16,5; 19,16; 20,29; Apg 12,10; 13,33 v.l.; Apg 1,1 vorhanden.[41] Πρῶτος kann auch den Rang bezeichnen (der erste, der angesehenste, der wichtigste, der vornehmste)[42]: Lk 13,30; 15,22; 19,47; Apg 13,50; 25,2; 28,17.7. In einer räumlichen bzw. geographischen Bedeutung steht es nur 16,12.

Aufgrund der singulären Bedeutung von πρῶτος an dieser Stelle ist es schwer, über den redaktionellen Charakter des Wortes alleine zu entscheiden. Da πρώτη das Substantiv μερίς näher kennzeichnet und die Wortverbindung als *terminus technicus* zu verstehen ist, folglich das Adjektiv nicht erst sekundär dem Substantiv beigefügt worden sein kann, erweist sich der redaktionelle Charakter von πρώτη, falls μερίς auf das Konto von Lukas geht[43].

Die Vokabel μερίς kommt 5mal im NT vor (Lk 10,42; Apg 8,21; 16,12; Kol 1,12; 2 Kor 6,15)[44] und ist weithin bedeutungsgleich mit μέρος (Teil, Bezirk, Anteil). Apg 16,12 spiegelt es jedoch – wie oben schon eingehend erläutert – einen makedonischen Sprachgebrauch wider. Für den redaktionellen Charakter von μερίς könnte zunächst die Tatsache sprechen, daß Lukas die Vokabel nicht nur in der Apg, sondern ebenfalls schon im Ev verwandt hat.

---

[41] Lk 2,2 meint eine erste Eintragung, ohne daß jedoch eine Aufzählung weiterer Eintragungen in Betracht gezogen wird. BAUER, W., *WNT*, Sp. 1452f. ordnet unsere Stelle dem Geltungsbereich „Zahl bzw. Reihenfolge" zu. Wenngleich Philippi der ersten μερίς von vier μερίδες angehört, so möchte Lukas weder die Zahl noch die Reihenfolge der μερίδες hervorheben, sondern die geographische Lokalisierung. Da πρώτη μερίς *terminus technicus* für die geopolitischen Verhältnisse ist (s.o.), drängt sich eine räumliche Deutung des Wortes förmlich auf. Philippi liegt demnach in der ersten bzw. in der vordersten μερίς.

[42] In diesem Sinne ist 16,12 keinesfalls zu deuten, wenngleich bestimmte Kommentatoren πρῶτος dahingehend übersetzen, um somit das textkritische Problem einer Lösung zuzuführen. Das Adjektiv stünde dann sinngleich mit κεφαλή. Diese Kommentatoren stehen anscheinend vor der gleichen Ratlosigkeit wie einst die Kopisten von Kodex D, die mit der Wortänderung den für sie unverständlichen Text zu erläutern versuchen.

[43] Ähnlich urteilt schon ZAHN, Th., *Apostelgeschichte, Bd II*, S. 569, der „die Ordnungszahl πρώτη (...) als ein Attribut zu μερίς" versteht.

[44] 2Kor 6,15 steht die hebraisierende Ausdrucksweise, vgl Ps 49,18 LXX; Mt 24,51; Joh 13,8; s. BLASS, F./DEBRUNNER, A./REHKOPF, F., *Grammatik*, § 227 A. 4; BALZ, H., Art. μερίς, EWNT II (1981), Sp. 1006f.

Lk 10,42 (τὴν ἀγαθὴν μερίδα ἐξελέξαντο) befindet sich in der Martha-Maria Perikope (10,38–42) und gehört zum lk Sondergut. „Die grammatikalische und stilistische Analyse zeigt im übrigen, daß die Redaktion wesentlichen Anteil an dieser Passage hat."[45] Dies trifft jedoch vor allem auf V.38f. zu, V.42 ist redaktionskritisch sehr umstritten.[46]

Die Formulierung οὐκ ἔστιν σοι μερὶς οὐδὲ κλῆρος (Apg 8,21) findet sich mehrfach in der LXX (vgl. Dtn 12,12; 14,27). Wenngleich der hier geschilderte Konflikt mit Simon, dem Zauberer, sowie die vorangegangene Erwähnung der Missionsarbeit des Petrus in Samaria und die von ihm durch das Handauflegen bewirkte Geistempfängnis wahrscheinlich dem Traditionsstück entstammen (8,18–24)[47], so gehört die Nachahmung des Sprachstils der LXX zu den Formelementen der Apg. Denn abgesehen „von der theologischen Bedeutung der Aufnahme biblischer Ausdrucksweise, entspricht dieses Vorgehen der bewußt gepflegten Methode griechisch-römischer Historiker"[48]. Die durch die LXX traditionell geprägte Wendung kann also dem Petrus erst von Lukas in den Mund gelegt worden sein.[49]

---

[45] So urteilt BOVON, FRANÇOIS, *Das Evangelium nach Lukas, Bd II: 9,51–14,35*, EKK III/2, Zürich/Düsseldorf/Neukirchen-Vluyn 1996, S. 102, denn die Mehrzahl der Ausdrücke spiegelt die literarischen Gepflogenheiten des Lukas wider: ἐν δὲ τῷ; γυνὴ δέ τις (V.38); Begriffe wie „wandern" (V.38), „hören" und bestimmte Formulierungen wie die Beschreibung Marias und Marthas. Zum Detail s. BRUTSCHECK, J., *Die Maria-Marta Erzählung. Eine redaktionsgeschichtliche Untersuchung zu Lk 10,38–42*, BBB 64, Frankfurt a.M. 1986, S. 65–95.

[46] Es ist mir im Rahmen dieser Arbeit nicht möglich, näher auf diese Frage einzugehen. Zur Diskussion s. BRUTSCHECK, J., *Maria-Marta*. „Der Exeget verfügt leider nicht über genügend Elemente zur Rekonstruktion der ursprünglichen vorlukanischen Form der Erzählung", so BOVON, F., *Lukas, Bd II*, S.102. Vgl. JEREMIAS, J., *Sprache*, S. 9.

[47] WEISER, A., *Apostelgeschichte, Bd II*, S. 200.

[48] WEISER, A., *Apostelgeschichte, Bd I*, S. 30f.; vgl. RIGAUX, B., *Luc*, S. 46; BOVON, F., *Lukas, Bd I*, S. 16.

[49] Dies findet auch Bestätigung im Umgang des Lukas mit dem AT. So haben die Arbeiten von Jacques Dupont gezeigt, daß die meisten at Schriftzitate redaktioneller Natur sind. Sie gehen auf die Übersetzung der LXX zurück und haben christologische Tragweite. S. diverse Artikel in den Sammelbänden DUPONT, JACQUES, *Études sur les Actes des Apôtres*, LeDiv 47, Paris 1967; ders., *Nouvelles Études sur les Actes des Apôtres*, LeDiv 118, Paris 1984. Vgl. HOLTZ, TRAUGOTT, *Untersuchungen über die alttestamentlichen Zitate bei Lukas*, TU 104, Berlin 1968; RESE, MARTIN, *Alttestamentliche Motive in der Theologie des Lukas*, StNt 1, Gütersloh 1969; BOVON, FRANÇOIS, *Lukas in neuer Sicht*, BTS 8, Neukirchen-Vluyn 1985, S. 24ff. Dieses Stilmittel behält Lukas auch in der Apg bei. Zu den Untersuchungen des LXX-Stils bei Lukas jedoch vor allem in den Missionsreden der Apg s. PLÜMACHER, ECKHARD, *Lukas als hellenistischer Schriftsteller. Studien zur Apostelgeschichte*, StUNT 9, Göttingen 1972, S. 38–72.78f.

Im zweiten Fall erweist sich μερίς mit Sicherheit als redaktionell, wobei im ersten Fall die Frage offen bleibt. Wie ist nun aber der Befund in Apg 16,12 zu deuten?

Für Tradition könnte anscheinend die Tatsache sprechen, daß das Wort einen regionalen Sprachgebrauch wiedergibt. Lukas hätte dann das ihm aus einem anderen Kontext bekannte Wort einfach stehen lassen. Zieht man jedoch zu den eben gemachten Beobachtungen in Betracht, daß der Zusatz seinem Stilempfinden entspricht (Relativpronomen) und die Perikope noch weitere prägnante Details enthält, die ebenfalls mit den örtlichen Begebenheiten bestens übereinstimmen, dann liegt der Schluß nahe, πρώτη μερίς auf das Konto des Lukas zu verbuchen.

Auch ist πρώτη μερίς als Kennzeichnung der geographischen Lage für eine lokale Tradierung der Bekehrungsgeschichte gänzlich unnötig. Für einheimische Christen war es irrelevant, bei einer Erzählung der Gründungstradition (während einer religiösen Feier, z.B.) ihre Stadt im ersten Bezirk Makedoniens zu situieren. Μερίς wird also höchstwahrscheinlich nicht genuin mit dieser Tradition verbunden gewesen sein. Erst im Rahmen einer größeren literarischen Einheit macht solch ein Vermerk einen Sinn.

Μακεδονία meint die im Norden von Achaia gelegene römische Provinz, deren Gebiet sich zwischen dem illyrischen Grenzgebirge und dem Fluß Nestos erstreckt. Sie wird insgesamt 8mal in der Apg, 14mal im Corpus Paulinum erwähnt.[50] Die Provinz wird in unserer Perikope in bezug auf ihre Vierteilung in die schon erwähnten μερίδες genannt. Ist πρώτης μερίδος redaktionell, dann gilt Gleiches für Μακεδονία. Zudem stellt die Nennung der Region eine Verknüpfung zu dem makedonischen Traumgesicht (16,9) her, das eben redaktionell gesetzt ist.

Das Substantiv πόλις findet sich 161mal im NT. Am häufigsten kommt das Wort in den Evangelien und der Apg vor (Mt 26/Mk 8/Lk 39/Joh 8/Apg 42/Rest 38). Das hohe Vorkommen des Wortes bei Lk/Apg ist zunächst allgemein auf die

---

[50] Μακεδονία steht 16,9.10.12; 18,5; 19,21.22; 20,1.3; Μακεδών bezeichnet 3mal in Apg (16,9; 19,29; 27,2), 2mal im 2Kor einen Bewohner dieser Provinz. S. weiterhin GEYER, Art. *Makedonia (Μακεδονία)*, PRE XIV/1 (1928), Sp. 697–769.

Vorliebe des Lukas für geographische Angaben zurückzuführen. Auch wird das Evangelium in Lk/Apg hauptsächlich in Städten gepredigt. Lukas befördert so manche galiläische κώμη zu einer πόλις. Lk 4,29 nennt z.B. den Felsabhang des Berges, auf dem die Stadt (Nazareth!) gebaut war.[51] Lukas legt offensichtlich großen Wert auf die Stadtmission.[52] Dies scheint dem Verfasser u.a. in Wunderepisoden wichtig zu sein. So erwähnt er z.b. in der Gerasa-Perikope (Lk 8,26–38) entgegen seiner Vorlage dreimal eine πόλις.[53]

Die Beifügung von πόλις zum Stadtnamen ist nicht einzigartig in Apg/Lk (Lk 1,26; 2,4.39; 4,31; 7,11; 9,10 diff. Mk 6,45, vgl. Mk 8,22; Apg 11,5; 27,8), bisweilen auch in einem Zusatz (z.B. Lk 23,51; Apg 8,5).[54] Lk 2,4 (ἐκ πόλεως Ναζαρέθ); Apg 11,5 (ἐν πόλει 'Ιόππη); 16,14 (πόλεως Θυατείρων) und 27,8 (πόλις Λασαία) ist der Parallelismus zu 16,12 am auffälligsten. Bei Mk und Mt sucht man jedoch vergeblich nach Beifügungen von πόλις zum Städtenamen.

Manche dieser Stellen sind eindeutig redaktionell ausformuliert. So ist Lk in 1,26.27a (εἰς πόλιν τῆς Γαλιλαίας ᾗ ὄνομα Ναζαρέθ) die elliptische Wendung (ᾗ ὀνόμα ... ᾧ ὀνόμα) nur im lk Doppelwerk vorhanden (Lk 1,26.27a; 2,25; 8,41 diff. Mk 5,22; Lk 24,13; Apg 13,6).[55] Lk 7,11; 9,10 führt das Partizip καλούμενος jeweils den Namen ein, das eine lk Vorzugswendung ist. Es findet sich nämlich außer in der Apk (3mal) nur noch in Lk (11mal) und Apg (13mal).[56]

Lk 4,31 wird Kapharnaum näher als πόλις τῆς Γαλιλαίας beschrieben. Diese geographische Angabe fügt Lukas wohl für seinen Leserkreis ein, der nicht orts-

---

[51] Von einer Bewertung der geographischen Kenntnisse des Lukas einmal abgesehen, (s. dazu HENGEL, Martin, *Der Historiker Lukas und die Geographie Palästinas in der Apostelgeschichte*, ZDPV 99 (1983), S. 147–183), ist bei Lk/Apg eine gewisse Vorliebe für die πόλις nicht zu übersehen. Einen inflationären Gebrauch von πόλις findet sicht auch schon bei Mk.

[52] Im Bericht der Aussendung der Zwölf (Lk 9,1–6) ersetzt er bezeichnenderweise das mk ἐκεῖθεν durch ἀπὸ τῆς πόλεως ἐκείνης.

[53] BUSSE, ULRICH, *Die Wunder des Propheten Jesus: die Rezeption, Komposition und Interpretation der Wundertradition im Evangelium des Lukas*, FzB 24, Stuttgart 1977, S. 213–219. Natürlich klingt hier die Tatsache an, daß Lukas selber ein Stadtmensch war.

[54] S. weiterhin Lk 9,52; Apg 14,6; 19,35 in Bezugnahme zu Völkern oder zur Region, ferner 21,39. So heißt es in der Rede an die Epheser (19,35) 'Εφεσίων πόλις, vielleicht um ihrem Selbstbewußtsein zu schmeicheln. Vgl. HARNACK, A.v., *Apostelgeschichte*, S. 60f.

[55] JEREMIAS, J., *Sprache*, S. 46.

[56] Dabei 5 Belege, die Hinzufügungen zum Markus-Stoff sind (Lk 1,36; 7,11; 8,2; 10,39; 19,2; 23,33); s. JEREMIAS, J., *Sprache*, S. 53.156. Auch Lk 2,4 dürfte erst von Lukas geschaffen worden sein (S. BOVON, F., *Lukas, Bd I*, S. 116f.).

kundig ist.[57] Nach dem Heilungswunder in Kapharnaum (Lk 7,1–10), das aus Q entnommen ist, fügt der Verfasser mit der Geschichte der Auferweckung des Jünglings von Nain in V.11 eine geographische Angabe ein, die bei Mk/Mt fehlt. Lukas fügt auch bei fehlenden Namen geographische Bezeichnungen ein. So lokalisiert Lk 1,39 die Geburt des Täufers in einer *Stadt* in Judäa; Lk 5,12 situiert die Heilung des Leprakranken in einer *Stadt*, die Jesus besuchte.

„Il [= der Autor ad Theophilum] se plaît à situer les villes qu'il mentionne. [...] Il est difficile de penser que ses petites touches viennent de sources différentes, remontant à plusieurs auteurs distincts"[58]. Die lk Vorliebe, πόλις zum Stadtnamen zu setzen, sowie die Zugehörigkeit des Wortes zum Zusatz, den Lukas mit dem unbestimmten Relativpronomen einleitet, erhärten für das Vorkommen in Apg 16,12 den Verdacht auf Redaktion.

Auch muß nicht wegen der Singularität der Vokabel κολωνία ein Itinerar postuliert werden. Es wäre dann nämlich nicht einsichtig, warum Lukas bei anderen Kolonien, die Paulus missioniert, diese eben nicht als solche bezeichnet[59]. Etwa weil sie die Tradition nur hier vermerkte? Immerhin erwähnt Lukas weitere 8 Kolonien, ohne diese als solche zu kennzeichnen: Antiochien in Pisidien (Apg 13,14; 14,19.21), Iconium (Apg 13,51; 14,1.19.21; 16,2), Lystra (Apg 14,6.8.21; 16,1f.; 27,5 *v.l.*), Alexandria Troas (Apg 16,8.11; 20,5f.), Korinth (Apg 18,1.27 *v.l.*; 19,1), Ptolemais (Apg 21,7), Syrakus (Apg 28,12) und Puteoli (Apg 28,13).

---

[57] SCHRAMM, T., *Markus-Stoff*, S. 86. Was nun nicht bedeuten muß, daß Lukas je persönlich in Palästina, bzw. in Galiläa war. So zeigt z.B. Lk 21,21 diff. Mk 13,14, daß keiner der beiden Synoptiker die topographischen Verhältnisse in Judäa kennt. Da ganz Judäa Bergland ist, macht die Bemerkung Mk 13,14, die Leute sollen von Judäa hinauf in die Berge fliehen, keinen Sinn. Der red Einschub in Lk 21,21, der die Stadtbewohner hinausziehen läßt, den Landbewohnern hingegen den Zugang zur Stadt verwehrt, treibt diesen Fehler auf die Spitze; s. MCCOWN, C.C., *Gospel Geography. Fiction, Fact, and Truth*, JBL 60 (1941), S. 1–25; in der deutschen Übersetzung von Anna Sannwald: ders, *Geographie der Evangelien: Fiktion, Tatsache und Wahrheit*, in BRAUMANN, GEORG (Hrsg.), *Das Lukas-Evangelium. Die redaktions- und kompositions-geschichtliche Forschung*, WdF 280, Darmstadt 1974, S. 13–42.31f.

[58] DUPONT, J., *Sources*, S. 152f. Vielleicht liegt hier – wie schon CADBURY, HENRI JOEL, *The Making of Luke-Acts*, London 1927, Ndr. London 1968, S. 241.245–249, vermutet – ein Indiz dafür vor, daß Lukas selbst ein Städter war. Jedenfalls verrät seine redaktionelle Überarbeitung ein gewisses Interesse für Städte.

[59] Belege und Sekundärliteratur zum Status der verschiedenen Städte insbesondere für Iconium und Ptolemais s. PILHOFER, P., *Philippi I*, S. 159f.

Der Befund wirkt umso kurioser, da im Griechischen ἀποικία der eigentliche Terminus zur Bezeichnung einer Kolonie ist. „The choice of the word κολωνία rather than ἀποικία is clearly part of Luke's literary design. The term κολωνία expresses certain legal and constitutional nuances unlike ἀποικία which gives no indication of the particular and wide judicial privileges enjoyed by a Roman colony as opposed to any other sort of colony which could also be designated by the generic term ἀποικία."[60] Der Begriff paßt sehr gut in den Kontext, da 16,19ff. durch die Heilung der wahrsagenden Sklavin ein Konflikt zwischen den Missionaren und der römischen Obrigkeit entfacht und schließlich V.37f. des Paulus römische Bürgerrecht erwähnt wird. Lukas wählt gezielt die aus dem Lateinischen stammende Form und transkribierte sie, um so den römischen Charakter der Stadt hervorzuheben, der für die folgende Episode von Bedeutung sein wird. Damit trägt der Verfasser den historischen Gegebenheiten Rechnung,[61] die zugleich eine theologische Tragweite erhalten.

Zwingender ist also das Argument, Lukas habe ἥτις ἐστὶν πρώτης μερίδος τῆς Μακεδονίας πόλις, κολωνία hinzugefügt, um Philippi besonders hervorzuheben. Der Verfasser der Apostelgeschichte erweist sich somit „als intimer Kenner der makedonischen, speziell der philippischen Verhältnisse"[62].

Wer diesen Tatbestand mit der Erklärung abtun möchte, Lukas habe eben hier über besseres Quellenmaterial verfügt als anderswo, bleibt die Antwort auf die Frage schuldig, *warum* Lukas hier besser informiert ist. Warum ist sein Traditionsgut hier zuverlässiger? Und warum streicht er zudem diese Perikope

---

[60] TAJRA, H.W., *Trial*, S.5; vgl. auch MASON, HUGH, J., *Greek Terms For Roman Institutions. A Lexicon and Analysis*, American Studies in Papyrology 13, Toronto 1974, S. 109.

[61] Die Bezeichnung der Stadt Philippi als κολωνία kann zudem „so etwas wie einen lokalen Sprachgebrauch" wiedergeben (PILHOFER, P., *Philippi I*, S. 160). Dies scheint zumindest die Inschrift 711/G736 aus Thasos (vgl. PILHOFER, PETER; *Philippi, Bd II: Katalog der Inschriften von Philippi*, WUNT 119, Tübingen 2000, S. 719–722), die aus der 2. Hälfte des 1. Jhdts stammt und somit gleichzeitig mit der Abfassung der Apg ist, nahezulegen. Die Inschrift bezieht sich auf Grenzstreitigkeiten zwischen Thasos und Philippi. Hierbei wurde der zuständige Beamte, ein gewisser *Lucius Venuleius Pataecius*, Procurator der Provinz Thracia, zu Rate gezogen. Interessant ist die Inschrift deshalb, weil in diesem offiziellen Dokument nirgends Philippi explizit mit dem Stadtnamen genannt, sondern schlicht als *Kolonie* bezeichnet wird. Bei der griechisch sprechenden Bevölkerung wurde wahrscheinlich von Philippi einfach als von der κολωνία geredet.

[62] PILHOFER, P., *Philippi I*, S. 164.204–205. Diese Schlußfolgerung stützt sich u.a. auf die im Text enthaltenen topographischen Details, die des Lukas genaue Ortskenntnisse verraten und durch archäologische und epigraphische Funde eine Bestätigung finden.

so heraus? Inhaltlich-theologisch sowie geschichtlich enthält diese Perikope eine Fülle an Informationen, die vermuten lassen, daß der Autor der Stadt sehr verbunden, vielleicht selbst ortskundig war.[63] Auch in anderen Fällen (s. z.B. Lk 8,26 bei Benutzung des Relativpronomens)[64] fügt der Evangelist neue Satzteile und somit Informationen ein, die in seiner Vorlage nicht enthalten waren. Für den Zusatz ἥτις ἐστὶν πρώτης μερίδος τῆς Μακεδονίας πόλις, κολωνία gilt schließlich, was schon für die Beschreibung der Reiseroute nach Philippi (V.11) erwähnt wurde: die hier enthaltenen Informationen sind für eine lokale Tradierung – zumindest in Philippi selbst – gänzlich unnötig. Weder in einem Itinerar noch in einer Gründungstradition wäre er von Nutzen.

3. Ergebnis

Die sprachliche Untersuchung bestätigt die in Kapitel 1 geäußerten Überlegungen.[65] Der Zusatz ἥτις κτλ., der die Stadt lokal und regional in ihrer politischen und geographischen Spezifizität hervorhebt, wurde folglich vom Redaktor eingefügt, der die Bekehrung der Lydia (V.14f.) mit weiteren Überlieferungen aus Philippi verbunden hat und diese Berichte in sein Doppelwerk eingebaut hat. Indem er den Status der Stadt näher spezifiziert, gibt er sich nicht nur als Ortskundiger zu erkennen. Die Hervorhebung just einer römischen Kolonie birgt außerdem ein theologisches Motiv, worauf an geeigneter Stelle noch eingegangen wird.

---

[63] Die inhaltlich-theologischen Motive, die diese Anführungen stützen, werden an geeigneter Stelle diskutiert.

[64] Bemerkenswert ist die Tatsache, daß in beiden Fällen eine Öffnung zum Heidentum hin inszeniert wird. Apg 16,11–15 ist schließlich die erste Bekehrung nach dem Apostelkonvent, die sodann in einer römischen Kolonie stattfindet. Lk 8,26–39 erzählt die Heilung des besessenen Geraseners, wobei diese Episode die einzige auf heidnischem Boden ist. Nach der lk Auffassung der Heilsgeschichte ist die Bekehrung der Heiden der nachösterlichen Zeit vorbehalten (Lk 24,47; Apg 1,8). Um so bemerkenswerter ist also der Zusatz mit ἥτις, da dieser den Exorzismus eigens in heidnischen Gefilden situiert. Vgl. SCHREIBER, J., *Theologie des Vertrauens. Eine redaktionsgeschichtliche Untersuchung des Markusevangeliums*, Hamburg 1967, S. 211f.; GRUNDMANN, WALTER, *Das Evangelium nach Lukas*, ThHK 3, Berlin ²1963, S. 181; STERCK-DEGUELDRE, J.P., *Possédé*, S. 4f.86.

[65] S. Kapitel 1, Abschnitt V.

§ 3 Der Aufenthalt in der Stadt, ein zeitlicher Rahmen: V.12c

1. Die Conjugatio periphrastica

Die Konstruktion ἦμεν ... διατρίβοντες ist gleich aus mehreren Gründen mit Sicherheit Lukas zuzuschreiben. Das Verb διατρίβω steht neben Joh 3,22[66] nur in Reiseberichten der Apostelgeschichte (12,19; 14,3.28; 15,35; 16,12; 20,6[67]; 25,6.14). Vorweg sei bemerkt, daß Lukas geradezu eine Schwäche für Verbkomposita spezifisch mit der Präposition διά- hat. Von den 80 im NT vorkommenden verschiedenen Verbkomposita mit διά- zählen Mt 20, Mk 16, Joh 7, das lk Doppelwerk hingegen 67. 36 dieser Verbkomposita kommen zudem ausschließlich in Lk/Apg vor! Rechnet man alle Verbkomposita mit διά-, einschließlich der Wiederholung desselben Verbs, zusammen, dann verteilen sich nicht weniger als 203 von insgesamt 344 Stellen für das NT auf das lk Doppelwerk (Lk 84/Apg 119)[68].

Auch fügt Lukas Verbkomposita mit διά- 16mal dem Markusstoff hinzu und wandelt hierbei 2mal das mk Simplex in ein Kompositum bei Beibehaltung des Verbs um (Mk 4,38 diff. Lk 8,24; Mk 10,21 diff. Lk 18,22). Letztendlich sei noch erwähnt, daß die durch Lukas mit dem Präfix διά- kombinierten Verben oftmals lk Vorzugswörter sind[69]. Διατρίβω ist ebenfalls lk Vorzugswort und mit Sicherheit der Redaktion zuzuschreiben[70]. Die Conjugatio periphrastica ἦμεν ... διατρίβοντες entspricht zudem lk Stilempfinden. An nicht weniger als 39 Stellen im Evangelium und 25 Stellen in der Apg greift Lukas auf εἶναι + Participium Praesens zurück (gegen Mt 5/Mk 15). Lk hat diese Konstruktion

---

[66] Und Joh 11,54 *v.l.*
[67] Hier steht das Verb zudem in der 1. Pers. Pl. (διετρίψαμεν). Daß eben gerade Lieblingsvokabeln bzw. typische grammatikalische Konstruktionen des Lukas in den Wir-Formulierungen Verwendung finden, ist ein stichhaltiges Indiz für den redaktionellen Charakter der Wir-Stücke. Die 1. Person Plural stammt aus der Feder des Lukas!
[68] Zum Vergleich: Mt 32/Mk 32/Joh 10/Rest NT 67.
[69] JEREMIAS, J., *Sprache*, S. 70f. u. A. 88 sowie S. 273.
[70] So auch WEISER, A., *Apostelgeschichte, Bd II*, S. 421. Eine Zeitbestimmung im Akk. begleitet das Verb auch an anderen Stellen: 14,3 (ἱκανὸν χρόνον), 20,6 (ἡμέρας ἑπτά); 25,6 (ἡμέρας οὐ πλείους ὀκτώ); 25,14 (πλείους ἡμέρας). S. auch LÜDEMANN, G., *Christentum*, S. 186.

12mal seiner Markusvorlage beigefügt[71]. Ihre Verwendung in lebhafter Situationsschilderung und bei Zeitangaben (hier: ἡμέρας τινάς) ist kennzeichnend für seinen Sprachgebrauch[72]. So kombiniert Lukas διατρίβειν gerne mit Zeitangaben zur Beschreibung von längeren oder kürzeren Missionsaufenthalten (Apg 14,28; 16,12; 20,6; 15,35 noch absolut).[73] Der Aorist wird wohl in bezug auf ἡμέρας τινας im Sinn eines komplexiven Aorists die ganze Zeit des Aufenthalts meinen.[74]

Es sei nur am Rande vermerkt, daß sich beide bisher angetroffenen Wir-Formulierungen (εὐθυδρομήσαμεν, ἦμεν ... διατρίβοντες) eindeutig als lk Vokabeln entpuppt haben. Daß eben gerade Lieblingsvokabeln bzw. Konstruktionen des Lukas auch in Wir-Stellen zum Einsatz kommen, zeigt, daß es sich keinesfalls um Tradition, sondern um einen redaktionellen Zug des Verfassers handelt. Wenn Sprache und Stil lk sind, dann doch auch der Gebrauch des Stilmittels!

Der Gebrauch von δέ, insbesondere am Satzanfang, entspricht ebenfalls lk Stilempfinden (s.o. V.11).

2. Die Ortsangabe

Die Situierung des Geschehens in der Stadt (ἐν ταύτῃ τῇ πόλει) ist differenziert zu bewerten. Der Gesamtbefund von 2713 Vorkommen von ἐν im NT verteilt sich mit 354 und 275 Stellen auf Lk/Apg. Mt zählt 291, Mk 137 und Joh 220 Vorkommen[75]. Lukas gebraucht also gerne diese Präposition, die zudem in seinem

---

[71] Lk 4,38.44; 5,16.17a.29; 6,12; 8,40; 9,18; 19,47; 21,24; 22,69; 23,53). Zur periphrastischen Konstruktion mit εἰμί vgl. JEREMIAS, J., *Sprache*, S. 43; BRUCE, FREDERICK FYVIE, *The Acts of the Apostles. The Greek Text with Introduction and Commentary*, London ²1952, Grand Rapids (Michigan), third revised and enlarged edition 1990, S. 358.

[72] Belege für διατρίβειν χρόνον oder ἡμέρας in 14,3.28; 16,12; 20,6; 25,6.14. Lukas kombiniert dieses Verb gerne mit Zeitangaben, um längere (14,28) und kürzere (16,12; 20,6) Missionsaufenthalte zu beschreiben. 15,35 steht es absolut. Da der Aorist im Sinn eines komplexiven Aorist (anders 14,28) gedeutet werden kann, bezeichnet das Verb wohl die Dauer des ganzen Aufenthalts. Eine sachliche Spannung zu der folgenden Zeitangabe 16,18 (πολλὰς ἡμέρας) besteht deshalb nicht, s. weiter unten „3. Die Zeitangabe".

[73] ZINGG, PAUL, *Das Wachsen der Kirche. Beiträge zur Frage der lukanischen Redaktion und Theologie*, O BO 3, Freiburg (Ch)/Göttingen 1974, S. 238f.

[74] BLASS, F./DEBRUNNER, A./REHKOPF, F., *Grammatik*, § 332,1.

[75] Pls 988; Rest: 438.

Sondergut besonders vertreten ist[76]. Ein Blick auf das dritte Evangelium soll zeigen, daß die Sachlage nicht eindeutig ist.

In einem beachtlichen Teil dieser Belege gebraucht Lukas temporales ἐν (Lk 100/Apg 27). Hierbei ist festzuhalten, daß die starke Bevorzugung des temporalen ἐν im lk Markusstoff allgemein auf Redaktion verweist. Gleiches gilt für die Verwendung von temporalem ἐν im Nicht-Markusstoff.[77] Temporales ἐν gilt also bis auf bestimmte biblizistische Wendungen[78] im Lukasevangelium als redaktionell.

Lukas ersetzt öfter lokales ἐν durch lokales εἰς. Es handelt sich hier um eine lk Stileigentümlichkeit (Mt 2/Mk 5/Lk 6/Apg 19, hingegen zählen Joh/2Kor/Eph/Hebr/1 Petr jeweils nur einen Beleg).[79] Hier findet die Vermischung von ἐν und εἰς statt, die in nt Zeit schon im Gange war. Daraus ist jedoch keine Abneigung des Lukas gegenüber der Präposition mit lokalem Sinn abzuleiten.

Über diese beiden Feststellungen ist schwerlich hinauszukommen. Es ist nämlich nichts spezifisch lk an dieser Wendung, jedoch auch nichts, was seinem Stilempfinden widerspricht. Für unsere Stelle ist jedoch wahrscheinlicher Tradition anzunehmen. Da der Zusatz ἥτις κτλ. (V. 12) als redaktionell angesehen werden muß und die Schilderung der Anreise zur Stadt für eine Lokaltradierung (V. 11) nicht unbedingt notwendig ist, leitet die Präposition den ersten Vermerk der πόλις ein. An dieser Stelle hat vielleicht die ursprüngliche Geschichte erst angefangen. Durch die vorangegangene Wendung verknüpft Lukas beides geschickt.

Das Demonstrativpronomen οὗτος nimmt mit etwa 1390 Belegen die 12. Stelle in der Häufigkeit der Wörter im NT ein. In den joh Schriften sowie im lk

---

[76] MORGENTHALER, R., *Statistik*, S. 14.

[77] Laut JEREMIAS, J., *Sprache*, S. 15f., beließ Lukas im Markusstoff 10mal das temporale ἐν und fügte es 19mal seiner Quelle hinzu. Von den 71 Belegen im Nicht-Markusstoff identifiziert Jeremias 21 mit einiger Wahrscheinlichkeit als vorlukanisch, 39 als lukanisch. Lediglich bei 11 läßt er die Zuweisung an Trad/Red offen.

[78] Beispiele dieser Biblizismen bei JEREMIAS, J., *Sprache*, S. 16 A. 4.

[79] An folgenden Stellen ersetzt Lukas ἐν durch εἰς: Lk 1,44; 4,23; 9,61; 11,7; 12,21; 21,37; Apg 2,5.22.27.31.39; 7,4.12; 8,23.40; 9,21; 11,22; 12,19; 19,22b; 20,14.16; 21,13; 23,11; 25,4. Die Belege für die übrigen nt Autoren siehe bei JEREMIAS, J., *Sprache*, S. 59 A. 57.

Doppelwerk begegnet es relativ häufig.[80] Da οὗτος das benennt, was der Redende (bzw. der Schreibende) vor sich sieht[81], paßt das Pronomen sehr gut in die durch die Verwendung der 1. Person Plural geschaffene Binnenperspektive. Bei einer Lokaltradierung benötigt die Stadt keine nähere Kennzeichnung durch ein Demonstrativpronomen. Die Christen vor Ort wissen, wo sie wohnen. Vielleicht hat hier ursprünglich ein Possessivpronomen oder ein einfacher Artikel gestanden. Stammt also die Konjugation in der 1. Person Plural aus lk Feder, so gilt dasselbe mit einiger Wahrscheinlichkeit für das Demonstrativpronomen οὗτος.

Im vorangegangenen Nebensatz wurde πόλις der Redaktion zugeschrieben, so auch die namentliche Nennung der Stadt Φίλιπποι. Anreiseroute und nähere Kennzeichnung der politischen Situation scheinen aus der Feder des Lukas zu stammen. Das eigentliche Geschehen setzt mit dem Verweilen der Missionare in der Stadt ein. Die ursprüngliche Erzählung könnte gut hiermit erst eingesetzt haben. Ein Vermerk des Ortes des Geschehens ist für die Narration unerläßlich. Ob dies nun durch die explizite Nennung der Stadt mittels der Verwendung eines Substantivs oder gar eines Adverbs geschah, ist nicht mehr auszumachen, wenngleich die namentliche Nennung der Stadt für die örtliche Tradierung nicht notwendig war.

3. Die Zeitangabe

Die Wendung ἡμέρας τινάς findet sich nur in der Apg (außer hier noch 9,19; 10,48; 15,36; 24,24) und spiegelt zweifelsohne lk Sprachgebrauch wider. Lukas benutzt vielfach das adjektivische τίς und hebt sich mit diesem Gebrauch bemerkenswert von den anderen nt Schriften ab (Mt 1/Mk 3/Lk 39/Joh 7/Apg 63)[82]. Ἡμέρα ist zudem lk Vorzugswort (Mt 45/Mk 27/Lk 83/Joh 31/Apg 94).[83]

---

[80] Mt 147/Mk 78/Lk 230/Apg 237/Pl 268. Joh/1–3 Joh zählen 20,6 % der Belege bei 13,1 % des nt Wortbestandes und Lk/Apg zählen 33,5 % der Belege bei 27 % des Wortbestandes. Bestimmte Verwendungen des Pronomens lassen sich eindeutig als redaktionell bezeichnen. So ist z.B. emphatisches τοῦτον/ταύτην kennzeichnend für das Doppelwerk: Mt 1/Lk 8/Joh 7/Apg 10/Joh 7/Pls 4/Hebr 1. Drei Einfügungen in den Markusstoff erweisen dessen redaktionellen Charakter: Lk 9,26 diff. Mk 8,38; Lk 20,12 diff. Mk 12,5; Lk 20,13 diff. Mk 12,6 und die 10 Belege in Apg. Vgl. HAWKINS, J.C., *Horae Synopticae*, S. 48f.; JEREMIAS, J., *Sprache*, S. 212.

[81] Im Gegensatz zu ἐκεῖνος, welches auf das entfernter Liegende verweist, so z.B. Lk 18,14; 20,34f.

[82] Zusätzlich Joh 6,7 *v.l.* Pls zählt 28, Hebr 7, Jak 2 u. Jud 1 Vorkommen.

[83] Weitere Vorkommen: Pls 50; Hebr 18; Kath Briefe 19; Offb 21.

Der vielfältige Gebrauch von ἡμέρα bei Zeitangaben jeder Art, bzw. die zahlreichen Verbindungen, in denen das Wort steht, ahmen oft LXX-Sprache nach. Dies entspricht wiederum ganz und gar lk Stil. Von einer Spannung zwischen ἡμέρας τινάς (V.12) und ἐπὶ πολλὰς ἡμέρας (V.18) auszugehen und somit auf Tradition bzw. Redaktion für die eine oder andere Stelle zu schließen, ist m.E. methodisch unzulänglich. Wäre nämlich bei der Übernahme von zwei unterschiedlichen Traditionen eine der Wendungen, gar beide gegensätzliche Ausdrücke stehen geblieben, so müßte Lukas stümperhaftes Arbeiten nachgesagt werden. Dies ist angesichts der lk Redaktionsweise insbesondere bei der sprachlichen Überarbeitung des Markusstoffs nicht anzunehmen. Hätte Lukas wirklich die Ausdrücke verschiedenen Quellen entnommen, dann hätte er sie bestimmt nur beibehalten, wenn sie für ihn sachlich keinen Widerspruch enthalten. Ähnliches gilt bei der Annahme von Redaktion.[84]

Deshalb ist die Wendung ἡμέρας τινάς nicht im Gegensatz zu ἐπὶ πολλὰς ἡμέρας im Sinne von wenigen Tagen, sondern allgemeiner im Sinne von einiger Zeit zu übersetzen. Die Bezugnahme des Ausdrucks auf den (komplexiven) Aorist der *conjugatio periphrastica* mit dem Verb διατρίβειν meint wohl den Zeitraum des ganzen Aufenthalts. Ein Widerspruch zwischen den beiden Zeitangaben ist deshalb auch von daher auszuschließen. Ein kurzer Überblick über die anderen Stellen, an denen die Wendung vorkommt, bestätigt diese Deutung.[85]

So ist z.b. in Apg 9,19 im Zusammenhang mit V.23 (ἡμέραι ἱκαναί) eine

---

[84] Ähnlich WEISER, A., *Apostelgeschichte, Bd II*, S. 421. Zum redaktionellen Charakter der Wendung s. SCHILLE, G., *Anfänge*, S. 50; OLLROG, W.-H., *Paulus*, S. 29 A. 112; anders HAENCHEN, E., *Apostelgeschichte*, S. 482, SUHL, A., *Paulus*, S. 188f.; KRATZ, R., *Rettungswunder*, S. 480.

[85] WIKENHAUSER, ALFRED, *Die Apostelgeschichte und ihr Geschichtswert*, NTA VIII/3–5, Münster 1921, S. 225–226, schreibt zu Apg 15,36: „Dann berichtet die Apg weiter: Nach einigen Tagen (μετὰ δέ τινας ἡμέρας) macht Pl dem Barnabas den Vorschlag, die Missionsstationen zu besuchen. Welchen Zeitraum bedeuten die ἡμέραι τινές? Es läßt sich keineswegs beweisen, daß sie nur „wenige Tage" bedeuten. Wie besonders Apg 24,24; 25,13 zeigt, kann dieser unbestimmte Ausdruck eine ziemlich lange Reihe von Tagen, jedenfalls mehrere Wochen, sogar 1–2 Monate bedeuten. Auf keinen Fall haben diejenigen Exegeten, die die ἡμέραι ἱκαναί Apg 9,23 mit den drei Jahren Gal 1,18 identifiziren, ein Recht, in den ἡμέραι τινές nur wenige Tage zu sehen. Übrigens sagt der Text nur, daß Pl nach Verlauf der ἡμέραι τινές Barnabas den Vorschlag zur Abreise machte. Die Verhandlungen und die Vorbereitung der Reise haben sicher auch noch Zeit erfordert."

längere Zeitspanne in Betracht zu ziehen.[86] 10,48b ist zudem erst von Lukas gebildet worden. Darauf verweisen theologische Motive sowie sprachliche Indizien.[87] Schließlich gilt Gleiches für 15,36 u. 24,24, wo „Vokabular, Sprachstil u. inhaltliche Akzente"[88] die lk Gestaltung greifbar machen. „Mit der Einleitungswendung »nach einigen Tagen« beginnt Lukas auch 24,24 redaktionell eine neue Erzähleinheit."

II. Die Verkündigung in der Synagoge

§ 1 Die Proseuche außerhalb der Stadt: V.13a

1. Die zeitliche Einordnung des Geschehens

Τῇ ἡμέρᾳ τῶν σαββάτων spiegelt LXX-Sprachgebrauch wider. Dieselbe Wendung steht auch in Apg 13,14, in Lk 4,16 geht ihr die Präposition ἐν voraus. Lk 13,14.16 schreibt jeweils τῇ ἡμέρᾳ τοῦ σαββάτου und 14,5 mit ἐν. Sie fehlt bei Mt u. Mk .[89] Plural- und Singularform sind sinngleich, wobei τὰ σάββατα zur Bezeichnung des Sabbattages wohl aus dem Aramäischen ṣabbᵉta (*status emphaticus singularis* von sabbaṭ) stammt. Im Griechischen wurde die Wendung als Neutrum Plural gedeutet und falsch mit τὰ σάββατα (statt τὸ σάββατον) übersetzt.[90]

---

[86] WEISER, A., *Apostelgeschichte, Bd I*, S. 231, setzt V.19b auf das Konto des Lukas, da „der Versteil (…) eine Art von Überschrift und ähnlich formuliert wie die Angaben der luk Reiseberichterstattung *16,12*; 21,4.7f.; 28,14" sei (Erhebung in kursiv von mir),

[87] Vgl. WEISER, A., *Apostelgeschichte, Bd I*, S. 260. Näheres zur Tradition und Redaktion in der Korneliusgeschichte in BOVON, FRANÇOIS, *Tradition et rédaction en Actes 10,1–11,18*, ThZ 26 (1970), S. 22–45, neu erschienen und hiernach zitiert BOVON, FRANÇOIS, *L'oeuvre de Luc. Études d'exégèse et de théologie*, LeDiv 130, 1987, S. 97–120.

[88] WEISER, A., *Apostelgeschichte, Bd II*, S. 394; sowie das weitere Zitat. S. auch LÜDEMANN, G., *Christentum*, S. 186.

[89] Das Substantiv τὸ σάββατον zählt 68 Belege im NT: Mt 11/Mk 12/Lk 20/Apg 10/Joh 13 ferner 1Kor 16,2; Kol 2,16. 24mal steht es in Pluralform. Auffällig ist, daß Lk bei ungefähr gleicher Länge wie Mt annähernd doppelt soviele Belege für das Wort enthält.

[90] JEREMIAS, J., *Sprache*, S. 120f.; BRUCE, F.F., *Acts*, S. 300f. Die Pluralform als Umschreibung für den Sabbat scheint Lukas nicht zu mögen. Lk 6,1 diff. Mk 2,23; 6,7 diff. Mk 3,2; 6,9 diff. Mk 3,4 wandelt er die Wendung seiner Vorlage in den Singular und Lk 4,31 diff. Mk 1,21; 6,2 diff. Mk 2,24 gestaltet er den Kontext dermaßen um, daß τὰ σάββατα pluralische Bedeutung erlangt. Die Pluralformen in Lk 4,16; Apg 13,14; 16,13 sind durch das vorangestellte

Ein knapper Vergleich der beiden anderen Stellen, die (ἐν) τῇ ἡμέρᾳ τῶν σαββάτων schreiben, erhärtet die Annahme, daß diese Wendung aus der Feder des Lukas stammt[91]. Denn Lk 4,16ff. steht der Ausdruck in einer sehr stark redaktionell geprägten Perikope[92]. Mk 6,2 schreibt καὶ γενομένου σαββάτου. Lukas hat also die Wendung seiner Vorlage beigefügt. Apg 13,14 ergibt sich der redaktionelle Charakter der Einleitung zur Pauluspredigt V.14b–16a „aus der Gleichgestaltung mit Lk 4,16f. und aus der Schilderung der Gebärde des Redners »er stand auf und gab ein Zeichen mit der Hand«, denn dieser Gestus entspricht mehr einem griechischen Rhetor als einem Synagogenprediger, und die Ausdrucksweise ist ganz lukanisch (...)".[93]

Dies sowie der lk Hang zum LXX-Sprachstil lassen die Formulierung τῇ ἡμέρᾳ τῶν σαββάτων als redaktionell erkennen. Dies bedeutet aber nicht, daß erst der Erzähler das Geschehen auf einen Sabbat verlegt. Denn selbst in Palästina gab es Schwierigkeiten, den Gottesdienst aufgrund unzureichender Besucherzahlen an Wochentagen, wo man schließlich nicht frei hatte, abzuhalten. „Wenn es schon im alten Palästina mit solchen Schwierigkeiten verknüpft war, den Gottesdienst täglich zu halten, so läßt sich ermessen, daß es in der Diaspora häufig noch weniger möglich war, die nötige Anzahl von Synagogenbesuchern zusammenzusehen."[94] Da die jüdische Gemeinde in Philippi eher klein war, kommt auch aus organisatorischen Gründen ein Gottesdienst an Wochentagen, d.h. weder am Sabbat noch an religiösen Feiertagen, nicht in Frage. Falls die Bekehrung der Lydia tatsächlich am Tage eines Gottesdienstes stattgefunden hat, dann ist dies wohl an einem Sabbat gewesen. Ein Synagogenbesuch am Sabbat ist also

---

τῇ ἡμέρᾳ eindeutig als Singular zu verstehen. Dies ist ein Zeugnis für die lk Sorgfältig und sein Bemühen um eine klare und deutliche Sprache. Lk 13,10ff. ist lk Sondergut. Das ἐν τοῖς σαββάσιν seiner Vorlage dürfte er wohl pluralisch verstanden und deswegen beibehalten haben.

[91] Zu einem etwas differenzierterem Urteil gelangt JEREMIAS, J., *Sprache*, S. 120–121, der die Formulierungen mit ἐν der Tradition, die nicht diese Präposition enthaltenen Wendungen der Redaktion zuschreibt.

[92] Wegen der hohen Abweichungen von Mk 6,1–6a wurde die These vetreten, Lk sei hier von seiner Mk-Vorlage unabhängig (so SCHÜRMANN, HEINZ, *Zur Traditionsgeschichte der Nazareth-Perikope*, in: *Mélanges Bibliques*, FS Béda Rigaux, Gembloux 1970, S. 187ff.), oder habe eine Überlieferungsvariante bearbeitet. Jedoch stimmt die Gesamtstruktur bei Mk u. Lk sowie bei Mt gegenüber Mk im wesentlichen überein. Die Abhängigkeit des Lk von Mk ist deshalb wahrscheinlicher. Lk hat in tiefgreifender Weise Mk 6,1–6a redaktionell gestaltet.

[93] WEISER, A., *Apostelgeschichte, Bd II*, S. 324.

[94] ELBOGEN, ISMAR, *Der jüdische Gottesdienst in seiner geschichtlichen Entwicklung*, Frankfurt a.M. ³1931, Hildesheim ⁴1962, S. 493f.

geschichtlich relevant! Die sprachliche Ausformulierung ist hingegen mit Sicherheit lk.

Lukas greift mit einer gewissen Vorliebe auf die enklitische Partikel τε zurück: Mt 3/Mk 0/Lk 9/Joh 3/Apg 141[95]. Die 8 Vorkommen im Lk enthalten zwei Hinzufügungen zur Markusvorlage (Lk 21,11a.b), die sich somit als redaktionell erweisen. Die Partikel kann einfach stehen (Lk 21,11a.b), wovon die Apg 66 Belege zählt. Sie kann auch wie hier in der Korrelation τε ... καί (bzw. sofort aufeinanderfolgend τε καί) stehen (Lk 15,2; 22,66; 23,12; 24,20/Apg 50 Belege). Manchmal steht es mit einem zweiten καί (Lk 2,16; 12,45; Apg 6,12; 9,18; 13,1) oder wird gar um ein drittes καί erweitert (Apg 1,8.13; 21,25). Die Wendung τε ... καί verrät also lk Stil und ist somit der Redaktion beizuordnen.

2. Das Verlassen der Stadt

Das in 1. Person Plural konjugierte ἐξέρχομαι zählt circa 215 Belege im NT, wovon mehr als drei Viertel auf die Evangelisten entfallen: Mt 43/Mk 38/Lk 44/Joh 28/Apg 29.[96] Mit der Präposition ἔξω verwendet Lk das Verb lediglich zweimal (Lk 22,62; Apg 16,13). Lk 22,62 steht dabei wortwörtlich par. zu Mt 26,75 (καὶ ἐξελθὼν ἔξω ἔκλαυσεν πικρῶς) und gibt sich somit als traditionell zu erkennen. Da es jedoch in einigen Handschriften fehlt, ist es auch möglich, daß der Vers sekundär aus Mt in den Lk-Text eingedrungen ist.[97] Auf jeden Fall ist der Satz nicht Lukas zuzuschreiben. Das einzige Vorkommen dieser Wortverbindung, das er in seiner Vorlage vorfand (Mk 14,68 diff. Lk 22,57), tilgt Lukas.

---

[95] Weitere Belege: Pls 24/Hebr 19/Rest NT 4. Lk 14,26 wird bei wichtigen Textzeugen (𝔓 45 ℵ A D W Θ Ψ f 1.13 𝔐, lat syʰ) δέ statt τε gelesen. Dann müßten allerdings nur 8 Vorkommen für Lk festgehalten werden.

[96] Mk 16,20; Joh 8,9 nicht mitgezählt. In Anbetracht der unterschiedlichen Längen der Evangelien ist das Vorkommen bei Mk bemerkenswert.

[97] SCHNEIDER, GERHARD, Verleugnung, Verspottung und Verhör Jesu nach Lukas 22,54–71. Studien zur lukanischen Darstellung der Passion, StANT 22, München 1969, S. 95f. Eine Sonderüberlieferung braucht aufgrund der Umgestaltung der Reihenfolge der Erzähleinheiten gegenüber Mk für Lk 22,54–62 nicht vorausgesetzt zu werden, obgleich für das Verhör und die Verspottungsszene Lk eine Sonderquelle zur Hand gehabt haben kann. S. BENOIT, PIERRE, Les outrages à Jésus prophète, in: Neotestamentica et Patristica, FS O. Cullmann, NT.S 6, Leiden 1962, S. 92–110; SCHNEIDER, G., Lukas, Bd II, S. 464.

Mit einer pleonastischen Präposition (ἐκ) steht das Verb nur noch Apg 7,4; 17,33; 22,18. Statt dessen zieht Lukas die Verbindung mit ἀπό (Lk 13mal; Apg 3mal) vor.[98] Die pleonastische Wendung mit ἐκ fand er Mk 1,25.26; 5,2.8.30; 7,31; 9,25 vor und übernimmt sie kein einziges Mal. Lk 4,35 (bis) diff. Mk 1,25.26; Lk 8,29 diff. Mk 5,8 übernahm Lukas zwar jedesmal das Verbkompositum, löste jedoch ἐκ durch die Präposition ἀπό ab.

Bei Lukas sind die Dämonen das häufigste Subjekt des Verbs (14mal): 4,35(bis).36.41; 8,2.29.33.35.38; 11,14.24(bis) und Apg 8,7; 16,18. 10mal wird hierbei das Verbkompositum mit ἀπό konstruiert. Dazu gehört Lk 8,35 diff. Mk 5,15, wo der Evangelist das Kompositum dem Simplex ἔρχομαι seiner Vorlage vorzieht.

Wenngleich Lukas das Verbkompositum durchaus mag, kann die pleonastische Wortverbindung ἐξέρχομαι ἔξω also nicht als lk bezeichnet werden.

3. Der Weg zur Proseuche

a) Der topographische und archäologische Befund

Die Apg 16,13 genannte πύλη wurde ebenfalls genuin im Traditionsstück überliefert. Einerseits situiert das Substantiv die προσευχή näher (ἔξω τῆς πύλης παρὰ ποταμόν), die selber traditionellen Charakter hat. Andererseits entsprechen die Angaben, die starkes Lokalkolorit aufweisen, bestens den topographischen Gegebenheiten vor Ort. Archäologische Funde unterstützt von neu entdecktem inschriftlichen Material lassen die Gebetsstätte draußen vor dem Stadttor am Fluß vermuten[99].

Diese πύλη ist jedoch nicht mit dem östlich auf der *Via Egnatia* gelegenen Neapolistor zu identifizieren. Denn dort befindet sich außerhalb der Stadt eine weit ausgedehnte Nekropole, die eine jüdische Gebetsstätte unmöglich macht. Auch kann allen Ernstes nicht mehr daran festgehalten werden, den πόταμος mit dem Gangites[100] und die πύλη – wie von Collart vorgeschlagen – mit dem

---

[98] Vgl. SCHENK, W., Art. ἐξέρχομαι, EWNT II (1981), Sp. 10.

[99] Vgl. ausführliche Diskussionen bei COLLART, P., *Philippes*, S. 458–460; LEMERLE, P., *Philippes*, S. 24–27 und zuletzt bei PILHOFER, P., *Philippi I*, S. 165–174.

[100] So schon laut LEMERLE, P., *Philippes*, S. 24, bei RENAN, ERNEST, *Histoire des Origines du Christianisme, Bd III: Saint Paul*, Paris 1869.

Bogenmonument gleichzusetzen[101]. Dann sind nämlich nicht nur ein weiter Weg zur προσευχή (etwa 2,5 km) und ein sehr großes *pomerium* vorauszusetzen, zusätzlich müßten die Juden bzw. die Gottesfürchtigen einen Friedhof durchqueren. Auf dem Weg zum genannten Bogenmonument befinden sich entlang der *Via Egnatia* auf beiden Seiten Gräber. Eine Nekropole in einem *pomerium* ist einfach unmöglich. Folglich begrenzt der Torbogen (Kiemer) nicht das *pomerium* und die Gebetsstätte braucht nicht am Gangites situiert zu werden. Fraglich ist, ob ein Gang zur Gebetsstätte am Sabbat durch einen Friedhof für Juden in Frage kommt. Aus dem gleichen Grund ist auch das Krenidestor (bzw. Amphipolistor), bei dem die *Via Egnatia* die Stadt nach Westen hin verläßt, abzulehnen.[102]

Deshalb schlägt Pilhofer das bisher in der Literatur kaum berücksichtigte dritte Stadttor vor, da dieses nicht zu einem Friedhof führt und zudem an einem Fluß liegt[103]. Es liegt mit dem Amphipolistor in der O-W-Achse etwa auf gleicher Höhe, nur ihm gegenüber circa 300m südlich. Ein Fluß „nähert sich beim dritten Stadttor der Stadtmauer auf weniger als 50m und fließt hier eine gewisse Strecke zu ihr parallel"[104]. Selbst bei strenger Einhaltung der mosaischen Sabbatgesetze ist dieser Weg für Juden kein Problem. Die nachvollziehbare (wenn auch umstrittene)[105] Situierung der πύλη liefert nicht nur ein weiteres Indiz für die Historizität der Erzählung und erweist den traditionellen Charakter des Wortes. Darüber hinaus erweist es auch die Genauigkeit der in der Bekehrungsgeschichte enthaltenen topographischen Angaben.

---

[101] COLLART, P., *Philippes*, S. 458–460, der die προσευχή „dans l'espace restreint qui sépare l'arc romain de Kiémer de la rivière" lokalisiert. Vor ihm schon HEUZEY, LÉON/DAUMET, H., *Mission archéologique de Macédoine, Bd I: Texte*, Paris 1876, S. 117, die jedoch bei den Kommentatoren kaum Resonanz fanden. Zum Begriff *pomerium* s. Kapitel 2, Abschnitt II § 2,1c.

[102] Schon DUPONT, J., *Études*, S. 94, äußert sich gegenüber den Erklärungen von Paul Collart und Paul Lemerle kritisch. Zur Lemerleschen Situierung der πύλη beim Krenides-Tor schreibt er: „J'avoue n'avoir pas été entièrement satisfait par les considérations proposées. Elles restent incomplètes (pas un mot sur l'époque des tombes trouvées entre l'agglomération et l'arc de Kiémer); l'hypothèse qu'elles défendent a des avantages, mais elle soulève aussi bien des difficultés."

[103] PILHOFER, P., *Philippi I*, S. 169ff.

[104] PILHOFER, P., *Philippi I*, S. 171.

[105] Von einer Debatte in der Literatur im eigentlichen Sinn kann jedoch nicht die Rede sein. Bislang haben die meisten Exegeten lediglich die Forschungsergebnisse von Paul Lemerle und Paul Collart übernommen, ohne diese zu hinterfragen. Diese sind jedoch seit der Pilhoferschen Arbeit *obsolet*.

Der in der theologischen Literatur meist erwähnte Gangites (auch Gangas, Angites oder Bournabachi), der sich in etwa 2,5 km Entfernung westlich von der Stadt befindet, kann in der Perikope nicht gemeint sein. Der Flußlauf liegt einfach viel zu weit weg. Der sich der Stadtmauer bis etwa auf 50 Meter nähernde Fluß, „den die Via Egnatia bei der heutigen Taufkapelle der Lydia überquert"[106], fließt beim dritten, erst im Jahr 1937 entdeckten Stadttor circa 200 Meter parallel zur Mauer.

Durch eben dieses am Fluß gelegene Tor haben die Missionare die Stadt verlassen, um nach einem kurzen Spaziergang auf die Gebetsstätte zu treffen. Pilhofer bezieht παρὰ ποταμόν nicht auf die Lage der προσευχή sondern auf die des sogenannten 3. Tores.[107] Παρὰ ποταμόν steht dann als Attribut zu ἔξω τῆς πύλης, was grammatikalisch durchaus möglich ist. Hintergrund der Pilhoferschen Deutung ist die Bestimmung der Lage der προσευχή, für die – wie eben erörtert – aufgrund der archäologischen Funde und der Abgrenzung des *pomerium* nur die Nähe des 3. Stadttores in Frage kommt. Diese Interpretation von παρὰ ποταμόν findet zudem durch die topographischen Begebenheiten und dem weiteren Verlauf der Erzählung eine doppelte Bestätigung: Das 3. Stadttor bedarf im Text einer näheren Kennzeichnung, die durch παρὰ ποταμόν gegeben ist, andernfalls wäre eine Verwechslung mit dem nördlichen Amphipolistor möglich. Auch paßt die kürzere Wegstrecke besser zu den wiederholten Besuchen der προσευχή durch die Missionare. Das starke Lokalkolorit der Angabe ἔξω τῆς πύλης παρὰ ποταμόν erweist somit schon ihren traditionellen Charakter.

b) Der sprachliche Befund

Untersuchen wir nunmehr die Sprache der Ortsangabe ἔξω τῆς πύλης παρὰ ποταμόν. Das Adverb bzw. die uneigentliche Präposition ἔξω hat insgesamt 62 Vorkommen im NT (Mt 9/Mk 10/Lk 9/Joh 13/Apg 10/Pls 5). Als Adverb steht es Lk 13,28; 14,35; 22,62; Apg 9,40; 16,30 auf die Frage „wohin?"[108] in der Bedeutung „hinaus" und in Lk 1,10; 8,20; 13,25 auf die Frage „wo?"

---

[106] PILHOFER, P., *Philippi I*, S. 171.
[107] PILHOFER, P., *Philippi I*, S. 171f.165ff.
[108] Auch in Lk 8,54 u. 24,50 als *v.l.*

synonym mit ἔξωθεν[109] in der Bedeutung „außerhalb, draußen". Apg 5,34 gebraucht der Verfasser die Wendung ἔξω ποιῆσαι (hinausführen), die allerdings einmalig im lk Doppelwerk ist.

Lk 13,28 steht im Gleichnis von der engen und verschlossenen Tür (13,22–30). Dabei stammen die V.28f. aus Q (Mt 8,11–12) und wurden erst von Lukas mit 13,25–27 in Zusammenhang gebracht. Eine Kontextanpassung veranlaßt Lukas, den abschließenden Satz (Mt 8,12b) an den Anfang zu stellen.[110] Hierbei schreibt Lk 13,28 ὑμᾶς δὲ ἐκβαλλομένους ἔξω diff. Mt 8,12 οἱ δὲ υἱοὶ τῆς βασιλείας ἐκβληθήσονται εἰς τὸ σκότος τὸ ἐξώτερον. Im Großen und Ganzen sind alle Züge von Lk 13,28–29 bei Mt 8,11–12 zu finden, jedoch in umgekehrter Reihenfolge. Beide Verfasser geben wohl ziemlich frei Q wieder.[111] Das Adverb ἔξω ist mit Sicherheit redaktionell gesetzt.

Lk 14,35 steht es ebenfalls in einem Logion Jesu (par. Mt 5,13 diff. Mk 9,50), jedoch in einem stark traditionell geprägten Kontext. Höchstwahrscheinlich haben Mt und Lk ἔξω aus Q übernommen.

Eine Hinzufügung zum Markus-Stoff scheint zunächst die folgende Stelle zu bieten. Lk 22,62 steht in der Erzählung der Verleugnung durch Petrus (22,54–62). V.62 καὶ ἐξελθὼν ἔξω ἔκλαυσεν πικρῶς steht gegen Mk in wortwörtlicher Übereinstimmung mit Mt 26,75. Da es jedoch in einigen Handschriften fehlt, dürfte der Vers sekundär aus Mt in den Lk-Text eingedrungen sein.[112] An eine Einfügung des Adverbs durch Lukas ist wahrscheinlich auch hier nicht zu denken.

Apg 9,40 steht das Adverb in den unmittelbaren Vorbereitungen zur Totenerweckung von Tabita (das Hinausweisen der Anwesenden, das Gebet, die Hinwendung zum Leichnam). Die Totenerweckungserzählung 9,36–42 ist „stark von den üblichen Formelementen geprägt"[113] und steht deutlich im

---

[109] Noch Apg 5,23 v.l.

[110] HOFFMANN, P., Πάντες ἐργάται ἀδικίας. Redaktion und Tradition in Lc 13,22–30, ZNW 58 (1967), S. 188–214; ZELLER, D., Das Logion Mt 8,11f./Lk 13,28f., BZ 15 (1971), S. 222–237; BZ 16 (1972), S. 84–93.

[111] Zur Diskussion der Redaktionskritik in V.28 siehe HOFFMANN, P., Πάντες ἐργάται ἀδικίας, S. 188–214; SCHULZ, SIEGFRIED, Q. Die Spruchquelle der Evangelisten, Zürich 1970 ²1972, S. 323f.; BOVON, F., Lukas, Bd II, S. 429.

[112] SCHNEIDER, G., Verleugnung, S. 95f.; vgl. meine Ausführungen zu ἐξέρχομαι ἔξω (Kapitel 2, Abschnitt II § 1,3 b).

[113] WEISER, A., Apostelgeschichte, Bd I, S. 241.

Zusammenhang mit den Totenerweckungen Jesu (vgl. insbesondere V.40a und Mk 5,40). Formale sowie sprachliche Übereinstimmungen mit at Erweckungserzählungen der LXX (1Kön 17; 2Kön 4) zeigen ihren vorlk Ursprung (hellenistisches Judenchristentum).[114] Der Ausschluß der Angehörigen findet sich formal auch 2Kön 4,30. Die sprachliche Ausformulierung des Motivs mit dem Verb ἐκβάλλω ἔξω könnte jedoch wegen Lk 13,28 redaktionell sein.

Apg 16,30 schildert die Reaktion des Gefängniswärters, der sich den Missionaren zu Füßen geworfen hat (V.29). Nachdem er sie hinaus begleitet hat, befragt er die Missionare bezüglich seiner Rettung. Insbesondere die Verknüpfung des Befreiungswunders mit der Bekehrung des Wärters zeigt aufgrund einer parallelen Gestaltung mit der Korneliusgeschichte „inhaltliche und stilistische Indizien"[115] für lk Redaktion. Aufbau, Ausdrücke und bestimmte inhaltliche Akzente weisen in V.30–33 auf lk Komposition hin. Das Adverb ἔξω steht V.30 deshalb mit einiger Wahrscheinlichkeit redaktionell.

Lk 1,10 findet sich in der Kindheitsperikope, welche die Verheißung der Geburt des Täufers schildert. Die ganze Menge des Volkes betet draußen, währenddessen im Innern Zacharias das Rauchopfer darbringt, wobei ihm ein Engel des Herrn erscheint. Die Formulierung πᾶν τὸ πλῆθος τοῦ λαοῦ προσευχόμενον verrät lk Sprachgebrauch. Thematisch entspricht die Gebetshaltung in entscheidenden Augenblicken der Heilsgeschichte lukanischer Theologie. Die parallele Darstellung dessen, was innen und außen geschieht, ist wohl gezielt von Lukas geschaffen. Das Adverb ist an dieser Stelle folglich redaktionell eingeschoben.[116]

Lk 8,20 (par. Mt 12,46f./Mk 3,31f.) steht in dem knappen Bericht zur wahren Verwandtschaft Jesu (Lk 8,19–21). Lukas greift auf Mk 3,31–35 zurück, das er zunächst im Zusammenhang mit 3,20–35 nicht erwähnte (nach Lk 6,19). Die Notiz in V.20 zur Anwesenheit Jesu Mutter und seiner Brüder, die das Gespräch mit ihm suchen (par. Mk 3,32), ist beibehalten, jedoch sprachlich umgeändert worden. Die zwei Vorkommen von ἔξω in Mk 3,31.32 reduziert Lukas (er behält

---

[114] Vgl. die Übereinstimmungen in V.40 mit dem LXX-Text in 2Kön 4,33; s. weiterhin καὶ ἐπιστρέψας und ἤνοιξεν τοὺς ὀφθαλμοὺς αὐτῆς/αὐτοῦ 2Kön 4,35.

[115] WEISER, A., *Apostelgeschichte, Bd II*, S. 428f. Einerseits fällt der Heide Kornelius dem Petrus zu Füßen, andererseits der heidnische Kerkermeister dem Paulus (bzw. den Missionaren).

[116] JEREMIAS, J., *Sprache*, S. 30f.; BOVON, F., *Lukas, Bd I*, S. 53.

es nur an einer Stele bei) und verhindert somit eine unnütze Wiederholung des Wortes. Auch ändert er den Kontext. Mk 3,31 läßt Jesu Verwandten außerhalb des Hauses stehen, Lk 8,20 warten sie außerhalb der Menschenmenge.

Lk 13,25-27 ist die Situation des Gleichnisses von der engen und der verschlossenen Tür anders als in der mt Version (Mt 25,10-12). V.25, dem ursprünglich ein Mahnwort zur augenblicklichen Entscheidung zugrundeliegen könnte, steht als Bindeglied zwischen V.23-24 (Zurückweisung der πολλοί) und V.26 (Begründung der Anklopfenden) und bietet den szenischen Rahmen. Bei Mt 7,13f. u. 25,10f. fehlt diese Notiz, ἔξω könnte demzufolge in Lk 13,25 redaktionell sein. Zudem steht das Adverb in einer Infinitivkonstruktion (ἄρξησθε ἔξω ἑστάναι). Jedoch ist die Trennung von Tradition und Redaktion in den V.25-27 umstritten.[117]

Als uneigentliche Präposition mit Genitiv steht ἔξω Lk 4,29; 20,15; Apg 4,15; 7,58; 14,19; 16,13; 21,5.30). Lk 13,13 steht es synonym mit ἔξωθεν auf die Frage „wo?", an den anderen Stellen stets auf die Frage „wohin?".

Lk 4,28-30 schließt die Nazareth-Perikope damit, daß Jesus seine Heimatstadt verläßt. Mk 6,5f. liegt die Begründung für sein Weiterziehen im Unglauben der Bewohner. Lk 4,29 springen die Leute in der Synagoge auf, treiben Jesus zur Stadt hinaus (ἔξω), um ihn zu lynchen. V. 29 ist ohne jede Parallele bei Mk/Mt und καὶ ἀναστάντες ἐξέβαλον αὐτὸν ἔξω τῆς πόλεως verrät lk Sprache (Participium conjunctum + Aorist).

Lk 20,15 steht par. Mt 21,39/Mk 12,8 im Gleichnis von den bösen Winzern (Mt 21,33-46/Mk 12,1-12/Lk 20,9-19). V.15 verbessert Lk zwar stilistisch seine Vorlage[118], behält den Wortschatz aber bei. Die uneigentliche Präposition ist hier zweifelsohne traditionell.

Apg 4,1-22 stehen Johannes und Petrus vor dem Hohen Rat in Jerusalem, nach der Rede des Petrus werden die Apostel in V.15 aus dem Verhörraum ausgewiesen, damit sich das Synedrion nunmehr beraten kann: κελεύσαντες δὲ αὐτοὺς ἔξω τοῦ συνεδρίου ἀπελθεῖν συνέβαλλον πρὸς ἀλλήλους.

---

[117] S. den knappen Überblick bei BOVON, F., *Lukas, Bd II*, S. 428 A. 6. SCHRAMM, T., *Markus-Stoff*, S. 102f., hebt jedoch hervor, daß trotz des zahlreichen Vorkommens pleonastisches ἄρχεσθαι + Inf. nicht lk Sprachgebrauch entspricht.

[118] Lk 20,15 schreibt καὶ ἐκβαλόντες αὐτὸν ἔξω τοῦ ἀμπελῶνος ἀπέκτειναν diff. Mk 12,8 καὶ λαβόντες ἀπέκτειναν αὐτὸν καὶ ἐξέβαλον αὐτὸν ἔξω τοῦ ἀμπελῶνος.

Wortschatz und Stil entsprechen lk Sprachgefühl. Zudem scheint Lukas einen sehr hohen Anteil an der Kompostion dieser Perikope zu nehmen.[119]

Apg 7,54–8,3 erzählt die Steinigung des Stephanus und die Anfeindung gegen die Christen. Nach der Rede des Stephanus (V.1–53), folgt ein knapper Visionsbericht (V.55–56), wo der Wortlaut sehr an Lk 22,69 erinnert. V.58 wird Stephanus zur Stadt hinausgetrieben und gesteinigt (καὶ ἐκβαλόντες ἔξω τῆς πόλεως ἐλιθοβόλουν). Wenngleich „V.58a (...) zusammen mit 8,2 den vorluk Lynchbericht ausmachen und mit 6,9.11.12a überliefert worden sein"[120] könnten, so erinnert die Steinigung ἔξω τῆς πόλεως an die Lynchintention in Lk 4,29. Es fällt auf, daß Lukas hier an eine Parallele zwischen Stephanus und Jesus denkt.[121] V.57–60 spitzt sich die Situation dramatisch zu, aus einer „ordentlichen Gerichtsbarkeit" wird eine „blind-leidenschaftliche Lynchjustiz".[122] V.59 ist die Angleichung mit Jesu Tod Lk 23,46 unübersehbar. Wortschatz und Stil sowie zahlreiche Motive zeigen den hohen Anteil an lk Komposition. Die gestaltende Hand des Lukas ist in diesen Versen nicht zu übersehen.

Die leidvolle Abschlußszene der Lystra-Überlieferung Apg 14,19f. (Paulus wird auf Anstiften der Juden ἔξω τῆς πόλεως geschleppt) dürfte aus Traditionen über ähnliche Erfahrungen des Paulus wohl erst von Lukas hier angefügt worden sein. Denn der summarische Bericht über das Eintreffen von Juden aus Antiochia und Iconium, die Überredung der Massen und die Steinigung des Paulus, seine Rückkehr in die Stadt und die Abreise der Missionare sind historisch kaum tragbar, entsprechen jedoch der lk Sicht der Dinge. Der zunehmende Widerstand der jüdischen Gegner vermag es nicht, das sich verbreitende Christentum

---

[119] Es empfielt sich nicht, die Perikope als historischen Bericht von den Einzelgeschehen der Gefangennahme, des Verhörs und der Freilassung des Petrus und Johannes (so z.b. JEREMIAS, JOACHIM, *Untersuchungen zum Quellenproblem der Apostelgeschichte*, ZNW 36 (1938), S. 238–255 insbesondere S. 238–247) oder sie als Verarbeitung zweier parallellaufender Quellen (so z.B. HARNACK, A.V., *Apostelgeschichte*, S. 142–146) zu verstehen. Lukas dürfte vielmehr die Szene aus historisch zutreffenden Grundkenntnissen selber gestaltet haben. Vgl. DUPONT, J., *Sources*, S. 33–50; WEISER, A., *Apostelgeschichte, Bd I*, S. 121–124.

[120] WEISER, A., *Apostelgeschichte, Bd I*, S. 190f.

[121] LOISY, ALFRED, *Les Actes des Apôtres*, Paris 1920, S. 350, glaubt, daß der Redaktor Stephanus nicht durch eine legale Autorität zu Tode kommen lassen will, deshalb inszeniere er eine Lynchhinrichtung. Der eigentliche juristische Prozeß fehlt.

[122] S. WEISER, A., *Apostelgeschichte, Bd I*, S. 194. Das Rufen mit lauter Stimme erinnert an Jesus (Lk 23,46), entspricht jedoch nicht jüdischer Steinigungspraxis, sondern der lk Vorstellung, „daß man auf den Stehenden Steine geworfen hat" (S. 195).

aufzuhalten. Gott steht den Missionaren selbst bei Todesgefahren zur Seite. Das Vorkommen lk Vorzugswörter, die drastische Steigerung der Erzählung sowie die Inszenierung der Juden als Hauptgegner und Anstifter der Verfolgung und Vertreibung stützen diese Annahme.[123]

Apg 21,5 begleiten die Brüder in Tyrus samt Frauen und Kinder den Paulus ἕως ἔξω τῆς πόλεως. Die Schilderung des Aufenthalts und vor allem des Abschieds sind stark redaktionell geprägt[124].

Apg 21,30 gerät die ganze Stadt in Aufruhr, Paulus wird vom inneren Tempelbezirk hinaus in den den Heiden zugänglichen Vorhof gezerrt (εἶλκον αὐτὸν ἔξω τοῦ ἱεροῦ). In der Erzählung der Verhaftung des Paulus Apg 21,27–36 könnten die Versteile 30b.d (Aufbruch des Volksauflaufs, Schließen der Tempeltore) der vorlk Tradition, V.30a hingegen aufgrund von Sach- und Sprachparallelen zu 19,29 der lk Komposition angehören.[125] Die uneigentliche Präposition steht also in einem traditionell geprägten Versteil.

Apg 26,11 gesteht Paulus in seiner Verteidigungsrede seine Verfolgungstätigkeit ein. Diese stellt Lukas noch drastischer als schon Apg 8,1–3; 9,1f.; 22,4f. dar. Paulus habe versucht, die Christen durch Folterung zum Lästern zu zwingen, und sie in maßloser Wut nicht nur in Jerusalem, sondern auch bis in auswärtige Städte verfolgt (εἰς τὰς ἔξω πόλεις). Der hohe lk Kompositionsanteil ist hier nicht von der Hand zu weisen.

Wie aufgrund der untersuchten Stellen zu sehen ist, zeigt Lukas keine Abneigung für das Adverb bzw. die uneigentliche Präposition ἔξω.[126] Wenngleich

---

[123] HAENCHEN, E., *Apostelgeschichte*, S. 412; SCHILLE, G., *Anfänge*, S. 62; WEISER, A., *Apostelgeschichte, Bd II*, S. 347.353.

[124] Das Motiv der Eingebung des Geistes und das des Hinaufziehens nach Jerusalem redaktionell auch Apg 19,21; 20,32f. sowie die Übereinstimmung der Abschiedsszene mit 20,36–38. WEISER, A., *Apostelgeschichte, Bd II*, S. 588.

[125] WEISER, A., *Apostelgeschichte, Bd II*, S. 601.

[126] So entfällt Lk 5,15 diff. Mk 1,45 das Adverb, was jedoch nicht verwundert, da Lukas mit den V.15–16 seine Vorlage sprachlich umformuliert. Lk 8,18 diff. Mk 3,31 meidet er eine Wiederholung (vgl. Lk 8,20 par. Mk 3,32). Mk 4,11 schreibt etwas unbeholfen ἐκείνοις δὲ τοῖς ἔξω, Lk 8,10 formuliert besser τοῖς δὲ λοιποῖς. In der Besessenenheilung des Geraseners (Lk 8,31 diff. Mk 5,10) greift Lk das ἔξω seiner Vorlage nicht auf. Jedoch ändert er aus inhaltlich-theologischen Gründen den Text und nicht etwa, um das Wort zu meiden. Bei Lk bitten die Dämonen, nicht εἰς τὴν ἄβυσσον (gegen ἔξω τῆς χώρας Mk 5,10) verbannt zu werden. Lk bereitet auf V.33 (εἰς τὴν λίμνην) vor und meint den See Genezareth als Gefängnis der Dämonen. Zu dieser Deutung LAGRANGE, MARIE-JOSEPH, *Évangile selon St. Luc*, ÉtB 3, Paris [8]1948, S. 249; ANNEN, F., *Heil*, S. 29, STERCK-DEGUELDRE, J.P, *Possédé*, S. 15f. Mk 8,23 steht

Lukas lediglich 2 der von 10 ihm in der Markus-Vorlage angebotenen ἔξω übernimmt, so sind die redaktionellen Abänderungen im allgemeinen inhaltlich-theologisch oder stilistisch motiviert. Nirgendwo findet sich eine gezielte Tilgung von ἔξω alleine des Wortes wegen. An manchen Stellen ist es gar eindeutig redaktionell gesetzt.

An den vorangegangenen Stellen (Apg 7,58; 14,19; 21,5; 26,11) lokalisiert das Adverb jeweils das Geschehen außerhalb der Stadt. Nirgends sind jedoch die topographischen Details so genau wie in 16,13. Nun dürfte der Bekehrungsort traditionell schon vor der Stadtmauer situiert worden sein. Es handelt sich ja schließlich um die Gründungstradition der Gemeinde. Die Überlieferung ist für die Christen vor Ort also von großer Wichtigkeit. Zudem kann der Standort der πύλη mit hoher Wahrscheinlichkeit bestimmt werden. Außerdem versteht sich ἔξω τῆς πύλης in Zusammenhang mit dem ποταμός und der προσευχή.[127]

Das Urteil muß also nuanciert werden. Gegen den Begriff ἔξω hat Lukas durchaus nichts, die pleonastische Verbindung mit dem Verb ἐξέρχομαι scheint jedoch weniger seinem Sprachgefühl zu entsprechen. Vielleicht war das Adverb schon Bestandteil der Tradition. Dies scheint umso wahrscheinlicher, da es sich auf das Stadttor und somit auf den Fluß bezieht. Lukas übernahm dann die überlieferte Lokalisierung seiner Quelle.

Das Substantiv πύλη zählt 10 Vorkommen im NT, davon fallen die Hälfte auf die lk Schriften (Mt 4/Lk 1/Apg 4/Hb 1).[128] Lukas gebraucht das Wort Apg 3,10; 12,10 zur Bezeichnung des Tempeltors, Stadttore wie an unserer Stelle nennt er noch Lk 7,12 (Nain) und Apg 9,24 (Damaskus).

---

es in der Heilung des Blinden zu Bethsaida, die keine Parallele bei Mt/Lk kennt. Lk 19,32 diff. Mk 11,4 tilgt den ganzen Satzteil, wonach sich das für Jesu Einzug in Jerusalem bestimmte Füllen an einem Tor festgebunden, draußen auf der Straße befand. Lukas fand dieses Detail für die Erzählung wohl belanglos, mied somit teils eine Wiederholung zu Mk 11,2 par. Lk 19,30 und faßt das Geschehen lapidar zusammen (V.32). In der Tempelreinigung tilgt Lukas den Schlußvers seiner Vorlage (Mk 11,19 diff. Lk 19,45–48), wonach Jesus die Stadt verläßt (ἔξω τῆς πόλεως), da er nunmehr täglich im Tempel lehrt (V.47). In der Verleugnungsszene Lk 22,57 diff. Mk 14,68 fehlt schließlich die Angabe, daß Petrus den Platz verläßt (V.68c) sowie (V.71a) der Schwur und der Fluch Petri. Der Apostel erscheint somit in einem günstigeren Licht.

[127] Zur Situierung des Tores, des Flusses und des Gebetshauses, s. PILHOFER, P., *Philippi I*, S. 165ff. sowie unten, Kapitel 2, Abschnitt II § 1,2.

[128] Mt 7,13a.b.14 steht es in allegorischer Bedeutung (Logion von den zwei Wegen); Mt 16,18 meint die Hadespforten. Hebr 13,12 bezeichnet es wohl *pars pro toto* die Stadt.

Interessanterweise schreibt er nicht wie Mt 7,13f. πύλη, sondern wegen der Kontextangleichung mit dem folgenden Gleichnis (Lk 13,25ff.) V.24f. θύρα. Es handelt sich nunmehr um die Tür, die vom Hausherrn verschlossen wird. Das Wort πύλη scheint er eigens Ortsangaben vorzubehalten.

Apg 3,10 ist die nähere Ortsangabe der Heilung des Gelähmten (τῇ ὡραίᾳ πύλῃ τοῦ ἱεροῦ) wahrscheinlich eine volkstümliche Bezeichnung für das Nikanor-Tor, das von Josephus, *Bell.*, V, 5,3–5 als besonders prächtig beschrieben und zwischen dem Vorhof der Heiden und dem der Frauen situiert wird[129]. „Vermutlich war sie [=die Ortsangabe] als nähere Bestimmung schon in der vorlukanischen – ursprünglich Jerusalemer – Petruslegende enthalten. Da das Heiligtum zahlreiche Tore besaß, mußte das Tor, an dem das Wunder geschah, genauer bezeichnet werden."[130] Das Motiv der Wirkung auf die Anwesenden (V.9f.) paßt stilgemäß zur Topik einer Heilungswundererzählung, die u.a. aufgrund des Lokalkolorits (Beschreibung des Bettlers πρὸς τὴν θύραν τοῦ ἱεροῦ τὴν λεγομένην Ὡραίαν, Apg 3,2.10) schon in Jerusalem entstand.

Apg 12,1–9 berichtet von dem Befreiungswunder an Petrus. Die in V.10 genannte πύλη ἡ σιδηρᾶ ἡ φέρουσα εἰς τὴν πόλιν gehört mit der Kennzeichnung des Hauses als οἰκία τῆς Μαρίας τῆς μητρὸς Ἰωάννου τοῦ ἐπικαλουμένου Μάρκου (V.12) und der Erwähnung der Magd Ῥόδη (V.13) wohl zur vorlk und schon in Jerusalem geformten Petrus-Tradition.[131] Da das Attribut „eisern" die Stabilität der Türbefestigung unterstreicht und somit die automatische (αὐτομάτη, V.10) Öffnung hervorhebt, muß es nicht unbedingt redaktionell sein[132]. Das Motiv „des Sich-selbst-Öffnens der Tür (...) ist den hellenistischen Erzählungen von Türöffnungswundern so sehr eigen (...), daß man dieses Erzählelement als typisch hellenistisch ansehen muß. Es ist möglich,

---

[129] So SCHRENK, G., Art. τὸ ἱερόν, ThWNT III (1938), S. 235f. Vgl. Josephus, *Ant.* XV, 11,5–7. Zur strittigen Identifizierung des Tores s. weiter: STAUFFER, E., *Das Tor des Nikanor*, ZNW 44 (1952/53), S. 44–66; WEISER, A., *Apostelgeschichte, Bd I*, S. 108f.; HENGEL, M., *Der Historiker Lukas*, S. 154–157. Die Identifizierung des sogenannten Schönen Tores mit dem östlich gelegenen Schuschan Tor (so die christliche Tradition seit dem 5. Jhdt.) ist jedenfalls unzulänglich. Da es nicht der Haupteingang und vom Kidrontal nur über einen steilen Aufstieg zugänglich war, wäre es wohl für Bettler ungeeignet gewesen. Zudem ist die Bezeugung relativ spät.
[130] HENGEL, M., *Der Historiker Lukas*, S. 154.
[131] WEISER, A., *Apostelgeschichte, Bd I*, S. 286.
[132] Vgl. KRATZ, R., *Rettungswunder*, S. 459–473.

daß es bereits zum vorluk Erzählbestand gehörte. Dann wäre dieser schon teilweise hellenistisch geprägt gewesen. Wahrscheinlicher ist, daß es erst auf Lukas selbst zurückgeht; denn gerade er trägt auch sonst dem Stilempfinden hellenistisch gebildeter Leser Rechnung"[133]. Lukas kann also αὐτοματή eingefügt haben, an das überlieferte σιδερά anlehnend. Wie dem auch sei, das Substantiv πύλη, d.h. die Bindung der Heilung an ein Tor, ist auf jeden Fall traditionell.

Die Auferweckung eines jungen Mannes in Nain (Lk 7,11–17) ist Sondergut und entstammt nicht Q. Die Perikope enthält reichlich Lukanismen. Sie dürfte aber wegen der nicht-lukanischen Wendungen aus einer „griechisch verfaßte[n] Vorlage aus seinem Sondergut"[134] stammen. In der Nähe des Stadttores (V.12, τῇ πύλῃ τῆς πόλεως) begegnet Jesus einem Trauerzug. Die Wendung bezeichnet den Ort der Heilung und gehört nicht zur Rahmenverknüpfung. Deshalb ist es gut denkbar, daß die Situierung des Geschehens in der Nähe des Stadttors genuin mit der Wundererzählung verbunden war.[135]

Apg 9,19b – 25 schildert des Paulus Aufenthalt in Damaskus und seine nächtliche Flucht aus der Stadt. Das paulinische Selbstzeugnis in 2Kor 11,32f. belegt die Historizität des Geschehens, wenngleich auch einige Unterschiede auffallen: Die Bedrohung durch die Juden in Apg führt Paulus auf Aretas zurück. Laut Apg 19,24 weiß Saulus über den Mordplan seiner Gegner Bescheid. 2Kor erwähnt lediglich eine Festnahme. Auch wirkt in V.24 die Situation besonders bedrohlich, da die Tore Tag und Nacht bewacht werden.[136]

V. 23–25 werden aufgrund dieser Unterschiede nicht direkt von 2Kor 11,32f.

---

[133] WEISER, A., *Apostelgeschichte, Bd I*, S. 288.
[134] BOVON, F., *Lukas, Bd I*, S. 355. Vgl. HARBARTH, A., *„Gott hat sein Volk heimgesucht."* *Eine form- und redaktionsgeschichtliche Untersuchung zu Lk 7,11–17: „Die Erweckung des Jünglings von Nain"*, Heidelberg 1977, S. 17–79; JEREMIAS, J., *Sprache*, S. 156–160.
[135] Zum traditionellen Gehalt der Erzählung s. BUSSE, U., *Wunder*, S. 161–179; HARBARTH, A., *Erweckung*, S. 111. Die Stadt Nain ist heute ein von circa 200 Moslems bewohntes Dorf namens Nein. Sie lag „südlich vom Tarbor am nördlichen Fuß des Berges Dschebel dahi an der Straße, die vom See Genesaret herauf in die Ebene Jesreel führt." Aufgrund fehlender Ausgrabungen können die Angaben des Lukas zum Stadttor leider nicht bestätigt werden. BOVON, F., *Lukas, Bd I*, S. 360f.
[136] Die Gemeinsamkeiten zwischen 2Kor u. Apg: Bedrohung in Damaskus, Bewachung der Stadt, Flucht durch eine Öffnung der Stadtmauer mittels eines Korbs, der hinunter gelassen wird. Zur Frage der Bewachung der Tore, besonders nachts s. die Diskussion bei VOM BROCKE, CHRISTOPH, *Thessaloniki – Stadt des Kassander und Gemeinde des Paulus. Eine frühe christliche Gemeinde in ihrem heidnischen Umfeld*, WUNT II/125, Tübingen 2001, S. 268; vgl. auch ZE'EV, HERZOG, *Das Stadttor in Israel und in den Nachbarländern*, Mainz 1986, S. 160.

abhängig sein, vielmehr lassen die Übereinstimmungen „den Einfluß einer
Überlieferung erkennen, die in 2Kor 11 wurzelt"[137]. Es ist schwer auszumachen,
ob nun Lukas erst πύλη einfügte. Demnach würde der Vf. die Bewachung der
Stadttore inszenieren (laut 2Kor 11,32 wird die Stadt bewacht), um somit die
Flucht durch ein Fenster bei den Stadtmauern vorzubereiten. Eine gezielte
Überwachung der Stadttore alleine (wie es die Apg nahelegt) zur Verhinderung
einer Flucht ist jedoch historisch gut denkbar.

Die Präposition παρά zählt 191 Vorkommen (Mt 18/Mk 16/Lk 29/Joh 33/Apg
30/Pls 40/Rest NT 25) und steht somit an 12. Stelle der Häufigkeit aller
Präpositionen im NT.[138] Die Sprache des NT sowie die Koine im allgemeinen
vermischen den Gebrauch von παρά mit Gen. und Dat. Mit Akk. wie in unserem
Fall kann die Präposition unterschiedslos auf die Frage „wo?" und „wohin?"
verwendet werden[139].

Παρά bezeichnet eigentlich die Nähe im räumlichen Sinn, wobei je nach Kasus
Nuancen angebracht werden müssen. Lk greift auf das Wort in vielen Sinn-
verbindungen und allen drei Kasus zurück.[140] Mit Akk. konstruiert Lukas die
Präposition 24mal (Lk 13/Apg 11)[141], davon an folgenden Stellen in einem
örtlichen Sinn: Lk 5,1.2; 7,38; 8,5.35.41; 10,39; 17,16; 18,35; Apg 4,35.37;
5,2.10; 7,58; 10,6.32; 16,13; 22,3.
    Lk 5,1.2 situiert die Berufung von Petrus am See Genezareth (V.1, ἦν ἑστὼς
παρὰ τὴν λίμνην Γεννησαρέτ) und erwähnt V.2 die Boote am Seeufer (παρὰ

---

[137] WEISER, A., *Apostelgeschichte, Bd II*, S. 232.
[138] Noch Mt 20,20; Lk 5,7; 2 Petr 2,11 *v.l.*
[139] BLASS, F./DEBRUNNER, A./REHKOPF, F., *Grammatik,*, § 236f.; RIESENFELD, ERNST
HARALD, Art. παρά, ThWNT V (1954), S. 724–733.
[140] Z.B. mit Gen. gebraucht Lk 6,19; 8,49 im örtlichen, Lk 1,45; 10,45; Apg 7,16 im
übertragenen Sinn. Mit Dat. verwendet παρά Lk 9,47; 11,37; 19,7; Apg 10,6 örtlich und Lk
1,30; 2,52 übertragen.
[141] Der Gebrauch der Präposition mit Akkusativ ist an manchen Stellen eindeutig traditionell.
Παρά + Akk. begegnet Lk 3,13; 13,2.4; 18,14 jeweils an Sondergutstellen, wo die Präposition
ohne weiteres zum vorlukanischen Sprachgebrauch gezählt werden darf. Die Präposition dient
jeweils als Vergleichspartikel in einer Komparativkonstruktion. Diese Umschreibung des
Komparativs wurde wohl unter Einfluß des Hebräischen bzw. des Aramäischen ins Juden-
griechische übernommen und begegnet im NT lediglich im Nicht-Markusstoff des dritten
Evangeliums. Vgl. das Register zum vorlukanischen Sprachgebrauch bei REHKOPF, FRIEDRICH,
Die lukanische Sonderquelle. Ihr Umfang und Sprachgebrauch, Tübingen 1959, S. 105f.;
JEREMIAS, J., *Sprache*, S. 108.226.

τὴν λίμνην).[142] Lk 5,1 steht die Präposition par. Mk 1,16, die V.2 angefügte Notiz fehlt in der Vorlage.[143]

Lk 7,38; 8,35.41; 10,39; 17,16; Apg 4,35.37; 5,2; 7,58; 22,3 steht der für Lk typische Ausdruck παρὰ τοὺς πόδας τινός (zu jemandes Füßen legen, sitzen, stehen, fallen, u.ä.). Die Wendung steht außer Mt 15,30 nur noch im Doppelwerk (Lk 4/Apg 5). Lk 8,35 diff. Mk 5,15; Lk 8,41 diff. Mk 5,22 sind es eindeutig redaktionelle Zufügungen.[144] Deshalb geht die Präposition in Zusammenhang mit dem genannten Ausdruck wohl generell auf das Konto des Lukas.

Lk 8,5 steht das Wort im Gleichnis vom Sämann (V.4–15). Der gesäte Samen fällt παρὰ τὴν ὁδόν, was eine wortwörtliche Wiedergabe von Mk 4,4 darstellt.

Lk 18,35 diff. Mk 10,46 fügt der Evangelist die Präposition ein, da nunmehr die Begegnung mit dem Blinden beim Annähern der Stadt Jericho stattfindet. Bei Mk hingegen trifft Jesus erst den Blinden bei Verlassen der Stadt an. Die topographische Abänderung ist zweifelsohne auf das Konto des Lukas zu buchen, da er noch die Zachäus-Perikope in den Markus-Stoff einbauen wollte (19,1-10.11-27).[145]

Apg 10,6.32 situiert in der Kornelius-Perikope das Haus des Gerbers Simon, bei dem Petrus verweilt, am Meer (παρά τινι Σίμωνι βυρσεῖ, ᾧ ἐστιν οἰκία παρὰ θάλασσαν, V.6). 10,6 knüpft an 9,43 an und „erweist sich in der Lokalisierung der Wohnung des Gerbers als Informationszuwachs gegenüber 9,43"[146]. Diese präzise Ortsangabe wird zum dramatischen Episodenstil des Lukas[147] oder zu den von ihm beliebten „Nachträgen"[148] gerechnet. Der Wohnort

---

[142] In der Mk-Vorlage stand θάλασσα. Lukas gebraucht konsequent für den See Genezaret – wie auch Josephus – die Bezeichnung λίμνη; vgl. 8,22.23.33.

[143] Der Rahmen der Perikope (Lk 5,1–11) trägt ganz und gar die Signatur des 3. Evangelisten. Auch ist sie „bedeutend mehr als eine bloße Überarbeitung von Mk 1,16–20". Wahrscheinlich dürften Mk 2,13 sowie Mk 4,1–2 ihren Einfluß auf die Gestaltung der Eingangsszene genommen haben. S. BOVON, F., *Lukas, Bd I*, S. 228.

[144] JEREMIAS, J., *Sprache*, S. 168.

[145] SCHRAMM, T., *Markus-Stoff*, S. 143–145. Eine Traditionsvariante ist hier nicht anzunehmen, Lk folgt alleine der Mk-Vorlage.

[146] DAUER, ANTON, *„Ergänzungen" und „Variationen" in den Reden der Apostelgeschichte gegenüber vorangegangenen Erzählungen. Beobachtungen zur literarischen Arbeitsweise des Lukas*, in: FRANKENMÖLLE, HUBERT/KERTELGE, KARL (Hrsg.), *Vom Urchristentum zu Jesus*, FS zum 60. Geburtstag von Joachim Gnilka, Freiburg/Basel/Wien 1989, S. 313.

[147] PLÜMACHER, E., *Lukas*, S. 87 A. 30.

[148] STÄHLIN, GUSTAV, *Die Apostelgeschichte*, NTD 5, Göttingen [11]1966, S. 151.

am Meer paßt zum Gerberberuf[149], was wiederum für diese Angabe Tradition vermuten läßt.

Natürlich paßt dieses zusätzliche Motiv sehr gut in die Erzählung: Die „Adresse" des Aufenthaltsortes des Petrus ist dem Kornelius ja schließlich nicht bekannt. Ob sie jedoch „notwendig ist im Sinne der Erzählung"[150], damit Petrus gefunden werden kann, bleibt fraglich. Schließlich fragen sich die Boten bis zum Haus des Simons durch (V.18). Warum soll Lukas solch eine genaue Lokalisierung erfinden? Wahrscheinlicher hat er hier eine traditionelle Notiz geschickt in die Erzählung eingefügt. Wenngleich die Ausgestaltung des Visionsberichts (V.3–7) eine große Ähnlichkeit mit Lk 1,26–38 aufweist,[151] wird wohl die knappe Notiz zur Lage des Hauses von Simon dem Gerber dem Traditionsgut angehören[152].

Nicht an allen Stellen läßt sich Redaktion und Tradition für παρά voneinander scheiden. Manchmal ist die Zuteilung aber eindeutig redaktionell bzw. traditionell. Eine Vorliebe des Lukas außer bei der Wendung παρὰ τοὺς πόδας ist nicht auszumachen. Überlieferten Ortsangaben fügt er die Präposition mitunter an (vgl. Lk 18,35). Ein anderes Mal ändert er die Ortsbezeichnung ab, behält die Präposition jedoch bei (Lk 5,1 diff. Mk 1,16). Im ersten Fall ordnet Lukas das Material seiner Quelle um, im zweiten Fall ist das mk θάλασσα unzutreffend.

Die 17 Vorkommen von ποταμός verteilen sich wie folgt: Mt 3/Mk 1/Lk 2/Joh 1/Apg 1/2Kor 1/Apk 8. Im Gleichnis vom Haus auf dem Felsen erwähnt Lk 6,48.49 par. Mt 7,25–26 ποταμός, dabei ist wohl an Hochwasser gedacht. Davon abgesehen, daß die Evangelisten das Wort wohl aus Q schöpfen, ist hier kein realer Ort gemeint. Die Stellen stehen also in keinem Zusammenhang zu unserer.

---

[149] So SCHILLE, G., *Apostelgeschichte*, S. 243.
[150] So DAUER, A., *Reden*, S. 313.
[151] So WEISER, A., *Apostelgeschichte*, Bd I, S. 254.
[152] Unabhängig davon, ob Lukas sie einer aus Joppe stammenden Petrus-Tradition entnahm (vielleicht auch nur einer Einzelnotiz über den Aufenthalt des Petrus bei dem Gerber Simon?) und sie zur Verbindung der einzelnen Szenen anlehnend an V.32 hier einbaute oder eine andere Überlieferung vorausgesetzt wird. Vgl. zu Tradition und Redaktion in Apg 10,1–11,18: DIBELIUS, M., *Aufsätze*, S. 98f.; DUPONT, JACQUES, *Le salut des Gentils et la signification théologique du livre des Actes*, NTS 6 (1960), S. 132–155, auch im Sammelwerk: ders., *Études sur les Actes des Apôtres*, LeDiv 47, Paris 1967, S. 393–419; BOVON, FRANÇOIS, *Tradition et rédaction en Actes 10,1–11,18*, ThZ 26 (1970), S. 22–45, hier zitiert nach dem Sammelwerk: ders., *L'oeuvre de Luc. Études d'exégèse et de théologie*, LeDiv 130, S. 97–120.

Mk 1,5 lokalisiert das Predigen von Johannes dem Täufer ἐν τῷ Ἰορδάνῃ ποταμῷ, Lk 3,3 hatte schon zuvor den Jordan genannt, das schwerfällige ποταμός wird nicht übernommen. Nur Apg 16,13 erwähnt Lukas einen ποταμός, der so genau situiert ist und zweifelsohne aufgrund der vorangegangenen Überlegungen genuin der vorlukanischen Bekehrungsgeschichte angehörte (s.o.).

Die Untersuchung zur Ortsangabe ἔξω τῆς πύλης παρὰ ποταμόν läßt zusammenfassend also folgenden Schluß zu: Einerseits deutet die Analyse von Sprache und Stil keineswegs auf den redaktionellen Charakter hin, andererseits entspricht die lk Beschreibung den topographischen Gegebenheiten vor Ort. Die Ortsangabe entnahm der Verfasser folglich seiner Quelle.

§ 2 Wo sich der Sitte nach eine Gebetsstätte befand

1. Textkritik

a) Bewertung der Lesarten

Der Zusatz οὗ ἐνομίζομεν προσευχὴν εἶναι bietet ein textkritisches Problem.[153] Die Aufnahme des Lesartenbefundes läßt nicht weniger als 6 Varianten zu (NTG[27]):

LA I: οὗ ἐνομίζομεν προσευχή εἶναι
       Bezeugung: A* B *pc*
LA II: οὗ ἐνομίζετο προσευχή εἶναι
       Bezeugung: E 1739 𝔐
LA III: οὗ ἐνομίζεν προσευχή εἶναι
       Bezeugung: P[74]
LA IV: οὗ ἐδόκει προσευχή εἶναι
       Bezeugung: D
LA V: οὗ ἐνομίζεν προσευχήν εἶναι
       Bezeugung: ℵ
LA VI: οὗ ἐνομίζομεν προσευχήν εἶναι
       Bezeugung: A^c C Ψ 33.81 *pc* bo

---

[153] METZGER, B.M., *Textual Commentary*, S. 395, urteilt: „In view of the wide range of variables in lexicography, syntax, palaeography, and textual attestation, the difficulties presented by this verse are well-nigh baffling."

Die meisten Kommentatoren halten die von NTG[27] vorgeschlagene Lesart VI fest. Dies ist jedoch mit erheblichen Schwierigkeiten verbunden. Einerseits gibt es in der Apg keinen Parallelfall dafür, „daß eine ursprüngliche finite Verbform der 1. Person Plural von einem derart breiten Strom von Textzeugen eliminiert worden wäre"[154]. Auch ist es schwer einzusehen, warum die Schreiber der Lesarten II, III, IV und V entweder die Person oder die Zahl sekundär ändern, wo die 1. Person Plural doch sehr gut in den Kontext paßt.

Dabei beziehen sich die Lesarten III und V auf Paulus alleine (3. Person Singular). Dies stört nun nicht nur den Erzählfaden, sondern ist zudem historisch schwer tragbar. Woher soll Paulus gewußt haben, wo sich eine προσευχή befindet? Daß Lukas dies nicht gemeint hat, geht auch aus dem Vorangegangenen hervor. Schließlich betritt Paulus laut lk Darstellung die Stadt zum ersten Mal.

Selbst wenn man voraussetzt, daß Paulus die Lage der Gebetsstätte aufgrund der Nähe zum Wasser und der mit dem Gottesdienst verbundenen rituellen Waschungen παρὰ ποταμόν vermutet haben soll, so ist unser Problem dennoch nicht gelöst. Es gab nämlich 3 verschiedene Wasserläufe in und um Philippi: 1. einen am östlichen Stadtrand fließenden Bach, 2. einen entlang der westlichen Stadtmauer verlaufenden Fluß, 3. den etwa 2,5 km entfernten westlich von der Kolonie sich befindenden Bounarbachi-Fluß (= Angites, Gangites).

Einen Weg von der Lesart I zu IV zu finden, ist nur tertiär über ein sekundäres ἐνομίζετο (Lesart II) möglich. Da jedoch Lesart II als sekundäre Überarbeitung von I unwahrscheinlich ist, scheidet auch diese Möglichkeit aus. Denn wieso soll ein Schreiber, der das kontextuell besser passende ἐνομίζομεν vorfindet (Wir-Bericht), das Verb unpersönlich konjugieren und somit den Sinn verändern? Die Wendung οὗ ἐνομίζετο προσευχή(ν) εἶναι bedeutet nämlich: „Wo der Sitte nach/wo herkömmlicherweise sich ein Gebetshaus befand."[155] Es ist jedoch unwahrscheinlich, daß ein späterer Kopist über einen Brauch zur Lage der προσευχή Bescheid wußte. Solch ein Wissen ist eher dem ursprünglichen Autor des Berichtes zuzutrauen.

Deshalb ist der sekundäre Charakter aller Lesarten zu folgern, die ἐνομίζομεν

---

[154] WEHNERT, J., *Stilmittel*, S. 13ff. Und dies ist m.E. auch der wichtigste Grund, der gegen die von NTG[27] vorgeschlagene Lesart (hier Lesart VI) spricht.

[155] So übersetzt schon ZAHN, Th., *Apostelgeschichte, Bd II*, S. 570 („wo es herkömmlich war, daß eine Gebetsstätte sei").

schreiben. Da der äußere Befund ἐνομίζετο gegen ἐνομίζεν als Ausgangspunkt wahrscheinlich macht, sind die Lesarten, die ἐνομίζεν bezeugen, „durch Kontamination aus ἐνομίζετο (Beibehaltung der 3. Pers Sg) und (sekundärem) ἐνομίζομεν (Übernahme des Genus Verbi) als Tertiärlesart entstanden"[156]. Das bei Lesart I u. II nach ἐνομίζ(ομ)εν grammatikalisch schwierige προσευχὴ εἶναι (da der A.c.I. einen Akkusativ verlangt) ist *lectio difficilior* und deshalb die ursprüngliche Lesart. Dies findet durch D und die ἐνομίζετο lesenden Textzeugen eine Bestätigung, da sie ebenfalls προσευχή schreiben. Außerdem läßt sich ἐδόκει (D) sehr gut von einem ursprünglichen ἐνομίζετο als freie Korrektur verstehen.[157]

Letztendlich konstruiert Lukas persönliches (aktivisches) νομίζειν ausschließlich mit dem A.c.I. (Lk 2,44; Apg 7,25; 8,20; 14,19; 16,27; 17,29 und in 21,29 Akk. gefolgt von ὅτι). Deshalb scheidet ein Nebeneinander von προσευχή und ἐνομίζ(ομ)εν auch aus stilistischem Grunde aus.

Folglich hält Jürgen Wehnert Lesart II οὐ ἐνομίζετο προσευχὴ εἶναι (E, M, 1739) als ursprüngliche Lesart fest. Jedoch bereitet diese Wendung, wie Wehnert selber zugibt[158], einige Schwierigkeiten. Entweder muß προσευχὴ εἶναι für einen defekten A.c.I. gehalten werden oder προσευχῇ, also der Dativ gelesen werden. Setzt man wie Wehnert einen Dativ voraus – was für den Majuskeltext durchaus möglich ist –, so bedeutet προσευχῇ die Gottesversammlung, bzw. das Gebet selber (προσευχῇ εἶναι = im Gebet sein)[159]. Jedoch begegnet diese zudem holprige Formulierung nicht bei Lukas, auch würde προσευχή in 16,13 gegenüber V.16 eine andere Bedeutung erlangen. Aber dazu bietet der Text nicht den geringsten Anlaß. Eine „semantische Nuance", wie Wehnert sie vermutet, kann zwischen beiden προσευχή-Vorkommen aus kontextuellen Gründen nicht bestehen.[160]

---

[156] WEHNERT, J., *Stilmittel*, S. 14.
[157] Ähnlich BRUCE, F.F., *Acts*, S. 358. ZAHN, Th., *Apostelgeschichte, Bd II*, S. 570 A. 81, bezeichnet das ἐδόκει in D (LA IV) als „eine der ursprünglichen Rückübersetzungen aus dem *videbatur* in d".
[158] WEHNERT, J., *Stilmittel*, S. 15.
[159] Vgl. zur Stelle METZGER, B. M., *Textual Commentary*, S. 395f.
[160] Gegen WEHNERT, J., *Stilmittel*, S. 15. So ist in der folgenden Episode an eine tägliche Begegnung der Missionare mit der παιδισκή eben auf dem Weg zur προσευχή (Apg 16,16–18) gedacht.

Es gibt jedoch gute Gründe, die Lesart II trotzdem als ursprünglich anzusehen. Wenn dies kaum in Betracht gezogen wurde, dann doch nur deshalb, weil die meisten Kommentatoren ἐνομίζετο προσευχὴ εἶναι sachlich anstößig finden. Denn wo soll es sonst noch Sitte gewesen sein, eine Gebetsstätte außerhalb der Stadttore an einem Fluß zu errichten? Dabei stört weniger die Nähe zum Wasser, als die explizit auf einen Brauch bezogene Lage vor der Stadtmauer.

b) Die Nähe zum Wasser

Synagogen am Wasser sind nämlich mehrfach belegt.[161] In diesem Zusammenhang wird oft der Volksbeschluß der Bürger von Halikarnaß (wahrscheinlich aus Caesars Zeit) genannt, der uns durch Josephus, *Ant.* XIV 10,23 überliefert ist. Falls δεδόχθαι ... καὶ τὰς προσευχὰς ποιεῖσθαι πρὸς τῇ θαλάσσῃ κατὰ τὸ πάτριον ἔθος das Bauen von Synagogen am Meer meint, wäre hier ein Beleg für die Vätersitte, am Wasser Gebetshäuser zu errichten. Doch die Übersetzung der Stelle im sogenannten Dekret von Halikarnaß ist umstritten, die Autoren schwanken für προσευχή zwischen Gebet und Synagogengebäude.[162]

Der Brief des Aristeas (§ 304f.) erwähnt bezüglich der 70 Dolmetscher, die die Heilige Schrift übersetzen: „Wie es aber Sitte aller Juden ist, wuschen sie

---

[161] Die Diskussion der Belege für am Wasser gelegene προσευχαί bei KRAUSS, SAMUEL, *Synagogale Altertümer*, Berlin/Wien 1922, S. 281–286; ZAHN, Th., *Die Apostelgeschichte*, Bd II, S. 572 A. 84; SAFRAI, S., *The Synagogue*, in: SAFRAI, S./STERN, M. (Hrsg.), *The Jewish People in the First Century. Historical Geography, Political History, Social, Cultural and Religious Life and Institutions*, Vol. 2, CRI, Section One, Assen/Amsterdam 1976, S. 937f.; LEVINE, LEE I., *The Second Temple Synagogue: The Formative Years*, in: ders. (Hrsg.), *The Synagogue in the Late Antiquity*, Philadelphia 1987, S. 15; HÜTTENMEISTER, FROWALD G., *»Synagoge« und »Proseuche« bei Josephus und in anderen antiken Quellen*, in: *Begegnungen zwischen Christentum und Judentum in Antike und Mittelalter*, FS Heinz Schreckenberg, Schriften des Institutum Judaicum Delitzschianum 1, Göttingen 1993, S. 163–181.

[162] S. z.B. die unterschiedlichen Übersetzungen bei KRAUSS, S., *Synagogale Altertümer*, S. 282; ELBOGEN, I., *Gottesdienst*, S. 448; HENGEL, MARTIN, *Proseuche und Synagoge. Jüdische Gemeinde, Gotteshaus und Gottesdienst in der Diaspora und in Palästina*, in: JEREMIAS, GERT/KUHN, HEINZ-WOLFGANG/STEGEMANN, HARTMUT (Hrsg.), *Tradition und Glaube. Das frühe Christentum in seiner Umwelt*, FS Karl Georg Kuhn, Göttingen 1971, S. 175f., die an Synagogengebäude und STRACK, HERMANN L./BILLERBECK, PAUL, *Kommentar zum Neuen Testament aus Talmud und Midrasch, Bd II: Das Evangelium nach Markus, Lukas und Johannes und die Apostelgeschichte erläutert aus Talmud und Midrasch*, München 1924, S. 742; REINACH, THÉODORE (Hrsg.), *Oeuvres complètes de Flavius Josèphe, Bd III: Antiquités judaïques, Livres XI–XV*, traduction de J. Chamonard, Paris 1904, S. 253, die an „Gebet" denken. SCHRAGE, WOLFGANG, Art. συναγωγή, ThWNT II (1964), S. 814 A. 100, legt sich nicht auf eine Übersetzung fest.

im Meer ihre Hände, u. wenn sie dann gebetet hatten, widmeten sie sich der Lektüre u. der Übersetzung des einzelnen".[163] Das Waschen der Hände vor dem Gebet ist im rabbinischen Schrifttum bezeugt (Bᵉrakh 15ᵃ): „R. Chijja b. Abba (um 280) hat gesagt, R. Jochanan (†279) habe gesagt: Wer seine Notdurft verrichtet u. seine Hände abspült u. den Gebetsriemen anlegt u. (dann) das Schema rezitiert u. betet, dem rechnet es die Schrift so an, als ob er den Altar erbaute u. darauf ein Opfer darbringt; denn es steht geschrieben: Ich wasche in Reinheit meine Hände u. umschreite deinen Altar, Jahve Ps 26,6."[164]

Die Theodotos-Inschrift (Mitte des 1. Jhdts) aus Jerusalem erwähnt den Bau einer Synagoge nebst Herberge, Nebenräumen und Wasseranlage.[165] Ein Papyrus aus dem ägyptischen Tebtynis (Ende 2. Jhdt v.Chr.) nennt eine προσευχὴ τῶν Ἰουδαίων mit Nähe zum Wasser. In Alexandrien wurde laut Philo, *Flacc.* 14 „in Zeiten der Not" auch am Wasser gebetet.[166]

Verschiedene Synagogen haben große Mengen an Wasser für rituelle Waschungen verbraucht. So erwähnt ein Papyrus aus Arisnoë-Krokodilopolis im Faijûm (CPJ II 432 Col. III,57) eine Wasserrechnung aus dem Jahre 113 n.Chr.[167]

Die Nähe zum Wasser mit Bezugnahme auf rituelle Waschungen ist also belegt. Doch konnten die religiösen Praktiken und andere in den Gebetsstätten stattfindenden Aktivitäten von Ort zu Ort divergieren. Die Synagogen der Diaspora liefern kein einheitliches Bild. Diese Vielfalt schlägt sich auch in der unterschiedlichen Architektur und den verschiedenen Bezeichnungen von jüdischen Synagogen in Palästina und in der Diaspora nieder.[168]

---

[163] Zitiert nach STRACK, H.L./BILLERBECK, P., *Bd II*, S. 742. Zum Aristeasbrief vgl. weiterhin PELLETIER, ANDRÉ, *Lettre d'Aristée à Phiolocrate*, SC 89, Paris 1962; Josephus , *Ant.* 12,11–103; Philo, *De Vita Mosis* 2,25–44.

[164] STRACK, HERMANN L./BILLERBECK, PAUL, *Kommentar zum Neuen Testament aus Talmud und Midrasch: Bd IV,1: Exkurse zu Einzelstellen des Neuen Testaments*, München 1928 ⁸1986, S. 122.

[165] HÜTTENMEISTER, FROWALD G., *Die Jüdischen Synagogen. Lehrhäuser und Gerichtshöfe*, BTAVO XII/1, Wiesbaden 1977, S. 192–195.225.

[166] Zu den Quellen und der Literatur s. KRAUSS, S., *Synagogale Altertümer*, S. 281ff.

[167] HENGEL, M., *Proseuche*, S. 158

[168] S. hierzu auch KRAABEL, A.T., *Unity and Diversity among Diaspora Synagogues*, in: LEVINE, LEE I., *The Synagogue in the Late Antiquity*, Philadelphia 1987, S. 49–60; COHEN, SHAYE J.D., *Pagan and Christian Evidence on the Ancient Synagogue*, in: LEVINE, LEE I., *The Synagogue in the Late Antiquity*, Philadelphia 1987, S. 159–181 besonders S. 175.

In den rabbinischen Quellen ist außerdem nicht die Rede von der Lage am Wasser, sondern von der Auflage, die Synagoge auf dem höchstgelegenen Ort der Stadt zu erbauen, so in der Tosephta: „Man legt eine Synagoge nur auf der Höhe der Stadt an, denn es heißt Spr 1,21: Zu Häuptern (so der Midr) der Straßen ruft sie (die Weisheit = Tora, die in den Synagogen verkündigt wird" (TM^eg 4,23)[169]. Auch ist in den erschlossenen Quellen jeweils die Nähe zum Meer, aber nirgendwo die Nähe zu einem Fluß genannt, dieser findet sich nur in Apg 16,13. Zudem reichen für die rituellen Waschungen vor dem Gebet ein Brunnen oder ein Waschbecken, wie man sie heute noch in Synagogen und Moscheen findet.[170] Von einem allgemeingültigen Brauch bzw. einer Regel zum Bau von Gebetshäusern am Wasser kann also nicht die Rede sein. Vielleicht haben sich die Gottesfürchtigen und Juden am Fluß außerhalb der Stadt Philippi im fließenden Wasser die Hände gewaschen. M.E. war dies weder für die Lage der Proseuche ausschlaggebend, noch ist es für das Verständnis des Textes belangreich.

c) Der Brauch, Synagogen extra pomerium zu errichten

Es ist nämlich vor allem der narrative Kontext, der für die Sitte eine andere Deutung nahelegt. Nicht etwa der Fluß spielt in der Erzählung eine wichtige Rolle, sondern der schon mehrmals erwähnte römische Charakter dieser Episode.

Zunächst gilt es, den Begriff *pomerium* im allgemeinen (1), die Ausdehnung des *pomerium* in Philippi (2) und sodann den Zusammenhang mit dem jüdischen Kultwesen zu erläutern (3).

(1) Das *pomerium* bildet die sakrale Stadtgrenze, die bei der Gründung einer römischen Stadt festgelegt wird. Dieser allgemeine italische Gründungsritus wird ebenfalls bei der Gründung von Kolonien durchgeführt.[171] Nach Anlage und Füllung der Opfergrube (*mundus*) spannt der Stadtgründer ein weißes Rindergespann an einen Pflug und setzt zum symbolischen Grenzfurchenzug an. Dabei

---

[169] STRACK, H.L./BILLERBECK, P., *Kommentar*, Bd IV/1, S. 121 A. a.
[170] So schon ELBOGEN, I., *Gottesdienst*, S. 448.
[171] Der Ritus wird u.a. bei Cato (s. z.B. *Serv. Aen.* V,755; *Isid.* XV,2,3; *Varr. De L.L.* V,143) beschrieben. S. hierzu KARLOWA, OTTO, *Intra pomoerium und extra pomoerium*, Festgabe zur Feier des siebzigsten Geburtstages Seiner Königlichen Hoheit des Grossherzogs Friedrich von Baden dargebracht von den Mitgliedern der juristischen Fakultät der Universität Heidelberg, Heidelberg 1896, S. 100, hier S. 49f.; BLUMENTHAL, ALBRECHT VON, Art. *Pomerium*, PRE XXI/2 (1952), Sp. 1867–1876, hier Sp. 1868.

geht die Kuh links (innen), der Stier rechts (außen), „wohl zur symbolischen Andeutung der Abwehr äusserer Feinde von der zu gründenden Stadt"[172]. Der Pflüger mußte darauf achten, daß alle Schollen einwärts fielen. Die mit einem Bronzepflug gezogene Furche, der sogenannte *sulcus primigenius*, deutet den Umfang der Stadt an, wobei die Furchrinne den Graben, die einwärtsgefallenen Erdschollen den Mauerzug darstellen. Wo ein Tor zu errichten war, hob der Gründer den Pflug aus dem Boden und trug ihn über die Stelle hinweg. Die dabei entstandene Linie ist das *pomerium*.

Im dem Fall, daß eine schon existierende Stadt als römische Kolonie neugegründet wurde, konnte die symbolische Handlung der Furchung natürlich nicht innerhalb der Mauern, sondern mußte außerhalb derselben vollzogen werden.[173] Die zu Verteidigungszwecken schon zuvor unbebaute und unbearbeitete Fläche beiderseits der Mauern gehörte dann zum *pomerium*. Dieser Raum durfte weder bebaut noch landwirtschaftlich genutzt werden.[174]

(2) In der (theologischen) Literatur wird im allgemeinen die von Paul Collart vorgeschlagene Abgrenzung des *pomerium* in Philippi übernommen.[175] Demnach soll das *pomerium* in der östlichen Stadthälfte der Stadtmauer folgen und im Westen weit über diese hinausreichen. Collart hält ein heute nicht mehr erhaltenes Bogenmonument als westliche Grenze des *pomerium* fest, unter dem die *Via Egnatia* in Richtung Amphipolis hindurchführte.[176] Dieser Bogen stamme spätestens aus dem 1. Jhdt unserer Zeitrechnung, könne gut mit dem in der Apg 16,13 vermerkten Tor übereinstimmen, sei „le témoin du statut accordé à la ville" und somit das erste öffentliche Gebäude der Kolonie.[177]

Die Identifikation des Collartschen Monuments mit einem Stadttor, das sich auf einer großen Zufahrtsstraße und zwar just auf der Grenzhöhe zum *pomerium* befindet, hat zur Folge, daß ein übergroßes *pomerium* angenommen werden

---

[172] KARLOWA, O., *Intra pomoerium und extra pomoerium*, S. 49f.

[173] BLUMENTHAL, A.V., Art. *Pomerium*, Sp. 1869.

[174] Vgl. Livius I, 44,5: *hoc spatium, quod neque habitari neque arari faserat ... pomerium Romani appellantur.*

[175] COLLART, P., *Philippes*. Das *pomerium* in Philippi bzw. dessen Ausdehnung wurde jüngst von PILHOFER, P., *Philippi I*, S. 67–73, diskutiert, hier auch ein knapper Forschungsüberblick.

[176] Eine Beschreibung des Bogens findet sich schon bei Perrot, G., *Daton, Néopolis, les ruines de Philippes*, RAr 1,2 (1860), S. 45–52.67–77 hier 52; HEUZEY, LÉON/DAUMET, H., *Mission archéologique de Macédoine, Bd 1: Texte, Bd 2: Planches*, Paris 1876.

[177] COLLART, P., *Philippes*, S. 321f.

muß.[178] Denn das Bogenmonument befindet sich immerhin 2 km von der Befestigungsmauer entfernt! Das somit im Westen umschlossene Gebiet ist 5mal größer als die Stadt selbst.[179] Einerseits wäre ein *pomerium* von solch einem Ausmaß beispiellos. Andererseits befinden sich nördlich der *Via Egnatia* auf der von der sakralen Stadtgrenze umschlossenen Fläche Gräber. Collart weiß selbst über die Existenz dieser Grabstellen Bescheid und streicht (deshalb?) den nordwestlichen Bereich aus dem Gebiet des *pomerium*.[180] Denn eine Nekropole innerhalb eines *pomerium* ist beim besten Willen nicht möglich!

Deshalb schlußfolgert auch Lemerle: „En fait il me paraît probable, encore qu'on ne puisse évidemment apporter la démonstration, que le tracé du pomerium se confondait à Philippes avec celui de l'enceinte."[181] Aber eben diese Beweisführung ist nun gegeben. Über die schon Collart bekannten Grabinschriften[182] hinaus, sind eine Großzahl von Gräbern und Inschriften zum Vorschein gekommen, die die Existenz eines Friedhofs beidseitig entlang der *Via Egnatia* für das 1. Jdht belegen.[183] Die Fläche des *pomerium* kann sich also nicht – wie Collart zu behaupten vermochte – über die Befestigungsmauer hinaus ausgedehnt haben. Der Verlauf der sakralen Stadtgrenze in Philippi stimmt daher ringsum mit dem der Stadtmauer überein.

Wer die πύλη (V.13) mit dem genannten, circa 2,5 km von der Stadtmitte entfernten Bogenmomunemt (Kiémer) identifiziert, begegnet einer zusätzlichen Schwierigkeit. Die nach dem mosaischem Gesetze nicht zu überschreitende Strecke am Sabbat entsprach 2000 Ellen (888 Meter). Hätte das *pomerium* sich wirklich bis hin zu diesem Bogenmonument erstreckt, wie es Collart vermutet[184], dann hätte die προσευχή an dem von dort einige Hundert Meter entfernten

---

[178] S. Karte 7 bei PILHOFER, P., *Philippi I*, S .68.

[179] LEMERLE, P., *Philippes*, S. 26.

[180] COLLART, P., *Philippes*, S. 325. Die Karte XXIX (Bd 2, Planches), „tracé présumé du pomerium" umschließt hingegen diesen Bereich wieder.

[181] LEMERLE, P., *Philippes*, S. 27 A. 1.

[182] So z.B. die Inschriften 352/L064, 358/L069 bei PILHOFER, P., *Philippi II*, S. 362ff. hier weitere Belege.

[183] PILHOFER, P., *Philippi II*: 384a/L174, 384b/L175; 385/L369; 386/L454; 388/L566. Zu der Unvereinbarkeit von Nekropolen und *pomerium*, vgl. noch CHEVALIER, RAYMOND, *Cité et territoire. Solutions romaines aux problèmes de l'organisation de l'espace: Problématique 1948–1973*, ANW II 1 (1974), S. 649–788, hier S. 736–737 mit Verweis auf Cicero, *De. Leg.* II,23: hominem mortuum in urbe neve sepelito neve urito.

[184] COLLART, P., *Philippes*, S. 278ff.321; ELLIGER, W., *Paulus*, S. 49f., folgt ihm.

Bounarbachi-Fluß gelegen. Rechnet man den Weg ab der Stadtmauer bzw. des Amphipolistors hinzu, so verbleiben noch weit über 2 km, wesentlich zuviel für den Sabbatweg[185].

(3) Wenngleich das Judentum während der römischen Kaiserzeit nicht das Statut der *religio licita* im eigentlichen Sinn innehatte, d.h. keine „Art generelle Religionsfreiheit"[186] genoß, so gab es eine Reihe von Vorrechten, die den Juden zugestanden wurden: das „Leben nach Vätersitte, besonders die Sabbatruhe ab dem Vortag, den Schutz der hl. Schriften, das Zugeständnis von Kultgebäuden (Synagogen) zum Gottesdienst und zu Versammlungen, der Schutz vor Kaiserbildern in diesen Synagogen und die Befreiung vom Kaiserkult, sofern er in der Verehrung der Kaiserstatuen bestand".[187] Die von Caesar den Juden zugestandenen Rechte waren von Augustus bestätigt worden. Das Judenedikt des Claudius (49 n. Chr.), in dessen Regierungszeit Paulus in Philippi verweilte, war wohl vielmehr eine Ordnungsmaßnahme und dürfte keinen Einfluß auf die allgemeine Rechtslage der Juden genommen haben.[188]

---

[185] S. Karte 8 bei PILHOFER, P., *Philippi I*, S. 75. Entgegen ELLIGER, W., *Paulus*, S. 50f. A. 47, ist das Gehverbot am Sabbat eben doch ein Gegenargument, selbst wenn es nur außerhalb der Stadtgrenze galt. Zur Länge des Sabbatweges, LOISY, A., *Actes*, S. 163–164; LEMERLE, P., *Philippes*, S. 27 u. A. 3. Vgl. meine Ausführungen in diesem Kapitel in Abschnitt II § 1,3a.

[186] STEGEMANN, EKKEHARD W./STEGEMANN, WOLFGANG, *Urchristliche Sozialgeschichte: die Anfänge im Judentum und die Christengemeinden in der mediterranen Welt*, 2. durchges. und erg. Aufl., Stuttgart/Berlin/Köln 1977, S. 225. SMALLWOOD, E. MARY, *The Jews under Roman Rule. From Pompey to Diocletian*, Leiden 1976, S. 120–145, spricht davon, daß die unterschiedlichen römischen Maßnahmen „the effect of establishing Judaism as a *religio licita*" (135) hatte.

[187] NOETHLICHS, KARL LEO, *Das Judentum und der römische Staat. Minderheitenpolitik im antiken Rom*, Darmstadt 1996, S. 89; zur Diskussion der Quellen s. hier S. 76–90 und weiterhin gegen die Deutung der Vorrechte für Juden im Sinne einer *religio licita*: CONZELMANN, Hans, *Geschichte, Geschichtsbild und Geschichtsdarstellung bei Lukas*, ThLZ 85 (1960), Sp. 241–250, der das Privileg der *religio licita* für das Judentum als „wissenschaftliche Legende" bezeichnet (Sp. 244); APPLEBAUM, S., *The Legal Status of the Jewish Communities in the Diaspora*, in: SAFRAI, S./STERN, M. (Hrsg.), *The Jewish People in the First Century. Historical Geography, Political History, Social, Cultural and Religious Life and Institutions, Vol. I*, Amsterdam 1974, S. 420–463; RAJAK, T., *Was there a Roman Charter for the Jews?*, JRS 74 (1984), S. 107–123; STEGEMANN, WOLFGANG, *Zwischen Synagoge und Obrigkeit. Zur historischen Situation der lukanischen Christen*, FRLANT 152, Göttingen 1991, S. 27; TREBILCO, PAUL R., *Jewish Communities in Asia Minor*, Cambridge 1991, S. 8f.

[188] Die Änderungen infolge des jüdischen Krieges 66–70 (73) betreffen den individuellen Status der Juden, insofern sie jetzt die Jupiter-Capitolinus-Steuer zahlen müssen (Fiscus Iudaicus – Sueton *Domitian* 12,2), nicht aber die Rechtslage der Religionsgemeinschaft insgesamt.Vgl. z.B. die Ausführungen bei TAJRA, HARRY W., *The Trial of St. Paul. A Juridical Exegesis of the Second Half of the Acts of the Apostles*, WUNT 2/35, Tübingen 1989, S. 14–21 sowie den Chapter 3.

In der Stadt Rom galt für die jüdische sowie andere nicht-römischen Religionen, die ihrerseits die römische Religion ablehnten, die Einschränkung, ihre Kultstätten und Versammlungsräume nicht innerhalb des _pomerium_ errichten zu dürfen.[189] Allgemein erhielten die Kulte nicht-italischer peregriner Gottheiten nur _extra pomerium_ eine Stätte.[190]

Dieses Verbot hat samt dem Gegensatz zwischen den Gebieten _intra_ und _extra pomerium_ die republikanische Verfassung überdauert, denn der Begründer des Prinzipats hatte wenig Interesse daran, „die alten republikanischen Ordnungen, wenn sie auch durch die Bürgerkriege und die Einrichtung der neuen Verfassung aufs Tiefste erschüttert waren, so ohne weiteres zu beseitigen"[191].

Daß das _ius pomerii_ weiterhin Gültigkeit hatte, „geht am deutlichsten daraus hervor, dass nach den erhaltenen Resten des Sc. de imperio Vespasiani vom Jahre 69 n. Chr. die Klausel in dasselbe aufgenommen ist: – utique ei fines pomerii profere promovere cum ex re publica censebit esse liceat ita, uti licuit Ti. Claudio Caesari Aug(usto) Germanico, wie dieses Recht der Vorschiebung des pomoerium denn auch nachweislich von Claudius ausgeübt worden ist"[192].

Z.B. hatte das Augurencollegium noch zur Zeit Hadrians (117–138) für die Herstellung der Grenzsteine des _pomerium_ aufzukommen. Auch aus der frühen

---

[189] Vgl. KARLOWA, Otto, _Intra pomoerium und extra pomoerium_, S. 49–100, besonders S. 51–55; JUSTER, JEAN, _Les juifs dans l'empire romain: leur condition juridique, économique et sociale_, Paris 1914, S. 232–242. 458f. A. 9.; LEMERLE, P., _Philippes_, S. 23; HENGEL, M., _Proseuche_, S. 177 A. 82; weiterhin zur juristischen Lage der Juden im römischen Staat s. LEON, H.J., _The Jews of Ancient Rome_, Philadelphia 1960; GAUDEMAT, G., _La condition juridique des Juifs dans les trois premiers siècles de l'empire_, Aug. 28 (1988), S. 339–359; LINDER, A., _The Jews in Roman Imperial Legislation_, Detroit/Jerusalem 1987; NOETHLICHS, KARL LEO, _Judentum und römischer Staat_, in: HORCH, HANS OTTO (Hrsg.), _Judentum, Antisemitismus und europäische Kultur_, Tübingen 1988, S. 35–49; NOETHICHS, KARL LEO, _Das Judentum und der römische Staat. Minderheitenpolitik im amtiken Rom_, Darmstadt 1996, S. 76–90.

[190] Ausschlagebend ist natürlich die Frage, ob eine Synagoge nach römischem Recht als Privathaus oder als öffentliche Kultstätte betrachtet wird. Jedoch findet m.W. die Fragestellung, inwiefern das jüdische Gebetshaus nach römischem Kultrecht eine „locus sacer" bzw. ein öffentliches Kultgebäude ist, in der Literatur bisher kaum Beachtung. Einschlägige Untersuchungen zu dieser Frage fehlen auf jeden Fall. Daher würde eine eingehende Beschäftigung mit diesem Problem den Rahmen dieser Arbeit sprengen. Zweifelsohne muß in einer römischen Kolonie davon ausgegangen werden, daß römisches Kultrecht angewandt wird. Zur Diskussion der zugelassenen und ausgeschlosenen Gottheiten und Kulte s. schon KARLOWA, O., _Intra pomoerium und extra pomoerium_, S. 53–55.

[191] KARLOWA, O., _Intra pomoerium und extra pomoerium_, S. 93.

[192] KARLOWA, O., _Intra pomoerium und extra pomoerium_, S. 93f. Vgl. CJL VI,1231; Tacitus, _Ann._ XVI 23; Gellius, _Noctes atticae_ XIII 14,7; Seneca, _de bev. Vitae_ 13,8.

Kaiserzeit haben wir einen Beleg dafür, daß bestimmte fremde Gottheiten nur *extra pomerium* eine Stätte fanden. Denn Augustus selbst setzte sich gegen die Verehrung der Isis *intra pomerium* ein. So berichtet Cassius Dio LX 47,3 von einem Serapis und Isis betreffenden Senatsbeschluß, „Heiligtümer, die einige Leute von sich aus errichtet hatten, niederreißen zu lassen. Man glaubte nämlich in der Tat lange Zeit nicht an diese Götter, und selbst als sich ihre öffentliche Verehrung endlich durchgesetzt hatte, erhielten sie nur außerhalb des Pomeriums einen Platz, sich niederzulassen".[193] Dieser Beschluß ist aus dem Kontext heraus in das Jahr 53 v.Chr. zu datieren. Nach Caesars Amtsantritt zu seinem 6. Konsulat (28 v.Chr.) ergreift dieser mit seinem Amtsgenossen Agrippa eine Reihe von Maßnahmen (Cassius Dio LIII 1,1–6), u.a. auf religiösem Gebiet untersagt er die Abhaltung ägyptischer Riten innerhalb des *pomerium*. Tacitus, *Ann.* 2,85 (vgl. Jos., *Ant.* 18,65–84) erwähnt nun eben die ägyptische und die jüdische Religion in Rom „in einem Atemzug"[194] (*sacris Aegyptiis Iudaicisque*), so daß in der Forschung im allgemeinen der Konsens vorherrscht, daß das *pomerium*-Gesetz auch für Juden, darüberhinaus wahrscheinlich für die ägäischen Kulte Gültigkeit hatte.[195]

Auch stellt Peter Lampe aufgrund der Untersuchung verschiedener Stadtviertel Roms (Trastevere, Appia/Porta Capena, Aventinbereich, Marsfeld/Via Lata) fest: „Es handelt sich um *Randgebiete* fast ausnahmslos ausserhalb der republikanischen Stadtmauer, die erst von Augustus der Stadt einverleibt worden waren. Interessant ist der Befund deshalb, weil diese Randviertel grösstenteils ausserhalb des Pomeriums lagen: Die imaginäre Linie des Pomeriums schloss die Verehrung fremder ausländischer Götter in der Regel aus. (...) Die römischen Synagogen lagen jedenfalls ausserhalb des Pomeriums."[196]

Nicht nur in Rom, auch in anderen römischen Städten galt das *ius pomerii*.[197] Insbesondere Kolonien wurden ganz nach römischem Muster organisiert.

---

[193] VEH, OTTO (Hrsg.), *Cassius Dio. Römiche Geschichte*, Bd II, München/Zürich 1985, S. 238.

[194] So LAMPE, P., *Die stadtrömischen Christen*, S. 31.

[195] BLUMENTHAL, ALBRECHT VON, Art. *Pomerium*, PRE XXI/2 (1952), Sp. 1867–1876; ders., Art. *Pomerium*, KP 4 (1972), Sp. 1015–1017, genannt.

[196] LAMPE, P., *Die stadtrömischen Christen*, S. 31.

[197] Deshalb wäre z.B. ein Vergleich mit Thessaloniki, Beroia oder Athen nicht zulässig, da es sich hier um griechische Städte handelt und deshalb kein *pomerium* vorhanden ist.

Beispielhaft bezeichnet Gellius, *Noctes atticae* XVI 13,8f., Kolonien als kleine Nachbildungen und Abbilder des römischen Volkes (*effigies parvae simulacraque*). Dies zählt nicht nur für den Städtebau bzw. die Architektur, sondern auch für die Rechtslage (*ius italicum*) und die politische Organisation. Aus der Geschichte der Stadt Philippi geht hervor, daß trotz thrakischer und griechischer Einflüsse diese Kolonie vor allem römisch geprägt ist. Diese Behauptung läßt alleine schon der städtebauliche Charakter der Kolonie zu. Aufgrund seiner Architektur wird Philippi mitunter in der Literatur mit Recht als Rom im Kleinen bezeichnet.[198]

Auch die besondere Stellung, die Philippi im Rahmen der römischen Geschichte nach der Schlacht gegen die Caesarmörder und des Augustus Sieg über seinen Rivalen Antonius einnimmt, legen dies nahe. Die römische Kolonie wird zum Synonym einer Zeitenwende, die das augusteische Zeitalter einleitet[199]. Darf die Anwendung der *pomerium*-Regel in einer Kolonie an sich schon als sicher gelten, so ist dies umso mehr in einer für das augusteische Zeitalter so geschichtsträchtigen Stadt wie Philippi der Fall.

Laut Elliger[200] ist es jedoch schwer einzuschätzen, mit welcher Strenge dieses Gesetz angewandt wurde. Denn die in den Texten erwähnten römischen Synagogen sind äußerst schwierig zu datieren und seit Diokletian verfuhr man großzügiger. Auch konnte, so Elliger, durch Sondergenehmigung des Senats eine Derogation erwirkt und *intra pomerium* ein Synagogengebäude errichtet werden. Nun findet des Paulus erster Besuch der Stadt um das Jahr 50 statt, also während der Regierungszeit des Claudius (41–54). Das *ius pomerii* wurde – wie oben dargelegt – in der frühen Kaiserzeit weiterhin befolgt. Dem Bericht der Apg zufolge scheint in Philippi das Verhältnis zwischen Juden und Römern gespannt gewesen zu sein. Falls diese Schilderung den geschichtlichen Kontext widerspiegelt, dann wäre dies kein günstiges Klima für den Erhalt einer Sonderregelung gewesen. Dazu paßt Phil 1,30 ganz gut, wo die Verfolgung der jüdischen Missionare – denn als solche werden Paulus und seine Mitarbeiter von den Römern wahrgenommen – bzw. der Gefängnisaufenthalt des Paulus in

---

[198] Vgl. ELLIGER, W. *Paulus*, S. 40–44; BORMANN, L., *Philippi*, S. 28.30, PILHOFER, P., *Philippi I*, S. 87.

[199] Vgl. Kapitel 3, Abschnitt II § 3.

[200] ELLIGER, W., *Philippi*, S. 49–50 und A. 46. So schon JUSTER, J., *Juifs*, S. 458 A. 9.

Philippi anklingt. „Was die Philipper nun von ihm hören – daß er im Gefängnis sitzt –, haben sie seinerzeit an ihm gesehen – als er in Philippi im Gefängnis war – und müssen es jetzt (vermutlich an dem einen oder anderen gefangenen Gemeindeglied) selbst erleben."[201] Weiterhin scheint die jüdische Gemeinde in Philippi viel zu unbedeutend gewesen zu sein, als daß eine Ausnahmereglung in Betracht zu ziehen wäre. Dies ginge einfach an den Verhältnissen in Philippi vorbei. Wie dem auch sei, eins steht fest: In Philippi befand sich das Gebetshaus jedenfalls außerhalb der Stadtmauern, folglich auch *extra pomerium*.

Schlußfolgerung: Ohne die sakrale Bedeutung des *pomerium* überzubetonen, kann behauptet werden, daß der Hinweis zur Lage der Proseuche außerhalb der Stadt sich weniger auf den Fluß – z.b. wegen etwaiger ritueller Waschungen – bezieht, sondern ein unscheinbares Detail enthält, das die topographischen und lokalgeschichtlichen Gegebenheiten der Kolonie Philippi widerspiegelt.

Schon Elbogen bemerkt: „Die andere Ortsangabe für die Synagoge in Philippi, daß sie sich vor dem Tore befand, dürfte nicht auf Zufall beruhen, in der Regel werden in der Diaspora die Synagogen außerhalb der Stadt gelegen haben. Innerhalb der Städte, wo Götzentempel waren, vermied man es zu beten; nur da, wo eigene Judenviertel bestanden, wie in Alexandrien, blieb man in denselben. Völlig gleichmäßig wird das Verfahren jedoch kaum gewesen sein, Ausnahmen kamen immer vor; in Korinth z. B. kann die Synagoge schwerlich außerhalb der Stadt gestanden haben, wenn das Haus des Titius Justus, in dem Paulus abstieg, sich unmittelbar neben ihr befand (Akt. 18[7])."[202]

In der Tat bietet Korinth eine Parallele, da die Stadt ebenfalls römische Kolonie war. Aber die Stelle Apg 16,13.16 ist aus lokalgeschichtlicher Perspektive zu betrachten und Derogationen zur *pomerium*-Regel waren in Rom über die *sacerdotes*, ferner über den Pontifex Maximus, den Kaiser selbst möglich. In einer Kolonie wie Philippi waren auf lokaler Ebene also die *sacerdotes* für solch eine Entscheidung zuständig.

---

[201] PILHOFER, P., *Philippi I*, S. 198. Wenngleich die wundersame Befreiungsszene mit Recht als unhistorisch betrachtet wird, muß selbiges nicht für die Bekehrung des Kerkermeisters und den Gefängnisaufenthalt des Paulus gelten.
[202] ELBOGEN, I., *Gottesdienst*, S. 449.

Aber eine Ausnahme zur *pomerium*-Regel stellt Philippi eben nicht dar, die Proseuche befindet sich schließlich ἔξω τῆς πύλης. Da im Falle von Philippi die Grenzen des *pomerium* mit der Stadtmauer gleichzusetzen sind, müssen die Juden bzw. die gottesfürchtigen (Männer und) Frauen die Gebetsstätte außerhalb des *pomerium* aufsuchen.[203]

Diese Auslegung findet durch das von Lukas hervorgehobene römische Lokalkolorit, das die gesamte Philippi-Episode (16,11–40) bestimmt, eine weitere Bestätigung. Und stammt Lukas wirklich aus Philippi – wie Pilhofer es vermutet –, so ist es keineswegs verwunderlich, daß er einen Verweis auf die römische Sitte bezüglich der Lage der προσευχή für Außenstehende einfügt. Als Philipper oder zeitweiliger Bewohner der Stadt weiß er auch über den Verlauf des *pomerium* Bescheid. Wie es auch um die Herkunft von Lukas bestellt sei, der Nebensatz V.12b (ἥτις κτλ.) gab den Verfasser als Ortskundigen zu erkennen, der Zusatz V.13 (οὗ κτλ.) bestätigt diese Feststellung.

Zudem ist für eine Lokaltradierung der Zusatz οὗ κτλ. bzw. die Anspielung auf die römische Sitte irrelevant. Einem philippischen Christen kann die Erläuterung, „wo herkömmlicherweise oder der Sitte nach"[204], eine Gebetsstätte sich zu befinden hat, erspart werden. Im Kontext der Apg fügt diese Notiz sich jedoch sehr gut ein. Sie erinnert als unscheinbares Detail an den römischen Charakter der Episode. Lukas erklärt zudem dem Leser, warum die Missionare sich durch das Tor begeben.

d) Ergebnis der Textkritik

Die Ausformulierung des Zusatzes in Lesart II ist zweifelsohne ursprünglich! Das fehlende ν ist vielleicht auf einen Flüchtigkeitsfehler des Lukas oder eines sehr frühen Schreibers zurückzuführen.[205] Zwei Feststellungen führen zu dieser

---

[203] S. oben die Diskussion zum traditionellen Charakter der πύλη und ihrer Situierung. Eine ausführliche Diskussion mit Karten und Forschungsüberblick bei PILHOFER, P., *Philippi I*, S. 67–73.169.

[204] Vgl. die Übersetzung bei HAENCHEN, E., *Apostelgeschichte*, S. 475 A1. Unpersönliches ἐνομίζετο findet sich im lk Doppelwerk nur noch in Lk 3,23, wo JEREMIAS, J, *Sprache*, S. 144, es interessanterweise der lk Redaktion zuschreibt.

[205] Ähnlich CONZELMANN, H., *Apostelgeschichte*, S. 99. Obwohl die Ergänzung eines ν bei προσευχή nicht unablässlich ist, da man die Wendung ebenfalls als ein N.c.I. verstehen kann, so BAUER, Walter, *Griechisch-deutsches Wörterbuch zu den Schriften des Neuen Testaments und der frühchristlichen Literatur*, 6. völlig neu bearbeitete Auflage, hrsg. v. KURT ALAND/BARBARA

Annahme. Nun, wie schon erwähnt, konstruiert Lukas νομίζειν in der Regel mit A.c.I. Zudem kann die Wendung οὗ ἐνομίζετο προσευχὴν εἶναι sehr wohl auf einen Brauch hinweisen. Es handelt sich dann weniger um die Sitte, außerhalb des Stadttores an einem Fluß eine προσευχή zu errichten, sondern vielmehr um die Regelung, innerhalb des *pomerium* solche nicht-römischen Kulte zu unterbinden, die ihrerseits die römische Religion ablehnen. Die Übersetzung von V.13 muß demnach wie folgt lauten: „Am Tage des Sabbats gingen wir hinaus durch das Tor an den Fluß (beim Fluß), *wo sich dem Brauch entsprechend eine Gebetsstätte befand.*"[206] Lukas schrieb οὗ ἐνομίζετο προσευχὴ(ν) εἶναι. Die oben genannte Lesart II und keine andere ist die ursprüngliche, denn sie entspricht den örtlichen Gegebenheiten. Es ist keine jüdische Vätersitte, sondern ein römischer Brauch gemeint. Die sprachliche Untersuchung unterstützt zudem diese Überlegungen.[207]

2. Die Gebetsstätte und die Juden in Philippi

a) Der Begriff Proseuche bei Lukas

Das Substantiv προσευχή kommt insgesamt 36mal im NT vor. Lk zählt 3 und die Apg 9 Vorkommen (Mt 2/Mk 2/Pls 14). Es steht Lk 6,12; 19,46; 22,45; Apg 1,14; 2,42; 3,1; 6,4; 10,4.31; 12,5; 16,13.16. Dabei bezeichnen nur 16,13.16 eine Gebetsstätte. Dem Begriff προσευχή gibt Lukas sonst immer die Bedeutung „Gebet". Zur Bezeichnung der jüdischen Gebetsstätte verwendet er sonst συναγωγή (z.B. Apg 17,1.10.17; 18,4.19), wobei er allgemeinen Sprachgebrauch widerspiegelt.

Lk verwendet hingegen προσευχή sowie das Verb προσεύχομαι auffällig häufig, um das Beten Jesu zu bezeichnen (Lk 3,21; 5,16; 6,12; 9,18.28.29; 11,1; 22,41.44.45.46). Jesus betet an entscheidenden Wendepunkten des Lk: 3,21, nach der Taufe durch Johannes; 6,12, vor der Berufung der Zwölf; 9,18, vor dem Petrusbekenntnis. Lk 1,1ff. gibt die Bitte der Jünger, von Jesus beten zu lernen, wie Johannes der Täufer es seine Anhänger gelehrt hat, den Anlaß das

---

ALAND, Berlin/New York 1988, S. 855.
[206] Vgl. oben zur Situierung der πύλη in Kapitel 2, Abschnitt II § 1,2-3. Παρὰ ποταμόν kann sich ebenfalls als Attribut zu ἔξω τῆς πύλης verstehen.
[207] S. weiter unten, in Kapitel II, Abschnitt II § 2,3.

Vaterunser zu beten. Den Leidenskampf Jesu auf dem Ölberg (Lk 22,39–46) trägt dieser im Gebet aus. Die doppelte Mahnung zum Gebet, um der Versuchung zu widerstehen, rahmt die Szene ein (V.40.46). Gar am Kreuze stirbt der lk Jesus den Tod eines dem Willen Gottes ergebenen Beters[208].

In der Apg führt der Verfasser dieses Leitmotiv fort. Die Jerusalemer Gemeinde verharrt einmütig im Gebet (Apg 1,14; 2,42). In wichtigen Momenten wird stets gebetet: 1,24 zur Nachwahl des Matthias; 6,4.6 zur Wahl und Einsetzung der Sieben; 8,15.24 zur Geistempfängnis für Samarien und für Simon; 10,2.4.9.30.31; 11,5 zur Taufe des ersten Heiden, Kornelius, durch Petrus; 13,3 zur Aussendung des Barnabas und Saulus; zum Einsatz von Ältesten in den verschiedenen Gemeinden in Lystra, Iconium und Antiochia; 20,36 zur Trennung von der Gemeinde nach der Abschiedsrede des Paulus in Milet (Weiterreise nach Jerusalem). Parallel zu Jesus werden auch Petrus (Apg 3,1; 9,40; 10,9; 11,15) und anschließend Paulus (9,11; 16,25; 20,36; 21,5; 22,17; 28,8) als Beter herausgestellt. Mit den beiden *termini* προσεύχομαι und προσευχή entwickelt Lukas regelrecht eine Gebetstheologie.[209] Diese sprachliche und inhaltlich-theologische Feststellung wäre somit ein erster Hinweis dafür, daß das Wort 16,13 traditionell steht.

Die Bedeutung von προσευχή als Gebetsstätte ist hingegen im biblischen Sprachgebrauch singulär.[210] Auch entspricht es ganz und gar dem lukanischen heilsgeschichtlichen Konzept, die Missionare das Wort Gottes zunächst den Juden, dann erst den Heiden verkünden zu lassen. In Antiochia (Apg 13,13ff.) wird dieses Prinzip sehr gut deutlich, legt Lukas doch Paulus und Barnabas folgenden Satz in den Mund: ὑμῖν ἦν ἀναγκαῖον πρῶτον λαληθῆναι τὸν λόγον τοῦ θεοῦ· ἐπειδὴ ἀπωθεῖσθε ἑαυτὸν καὶ οὐκ ἀξίους κρίνετε ἑαυτοὺς τῆς αἰωνίου ζωῆς, ἰδοὺ στρεφόμεθα εἰς τὰ ἔθνη (Apg 13,46b). Deshalb beginnnt die Verkündigung des Paulus in der Regel in der Synagoge.

Schon auf der ersten Missionsreise ist dies öfter der Fall gewesen. So begibt

---

[208] Im Gegensatz zu Mk 15,34, wo Jesus als Verlassener stilisiert wird.

[209] Vgl. BALZ, H., Art. προσεύχω/προσευχή, EWNT II (1981), Sp. 396–410. Zu dem Motiv des Betens und weiteren *termini*, die das Beten meinen, S. TRITES, ALLISON A., *The Prayer Motif in Luke-Acts*, in: TALBERT, CHARLES H., *Perspectives on Luke-Acts*, PIRS.SSS 5, Danville/Edinburgh 1978, S. 168–186.

[210] S. aber 3Makk 7,20.

sich Paulus in Salamis (13,5), im pisidischen Antiochia (13,14) und schließlich in Ikonomium (14,1) ins jüdische Gebetshaus. Neben Philippi, wo eben eine προσευχή genannt ist, wendet sich Paulus während der zweiten Missionsreise in Thessaloniki (17,1), in Athen (17,17), in Korinth (18,4) und Ephesus (18,19) jeweils in einer Synagoge an die Juden.

b) Ein Synagogengebäude

Da in der Philippi-Erzählung lediglich Frauen[211] als Zuhörer der Predigt erwähnt werden und nicht wie üblich von einer συναγωγή die Rede ist, könnte man schlußfolgern, daß Lukas sein Gestaltungsprinzip auf die Situation in Philippi überträgt. In der römischen Kolonie habe es kaum oder keine Juden gegeben, die προσευχή sei vielleicht nur ein befriedeter Gebetsplatz aber kein geschlossenes Gebäude gewesen.

Nun ist erwiesen, daß προσευχή im antiken Diasporajudentum eine geläufige Wendung zur Bezeichnung von Synagogengebäuden war[212]. „There is no doubt that the Greek word προσευχή has the meaning ‚Jewish prayer-house'".[213] Es

---

[211] Zu dem Motiv der Frauen in der lk Komposition und dem weiblichen Publikum der Predigt des Paulus s. Kapitel 2, Abschnitt § 3,2c.

[212] Zahlreiche Inschriften sowie die Aussagen von vier antiken Schriftstellern (Apion, der Astrologe Cleomedes, Artemidors und Juvenal) belegen dies; vgl. folgende Arbeiten: HENGEL, M., *Proseuche*, S. 157–184; SAFRAI, S., *The Synagogue*, in: SAFRAI, S./STERN, M. (Hrsg.), *The Jewish People in the First Century: Historical Geography, Political History, Social, Cultural and Religious Life and Institutions, Vol. II*, CRI, Assen/Amsterdam 1976, S. 908–944; STERN, M., *The Jewish Diaspora*, in: SAFRAI, S./STERN, M. (Hrsg.), *The Jewish People in the First Century: Historical Geography, Political History, Social, Cultural and Religious Life and Institutions, Vol. II*, CRI, Assen/Amsterdam 1976, S. 117–183; PERROT, CHARLES, *La lecture de la Bible dans la diaspora hellénistique*, in: KUNTZMANN, R./SCHLOSSER, J. (Hrsg.), *Études sur le judaïsme hellénistique*, LeDiv 119, Paris 1984, S. 109.132 zum Gebetshaus 110ff.; LEVINE, Lee I., *The second Temple Synagogue: The formative years*, in: ders. (Hrsg.), *The Synagogue in the Late Antiquity*, Philadelphia 1987, S. 7–31, insbesondere S. 20–23; RICHTER REIMER, IVONI, *Frauen in der Apostelgeschichte des Lukas. Eine feministisch-theologische Exegese*, Gütersloh 1992, S. 105–111; HÜTTENMEISTER, F.G., „*Synagoge" und „Proseuche"*, S. 163–181; s. schließlich NOETHLICHS, KARL LEO, *Das Judentum und der römische Staat. Minderheitenpolitik im antiken Rom*, Darmstadt 1996, S. 59 sowie LEVINSKAYA, IRINA, *The Book of Ats in Its First Century Setting, Vol. 5, Diaspora Setting*, Grand Rapids 1996, S. 213-225.

[213] LEVINSKAYA, I., *Diaspora Setting*, S. 213. S. hier auch die ausführliche Diskussion zu der vermeintlichen Verwendung des Begriffs προσευχή als Bezeichnung für heidnische Heiligtümer. Auf S. 225 schlußfolgert die Autorin: „As all examples put forward as proof of the Gentile usage of the term προσευχή are on closer examination found to be wanting, my conclusion runs as follows.
(1) There is no clear evidence that the Gentiles ever borrowed this specially Jewish term for

sind literarische, papyrologische sowie epigraphische Quellen, die diesen Sprachgebrauch für die uns betreffende Zeitspanne des 1. Jhdts problemlos belegen. Es würde den Rahmen dieser Arbeit sprengen, die Belege eigens zu diskutieren. Deshalb sollen zur Verdeutlichung nur einige signifikante Stellen genannt werden.

Philo von Alexandrien, *Legatio ad Gaium* 156 erwähnt mehrere προσευχαί, die wohl im Stadtviertel Roms jenseits vom Tiber, Trastevere, standen.[214] Josephus, *Vita* 277.280.293 vermerkt Synagogengebäude in Tiberias und Taricheä. An den Stellen gebraucht Josephus jeweils den Ausdruck προσευχή. Nach Josephus, *Contra Apionem* 2,10, behauptet Apion (1. Hälfte des 1. Jhdts n. Chr.), Moses habe in Heliopolis die ersten αἰτρίους προσευχάς gebaut. Cleomedes (1. Jhdt n. Chr.), *de motu circulari* 2,1,91, greift in seinem Werk über Astronomie die Sprache des Epikur an. Seine Ausdrucksweise ähnele der, die in Bordellen, von den Frauen in den Thesmophorien oder ἀπὸ μέσης τῆς προσευχῆς benutzt wird. Artemidor (2. Hälfte des 2.Jhdts n. Chr.), *Onirocritica* 3,53, schildert in seinem Traumbuch einen Traum, in dem Bettler und Arme sowie eine προσευχή vorkommen. Juvenal, 3,296 erwähnt im Zusammenhang seiner Schilderung eines streitsüchtigen, betrunkenen Adligen eine *proseucha*.

Die meisten Belege kommen aus Ägypten. Das älteste Zeugnis für προσευχή zur Bezeichnung einer Synagoge liefert z.B eine ägyptische Inschrift (OGI 726) aus Schedia bei Alexandria, die aus dem 3. Jahrhundert v.Chr. unter Ptolemaios III. Euergetes (246–221 v.Chr.) stammt.[215] Die Inschrift CPJ III 1441 erwähnt den Bau eines Tores am Synagogengebäude in Xenephyris (Unterägypten,

---

their places of worship.

    (2) On one occasion it was used by a Judaizing group precisely because the term was markedly Jewish." Ähnlich schon LEVINSKAYA, IRINA, *A Jewish or Gentile Prayer House? The Meaning of* ΠΡΟΣΕΥΧΗ, TynB 41 (1990), S. 154–159. Wer die Gebetsstätte in Apg 16,13 für heidnisch hält (etwa eine Stätte für gottesfürchtige Heiden annimmt), müßte für die ortsansässigen Juden eine zweite Proseuche (bzw. eine Synagoge) voraussetzen, was aufgrund der Größe der Stadt und der schwachen Bezeugung der jüdischen Präsenz m.E. weitaus unwahrscheinlicher ist. Glaubwürdiger ist, daß die wenigen Juden und Gottesfürchtigen (gemeinsam) am gleichen Ort dem „Gottesdienst" beiwohnten.

    [214] S. LAMPE, P., *Die stadtrömischen Christen*, S. 26.

    [215] In diesem Zusammenhang sind auch die beiden Papyri aus Arisnoë-Krokodilopolis im Fajum (Ägypten), CPJ I 134 (Ende des 2. Jhdts v.Chr.) und CPJ II 432 (113 n.Chr.), in Betracht zu ziehen. Da die beiden Papyri-Zeugen nicht-jüdische Quellen darstellen, erweisen sie den Gebrauch des Wortes für die Gebetsstätten auch in anderen Bevölkerungsgruppen als bei den Diaspora-Juden.

143–117 v.Chr.). Die Widmungsinschrift CIJ II 1442 [= SB 7454] des Synagogengebäudes aus Nitriai nennt Ptolemaios und Kleopatra und dürfte in die gleiche Zeit einzuordnen sein. Die aus Hadria bei Alexandrien stammende jedoch nur fragmentär erhaltene Inschrift CIJ 1433 [= SB 589] (2. Jhdt v. Chr.) sowie OGI 732 [= CIJ 1432] (36 v.Chr.) erwähnen ebenfalls den Terminus προσευχή (=Synagoge). „Am auffallendsten ist freilich die durchgängige Bezeichnung der vorchristlichen ägyptischen Synagogen mit dem Begriff προσευχή."[216]

Wie Martin Hengel eindeutig belegt, ist προσευχή die ursprüngliche, aus Ägypten stammende und im Mittelmeerraum verbreitete Bezeichnung für das Synagogengebäude im griechischsprechenden Diasporajudentum gewesen.[217] Das Wort συναγωγή ist hingegen die typisch palästinische Bezeichnung gewesen, die nach der Zerstörung Jerusalems in Verbindung mit der Ausbreitung des Christentums und der Rabbinisierung des Judentums den Begriff προσευχή verdrängte, der auf jüdische Sekten bzw. auf christliche Gemeinden überging.[218] Aber kann das, was für Ägypten als gesichert gelten darf, ohne weiteres auf Makedonien bzw. Philippi übertragen werden? Wie sieht die Lage in der Ägäis, auf dem griechischen Festland und näher in Makedonien aus?

c) Juden in der Ägäis und in Makedonien[219]

In der Ägäis finden sich mehrere Zeugnisse, die Existenz von Juden schon für das 3. und 2. Jhdt. v. Chr. belegen. Die Inschrift CIJ I 711b, die aus der Nähe von Oropos in Attika stammt, nennt einen jüdischen Sklaven namens Μόσχος

---

[216] HENGEL, M., *Proseuche*, S. 161. Die Papyri aus Ägypten verwenden zur Bezeichnung des Synagogengebäudes ausschließlich die Bezeichnung προσευχή: CPJ I 129,5; 134,17.18.29; 138,1; CPJ II 432,57. Vgl. SCHÜRER, EMIL, *Geschichte des jüdischen Volkes im Zeitalter Jesu Christi, Bd 2*, Leipzig ⁴1907, S. 500.

[217] HENGEL, M., *Proseuche*, S. 169; so auch KLINGHARDT, M., *Gesetz und Volk Gottes. Das lukanische Verständnis des Gesetzes nach Herkunft, Funktion und seinem Ort in der Geschichte des Urchristentums*, WUNT II/32, Tübingen 1988, S. 234 A. 36. Wenngleich andere Autoren sich nicht auf eine Erklärung für die unterschiedlichen Bezeichnungen festlegen wollen, vgl. LEVINE, L.I., *The Synagogue*, S. 20ff.; TREPP, LEO, *Der jüdische Gottesdienst. Gestalt und Entwicklung*, Stuttgart/Berlin/Köln 1992, S. 273.

[218] HENGEL, M., *Proseuche*, S. 180–184.

[219] Zu den Belegen s. SAFRAI, S./STERN, M., *Jewish People,Vol. I*, S. 157–160. Vgl. die gründliche Übersicht bei VOM BROCKE, C., *Thessaloniki*, S. 212–217, zu den Juden in Thessaloniki näher S. 217–232

Μοσχίωνος 'Ιουδαῖος und bietet somit das derzeit älteste Zeugnis für einen Juden in Griechenland. Die meisten Belege reichen in das 2. Jhdt. zurück, so z.b. folgende Freilassungsurkunden für jüdische Sklaven aus Delphi: CIJ I 709 (170-156 v. Chr.), 710 (162 v. Chr.) und 711 (119 v. Chr.).

Neben Apg 16,13 als Beleg für eine Synagoge ist für Griechenland noch die aus Anfang des 1. Jahrhunderts stammende Inschrift von Delos zu erwähnen[220]. Die Synagoge auf Delos stand mindestens seit dem 1. Jhdt v. Chr. in Nutzung, Juden haben sich jedenfalls schon zuvor auf dieser Insel angesiedelt, wie es die Inschriften SEG XXXII (1982) 809 (250-50 v. Chr.) und SEG XXXII (1982) 810 (250-175 v. Chr.) beweisen.[221] Besonders interessant ist die Inschrift 810, da sie *expressis verbis* eine προσευχή erwähnt!

Die Aufzählung jüdischer Kolonien in 1Makk 15,23 erwähnt jüdische Gemeinden u.a. in Sparta und Sikyon, auf Kreta, Zypern, Delos, Samos, Rhodos und Kos sowie in einigen Städten, die an der südwestlichen Küste Kleinasiens gelegen sind.[222]

Inschriftliche Belege bezeugen die Existenz von Juden außer in Philippi noch in folgenden makedonischen Städten: CIJ I 694a.694b (4./5. Jhdt. n. Chr.) in Beroia, SEG XXIV (1969) 603 in Appolonia, CIJ I 694 (3. Jhdt.) in Stobi und IG X 2,1 Nr. 789 (4. Jhdt n.Chr., = CIJ² 693a) in Thessaloniki.[223] Diese

---

[220] HENGEL, M., *Proseuche*, S. 175. Die Inschrift diskutierte er zuvor S. 167. Es handelt sich dabei um die Weihinschrift, die sich auf dem Synagogengebäude befindet, das auf der Insel Delos entdeckt wurde und circa mit 100 v. Chr. datiert wird. Das Gebäude ist dem θεὸς ὕψιστος gewidmet und wird als προσευχή bezeichnet. Zur Synagoge auf Delos s. KRAABEL, A.T., *Diaspora Synagogue*, S. 491–494.

[221] Vgl. VOM BROCKE, C., *Thessaloniki*, S. 214.

[222] Diese Liste der jüdischen Gemeinden enstammt einem Schutzbrief (1Makk 15,5-21), „den die Römer auf Bitten der Hasmonäer für die jüdischen Diasporagemeinden ausgestellt hatten". Wenngleich das Schreiben in seiner Authenzität sowie in seiner Datierung umstritten ist, so scheint die darin enthaltene Aufzählung nicht diese Diskusion zu berühren. Vgl. ebenfalls FISCHER, TH., *Zu den Beziehungen zwischen Rom und den Juden im 2. Jh. v. Chr.*, ZAW 86 (1974), S. 90–93 führt gute Gründe für die Echtheit des Briefes an.

[223] IG X 2,1 Nr. 72 (CIJ I² 693d) stammt zwar aus dem 1. Jhdt n. Chr., ist jedoch wahrscheinlich nicht jüdisch. Die von NIGDELIS, P.M., *Synagoge(n) und Gemeinde der Juden in Thessaloniki: Fragen aufgrund einer neuen jüdischen Grabinschrift der Kaiserzeit*, ZPE 102 (1994), S. 297-306 hier bes. S. 298, Sarkophag-Inschrift (Inventar-Nr. 5674) ist mit Sicherheit jüdisch, jedoch frühestens in das 3. Jhdt zu datieren. Die Inscriften IG X 2,1 Nr. 633 (=CIJ I 693), CIJ² 693b, CIJ I² 693c, IG X 2,1 Nr. 431.449.772 sind leider nicht mit Sicherheit dem Judentum oder dem frühen Christentum zuzuordnen. S. die Diskussion bei VOM BROCKE, C., *Thessaloniki*, S. 217-230. Zur Stobi-Inschrift und ihrer Datierung s. HENGEL, MARTIN, *Die Synagogeninschrift von Stobi*, ZNW 57 (1966), S. 145-183, besonders 150ff.

epigraphischen Zeugnisse stammen jedoch alle aus spätrömischer Zeit.[224] Neben diesen Inschriften enthält noch die oben schon erwähnte aus der 1. Hälfte des 1. Jhdts stammende Schrift des Philo von Alexandrien *legatio ad Gaium* eine Aufzählung von Ländern bzw. Regionen, wo sich jüdische Kolonien (ἀποικίαι) befanden. Die Liste erwähnt eine ganze Reihe von Ländern bzw. Landstrichen der Mittelmeerküste oder Kleinasiens (Ägypten, Phönizien, Syrien, Cölesyrien, Pamphylien, Cilicien, Bithynien, Pontus). Außerdem werden auf dem europäischen Kontinent Thessalien, Böotien, Ätolien, Attika, Argos, Korinth, Teile des Peleponnesus sowie Makedonien genannt (§ 281ff.).

Leider verfügen wir (derzeit) über keine archäologischen oder inschriftlichen Belege weder für die Existenz einer προσευχή in Philippi, noch für den Sprachgebrauch des Begriffs im Sinne einer jüdischen Gebetsstätte. Apg 16,13.16 ist hier der einzige Textzeuge. Lediglich ein Fund aus dem Jahre 1987 brachte eine Grabstele zum Vorschein, deren Inschrift die Existenz einer συναγωγή in der römischen Kolonie bestätigt. Es handelt sich um die Inschrift 387a/G813, die jedoch in das 5., frühestens in das 4. Jahrhundert zu datieren ist und somit keinen Rückschluß auf die uns betreffende Zeit erlaubt.[225]

Zudem weist keine von den im Jahre 1982 immerhin 1359 bekannten Inschriften „auch nur den geringsten Hinweis auf die Existenz von Juden in Philippi auf (jüdische Symbole – etwa eine Menorah – fehlen ebenso völlig wie eindeutig jüdische Namen). Bei dieser doch erheblichen Gesamtzahl von Inschriften ist der Schluß *ex silentio* relativ problemlos: Juden sind in der Zeit des Paulus (wenn überhaupt) in Philippi eine verschwindende Minderheit."[226] Die Vermutung, daß es in Philippi nur eine *kleine* jüdische Gemeinde gibt, findet auch durch die fehlende Nennung von Juden in der gesamten Philippi-Perikope

---

[224] S. jedoch die Notiz bei VOM BROCKE, C., *Thessaloniki*, S. 215 u. A. 36, der von einem bislang noch nicht veröffentlichten Fund weiß.

[225] PILHOFER, P., *Philippi II*, S. 389f., Synagogen im Diasporajudentum begegnen Apg 13,5 (Salamis auf Zypern); 13,14 (Antiochia in Pisidien); 14,1 (Iconium); 17,1 (Thessaloniki); 17,10 (Beroia); 17,17 (Athen); 18,4 (Korinth) und 18,19 (Ephesus).

[226] PILHOFER, P., *Philippi I*, S. 232f., der selbst schon auf die Statistik der Inschriften für Philippi von DUCREY, PIERRE, *Le recueil des inscriptions grecques et latines de Philippes de Macédoine: État des questions*, Πρακτικά του Η' Διεθνούς Συνεδρίου Ελληνικής και Λατινικής Επιγραφικής, Αθήνα, 3–9 Οκτωβρίου 1982, Τόμος Β', Athen 1987 [1992], S. 155–157, verweist. Vgl. weiterhin den Katalog der Inschriften von Philippi bei PILHOFER, P., *Philippi II*, S. 389, die einzige Inschrift, die eine Synagoge belegt: 387a/G813, aber keinen Beweis für das 1.Jhdt. bietet.

und durch den Philipperbrief eine Bestätigung. Paulus meidet offensichtlich alttestamentliche Zitate, den Gemeindegliedern waren sie wahrscheinlich nicht vertraut. Dies weist darauf hin, daß die Bekehrten wohl vorrangig aus dem Heidentum und nicht aus dem Judentum oder einer ihm nahestehenden Personengruppe stammten. Dies ist wiederum ein Indiz dafür, daß es in Philippi zur Zeit des Paulus kaum Juden gab. Ausschlaggebend ist jedoch die Tatsache, daß es weder ein literarisches noch ein epigraphisches Zeugnis für die Existenz von Juden in der Kolonie gibt.

Aufgrund des Befundes und etwa der Eigenart der Beschreibung in Apg (προσευχή, Anwesenheit lediglich von Frauen) keine Juden für Philippi anzunehmen, wäre ein Trugschluß. Die Gegenwart von Juden auch in Philippi ergibt sich schon aus der geographischen Lage der Stadt. An der *Via Egnatia* gelegen, wird die Kolonie von dieser Verkehrs- und Handelsader durchquert. Diese sichert über den Seeweg mit der Hafenstadt Neapolis und über Land via den Bosporus die Verbindung mit Kleinasien. Wenn in Thessaloniki, zwar eine ungleich größere Stadt und Hauptstadt des zweiten Distrikts von Makedonien, und in Beröa, die wohl in römischer Zeit zweitgrößte Stadt Makedoniens (Apg 17,1.10), die Präsenz von Juden vorausgesetzt werden darf, dann muß ähnliches für Philippi gelten.[227] Nun war zwar Philippi eine weitaus kleinere Stadt, aber wegen der strategischen Lage für den Handel nicht minder wichtig. Einige Juden werden wohl hängen geblieben sein.

Darüber hinaus ist es gut denkbar, daß die Hengelschen Überlegungen ebenfalls auf den makedonischen Raum zutreffen. Das Wort προσευχή ist gegenüber συναγωγή der ältere Ausdruck, der sich von Ägypten aus bis hin nach Makedonien und darüber hinaus in der gesamten griechischsprachigen Diaspora verbreitet hat. Deshalb meint die Wendung προσευχή auch in Apg 16,13 ein Gebäude und nicht etwa einen befriedeten Gebetsplatz. Warum Lukas mit der für ihn unüblichen Wortwahl andeuten möchte, es handele sich nicht um ein richtiges Gebäude, sondern um einen Versammlungsort unter freiem Himmel, leuchtet zudem nicht ein. Nämlich solch eine Sonderbedeutung für προσευχή ist nirgendwo belegt. Ein antiker Leser wird kaum unsere Stelle in diesem Sinne

---

[227] Vgl. oben die Belege für jüdische Präsenz in der Griechenland bzw. in Makedonien (Abschnitt II § 2,2c).

verstanden haben![228] Somit ist ein weiteres Indiz für die traditionelle Bindung von προσευχή gegeben.[229]

Und was das lukanische Missionsschema betrifft: Der Gang zur Synagoge und die Gewohnheit, sich zunächst den Juden zuzuwenden, sind zwar von Lukas in seinem 2. Werk stilisiert worden (Apg 13,5.14.46; 14,1; 17,1-2.10.17; 18,4.6.19; 19,8-9; 28,28), sie entspringen jedoch nicht erst seiner Phantasie. Diese Darstellung ist gut mit Gal 2,8-10; Röm 1,16; 9,3; 1Kor 9,20 und 2Kor 11,24 in Einklang zu bringen. Die Hinwendung zur Synagoge bzw. zu den Juden brachte Paulus zwangsläufig mit gottesfürchtigen Heiden in Kontakt.[230] Es waren eben diese Gottesfürhtigen, die für seine Botschaft empfänglich waren. Welche Heiden wären sonst noch in der Lage gewesen, die Predigt des Paulus halbwegs zu verstehen, wenn eben nicht solche, die sich ohnehin für das Judentum interessierten?[231] Deshalb beginnt Paulus seine Wirksamkeit nach Möglichkeit in der Synagoge, ein Sachverhalt, den Lukas wiedergibt.

Fazit: Die theologische Tragweite des Begriffs προσευχή (sowie des Verbs προσεύχομαι), die außer Apg 16,13.16 immer das Gebet bezeichnet und somit einen spezifisch lk Akzent verrät, sowie die mannigfaltigen Belege in antiker Literatur, Epigraphik und Papyri führen zu dem Schluß, daß das Wort προσευχή (=Gebetsstätte) in V.13 traditionell steht.

Die Fragestellung ist für προσευχή etwas anders als für πρωτὴ μερίς (V.12b). Μερίς und προσευχή haben zwar beide jeweils in der Philippi-Perikope gegenüber dem restlichen lk Doppelwerk eine andere Bedeutung. Und in beiden Fällen gebraucht Lukas eigentlich einen anderen Begriff, um den hier gegebenen Sinn zu vermitteln (μέρος und συναγωγή). Jedoch ist die Nennung des Bekehrungsortes für eine lokale Tradierung von gewissem Interesse. Einheimische Christen

---

[228] So auch AVEMARIE, F., *Tauferzählungen*, S. 404.

[229] Natürlich hat dieses Argument nur eine bedingte Tragweite. Lukas könnte ja schließlich das Wort wie andere Autoren seiner Zeit selber gesetzt haben. Nur in Verbindung mit anderen Beobachtungen (singulärer Gebrauch des Terminus zur Bezeichnung einer Synagoge, theologische Tragweite von προσευχή als Gebet im lk Doppelwerk) kann zum traditionellen Charakter von προσευχή gefolgert werden.

[230] S. zum Geschichtswert des lk Missionsschemas u.a. MATTILL, A.J. JR., *The Value of Acts as a Source for the Study of Paul*, in: TALBERT, CHARLES H., *Perspectives on Luke-Acts*, PIRS.SSS 5, Danville/Edinburgh 1978, S. 76–98; JERVELL, Jacob, *Paul in the Acts of the Apostles. Tradition, History, Theology*, in: KREMER, JACOB (Hrsg.), *Les Actes des Apôtres. Traditions, rédaction, théologie*, BEThL 48, Gembloux/Leuven 1979, S. 297–306, insbesondere 301.

[231] HENGEL, MARTIN, *Der Jude Paulus und sein Volk. Zu einem neuen Acta-Kommentar*, ThR 66/3 (2001), S. 346.

werden wohl gerne gewußt haben, wo die Erstbekehrte Lydia getauft worden ist. Für μερίς erschien eine genuine Nennung überflüssig.

Daß προσευχή in der 1. Hälfte des 1. Jhdts im nord-östlichen Mittelmeerraum bzw. auch in Makedonien als *terminus* für die jüdische Gebetsstätte verbreitet war, haben die oben diskutierten Funde gezeigt. Der Begriff προσευχή wurde – wie von Hengel erwiesen – nach der Tempelzerstörung und der Neuorganisierung des Judentums vom palästinischen Begriff συναγωγή verdrängt. Dann liegt doch folgende *Vermutung* nahe, die ich mit angemessener Vorsicht äußere:

Paulus besucht erstmals Philippi um das Jahr 49–50. Die aus der Erstbekehrung entstandene Gründungstradition konnte somit das jüdische Gebetsgebäude mit dem damals im Diasporajudentum geläufigen Begriff προσευχή bezeichnen. Die Tradition festigt sich mit der Zeit, das Wort προσευχή wird fester Bestandteil der Erzählung. Als Lukas nun die Apostelgeschichte in den Jahren 80–90 verfaßte, hatte sich schon die Bezeichnung συναγωγή auch außerhalb Palästinas teils durchgesetzt, die Lukas folglich in seinem Doppelwerk gebrauchte. Bei der Übernahme der Philippischen Gründungstradition in sein Gesamtwerk behielt er die ursprüngliche Bezeichnung bei.

Stammt Lukas aus Philippi, so könnte es noch einen weiteren Grund geben. Lukas fühlte sich dieser Tradition sehr verbunden. Auch wird in keinem anderen Text der Apg die jüdische Gebetsstätte so genau situiert. Sie befindet sich laut Apg ἔξω τῆς πύλης παρὰ ποταμόν (V.13), was genau den topographischen Begebenheiten entspricht. Vielleicht ließ Lukas in bezug auf diese genauen Angaben auch das ursprüngliche Wort stehen.

Wie dem auch sei, προσευχή ist jedenfalls der Überlieferung entnommen. Vom Wort auf die Größenordnung der jüdischen Gemeinde zu schließen, ist m.E. nicht angemessen.[232] Zur paulinischen Zeit waren nämlich, wie oben schon erläutert, beide Begriffe gleichbedeutend, lediglich ihre geographische Ausdehnung war verschieden.

3. Analyse des sprachlichen Befunds

Fahren wir nun mit der sprachlichen Untersuchung der übrigen Begriffe fort. Die Partikel οὗ entspricht eindeutig lk Sprachgebrauch. Das Ortsadverb kommt

---

[232] An einen dürftigen Versammlungsort vielleicht unter freiem Himmel denken WIKENHAUSER, A., *Apostelgeschichte*, S. 188; HAENCHEN, E., *Apostelgeschichte*, S. 475; SUHL, A., *Paulus*, S. 187, ELLIGER, W., *Paulus*, S. 48; ROLOFF, J., *Apostelgeschichte*, S. 244; SCHNEIDER, G., *Apostelgeschichte, Bd II*, S. 214 A. 27. Das ist m.E. in Apg 16,13 nicht gemeint. Über Größe und Umfang des Gebäudes kann man jedoch aufgrund mangelnder Belege nur spekulieren. Wir wissen nur so viel: Die jüdische Bevölkerung stellt im 1. Jhdt sehr wahrscheinlich eine schwindende Minderheit dar; die Begriffe προσευχή und συναγωγή sind zu jener Zeit gleichbedeutend.

24mal im NT vor, besonders in den lk Schriften (Lk 5/Apg 8)²³³. Im NT begegnet gewöhnlich ὅπου (Mt 13/Mk 15/Lk 5/Joh 30/Apg 2/Rest 17: Total 82), οὗ ist seltener (Mt 5/Lk 5/Apg 8/Rest NT 8: Total 26)²³⁴. Lukas gebraucht jedoch vorwiegend οὗ²³⁵.

In dem von Lukas übernommenen Markusstoff steht Mk 2,4 a.b; 4,5.15; 5,40; 6,10; 9,18; 14,14 a.b ὅπου, das Lk jeweils mied. Nur ein einziges Mal übernahm er es (Lk 22,11 par. Mk 14,14b). Die restlichen 4 Vorkommen des Adverbs ὅπου im Lk sind mit Mt gemeinsame Übernahmen aus der Logienquellen (Lk 9,57 par. Mt 8,19; Lk 12,33f. par. Mt 6,20f.; Lk 17,37 par. Mt 24,28). Die 5 Belege für οὗ aus Lk sind alle selbständige, vom Markusstoff unabhängige Stellen: Lk 4,16.17; 10,1; 23,53; 24,28²³⁶. Die 8 Vorkommen in der Apg (1,13; 2,2; 7,29; 12,12; 16,13; 20,8; 25,10; 28,14)²³⁷ bestätigen den redaktionellen Charakter: οὗ stammt aus lk Feder, wobei es zudem im Doppelwerk fast immer nach einem Substantiv, das einen Ort bezeichnet, steht.²³⁸

Das Verb νομίζω zählt 15 nt Vorkommen, 9 Belege sind lk (Lk 2/Apg7), also 2/3 aller Stellen.²³⁹ Mit folgendem acc.c.inf. findet sich das Verb außer bei Paulus nur in den lk Schriften: Lk 2,44; Apg 7,25; 8,20; 14,19; 16,13.27; 17,29. Dies entspricht ganz lk Stilempfinden, da im allgemeinen die Ergänzung von Verben des Wollens, Glaubens, Hoffens, der Wahrnehmung, usw. von Lukas durch den Infinitiv ergänzt werden. Der Zusatz durch ἵνα bzw. ὅτι geht dagegen auf eine von Lukas übernommene Tradition zurück.²⁴⁰

Lk 2,44 steht in der Erzählung des zwölfjährigen Jesus im Tempel. Die Scheidung von Tradition und Redaktion ist in den Kindheitsperikopen besonders

---

²³³ Zudem Lk 22,10 *v.l.*; Apg 20, 6 *v.l.*.

²³⁴ Noch Apg 20,6 *v.l.*

²³⁵ Vgl. JEREMIAS, J., *Sprache*, S. 120.

²³⁶ Noch Lk 22,10 *v.l.*, diff. Mk 14,14a bezeichnenderweise ὅπου.

²³⁷ Noch Apg 20,6 *v.l.*

²³⁸ Nur Apg 25,10 ist kein Ort im geographischen Sinne gemeint. Paulus steht vor dem Statthalter Festus (25,1–12) und beruft sich auf den Kaiser. Das Adverb οὗ bezieht sich hier auf den ῥήματος Καίσαρος. Es ist wohl an die römische Gerichtsbarkeit zu denken und hat also figurativen Sinn.

²³⁹ Ferner 3 Belege bei Mt und 1Kor 7,26.36; 1Tim 6,5. In den lk Schriften: Lk 2,44; 3,23; Apg 7,25; 8,20; 14,19; 16,13.27; 17,29; 21,29.

²⁴⁰ JEREMIAS, J., *Sprache*, S. 94.100.

umstritten[241]. Der Anteil lk Komposition scheint jedoch 2,41–52 nicht unerheblich zu sein, wenngleich hinter eindeutiger lk Redaktion auch Spuren von Tradition zu finden sind.[242] Der V.44 kann aufgrund des novellenhaften Stils, der eleganten Syntax und der Wortwahl gut Lukas zugeschrieben werden.[243]

Apg 7,25 steht mitten in der Rede des Stephanus (7,1–53). Die V.20–22 sind eine freie Nacherzählung von der Geburt, der Erziehung und den Kindheits-schicksalen des Moses nach Ex 2,2–10 LXX. „Zwischen die beiden Erzählteile VV 23f. und 26–29 ist eine vom AT abweichende Reflexion über das Sendungs-bewußtsein des Mose und die mangelnde Wahrnehmung der Israeliten eingescho-ben (Vers 25). Inhalt und Vokabular lassen luk Herkunft vermuten. Was Lukas hier von Mose sagt, hebt er sonst in bezug auf Jesus hervor: die Israeliten erkannten nicht, daß Gott ihnen durch ihn Heil schaffen wollte (z.B. 3,17; 4,10–12; 13,27).“[244] Sprachliche und ihnhaltlich-theologische Indizien lassen diese Passage der lk Komposition zuordnen.

Apg 8,20 steht mitten im Dialog zwischen Simon, dem Magier, und Petrus (V.18–24). Inhaltlich geht hier das Motiv, daß der Heilige Geist ein Geschenk Gottes ist, auf Lukas zurück. Diesen Zug hebt der Verfasser auch 2,38; 10,45; 11,17 hervor.[245]

Aus Iconium, wo eine große Zahl von Juden und Griechen gläubig wurden, fliehen die Missionare wegen drohender Verfolgung nach Lystra (14,1–20). Dort heilt Paulus einen Gelähmten, was dazu führt, daß die Volksmenge ihn und Barnabas wie Götzen verehren. Doch unter Einfluß der aus Antiochien und Iconium herbeigereisten Juden, wird Paulus auch hier verfolgt. Apg 14,19f. stellt schließlich die Steinigung des Paulus in Lystra dar. Die knappe Notiz scheint zunächst traditionell mit den zuvor geschilderten Ereignissen verbunden gewesen zu sein.

Jedoch verraten bei näherer Betrachtung inhaltliche und sprachliche Indizien die lk Gestaltung der Szene: die Darstellung der Juden als Gegner und

---

[241] Siehe knappe Darstellung bei SCHNEIDER, G., *Lukas, Bd I*, S. 76ff.

[242] BOVON, F., *Lukas, Bd I*, S. 153.

[243] VAN IERSEL, B., *The Finding of Jesus in the Temple. Some Observations on the Original Form of Luke 2,41–51a*, NT 4 (1960), S. 161–173 besonders 171.

[244] WEISER, A., *Apostelgeschichte, Bd I*, S. 185. Zum redaktionellen Charakter von V. 25 vgl. ebenfalls BOVON, F., *L'oeuvre de Luc*, S. 88.

[245] WEISER, A., *Apostelgeschichte*, S. 204.

Verantwortliche der Verfolgung, die drastische Steigerung und schließlich das Vorkommen bestimmter lk Vorzugswörter (ἐπέρχομαι, πείθω u. νομίζω!).[246] Apg 16,27 steht das Verb in der Erzählung der Befreiung der Gefangenen und der Taufe des Kerkermeisters und leitet die Begründung für seine verzweifelte Tat ein. Doch erst Lukas dürfte die redaktionell geschaffene Befreiungserzählung mit der Bekehrung des Gefängniswärters verbunden haben[247]. Die Übereinstimmung mit antiken Erzählungen (Verwendung der üblichen Topoi), ihre Rolle „als Exposition der Bekehrungsgeschichte"[248], die Vertrautheit Lukas mit Befreiungswundergeschichten (Apg 5; 12), sein Interesse an einer Parallelisierung zwischen Petrus und Paulus, die Steigerung zwischen den verschiedenen Befreiungswundern (Apg 5; 12; 16) sowie lk Stilelemente legen diese Annahme nahe.[249]

Apg 17,29 steht das Verb inmitten der Areopagrede des Paulus in Athen. Dort redet der Missionar zunächst in der Synagoge zu Juden und Gottesfürchtigen, dann wendet er sich auf dem Markt denen zu, die er gerade antrifft (17,16ff.). Schließlich führt man ihn zum Aeropag, wo Lukas dem Paulus die genannte Rede verkünden läßt. Aus lk Sicht ist des Paulus Aufenthalt in Athen ein Höhepunkt seiner Wirksamkeit, was nicht der pl Selbstdarstellung entspricht[250]. Die Areopagrede ist eine Steigerung zu Apg 14,15-17, wo Lukas von der ersten Predigt des Paulus vor heidnischem Publikum berichtet. „Die Szene und Rede in Athen repräsentieren für Lukas *die* Begegnung des Paulus mit den Heiden und des Christentums mit dem hellenistischen Heidentum."[251] Auch hat Lukas zunächst eine Rede des Paulus vor den Juden (Apg 13) inszeniert, eine weitere vor den Christen (Apg 20) wird folgen. Apg 13, 17 u. 20 bilden gewisserweise eine Trilogie von Predigten, die abwechselnd Juden, Heiden und schließlich

---

[246] HAENCHEN, E., *Apostelgeschichte*, S. 412; WEISER, A., *Apostelgeschichte, Bd II*, S. 347, der vermutet, daß Lukas die Szene aus der in den Paulustraditionen enthaltenen Nachricht von Verfolgungen in Antiochia, Iconium und Lystra (2Tim 3,11) sowie einer Steinigung (2Kor 11,25) gebildet hat.
[247] WEISER, A., *Apostelgeschichte, Bd II*, S. 438.
[248] KRATZ, R., *Rettungswunder*, S. 483.
[249] WEISER, A., *Apostelgeschichte, Bd II*, S. 428.
[250] DUPONT, JACQUES, *Le discours à l'Aréopage (Actes 17,2 −31) lieu de rencontre entre le christianisme et hellénisme*, Bib 60 (1979), S. 530−546 besonders S. 534.
[251] WEISER, A., *Apostelgeschichte, Bd II*, S. 458 siehe auch den Exkurs 3 zu den Reden *Bd I*, S. 97−100.

Christen als Publikum ausweisen. Die Areopagrede erhält somit eine Sonderstellung im Rahmen der Gesamtkomposition der Apg. Aber auch die Ausgestaltung zeigt, daß die *„Szene und die Rede als Produkt der luk Gestaltungskunst"*[252] anzusehen sind.

Das Verb νομίζω wird an den eben diskutierten Stellen einheitlich mit Akkusativ und Infinitiv konstruiert und steht jeweils in einem redaktionellen Kontext. Die Vokabelstatistik bekräftigt dieses Urteil. Der redaktionelle Charakter von ἐνομίζετο in 16,13 steht also mit Sicherheit fest.[253]

εἶναι entspricht aufgrund der schon erwähnten lk Vorliebe für Infinitivkonstruktionen und vor allem hier als Ergänzung zu dem Verb ἐνομίζετο dem Stilempfinden des Verfassers.

4. Ergebnis

Zusammenfassend wird wohl der Zusatz οὗ ἐνομίζετο προσευχή(ν) εἶναι ganz und gar auf das Konto des Lukas zurückgehen. Dabei verwendet er die Bezeichnung προσευχή, die überlieferten Sprachgebrauch widerspiegelt und schon genuin mit der Bekehrungsgeschichte der Lydia verbunden war. Da Lukas eingangs außerordentlichen Wert auf die römische Prägung der Stadt gelegt hat (V.12), kann er nun auf die römische Sitte verweisen, wonach die jüdische Gebetsstätte vor der Stadtmauer (*pomerium*) zu finden ist. Die Ortsbeschreibung ἔξω τῆς πύλης παρὰ ποταμόν entnahm der Redaktor seiner Vorlage, der er erklärend den Zusatz οὗ ἐνομίζετο προσευχή(ν) εἶναι beifügte. Somit verdeutlicht er wahrscheinlich dem Leser, warum die Synagoge in Philippi sich außerhalb des Tores befindet. Ist der Zusatz (bis auf die Gebetsstättenbezeichnung) redaktionell, so müssen dem Redaktor Ortskenntnisse zugesagt werden. Dies erhärtet wiederum die Annahme, daß Lukas nicht nur in Philippi gut Bescheid weiß, sondern zudem dem Leser dies zu Erkennen geben möchte.

---

[252] WEISER, A., *Apostelgeschichte, Bd II*, S. 458f. Ähnlich urteilen DIBELIUS, M., *Aufsätze*, S. 57–69; VIELHAUER, Ph., *Paulinismus*, S. 10–14; Plümacher, E., *Lukas*, S. 97f., SCHNEIDER, G., *Apostelgeschichte, Bd II*, S. 234; ROLOFF, J., *Apostelgeschichte*, S. 254.

[253] Wer nicht wie ich ἐνομίζετο, sondern die 1. Pers. Pl. für ursprünglich hält, hätte somit ein weiteres Indiz für den redaktionellen Charakter des Wir-Stils.

§ 3 Die Missionare predigen sitzend den versammelten Frauen: V.13b

Die Versammlung von Frauen bereitet vielen Exegeten Schwierigkeiten. So schreibt Lukas Bormann exemplarisch: „Ein besonderes Problem wirft die Darstellung einer Gruppe von Frauen auf, die sich am Sabbat an einer προσευχή versammeln. Weder der Phil noch die Korrespondenz des Polykarp noch die Andreasakten geben einen Hinweis auf die Existenz einer jüdischen Gemeinde. Das umfangreiche inschriftliche Material, das uns zu Philippi vorliegt, bietet keinen einzigen verwertbaren Hinweis auf die Existenz von jüdischen Einzelpersonen, Kommunitäten oder gar einer Synagogengemeinschaft in vorkonstantinischer Zeit. Nur Act erwähnt Jüdinnen in Philippi (...).“[254] Die Präsenz von Juden in Philippi wurde eben eingehend diskutiert. Bleibt also die Frage, ob Lukas das Motiv der anwesenden Frauen selber gebildet hat. Oder liegt diesen Angaben eine Überlieferung zugrunde? Hat Lukas vielleicht Übernommenes nur sprachlich ausformuliert? Καί steht auf jeden Fall zu der vorangegangen Partikel τε redaktionell (s.o.).

1. Die Verben, die die Verkündigung umschreiben

Kommen wir zunächst auf die Begriffe καθίζω, λαλέω und συνέρχομαι zu sprechen. Das Verb καθίζω begegnet 46mal im NT, am häufigsten bei den Synoptikern (Mt 8/Mk 8/Lk 7) und in der Apg (9 Vorkommen). Lukas gebraucht das Verb in unterschiedlichen Bedeutungen.[255] Mit direktem Bezug auf das Lehren des Evangeliums steht καθίζω Lk 4,20; 5,3; Apg 8,31; 13,14; 16,13. Sitzend zu lehren entspricht der damaligen Sitte. Lk 4,20 setzt sich Jesus nach der Lektüre aus dem Buch Jesaja, um das Schriftwort auszulegen. Lk 5,3 befindet sich Jesus im Boot auf dem See Genezaret in Ufernähe, setzt sich und lehrt die

---

[254] BORMANN, L., *Philippi*, S. 80 A. 61. Die Formulierung „Jüdinnen" überrascht, da Lukas eben solche in Apg 16 nicht erwähnt. Lukas spricht von gottesfürchtigen Frauen, wobei er nur die Lydia explizit als gottesfürchtig bezeichnet.
[255] Lk 19,30 steht es par. Mk 11,2 steht in bezug auf den Esel, mit dem Jesus in Jerusalem einzieht und meint das *Reiten*. Lk 24,49; Apg 18,11 kann es ganz gut mit *bleiben* übersetzt werden. Lk 14,28.31 ist im Gleichnis vom Ernst der Nachfolge das *Hinsetzen* zum Bedenken gemeint. Im Pfingstereignis (Apg 2,1–13) sind es Zungen wie von Feuer, die sich auf die Versammelten *niederlassen* (V.3).
Apg 2,30; 12,21; 23,3; 25,6.17 meint die *sedale Würde* entweder die des Regenten auf dem Thron oder des Hohenpriesters bzw. des Statthalters beim Richten. Im Gleichnis vom klugen Verwalter setzt sich der Schuldner hin und schreibt, was der Verwalter ihm diktiert (Lk 16,6).

Volksmenge. Apg 8,31 nimmt Philippus auf dem Wagen des Äthiopiers Platz, um einen Ausschnitt aus dem Propheten Jesaja zu deuten. 13,14 sitzen die Missionare Paulus und Barnabas in der Synagoge des pisidischen Antiochia. Paulus steht allerdings auf, um seine Rede zu halten. In unserem Abschnitt schließlich (16,13) lehren die Missionare sitzend die versammelten Frauen.

Zunächst fällt der sprachliche Parallelismus von Apg 16,13 καθίσαντες ἐλαλοῦμεν zu 13,14 εἰσελθόντες (...) ἐκάθισαν auf: Participium conjunctum + Hauptverb im Aorist. Lukas hat eine Schwäche für Partizipien. Zudem ist das „abundante Partizipium καθίσας (...) ein Semitismus, der sich im NT (außer Mt 13,48) nur bei Lukas findet (Lk 14,23.31; 16,6/Apg 16,13)."[256]

Auch weisen die Taufe des Äthiopiers durch Philippus (8,26–40) und die der Lydia durch Paulus inhaltliche Übereinstimmungen auf (16,13–15). (1) In beiden Fällen wird auf die Initiative Gottes hingewiesen: 8,29 interveniert der Geist und befiehlt Philippus, sich dem Wagen anzuschließen. 16,9–10 bittet ein Traumgesicht Paulus, nach Makedonien zu reisen. Dies wird sodann als eine Berufung Gottes gedeutet. Auch öffnet der Herr Lydia das Herz und macht sie somit für Worte des Paulus empfänglich. (2) Philippus und Paulus lehren sitzend. (3) Die Taufe erfolgt umgehend nach der Verkündigung.

Vor allem aber die parallele Gestaltung von der Taufe des Äthiopiers und der Nazareth-Perikope (Lk 4,16–21) ist offenkundig.[257] (1) Einerseits wird Philippus vom Heiligen Geist herangeführt, andererseits wird Jesus vom Heiligen Geist geführt und erfüllt (Lk 4,14.18.21). (2) In beiden Fällen stößt der Leser auf ein Jesaja-Zitat, das christologisch ausgelegt wird (Lk 4,21; Apg 8,35). Auch sind (3) beide Jesaja-Zitate (Lk 4,18–19 kombiniert Jes 61,1f. u. 58,6; Apg 8,29 zitiert wörtlich Jes 53,7f.) sorgfältig ausgesucht und entsprechen spezifisch lk Sicht.[258] (4) Beide Male greift Lukas auf das Wort γραφή zurück, um die Schriftpassage zu bezeichnen. Das wiederkehrende Motiv des Sitzens beim Verkünden des Evangeliums kann also Lukas zugeschrieben werden.

---

[256] JEREMIAS, J., *Sprache*, S. 242, der A. 6 Mt 5,1; Mk 9,35; Lk 5,3 nicht als abundant dazurechnet, weil jeweils „das Sich-Setzen die Ausübung der Lehrfunktion ankündigt".

[257] Siehe WEISER, A., *Apostelgeschichte, Bd I*, S. 210.

[258] Vgl. DUPONT, JACQUES, *Le message des Béatitudes,* CEv 24, Paris 1978, S.6f.; WEISER, A., *Apostelgeschichte, Bd I*, S. 213.

'Ελαλοῦμεν geht mit Sicherheit auf lk Sprache zurück²⁵⁹. Zwar kommt das Verb λαλέω im NT sehr oft vor und steht in der Häufigkeit aller Verben an 11. Stelle (Mt 26/Mk 21/Lk 31/Joh 59/Apg 59/Pls 52)²⁶⁰. Auch läßt die gleichmäßige Streuung der Stellen kein allgemeines wortstatistisches Urteil zu. Dennoch lassen sich ganz bestimmte Verwendungen des Verbs bei Lukas als redaktionell erweisen.

Es steht im NT immer in der Bedeutung des Redens. Meistens steht die Person, zu der gesprochen wird, im Dativ (bei Mt immer), die Konstruktion λαλέω πρός τινα ist jedoch auch häufig (besonders in Lk/Apg). Denn πρός + Akk. „nach Verba dicendi zur Bezeichnung des (der) Angeredeten (...) ist ausgesprochen lk"²⁶¹. Pleonastisch mit λέγων steht es Lk 24,6f. diff. Mk 16,7; Apg 8,26; 26,31; 28,25f. redaktionell, da sich die Redeweise aus der Hinzufügung zum Markus-Stoff, der wiederholten Verwendung in der Apg und weiteren Einzelbeobachtungen als lk erweist.²⁶²

In Apg/Lk steht λαλεῖν sinngleich mit anderen Verben bzw. Wendungen des Verkündens (εὐγγελίζεσθαι τὴν βασιλείαν τοῦ θεοῦ; κηρύσσειν; διαγγέλλειν,...).

Lk 1,70 ist sprachlich ganz und gar lk und versteht sich als lk Einschub in den Benedictus.²⁶³ Lk 5,4; Apg 5,42; 6,13; 13,10; 20,31; 21,32 steht λαλεῖν jeweils in Verbindung mit dem Verb παύομαι als prädikatives Partizip, für das Lukas eine Vorliebe hat, obwohl sich dessen Gebrauch zur nt Zeit stark im Rückgang befand.²⁶⁴

Lk 9,11 meint das Verb die Verkündigung des Reiches und steht diff. Mk 6,34 (διδασκεῖν). Lk 11,14 entspricht der Satzbau ἐγένετο δὲ τοῦ δαιμονίου ἐξελυθόντος (...) ἐλάλησεν. Diese dreiteilige Konstruktion (Eingangsformel mit ἐγένετο am Satzanfang + Zeitbestimmung + Anschlußsatz mit finitem Verb)

---

²⁵⁹ LÜDEMANN, G., *Christentum*, S. 186.
²⁶⁰ Von den 52 Belegen bei Pls fallen 34 auf Kor. Ansonsten noch Hebr 16, Offb 12 Vorkommen. Mk 16,17.19 inbegriffen. Noch Mk 9,6 *v.l.*; Apg 10,6.32; 23,7; 26,14 *v.l.*
²⁶¹ JEREMIAS, J., *Sprache*, S. 33. So steht λαλεῖν Lk 1,19.55; 2,15.18.20; 24,44; Apg 3,22; 4,1; 8,26; 9,29; 11,14.20; 21,39; 26,14.26.31; 28,25 redaktionell.
²⁶² JEREMIAS, J., *Sprache*, S. 68.
²⁶³ BENOIT, PIERRE, *L'enfance de Jean-Baptiste selon Luc I*, NTS (1956/57), S. 169–194; GNILKA, JOACHIM, *Der Hymnus des Zacharias*, BZ 6 (1962), S. 215–238; JEREMIAS, J., *Sprache*, S. 73. Der Satz ist zudem entbehrlich.
²⁶⁴ JEREMIAS, J., *Sprache*, S. 81ff.131.

ist ein geläufiger Septuagintismus und spiegelt lk Stilempfinden wider.[265] Lk 11,37 steht das Verb in einer Infinitiv-Konstruktion mit Artikel: ἐν δὲ λαλῆσαι. Der Infinitv mit Artikel begegnet im NT besonders häufig bei Lk/Apg (127) und Pls (107).[266] Kennzeichnend für Redaktion ist hier auch der Infinitiv des Aorists zur Bezeichnung der Vorzeitigkeit, den im NT nur Lk gebraucht.

Was unsere Stelle betrifft, so führen noch weitere Indizien zu der Annahme, daß das Verb redaktionell von Lukas eingefügt wurde: (1) Lukas konstruiert das Verb objektlos mit dem Dativ der Person ebenfalls Lk 1,22.45; 24,32; Apg 4,17; 7,38.44; 9,27; 10,7; 11,20; 22,9; 23,9.18.[267] Einige dieser Stellen haben sich schon als redaktionell erwiesen. (2) Apg 11,14–15; 16,13.32; 18,9 gebraucht Lukas das Verb zur Verkündigung der Botschaft[268] in einem Kontext, wo er jeweils von der Bekehrung eines Hauses berichtet.[269] Der Gebrauch des Verbs im Sinn der Verkündigung bzw. der Predigt ist sehr häufig (vgl. z.B. Apg 4,1.17.31; 5,20; 10,44; 11,19; 13,42.46; u.a.). (3) Zudem steht λαλέω 16,13 im Zusammenhang mit ἀκούω ähnlich wie bei der Korneliusgeschichte (10,44). Die Verben sind gut als Leitwörter zu verstehen, anhand derer der Leser eine Verbindung zwischen den beiden Geschichten herstellen kann. In beiden Fällen charakterisieren sie das Verhältnis zwischen Verkünder und den zum Glauben Kommenden.[270] Diese Beobachtungen führen zu der Annahme, daß Lukas in der Bekehrungsgeschichte der Lydia gezielt die Predigt der Missionare mit λαλεῖν ausformuliert, dabei konjugiert er das Verb in der 1. Person Plural (*sic!*).

---

[265] Vorkommen im lk Doppelwerk: Lk 33/Apg 1; noch in den Evangelien Mt 6; Mk 2. Vgl. VOGEL, THEODOR, *Zur Charakteristik des Lukas nach Sprache und Stil. Eine philologische Laienstudie*, zweite, vornehmlich für jüngere Theologen völlig umgearbeitete Auflage, Leipzig 1899, S. 33f.

[266] Vorkommen: Mt 24/Mk 13/Lk 70/Apg 51/Joh 4/Pls 107/Hebr 23 Rest NT 12. Lk 8,5.6 par. Mk 4,4.6 übernahm er den Septuagintismus seiner Vorlage. Er fügt sie insgesamt 15mal der Markusvorlage hinzu. Stellenangabe bei JEREMIAS, J., *Sprache*, S. 94f. 205.

[267] Noch Apg 10,32 *v.l.*

[268] Die Wendung λαλέω τὸν λόγον (z.B. Lk 24,44; Apg 11,19; 14,25; 16,6; mit zusätzlichem Attribut im Genitiv Apg 4,29.31; 8,25; 13,46; 16,32) meint die Verkündigung der Heilsbotschaft, ist aber urchristlich geprägt. Vgl. HÜBNER, H., Art. λαλέω, EWNT II (1981), Sp. 827–829. Vgl. weiter DUPONT, JACQUES, *"Parole de Dieu" et "Parole du Seigneur"*, RB 62 (1955), S. 47–59, erneut erschienen in: ders., *Études sur les Actes des Apôtres*, LeDiv 47, Paris 1967, S. 523–525; JASCHKE, HELMUT, *"λαλεῖν" bei Lukas*, BZ 15 (1971), S. 109–114.

[269] MATSON, D.L., *Household*, S. 144 A. 50, macht ebenfalls darauf aufmerksam.

[270] MATSON, D.L., *Household*, S. 146–147.

Die Missionare wenden sich den *versammelten* Frauen zu. Συνέρχομαι begegnet 30mal im NT (Mt 1/Mk 2/Lk 2/Joh 2/Apg 16/Pls 7)[271] und steht 16,13 redaktionell, worauf folgende Beobachtungen deuten: (1) Die Häufigkeit in Lk/Apg (18 von 30 Belegen sind 60 % der Vorkommen im NT!) bezeugt: συνέρχομαι ist lk Vorzugswort. (2) Lukas hat eine ausgesprochene Vorliebe für Verbkomposita mit συν-.[272] (3) Es steht hier im Partizip. Außer 16,13 verwendet Lukas das Verb auch Apg 1,6 (Mahl mit dem Auferstandenen), 1,21 (gibt die *conditio sine qua non* zur Matthias-Nachwahl)[273]; 10,27 (findet Paulus viele im Hause des Kornelius vesammelt) zur Bezeichnung einer Versammlung der Glaubensgemeinschaft.[274]

2. Die Anwesenheit von Frauen

a) Analyse des sprachlichen Befunds

Das Substantiv γυνή zählt 209 Vorkommen im NT, die sich wie folgt verteilen: Mt 29/Mk 16/Lk 41/Joh 17/Apg 19/Pls 64.[275] Die relativ große Anzahl des Wortes im lk Schriftum (60)[276] hat mehrere Gründe. Im Sondergut des Lukas finden sich die meisten Frauengeschichten.[277] Auch nimmt in der lk Kindheitsgeschichte die Frau, insbesondere die christliche Idealfigur der Maria, einen wichtigen Stellenwert ein.[278] So fallen 5 (7) γυνή-Vorkommen auf die lk

---

[271] Noch Mk 6,33; Apg 21,22; 1 Kor 7,5 *v.l.*

[272] Lukas übernahm zwar nur 10 von 21 verschiedenen Verben mit dem Präfix συν- aus Mk, jedoch ändert er öfters er das ihm angebotene Verb um und behält dabei dasselbe Präfix bei. 40 % aller Belege von Verbkomposita mit συν- finden sich im lk Doppelwerk (Lk 79/Apg 107). Von den 128 verschiedenen Verba mit diesem Präfix verfallen 72 auf Lk/Apg (=56%), wobei die lk Schriften lediglich 28 % des Umfangs des NT ausmachen.

[273] KLEIN, G., *Die zwölf Apostel*, S. 204, spricht gar von der „Magna Charta des Zwölferapostolats". S. auch DUPONT, J., *Études*, S. 299f.309–320.

[274] Noch 21,22 *v.l.* Vgl. auch die Partizipien in Apg 2,6; 5,16; 14,32; 25,17; 28,17, wo es sich jmmer um eine Versammlung der Glaubensgemeinschaft handelt, wenngleich 28,17 Paulus die führenden Juden sich in seinem Haus versammeln läßt.

[275] 41 Belege fallen dabei auf 1Kor 7, wovon wiederum 21 auf Kap 7 u. 16 weitere auf Kap. 11. Das hohe Vorkommen ist auf die situationsgebundene Thematik des Briefes zurückzuführen. Vgl. weiterhin OEPKE, ALBRECHT, Art. γυνή, ThWNT I (1933), S. 766–790.

[276] Noch Lk 1,28; 2,5; 20,30 *v.l.*

[277] Lk 7,11–17.36–50; 8,1–3; 10,38–42; 13,10–17; 15,8–10; 18,1–8; dem sind noch einige kurze Notizen anzufügen wie z.B. Lk 4,25–27; 11,27.

[278] Zum besonderen Interesse des Lukas an der Person Marias s. MAHONEY, ROBERT, *Die Mutter Jesu im Neuen Testament*, in: Dautzenberg, GERHARD/MERKLEIN, HELMUT/MÜLLER, KARLHEINZ (Hrsg.), *Die Frau im Urchristentum*, QD 95, Freiburg/Basel/Wien 1983 Ndr. 1992,

Kindheitsgeschichte (Lk 1,5.13.18. 24.28v.l.42; 2,5v.l.) und 10 weitere auf das restliche Sondergut (Lk 7,27.39.44 (bis).50; 8,2.3; 10,38; 13,11.12. Bemerkenswert sind auch kleinere Sondergutabschnitte (Lk 4,26; 11, 27), in denen noch weitere 3 Vorkommen begegnen. Unabhängig vom redaktionellen bzw. traditionellen Charakter der einzelnen Stellen ist es doch aufschlußreich, daß Lukas eben solche Traditionsstücke aufgreift, die ihm die Gelegenheit geben, von Frauen zu erzählen.[279]

Um den redaktionellen bzw. traditionellen Charakter der beiden γυνή-Vorkommen (Apg 16,13.14) festzulegen, bedarf es eines Überblicks aller Stellen, wo Lukas das Wort in seinem Doppelwerk gebraucht.

(1) Innerhalb der *Kindheitsgeschichte* Lk 1,5.13.18.24 ist jeweils Elisabet und V.42 Maria gemeint. Die Täufergeschichte erwähnt Lk 3,19 Herodias, die Frau des Bruders des Herodes. Die Vorlage für die Notiz der Gefangennahme des Johannes (V.19–20) bildet Mk 6,17–18, die Lukas jedoch sprachlich sowie inhaltlich verbessert. Der Text wirkt nun logischer. Die Nennung von Herodias entnimmt Lk samt des γυνή-Gebrauchs seiner Quelle.

(2) In den *Sondergutstellen* des Evangeliums *außerhalb der Kindheitsgeschichte* fallen zunächst die beiden bereits genannten Abschnitte Lk 4,26; 11,27 auf. Der Sondergutabschnitt Lk 4,25–27 gehört der Nazareth-Perikope an (4,16–30), deren Gesamtstruktur im wesentlichen mit Mk 6,1–6 übereinstimmt (dasselbe gilt für Mt gegenüber Mk). Lk 4,17–21.25–27.28–30 geht jedoch über diesen Grundstoff hinaus. Inhaltlich entsprechen die Zusätze „dem Tenor der lukanischen Theologie"[280]. Ein hoher Anteil an lk Bearbeitung ist wahrscheinlich. Das

---

S. 103–110.114–116. Zuletzt erwähnt Apg 1,13f. die Mutter Jesu. „Für Lukas ist Maria hier Garant und Symbol der Einheit und Echtheit in seinem Idealbild der ersten Gemeinde. Ihr Erscheinen an dieser Stelle schlägt weiter einen Bogen zum Anfang des Lukasevangeliums, wo sie als Beispiel des ersten Jüngers fungierte; ihre Gegenwart an Bord der gerade vom Stapel laufenden Kirche ist ein stabilisierender Faktor der Kontinuität in der Gesamtwirksamkeit des Heiligen Geistes." (S. 109–110).

[279] S. bezüglich der Frauen im lk Sondergut bzw. die Vorliebe des Lukas für Frauengestalten PITTNER, BERTRAM, *Studien zum lukanischen Sondergut. Sprachliche, theologische und formkritische Untersuchungen zu Sonderguttexten Lk 5–19*, ETS 18, Leipzig 1991, S. 46.61.75f.81ff.

[280] SCHNEIDER, G., *Lukas, Bd I*, S. 107. Vielleicht baut Lukas V.25–27 einen überlieferten Schrifthinweis (vgl. 1Kön 17; 2Kön 5) zur Rechtfertigung der Heidenmission vor den Judenchristentum ein. Die Quellenfrage bleibt für Lk 4,16–30 jedoch umstritten; vgl. z.B.

biographische Apophthegma in Lk 11,27–28 spiegelt jüdischen Traditionshintergrund wider.[281] Lukas hat wahrscheinlich das ihm überlieferte Stück in seine Q-Vorlage eingebaut[282].

Die Scheidung von Tradition und Redaktion und eine etwaige Abhängigkeit der Perikope Lk 7,36–50 von der Salbungsgeschichte Mk 14,3–9 ist umstritten.[283] Fest steht jedoch, daß durch die Eingliederung dieser Geschichte Lukas dem Mk-Stoff 5 (bzw. 4 falls 7,37 par. 14,3 steht) Vorkommen von γυνή einfügt. Lk 10,38–42 steht ohne jegliche Parallele bei Mk/Mt. Lk 10,38 verwendet hierbei die Wendung γυνή δέ τις ὀνόματι. Diese Konstruktion (Substantiv + adjektivisches τὶς + ὀνόματι + Eigenname) ist typisch für den lk Schreibstil und begegnet Lk 1,5; 10,38; 16,20; Apg 8,9; 9,33; 10,1; 16,1 ferner in leicht abgewandelter Form noch Apg 5,1.34; 8,9; 9,10; 16,14; 18,2.24; 21,10 (andere Reihenfolge) und Lk 5,27; 19,2; 23,50; 24,18; Apg 9,11; 11,28; 12,13; 17,34; 18,7; 19,24; 27,1; 28,7 (unvollständige Formel z.B. ohne adjektivisches τὶς).[284] Adjektivisches τὶς und ὀνόματι sind zudem lk Vorzugswörter.

Der lk Osterbericht enthält ebenfalls eine Sondergut-Perikope. In der Emmaus-Erzählung (Lk 24,13–35) nennt V.22 den Gang der Frauen zum Grab und V.24 die Bestätigung ihrer Aussage über das leere Grab durch die Jünger. Lukas wird einen hohen Anteil an der Gestaltung der Perikope haben, dennoch hat er sie nicht frei erschaffen. V.22.24 knüpfen an den vorangegangenen Osterbericht an (24,10). In Verbindung zu Lk 8,2f. nennt der Verfasser genau wie in 23,49.55

CONZELMANN, HANS, *Die Mitte der Zeit. Studien zur Theologie des Lukas*, BHTh 17, Tübingen 1954 ⁴1962 ⁵1964, S. 25–32; HAENCHEN, ERNST, *Historie und Verkündigung bei Markus und Lukas*, in: *Die Bibel und wir. Gesammelte Aufsätze II*, Tübingen 1968, 158–169; HOLZT, T., *Zitate*, S. 39–41; RESE, M., *At Motive*, S. 143–154; SCHÜRMANN, H., *Nazaret-Perikope*, S. 187–205; vgl. auch BUSSE, ULRICH, *Das Nazareth-Manifest Jesu: Eine Einführung in das lukanische Jesusbild nach Lk 4,16–30*, SBS 91, Stuttgart 1978.

[281] BULTMANN, RUDOLF, *Die Geschichte der synoptischen Tradition*, FRLANT 29 (=NF 12), Göttingen ⁴1961; dazu Ergänzungsheft von THEISSEN, GERD/VIELHAUER, PHILIPP, Göttingen ⁴1971, S. 29f.; SCHNEIDER, G., *Lukas, Bd II*, S. 268.

[282] ZIMMERMANN, H., *„Selig, die das Wort Gottes hören und es bewahren“. Eine exegetische Studie zu Lk 11,27f.*, Cath 29 (1975), S. 114–119.

[283] Zur Diskussion dieses lk Sonderguts S. z.B. DELOBEL, J., *L'onction de la pécheresse*, EThL 42 (1966), S. 415–475; ders. *Encore la pécheresse*, EThL 45 (1969), S. 180–183; SCHRAMM, T., *Markus-Stoff*, S. 43–45, WILCKENS, U., *Vergebung für die Sünderin*, in: Hoffman, Paul (Hrsg.), *Orientierung an Jesus*, FS J. Schmid, Freiburg 1973, S. 394–424.

[284] Vgl. auch die Stellen, die der Formel nicht entsprechen, jedoch mit ὄνομα + Eigennamen gebildet sind: Lk 1,5.13.26. 27.59.63; 2,21.25; 8,41; 24,13 Apg 13,6.8; 17, 34; s. JEREMIAS, J., *Sprache*, S. 15.

auch hier die Frauen lediglich allgemein. Die Gegenwart von Maria von Magdala und einigen Frauen beim Grabe geht aufgrund der Übereinstimmungen der synoptischen Evangelien und Joh auf vormk Traditionsgut, vielleicht sogar auf historische Fakten zurück.[285] „Die Quellenanalysen tendieren bei allen Unterschieden im einzelnen auf die Abhebung von V.22–24 und V.33–35 als sekundäre, in der Regel red Ergänzung einer älteren vor-lk Schicht, die vielleicht im Milieu der Jerusalemer Gemeinde festzumachen ist."[286]

(3) Folgende *Parallelstellen* zur *Markusvorlage* oder zu *Mt* erweisen den Gebrauch als traditionell: Lk 3,19 par. Mk 6,18; Lk 7,28 stammt par. Mt 11,11 aus Q; Lk 8,43.47 stehen par. Mk 5,25.33. Lk 13,21 steht es im Gleichnis vom Senfkorn und vom Sauerteig, das Lk par. Mt 13,31–32.33 aus der Logienquelle schöpfte.[287] Lk 16,18 stammt der Spruch Jesu zur Ehescheidung par. Mt 5,31–32 wohl aus Q. Der Gebrauch von γυνή entspricht der mt Wortwahl (V.31.32).[288] In der Sadduzäerfrage nach der Auferstehung der Toten folgt Lk 20,27–40 weitgehend Mk 12,18–27. Das zweimalige Vorkommen von γυνή (V.28) entstammt Mk 12,19, die Belege Lk 20,29.32.33 (tris) entsprechen jeweils Mk 12,20.22.23 (bis). V. 33 liefert Lukas also einen zusätzlichen Beleg für das Wort, vielleicht zur inhaltlichen Klarstellung.[289]

Wenngleich die Konstruktion Lk 23,49 γυναῖκες αἱ συνακολουθοῦσαι (Participium mit Artikel als nachgestelltes Attribut zu artikellosem Nomen) lk ist[290], so verweist die Gegenwart der γυναῖκες am Kreuz wegen Mk 15,40 auf Tradition.

---

[285] RITT, HUBERT, *Die Frauen und die Osterbotschaft. Synopse der Grabesgeschichten*, in: DAUTZENBERGER, GERHARD/MERKLEIN, HELMUT/MÜLLER, KARLHEINZ (Hrsg.), *Die Frau im Urchristentum*, QD 95, Freiburg/Basel/Wien 1983 Ndr. 1992, S. 130ff.

[286] ERNST, JOSEF, *Das Evangelium nach Lukas*, RNT 3, 1977 Nachdruck ²1983 Regensburg, S. 503.

[287] Wenngleich Mt (13,31f.) sich von Mk 4,30–32 beeinflussen ließ, so bewahrt Lk „die Q-Form eines Wachtumsgleichnisses" (SCHNEIDER, G., *Lukas, Bd II*, S. 302). Lk 13,20–21 steht bis auf die Einleitungswendung fast ganz wortwörtlich zu Mt 13,33.

[288] Lk hat mehrere Sprüche aneinandergereiht und redaktionell mit V.14 eingeleitet. Zu V. 18 s. SCHULZ, S., *Q. Die Spruchquelle,*, S. 116–120; GEIGER, RUTHILD, *Die Stellung der geschiedenen Frau in der Umwelt des Neuen Testamentes*, in: DAUTZENBERGER, GERHARD/ MERKLEIN, HELMUT/MÜLLER, KARLHEINZ (Hrsg.), *Die Frau im Urchristentum*, QD 95, Freiburg/Basel/Wien 1983 Ndr. 1992, S. 147f.

[289] Obwohl es überladen wirkt. Noch 20,30 *v.l.*

[290] JEREMIAS, J., *Sprache*, S. 309.

Etwas schwieriger ist die Lage bei Lk 14,20; 15,8. Lk 14,5–21 beruht wohl mit Mt 22,1–10 auf Traditionsvarianten. Die verschiedenen Entschuldigungen sowie die des 3. Erstgeladenen, der seine Abwesenheit mit seiner Heirat begründet (γυναῖκα ἔγημα κτλ., V.20), weisen keine Parallele bei Mt auf, sind aber dennoch nicht erst auf Lukas zurückzuführen.[291] Im Doppelgleichnis Lk 15,4–7.8–10 findet nur die Parabel vom verlorenen Schaf eine Parallele bei Mt 18,12–14. „Doch ist es möglich, daß auch das Gleichnis von der verlorenen Drachme Q-Stoff darstellt, den Mt überging"[292]. Dazu paßt, daß die Fragewendung τίς γυνὴ ... ἔχουσα als Ersatz für Konditionalsätze (Mt) nicht lk Sprachgefühl entspricht. Das Verb ἔχω gehört außerdem zur traditionellen Gleichniseinleitung.[293]

Apg 16,1 wird Timotheus als Sohn einer Judenchristin (υἱὸς γυναικὸς Ἰουδαίας πιστῆς) und eines Griechen vorgestellt. Diese Notiz in V.1b geht dabei sicherlich auf eine vorlukanische Tradition bzw. auf eine Personalüberlieferung zurück.[294] Bemerkenswert ist auch hier die Erwähnung der Mutter des Timotheus, was ganz und gar dem allgemeinen Interesse des Lukas für Frauen entspricht, das er schon seit den Kindheitsgeschichten zeigt.

Im Anschluß an die Aeropagrede erfährt Paulus Spott (Apg 17,32). Trotzdem sieht Lukas den Athenaufenthalt nicht als Mißerfolg an, da sich immerhin einige Männer dem Missionar anschließen (V.34) u.a. ein gewisser Διονύσιος ὁ Ἀρεοπαγίτης und eine γυνὴ ὀνόματι Δάμαρις sowie ἕτεροι σὺν αὐτοῖς. Daß sich unter den Bekehrten der Aeropagit Dionysos sowie eine Frau namens Damaris befunden haben, wird der Autor wohl seinem Überlieferungsgut entnommen haben. Aber auch hier ist die Ausformulierung typisch lk.

Das Zusammentreffen des Paulus mit dem Ehepaar Aquila und Priscilla 18,2

---

[291] WEISER, ALFONS, *Die Knechtsgleichnisse der synoptischen Evangelien*, Münster 1971, S. 58–71; SCHULZ, S., *Q. Die Spruchquelle*, S. 391–403; JEREMIAS, JOACHIM, *Die Gleichnisse Jesu*, Göttingen [7]1965, S. 61f.65–67.

[292] SCHNEIDER, G., *Lukas, Bd II*, S. 324.

[293] JEREMIAS, J., *Sprache*, S. 197.247; ders. *Gleichnisse*, S. 128–132; ders. *Tradition und Redaktion in Lukas 15*, ZNW 62 (1971), S. 172–189. Vgl. weiterhin SCHWEIZER, EDUARD, *Zur Frage der Lukasquelle. Analyse von Lk 15,11–32*, ThZ 4 (1948), S. 469–471; SANDERS, J.T., *Tradition and Redaction in Luke XV.11–32*, NTS 15 (1968/69), S. 433–438.

[294] So ähnlich die meisten Autoren: TROCMÉ, É., *Histoire*, S. 162; HAENCHEN, E., *Die Apostelgeschichte*, S. 463f.; ROLOFF, J., *Apostelgeschichte*, S. 240; SCHMITHALS W., *Paulus*, S. 78; ders., *Apostelgeschichte*, S. 145; WEISER, A., *Apostelgeschichte, Bd II*, S. 398f., gegen LÜDEMANN, G., *Christentum*, S. 180ff., der V.1–5 für lk hält.

ist mit Sicherheit dem Traditionsgut zuzusprechen (vgl. 1Kor 16,19). Die Bezeichnung der Priscilla als Aquilas Frau (γυνὴ αὐτοῦ) muß Lukas also (zumindest inhaltlich) der Überlieferung entnommen haben.

(4) Bestimmte Belege sind aber *eindeutig* der *lk Redaktionsarbeit* zuzuweisen. Bei dem redaktionellen Einschub Lk 8,1–3, stützt „sich der Evangelist kaum auf einen tradierten Text, sondern greift überlieferte Namen auf"[295]. Das Substantiv γυνή steht genau wie 8,3 auch Lk 1,13.24; 2,5; 3,19; 10,38; Apg 5,1; 16,14; 17,34; 18,2; 24,24 zur namentlichen Nennung der Person. Lk 10,38; Apg 16,14; 17,34 ist die Spezifizierung der Person als γυνή für die Erzählung eigentlich überflüssig, da die Namen (Μάρθα, Λυδία und Δάμαρις) das Geschlecht zur Genüge zu erkennen geben. An den anderen Stellen wird mittels des Wortes jeweils die beschriebene Person als Ehefrau identifiziert.

Die aus verschiedenen Traditionselementen stammenden Sprüche (Lk 14,25–27.28–30.31–33.34–35) hat erst Lukas zusammengerahmt (s. die redaktionelle Situationsangabe V.25). Die Logien von der Geringachtung der Familie und vom Kreuztragen begegnen auch Mt 10,37.38, wobei die Erwähnung der Frau und der Kinder, Brüder und Schwestern sowie des eigenen Lebens sich nur bei Lk 14,26 findet.[296]

Die Spruchreihe vom Kommen des Gottesreiches und von den Tagen des Menschensohnes 17,20–37 fand Lukas schon *grosso modo* in Q als Spruchkette vor. Die einleitenden Worte V.20a (Frage der Pharisäer) und V. 22a (Jesus wendet sich den Jüngern zu) sowie u.a. V.32 werden auf Lukas zurückgehen.[297] „Der von Lukas angehängte Hinweis auf Lots Weib (V.32; vgl. Gen 19,26) soll wohl zeigen, daß selbst ein Zurückblicken zum Verhängnis wird".[298] Lk 17,32 steht das Substantiv zur Bezeichnung der Frau des Lots und ist an dieser Stelle deshalb redaktionell.

---

[295] SCHNEIDER, G., *Lukas, Bd I*, S. 180f. der weiter schreibt: „Lukas erwähnt den Dienst der drei vermögenden Frauen, um in seiner Zeit das Vorbild dieser Frauen herauszustellen."
[296] Zu V.26: SCHULZ, S., *Q. Die Spruchquelle*, S. 446–449.
[297] SCHNACKENBURG, RUDOLF, *Der eschatologische Abschnitt Lk 17,20–37*, in: *Mélanges Bibliques*, FS Béda Rigaux, Gembloux 1970, S. 213–234.; SCHULZ, S., *Q. Die Spruchquelle*, S. 277–287.444–446; ZMIJEWSKI, JOSEF, *Die Eschatologiereden des Lukas-Evangeliums. Eine traditions- und redaktionsgeschichtliche Untersuchung zu Lk 21,5–36 und Lk 17,20–37*, BBB 40, Bonn 1972, S. 326–540.
[298] SCHNEIDER, G., *Lukas, Bd II*, S. 357.

In der Lehre über Reichtum und Nachfolge Lk 18,18–30 (par. Mk 10,17–37; Mt 19,16–30) veranlaßt der Einwurf des Petrus (V.28) Jesus zu einem Amen-Wort (V.29). Nur Lk 18,29b erwähnt in den genannten Personen γυνή. Dabei setzt er die Nennung der Frau vor die der ἀδελφούς und läßt die ἀδελφάς seiner Vorlage aus; ἡ μητέρα ἡ πατέρα faßt er mit ἡ γονεῖς zusammen.

In der Szene von Jesu Verleugnung durch Petrus (Lk 22,54–65) fügt Lukas der Antwort des Petrus an die Dienerin die Anrede γύναι hinzu (V.57). Parallel schreibt er bei den beiden folgenden Verleugnungen jeweils die Anrede ἄνθρωπε (V.58.60).

Auf dem Kreuzweg Jesu (Lk 23,26–32) nennt Lukas V.27 Klagefrauen. Die V.27–31 fügt Lukas in den durch Mk vorgegebenen Rahmen ein (Mk 15,21 par. Lk 23,26). Die vorangehende Formulierung πολὺ πλῆθος τοῦ λαοῦ ist mit Sicherheit lk.[299] Die Erwähnung spezifisch der Frauen (καὶ γυναικῶν) ist ihm eigen und entspricht der schon oft beobachteten Tendenz des Lukas, das weibliche Geschlecht hervorzuheben. Womit dann auch für Jesu Wort an die Töchter Jerusalems (V.28) die Adressaten eingeleitet sind.[300]

Der Grablegungsbericht Lk 23,50–56 ist von Mk 15,42–47 abhängig. Dabei identifiziert nur Lk V.55a die Frauen: κατακολουθοῦσαι δὲ αἱ γυναῖκες, αἵτινες ἦσαν συνεληλυθυῖαι ἐκ τῆς Γαλιλαίας αὐτῷ. Das Verb κατακολυθήσασαι findet sich nur im lk Doppelwerk (außer hier noch Apg 16,17)[301]. Das unbestimmte Relativpronomen sowie die periphrastische Konstruktion mit εἰμί + Partizip Perfekt entsprechen lk Stilgefühl. Zudem ist συνέρχομαι ein lk Vorzugswort. Der V. 55a erinnert schließlich an V.49b, wo die Frauen schon erwähnt wurden.

(5) Die nun folgenden Vorkommen von γυνή, die alle der Apg entstammen, sind entweder mit Sicherheit, aber immer mit großer Wahrscheinlichkeit

---

[299] Denn nicht nur die Genitivverbindung (πλῆθος τοῦ λαοῦ: Lk 1,10; 6,17 diff. Mk 3,7; 23,27; Apg 21,36) auch die Wendung πολὺ πλῆθος (Lk 5,6; 6,17; 23,27; Apg 14,1; 17,4) entsprechen lk Sprachduktus. Außerdem sind πλῆθος und λαός lk Vorzugswörter. S. JEREMIAS, J., *Sprache*, S. 30.83.305.

[300] Das Apophthegma (BULTMANN, R., *Geschichte*, S. 121f.) mag dann vielleicht eine aramäische Vorlage haben bzw. in einem Jesuswort verwurzelt sein. Aus der Sicht des Evangelisten sagt es jedoch die Zerstörung der Heiligen Stadt (70 v.Chr.) voraus.

[301] JEREMIAS, J., *Sprache*, S. 309.

sprachlich sowie inhaltlich Lukas zuzuschreiben. So gibt es einen beachtlichen Teil an summarischen Notizen, die Frauen erwähnen. „Sammelberichte, summierende Notizen und Zwischenbemerkungen sind bei Lukas ein beliebtes Stilmittel, um Erzählungen miteinander zu verknüpfen und ihnen eine bestimmte Ausrichtung zu geben."[302] Die Nennung von ἄνδρες (τε) καὶ γυναῖκες[303] findet wiederholt in summarischen Notizen statt (5,14; 8,3; 9,2; 17,12; 22,4), die sich meistens sprachlich und thematisch als lk erweisen.

Das Summarium Apg 1,14 weist als solches schon seinen lk Charakter aus. „Zudem enthält der Vers typisch luk Ausdrücke und Motive".[304] Die Hervorhebung der Einmütigkeit kehrt auch Apg 2,46; 4,24; 5,12; 8,6 zurück. Die periphrastische Wendung ἦσαν προσκαρτεροῦντες entspricht lk Stilempfinden. Das Verharren (2,42.46; 6,4) im Gebet (s.o.) und schließlich die Gegenwart der Frauen (Lk 8,2f.; 23,27) und der Mutter Jesu (Lk 1-2; 11,27) verraten lk Interessen.

In der Strafwundererzählung von Hananias und seiner Frau Sapphira dürften Nennung und Spezifizierung der Sapphira als Ehegattin (τῇ γυναικὶ αὐτοῦ) inhaltlich traditionell mit der palästinischen Grundgeschichte verbunden gewesen sein.[305] Die Nachstellung des Possesivpronomens entspricht lk Sprachgefühl. Die Wendung τις ὀνόματι entstammt lk Feder. Die Vorkommen von γυνή in den V.2.7, die wahrscheinlich auf eine spätere Erweiterung der Perikope im hellenistischen Milieu zurückgehen, könnte Lukas somit erst eingefügt haben.[306]

Die summarische Notiz Apg 5,12-16 enthält eine Fülle von Indizien, die deren redaktionellen Charakter erweisen (lk Sprache und Motive)[307] und wird allgemein auf Lukas zurückgeführt. V.14 bietet eine Wachstumsnotiz und nennt eine Menge Männer und Frauen, die zum Glauben finden. Das Sustantiv γυνή steht hier also redaktionell.

---

[302] ZINGG, P., *Wachsen*, S. 59.
[303] Zum redaktionellen Charakter der Partikel τέ s.o.
[304] WEISER, A., *Apostelgeschichte, Bd I*, S. 54.
[305] TROCMÉ, É., *Histoire*, S. 198f.; WEISER, A., *Apostelgeschichte, Bd I*, S. 143f., vgl. auch THEISSEN, GERD, *Urchristliche Wundergeschichten. Ein Beitrag zur formgeschichtlichen Erforschung der synoptischen Evangelien*, Gütersloh 1974, S. 114.
[306] WEISER, A., *Apostelgeschichte, Bd I*, S. 144.
[307] Sprachlich oder thematisch: ὁμοθυμαδόν (V.12) auch 1,14; 2,46; 4,32; πλήθη (V.14) auch 4,32, die πιστεύοντες (V.14) ebenfalls 2,44; 4,32; προστίθημι (V.14) noch 2,24.47; thematisch die γυναῖκες (V.14) die auch Lk 8,2; (23,55); Apg 1,14 summarisch genannt werden.

Die Apg 8,3 enthaltene Notiz über die Verfolgung der Christen durch Saulus trifft historisch zu (Gal 1,22),[308] ist in ihrer Darstellung jedoch äußerst lk geprägt: die Hervorhebung des Paulus als einzigen Verfolger; die durch die ausbrechende, jüdische Verfolgung bedingte Verbreitung des Evangeliums zu den Heiden; die Nennung von Männern und Frauen.

Die summarische Notiz Apg 8,12 über den Missionserfolg des Philippus weist folgende Spuren der lk Redaktion auf: die dem Glauben folgende Taufe (V.12 πιστεύω/βαπτίζω; 16,15 βαπτίζω/εἰ κεκρίκατέ με πιστὴν τῷ κυρίῳ εἶναι; 18,8 πιστεύω (bis) τῷ κυρίῳ/βαπτίζω), der Ausdruck βασίλεια τοῦ θεοῦ zur Bezeichnung der Verkündigung des Evangeliums und schließlich die Nennung der Männer und Frauen.

In der ersten Schilderung der Bekehrung des Paulus (9,1–19) bezeichnet V.2 Männer und Frauen als Angehörige des Weges (τινας ... τῆς ὁδοῦ ὄντας, ἄνδρας τε καὶ γυναῖκας).[309] „Das spezifisch luk Interesse an der Legitimation durch die jüdische Zentralbehörde ist an der Steigerung erkennbar, die dieses Motiv 22,5; 26,10–12 erfährt. Auch Stil und Vokabular der Verse 1b.2 sind gut luk.“[310] Die Bezeichnung von Männern und Frauen als Anhänger des (neuen) Weges entspricht auf jeden Fall lk Sprache.

Die Notiz der Reaktion der Juden auf die Missionspredigt des Paulus in Antiochia *ad Pisidam* (Apg 13,50) birgt sprachliche Indizien von Redaktion (σεβομένοι V.43.50; 16,14; 17,4.17; 18,7) und ἐξέβαλον αὐτούς (V.50) erinnert an Lk 4,29. Folglich wird nicht nur die vorangegangene Rede (13,46ff.), sondern auch die ihr folgende Szene aus lk Hand stammen, die berichtet, wie die Juden die vornehmen gottesfürchtigen Frauen und die Ersten der Stadt aufhetzen und eine Verfolgung gegen Paulus und Barnabas veranlassen. Denn

---

[308] HENGEL, MARTIN, *Die Ursprünge der christlichen Mission*, NTS 18 (1971/72), S. 15–38.24; HAENCHEN, E., *Apostelgeschichte*, S. 288.

[309] Die verschiedenen Erzählungen der Damaskusepisode sind kaum, wie früher angenommen wurde, auf die Benutzung unterschiedlicher Quellen zurückzuführen. Vielmehr liegt allen drei Fassungen ein und derselbe Bericht zugrunde, der im Kapitel 9 am einfachsten zu erfassen ist; vgl. TROCMÉ, É., *Histoire*, S. 174–179; DUPONT, J., *Sources*, S. 33–60.61–70, HAENCHEN, E., *Apostelgeschichte*, S. 317; CONZELMANN, H., *Apostelgeschichte*, S. 59; STÄHLIN, A., *Apostelgeschichte*, S. 309ff.; LOHFINK, GERHARD, *Paulus vor Damaskus*, SBS 4, Stuttgart 1966, S. 75–85.

[310] WEISER, A., *Apostelgeschichte, Bd I*, S. 220.

der „idealtypische Charakter beider"[311] fällt geradezu auf. Die Sprache und die verwendeten Motive verraten den Redaktor Lukas.

Apg 17,4 berichtet vom Erfolg der Missionare in Thessaloniki. Diese Angabe erinnert an die knappe Erfolgsmeldung in 13,43a. Folgende Begriffe entsprechen außerdem lk Sprachstil: πειθεῖν, σεβόμενοι, πλῆθος πολύ, die Partikel τέ, die Hervorhebung durch Verneinung des Gegenteils (οὐκ ὀλίγαι) und schließlich die Nennung der Männer und Frauen, wobei die Formel ἄνδρες (τε) καὶ γυναῖκες hier nicht wortwörtlich, aber inhaltlich vorkommt: τῶν τε σεβομένων Ἑλλήνων πλῆθος πολύ, γυναικῶν τε τῶν πρώτων οὐκ ὀλίγαι. V.4 verrät sprachlich sowie thematisch lk Redaktion.

Die summarische Erfolgsnotiz Apg 17,12 ähnelt stark der vorangegangenen (V.4). Die Wortwahl ist mitunter identisch (ἐξ αὐτῶν, die Litotes οὐκ ὀλίγοι/ -αι). In beiden Fällen werden die griechischen Frauen und Männer eigens hervorgehoben. Da die Aufnahme in Beröa freundlicher als in Thessaloniki verlief (V.11), werden nunmehr πολλοί gläubig. Die V.11 und 12 sind parallel gestaltet und beide redaktionell.[312]

Im Anschluß an die Aeropagrede (17,22–31) erfährt Paulus Spott seitens seines Publikums (V.32). Trotzdem sieht Lukas den Aufenthalt nicht als Mißerfolg an, da sich V.34 immerhin einige Männer den Missionaren anschließen u.a. ein gewisser Διονύσιος ὁ Ἀρεοπαγίτης und eine γυνὴ ὀνόματι Δάμαρις sowie ἕτεροι σὺν αὐτοῖς. Die Personennamen gehen höchstwahrscheinlich auf die Überlieferung zurück, die sprachliche Ausformulierung entspricht jedoch eindeutig lk Stil (τινὲς δὲ ἄνδρες κολληθέντες αὐτῷ ἐπίστευσαν; γυνὴ ὀνόματι; ἕτεροι σὺν αὐτοῖς).

Apg 18,2 entstammt mit Sicherheit das Zusammentreffen mit dem Ehepaar Aquila und Priscilla dem Traditionsgut (vgl. 1 Kor 16,19). Die Bezeichnung der Priscilla als Aquilas Frau (γυνὴ αὐτοῦ) ist sprachlich gut lk (Nachstellung des Possessivpronomens), aber nicht erst von ihm erfunden worden.

Die Abschiedsszene in Tyros Apg 21,5–6 beschreibt V.5 das Verlassen der Stadt σὺν γυναιξὶ καὶ τέκνοις. Die Darstellung erinnert sehr an 20,36–38. Außerdem enthalten die V.4b–6 sprachliche sowie inhaltliche Indizien der lk

---

[311] WEISER, A., *Apostelgeschichte, Bd II*, S. 329.
[312] Vgl. WEISER, A., *Apostelgeschichte, Bd II*, S. 443–446.

Redaktion: z.B. die vom Geist bewirkte Mitteilung in Verbindung mit dem Hinaufziehen nach Jerusalem (vgl. 19,21; 20,22f), die lk Vorzugswendung ἐγένετο.

Apg 22,4 steht das Wort zu Anfang der Verteidigungsrede des Paulus (V.1-21), die übereinstimmend von den meisten Exegeten der schriftstellerischen Arbeit des Lukas zugesprochen wird. Die Christenverfolgung durch Paulus gegenüber Christen erwähnt der Autor ähnlich Apg 7,58; 8,1.3; 9,1-2, wobei 22,4 abermals eine Steigerung festzustellen ist. Das Wortpaar ἄνδρες (τε) καὶ γυναῖκες steht auch hier zweifelsohne redaktionell.

Letztendlich verbleibt noch die summarische Schilderung von der Haft des Paulus unter Felix Apg 24,24-26, die – ausgenommen das Wissen über Felix und seine Gemahlin Drusila – auf das Konto des Lukas zurückgeht. Felix läßt Paulus rufen, der ihm über den Glauben an Jesus Christus berichtet. Die Erwähnung von Δρουσίλλη ἡ ἰδία γυνή V. 24 entspricht „luk Tendenz, die Mitbeteiligung von Frauen, zumal hochgestellten, hervorzuheben (z.B. Lk 1f.; 8,2f.; 23,27-31.55; Apg 1,14; 5,14; 9,2.36-42; 12,12; 13,50; 16,14f.; 17,34; 18,2; 21,5.9; 25,13)."[313] Auch die Formulierung πίστις/πιστεύω εἰς Χριστὸν Ἰησοῦν entspricht lk Sprachstil, wie Apg 10,43; 14,23; 19,9; 20,21; 22,19; 24,24; 26,18 zeigen.[314]

---

[313] WEISER, A., *Apostelgeschichte, Bd II*, S. 632.
[314] SCHENK, W., *Glaube im lukanischen Doppelwerk*, in: HAHN, F./KLEIN, H. (Hrsg.), *Glaube im Neuen Testament*, FS H. Binder, BThSt 7, Neukirchen-Vluyn 1982, S. 69–92.84.

b) Ergebnis des sprachlichen Befunds

Die Auswertung der eben angestellten Beobachtungen läßt für die γυνή-Vorkommen 16,13.15 folgende Schlüsse zu:

(1) 16,13 steht das Wort in einer Partizip-Konstruktion, wie Lukas sie mag. Die Nennung der Frauen in der Gefolgschaft Jesu entspricht seiner Tendenz, dem weiblichen Geschlecht Rechnung zu tragen. Diese für Lukas theologisch typische Betonung, die er wiederholt eindeutig redaktionell setzt (Summarien), entspricht Jesu Haltung gegenüber Frauen und ist in der Überlieferung fest verankert. Die Traditionen über bestimmte Frauen sind Zeugnisse sorgfältig eingearbeiteter Quellen.

(2) Berichtet Lukas über einzelne Frauen, so pflegt er mitunter deren feminine Identität hervorzuheben, indem er das Substantiv γυνή hinzufügt. Denn schon die Nennung des Namens hätte zur Identifikation des Geschlechts genügt.

(3) Béda Rigaux hatte ebenfalls bemerkt, daß die Wendung τις ὀνόματι nicht nur eine sprachliche Feinheit des Lukas wiedergibt: „Autre formule chère à Lc: "dont le nom était"; un prêtre, un homme, un disciple dont le nom est (Lc 1,5; 10,38; 16,20 et Ac). Cette présentation (…) des personnes n'a pas seulement une signification linguistique; elle semble sous-entendre que le lecteur fait connaissance pour la première fois avec les personnages (…); elle montre aussi que Lc prend soin de ne pas transcrire sa source et lui imprime par de fines retouches un caractère original."[315] Dem Leser wird die Person vorgestellt, die die Erstbekehrte der Gemeinde sein wird und durch Paulus getauft wird. Und diese ist eben eine Frau, was Lukas eigens betont. Die Wendung ist sorgfältig ausgesucht.

Fest steht: Lukas hebt Frauen mit Vorliebe in ihrer geschlechtlichen Eigenheit hervor. Seine redaktionellen Eingriffe sowie sein allgemeines theologisches Konzept zeigen dies. Die Apg 16,14 verwandte Formulierung γυνή τις ὀνόματι (Λυδία) geht nicht nur sprachlich auf Lukas zurück, sondern macht zudem diesen theologischen Akzent deutlich.

Was die Frauengruppe in V.13 betrifft, so ist die Beschreibung ihrer Versammlung (s.o. zu den Verben) redaktionell gesetzt. Die Situierung des

---

[315] RIGAUX, B., *Luc*, S. 53.57.

Geschehens an der Gebetsstätte stammt mit Sicherheit aus der Überlieferung und ist darüber hinaus historisch. Wie steht es aber mit den Frauen? Sind sie folglich ein lk Konstrukt? Der Analyse von Sprache und Stil sind noch andere Überlegungen anzufügen.

c) Der sozio-kulturelle und historisch-religiöse Hintergrund

Die Nennung von ausschließlich Frauen an der προσευχή wurde wahrscheinlich aus der Tradition übermittelt. Sie ist darüber hinaus geschichtlich plausibel. Neben den schon angestellten Überlegungen spricht noch folgendes dafür:

(1) Zunächst eine allgemeine Bemerkung: Wenngleich mehrere Stellen, wo Lukas Frauen erwähnt, sich eindeutig als redaktionell erwiesen haben (Summarien), so dürfte die Nennung von Frauen im Zusammenhang mit Notizen, die starkes Lokalkolorit aufweisen und deren geschichtliche Relevanz oder Plausibilität aufgrund äußerer Bezeugung belegt ist, auf solider Tradition beruhen.

(2) Die Anwesenheit lediglich von Frauen am Sabbat gewinnt dadurch an geschichtlicher Wahrscheinlichkeit, daß die *Colonia Iulia Augusta Philippensis* einen erheblichen Anteil an Kriegsveteranen, bzw. entlassenem Miltär unter ihren Bewohnern zählte. Juden, zumindest solche mit römischem Bürgerrecht, waren vom Kriegsdienst befreit.[316] Die Kolonie war sehr stark heidnisch geprägt. Es haben wahrscheinlich nur wenige jüdische Männer der Gemeinde angehört.[317]

(3) Derzeit liefern – wie oben dargestellt – die Ausgrabungen zwar keinen stichhaltigen Beleg für eine jüdische Präsenz im ersten Jahrhundert. Aber eine kleine jüdische Gemeinde scheint es auch in Philippi gegeben zu haben. Es spricht nichts dagegen, daß ihr auch Gottesfürchtige angehörten.

(4) Nun gibt es eine Inschrift, die die Vermutung nahelegt, daß Gottesfürchtige

---

[316] Josephus, *Ant.*, 16,162–165.169.172; 14,190ff. SMALLWOOD, E.M., *Jews under Roman Rule*, S. 127f., vertritt gar die Meinung, daß jüdisches Privileg gewesen sei, den Militärdienst nur freiwillig zu leisten.

[317] Ähnlich WEISER, A., *Apostelgeschichte, Bd II*, S. 422. Tatsächlich gab es zwei Besiedlungswellen in der römischen Kolonie. Ein erstes Mal siedelte Marcus Antonius nach dem Sieg über die Caesar-Mörder gegen Ende 42 seine entlassenen Soldaten in Philippi an. Nach der Schlacht bei Actium enteignete Octavian italische Bürger ihrer Landbesitze (zur Entlohnung der eigenen Truppen) und siedelte diese nun in Philippi an. So bildeten die Römer neben den Thrakern und Griechen wohl eine stattliche Bevölkerungszahl, auch waren sie die einflußreichsten Bewohner der Stadt. COLLART, P., *Philippes*, S. 224–227; PAPAZOGLOU, F., *Villes de Macédoine*, S. 407; PILHOFER, P., *Philippi I*, S. 91f.

sich gelegentlich in Gruppen organisierten. So vermerkt eine Inschrift aus Naukratis in Ägypten eine Σαμβαθική σύνοδος.[318] Es mag zwar einen geringen Zweifel darüber geben, daß der Begriff diejenigen bezeichnet, die den Sabbat verehren, da die LXX gewöhnlich das Verb σαββατίζειν für das Feiern des Sabbats verwendet. Jedoch sind hier keineswegs Juden gemeint, denn diese würden nie ihren Gott als „Gott des Sabbats" bezeichnen.

Der 1976 in Aphrodisias (Kleinasien) gemachte Fund ließ eine Marmorsäule zu Tage kommen, auf der sich 125 Personennamen finden.[319] Diese haben sich als Sponsoren der Synagoge hervorgetan, von denen nicht weniger als 54 den sogenannten θεοσεβεῖς zugeordnet werden können. Falls die Lesart δεκανίας τῶν φιλομαθῶν (Seite a, 3. Linie) richtig ist, so dürfte hier ein weiterer Beleg für eine „benevolent association, which included sixteen Jews, three proselytes, and two θεοσεβεῖς"[320] vorliegen.

Eine Versammlung alleine von Gottesfürchtigen, wie Lukas sie darstellt, sollte also gar nicht überraschen, da es vermutlich selbst Vereinigungen von Gottesfürchtigen gab.

(5) Da Apg 16,14 lediglich Frauen erwähnt, kommen die meisten Kommentatoren zu dem Schluß, es handele sich nicht um einen richtigen Gottesdienst, da „zehn Männer über 13 Jahre" anwesend sein müssen.[321] Die Praxis, daß zehn erwachsene Männer die Vetretung der Gemeinde darstellen, galt zweifelsohne schon zur Zeit Jesu.

Die Stellung der Frau in den Synagogen ist nicht eindeutig zu erfassen. Natürlich hat sie am synagogalen Gottesdienst teilgenommen. Frauen haben auch

---

[318] Hierzu s. FELDMAN, LOUIS H., *Jew and Gentile in the Ancient World. Attitudes and Interactions from Alexander to Justinian*, Princeton/New Jersey 1993, S. 359 sowie A. 61–62.

[319] Sie wurden erst 1987 veröffentlicht; s. REYNOLDS, JOYCE/TANNENBAUM, ROBERT, *Jews and God-Fearers at Aphrodisias. Greek Inscriptions with Commentary*, Proceedings to the Cambridge Philological Association Suppl. 12, Cambridge 1987, S. 48–66; FELDMAN, L.H., *Jew and Gentile*, S. 362 sowie A. 84. 368.

[320] FELDMAN, L.H., *Jew and Gentile*, S. 368.

[321] MAYER, GÜNTER, *Die jüdische Frau in der hellenistisch-römischen Antike*, Stuttgart 1987, S. 89. Zur Minjan-Zahl s. u.a. HAAG, HERBERT, *Die biblischen Wurzeln des Minjan*, in: BETZ, O./HENGEL, M./SCHMIDT, P., (Hrsg.), *Abraham unser Vater*, FS Otto MICHEL zum 60. Geburtstag, AGSU 5, Leiden/Köln 1963, S. 235–242. Diese Auslegung der Minjan-Zahl wurde jüngst von RICHTER REIMER, I., *Frauen*, S. 112f., bestritten.

Stiftungen zum Bau und Unterhalt von Synagogen gemacht.[322] In den rabbinischen Texten findet sich wiederholt *mātrôna/matrônit* um eine „an Problemen der Tora interessierte Gesprächspartnerin der Rabbinen"[323] zu bezeichnen. Die Texte sind relativ spät, wenn auch das Phänomen sicher älter als dieser rabbinisch-spätantike Sprachgebrauch ist. Strittig ist jedoch weiterhin, ob sie zum Minjan zählte und inwiefern sie eine aktive Teilnahme am synagogalen Gottesdienst hatte oder sogar Leitungsfunktionen in der Gemeinde ausübte.

Das in der Bibel nicht vorkommende Wort Minjan bedeutet eigentlich „Zahl" und erlangt im synagogalen Sprachgebrauch einen technischen Sinn. Es bezeichnet die Mindestzahl von zehn Personen, ohne die ein offizieller Gottesdienst sowie bestimmte kultische Handlungen nicht durchführbar sind. So erwähnt Meg 4,3 die betreffende Bestimmung: „Man trägt die Schema-Benediktionen nicht vor u. man tritt nicht vor die Lade (um als Vorbeter das Achtzehngebet zu beten) u. man erhebt die Hände nicht (zum Priestersegen) u. man liest nicht aus der Tora vor u. macht den Schluß nicht mit der Prophetenlektion ..., wenn weniger als 10 Personen anwesend sind".[324] Laut Richter Reimer sei die Quelle fehlinterpretiert, wenn ausdrücklich von 10 Männern gesprochen wird, die den Minjan ausmachen. Jedoch darf m.E. nicht aus den Augen verloren gehen, daß im Altertum die jüdische Frau nur über den Mann Zugang zum Judentum hatte. Außerdem mag eine „Zurückdrängung der Frau im öffentlichen religiösen Leben" auf die Notwendigkeit zurückgehen, „sich von der paganen Kultur abzusetzen".[325] Falls nur neun Männer anwesend sind, darf ein Minderjähriger als Zehnter gelten.

---

[322] Belege bei BROOTEN, BERNADETTE J., *Women Leaders in the Ancient Synagogue*, BJS 36, Chico (California) 1982, S. 103–139; MAYER, G., *Frau*, S. 90f. Was die Titel betrifft, die eigentlich Leitungsfunktionen von Männern bezeichnen, aber in Inschriften Frauen in der Diaspora erhalten, so dürfen wohl entgegen BROOTEN, B.J., in diesen Frauen nicht die Trägerinnen der entsprechenden Funktionen gesehen werden. Vielmehr ist mit MAYER, G., *Frau*, S. 91, festzuhalten: Es „werden derartige Titel auch von Kindern gebraucht, die allein schon aufgrund ihres Alters die dazugehörende Funktion nicht ausüben können." Auch „sind römische Kinder als Dekurionen bezeugt. In der Spätantike jedoch bildeten die Dekurionen einen geschlossenen Stand. Wenn Kinder als Dekurionen bezeichnet werden, bedeutet das, daß sie einer diesem Stand angehörenden Familie entstammen. Demnach wird man sich ein weibliches „Synagogenoberhaupt" als Angehörige einer Familie zu denken haben, in der sich dieses Amt vererbt."
[323] Die Zusammenstellung der Belege und Diskussion bei ILAN, TAL, *Jewish Women in Graeco-Roman Palestine*, TSAJ 44, Tübingen 1995, S. 200–204.
[324] STRACK, H.L./BILLERBECK, P., *Kommentar*, Bd IV,1, S. 153.
[325] MAYER, G., *Frau*, S. 90.

Im Reformjudentum ist später aufgrund der „prinzipiell geforderten Gleichstellung der Frau (…) auch die Beiziehung von Frauen zur Erreichung der notwendigen Zehnzahl"[326] erlaubt worden, nicht aber schon zur Zeit des Paulus.

(8) Das Erwähnen ausschließlich von Frauen soll jedoch nicht überbewertet werden. So behauptet Lukas nicht, daß Sabbat für Sabbat sich lediglich Frauen in der προσευχή einfanden, sondern, daß am besagten Tag von Lydias Taufe das Publikum der Missionare aus einer Frauengruppe bestand. Vielleicht befanden sich auch einige männliche Juden abseits. Da diese in der Erzählung keine Rolle spielen, werden sie einfach nicht erwähnt.

Zusammenfassend kann die lk Beschreibung geschichtlich gut vertretbar sein, stichhaltige Belege gibt es jedoch keine. Die Versammlung von mit dem Judentum sympathisierenden Frauen schöpft Lukas m.E. aus der Tradition, und sie kann gut den historischen Fakten entsprechen. Ob es sich hierbei um einen richtigen Gottesdienst gehandelt hat, wie Richter Reimer es meint, läßt sich nicht mehr eindeutig festlegen. An eine autonome Frauengruppe zu denken[327], geht m.E. zu weit. Da zudem die Beschreibung der Zusammenkunft redaktionellen Charakter hat, ziehe ich es vor, anstatt von einem *synagogalen Gottesdienst* von einer *Versammlung mit religiösem Charakter* zu sprechen.

3. Ergebnis

Allem Anschein nach gab es in Philippi nur eine geringe jüdische Bevölkerung. Einige Gottesfürchtige sympathisierten mit dem Judentum und trafen sich am Sabbat in einer Gebetsstätte, die, falls sie ein Synagogengebäude war, nicht sonderlich groß sein konnte.

Die Anwesenheit lediglich von weiblichen Zuhörern in Apg 16,13 paßt gut in das kulturgeschichtliche Bild, das wir von der Stadt Philippi haben. Eindeutige Belege können keine aufgewiesen werden. Die Frauengruppe ist deshalb nicht mit Sicherheit aber immer noch mit Wahrscheinlichkeit der Tradition und darüber hinaus den historischen Fakten zuzurechnen. Dabei verweist der Gebrauch u.a. der redaktionell gesetzten Verben συνέρχομαι, καθίζειν, λαλεῖν und ἀκούειν

---

[326] HAAG, H., *Minjan*, S. 236. Vgl. auch ELBOGEN, I., *Gottesdienst*, S. 494
[327] So z.B. bei SCHOTTROFF, L., *Lydia*, S. 306; dies., *Schwestern*, S. 166; dies., *Befreiungserfahrungen*, S. 297ff.; RICHTER REIMER, I., *Frauen*, 91ff.

auf eine Versammlung mit religiöser Dimension.[328] Lukas scheint dies wichtig zu sein. Wie schon oben erwähnt, spiegelt die Formulierung τῇ τε ἡμέρᾳ τῶν σαββάτων lk Sprachgebrauch wider. Mit dieser Wortwahl bereitet der Autor die Zusammenkunft der Frauen vor und deutet auf deren religiösen Charakter. Indem Lukas diese Beschreibung mit weiteren aus der Tradition stammenden Informationen verknüpft (προσευχή, σεβομένη τὸν θεόν), zeichnet er das Bild eines synagogalen Gottesdienstes. Somit kann der Autor auch in Philippi das gewohnte Missionsschema fortführen (9,20; 13,5.14.46; 14,1; 17,1-2.10.17; 18,4. 6.19; 19,8-9; 28,28). Die schematische Darstellung, wonach Paulus seine Wirksamkeit jeweils in einer Synagoge beginnt, „entspricht zwar ganz der lukanischen Konzeption, und nicht jede Einzelangabe verbürgt historische Zuverlässigkeit; aber aufs Ganze gesehen, hat diese Sicht genügend Anhalt in der geschichtlichen Wirklichkeit, wie z.B. Röm 1,16; 10,14-20; 1 Kor 9,20f; 2 Kor 11,24f zeigen."[329] Was die προσευχή in Philippi betrifft, so kann nicht wegen der Wortwahl der Synagogenbesuch als Konstrukt des Lukas erachtet werden.

III. Die Taufe einer Gottesfürchtigen und ihres Hauses

§ 1 Lydia

1. Eine Frau namens Lydia

καί τις γυνὴ ὀνόματι Λυδία geht aufgrund der angeführten Überlegungen zu V.13 sprachlich auf Lukas zurück. Die Hervorhebung des Geschlechts der Λυδία mittels der Zusetzung von γυνή (die Namensnennung hätte schon gereicht!) als auch die Wendung τις ὀνόματι, um die Person vorzustellen,

---

[328] Vgl. RICHTER REIMER, I., *Frauen*, S. 91-97. Hier z.B. erweist sich m.E. ihr methodischer Ansatz als problematisch. Sie geht nämlich von einer Wortanalyse auf literarischer Ebene des Textes aus, um Geschichte zu rekonstruieren, ohne zuvor nach der redaktionellen Intention des Verfassers zu fragen, was zu Fehlinterpretationen führen kann.

[329] WEISER, ALFONS, *Die Rolle der Frau in der urchristlichen Mission*, in: DAUTZENBERG, GERHARD/MERKLEIN, HELMUT/MÜLLER, KARLHEINZ- (Hrsg.), *Die Frau im Urchristentum*, QD 95, Freiburg/Basel/Wien 1983 Ndr. 1992, S. 165 A. 11.

verraten lk Akzent. Es bleibt nunmehr die Frage, was wir über diese Frau namens Λυδία in Erfahrung bringen können. Hat sie wirklich existiert? Welche Belege gibt es?

2. Eine Purpurhändlerin aus Thyateira

Im Rahmen des sozial-geschichtlichen Exkurses (Kapitel 3) wird noch ausführlich auf die Berufsbezeichnung der Lydia eingegangen. Deshalb sollen jetzt nur die zur Scheidung von Tradition und Redaktion nötigen Informationen besprochen werden.

Zu den in jüngeren Arbeiten auftretenden Meinungen, die Bekehrungsgeschichte Apg 16,14-15 stamme ursprünglich nicht aus Philippi und sei erst von Lukas hier eingefügt worden[330], oder, Λυδία sei gar eine fiktive Gestalt[331], bietet schon der Text keine ausreichenden Anhaltspunkte. Auch belegen Inschriften für die uns betreffende Zeitspanne die Existenz des Purpurhandels in Philippi. Nicht nur die verstümmelte Inschrift aus Philippi 646/L035 (]RPVRARI[)[332], die zweifelsohne die lateinische Bezeichnung *purpurarius* meint[333], bezeugt die Gegenwart des Berufsstandes in der Kolonie. Eine weitere, weniger bekannte Inschrift (Pilhofer, 697/M580) erweist nämlich die Existenz von Purpurfärbern aus Thyateira in Philippi[334]: Τὸν πρῶτον ἐκ τῶν πορ- |

---

[330] So SCHILLE, G., *Fragwürdigkeit*, Sp. 165−174 und wiederholt in, ders., *Apostelgeschichte*, S. 343, der die Meinung vertritt, daß Lukas hier eine aus Thyateira stammende Tradition fälschlicherweise einbaut. M.W. folgt ihm hierbei niemand. Schon DUPONT, J., *Sources*, S. 140.145−146, faßt Schilles Argumentation zusammen und widerlegt sie überzeugend.

[331] So eigentümlicherweise ABRAHAMSEN, VALERIE ANN, *The Rock Reliefs and the Cult of Diana at Philippi*, Cambridge (Mass.) 1986, S. 18; PORTEFAIX, L., *Sisters Rejoice*, S. 132 A. 4. Beide Autorinnen zeigen sich allerdings gegenüber dem Geschichtswert der Apg sehr skeptisch. Ähnlich auch BORMANN, L., *Philippi*, S. 4−6.

[332] PILHOFER, P., *Philippi II*, 646/L035=CIL III 664.

[333] Im Gegensatz zum griechischen Wort πορφυροπώλης (-όπωλις) ist die lateinische Bezeichnung *purpurarius (-ia)* zweideutig und kann den Purpurhändler oder den Purpurfärber (griechisch: πορφυροβάφος) meinen, vgl. BLUM, HARTMUT, *Purpur als Statussymbol in der griechischen Welt*, Ant. Reihe 1, Abhandlungen zur Alten Geschichte 47, Bonn 1998, S. 22 A. 7.

[334] Zur Echtheit und näheren Beschreibung dieser Inschrift s. LEMERLE, P., *Philippes*, S. 28f.; PILHOFER, P., *Philippi I*, S. 177−182, gegen ROBERT, LOUIS, *Hellenica, V, Inscriptions de Philippes publiées par Mertzidès*, RPH NS XIII (1939), S. 136−150. Die Erstveröffentlichung geht auf ihren Finder (1872) zurück: ΜΕΡΤΖΙΔΗΣ, Σταύρος, Οι Φίλιπποι. Έρευναι και μελέται χωρογραφικαί υπό αρχαιολογικήν, γεωγραφικήν, ιστορικήν, θρησκευτικήν, και εθνολογικήν έποψιν, Konstantinopel 1897, S. 187. Auf dieses Werk konnte ich jedoch keinen Zugriff erhalten. Ich zitiere deshalb nach LEMERLE, P., *Philippes*, S. 28; PILHOFER, P., *Philippi I*, S. 177.187, der allerdings fälschlicherweise Θυατειρ[ιν]ὸν vervollständigt; ders.,

φυροβάφ[ων 'Αν]τίοχον Λύκου | Θυατειρ[ην]ὸν εὐεργέτ[ην] | καὶ […]
ἡ πόλις ἐτ[ίμησε] (Den ersten der Purpurfärber, Antiochos, (Sohn) des Lykos,
den Thyateirener, ihren Wohltäter und …, ehrt die Stadt).

Die Stadt ehrte also unter den Purpurfärbern einen hervorragenden Bürger,
Antiochos, den Sohn des Lykos, der ebenfalls aus Thyateira stammte, als
Wohltäter. Dieser 'Αντίοχος wird als ὁ πρῶτος ἐκ τῶν πορφυροβάφων
bezeichnet, d.h. er war Oberhaupt einer Vereinigung von Purpurfärbern. Diese
Inschrift bezeugt somit die Existenz einer Zunft für Philippi.[335] „Die Solidität
der biographischen Angaben könnte durch den epigraphischen Befund schwerlich
eine eindrucksvollere Bestätigung erfahren!"[336]

Die Purpurhändlerin stammt aus der lydischen Stadt Thyateira (Kleinasien),
die am Lykos und an der Straße von Pergamon nach Sardes lag und in der Antike
besonders wegen ihrer Textilproduktion und Purpurindustrie bekannt war.[337]
Bemerkenswert sind die vielen inschriftlichen Zeugnisse, die die Berufe der
Leinweber (οἱ λινουργοί), Wollspinner (οἱ λανάριοι), Schneider (οἱ
ἱματευόμενοι) und vor allem der Färber (οἱ βαφεῖς) belegen.[338] So waren z.B.

Philippi II, 697/M580, hier berichtigt. Hiernach auch übersetzt. Neben diesen Autoren erwähnt
MEINARDUS, OTTO F.A., *Paulus in Griechenland*, Athen 1978, S. 15 (Titel der Originalausgabe:
St. Paul in Greece, Athen 1972) ebenfalls diese Inschrift.

[335] Eine συνήθεια τῶν πορφυροβάφων, d.h. eine Zunft der Purpurfärber, die mindestens
ein Mitglied aus Thyateira hatte, ist auch für Thessaloniki inschriftlich belegt (IG X 2,1, Nr.
291); s. PILHOFER, P., *Philippi I*, S. 176f. Für Thessaloniki sind wohl mehrere solcher
Purpurfärberzünfte vorauszusetzen.

[336] PILHOFER, P., *Philippi I*, S. 182.

[337] Vgl. Apk 1,11; 2,18.24. Die antike Stadt Θυάτειρα heißt heute Akhisar. Unter Seleukidos
I. wurde die Stadt 281 v. Chr. zur Militärkolonie und entwickelte sich zu einer florierenden
Handels- und Industriestadt. Im Jahr 129 v. Chr. kam die Stadt unter römische Herrschaft; vgl.
KEIL, J., Art. *Thyateira*, PRE 11 (1936), Sp. 657–659; ROBERT, LOUIS, *Villes d'Asie Mineure*,
Paris ²1962, S. 269; WEISER, ALFONS, Art. Θυάτ(ε)ιρα, EWNT II, Sp. 391–392.

[338] Zu den λινουργοί s. HERMANN, PETER (Hrgs.), *Tituli Asiae Minoris. Volumen V: Tituli
Lydiae. Linguis graeca et latina conscripti. Fasciculus II: Regio septentrionalis ad occidentem
vergens*, Wien 1989 (=TAM V/2), Nr. 933,15; vgl. WALTZING, Jean-Pierre, *Étude historique
sur les corporations professionnelles chez les Romains. Depuis les origines jusqu'à la chute de
l'Empire d'Occident*, 4 Bde, repr. Ndr. der Ausgabe Bruxelles (I), Bruxelles 1896 (II), Leuven
1899/1900 (III), Leuven 1900 (IV), Hildesheim/New York 1970, hier Bd 3 (=WALTZING III),
Nr. 161; zu den οἱ λανάριοι s. TAM V/2 Nr. 1019,11, vgl. WALTZING III, Nr. 165; zu den οἱ
ἱματευόμενοι CIG 3480; zu den βαφεῖς TAM V/2 Nr. 935,24; 945,2.7; 965,1; 972,1; 978,1;
989,15; 991,2.6; 1029,4; 1081,5; vgl CIG 3496.3497.3498 und WALTZING III, Nr.164. Belege
für die Purpurfärberei in Thyateira ebenfalls bei HORSLEY, G. H. R., *A Review of the Greek
Inscriptions and Papyri published in 1978*, NDIEC III, North Ryde (New South Wales) 1983,
S. 54.

die λινουργοί, λανάριοι und βαφεῖς nachweislich in *collegia* organisiert. Die lukanischen Angaben zum Beruf und zur Herkunft der Lydia werden durch die Belege aus Philippi und Thyateira auf eindrucksvolle Weise bestätigt.

Die wenigen Vorkommen des Wortes Λυδία in den erschlossenen literarischen und epigraphischen Quellen zeigen, daß es in der Antike ein seltener Name war.[339] Mit Sicherheit handelt es sich eigentlich um keinen Eigennamen, sondern vielmehr um ein aus dem Adjektiv λυδία (die lydische) stammendes Ethnikon, das sozusagen als Rufname diente.[340] Denn der Usus, eine Herkunftsbezeichnung als Name zu verwenden, ist beispielsweise in Philippi epigraphisch belegt und somit nichts Ungewöhnliches.[341]

Sollte Lukas etwa einen solch seltenen Namen zur Verbürgung seiner vermeintlich fiktiven Gestalt gebrauchen? Wäre dann ein geläufiger Vorname nicht weitaus glaubwürdiger gewesen?[342] Auch haben frühchristliche Gemeinden ein großes Interesse an Berichten über Erstbekehrte, vor allem wenn diese von Paulus getauft wurden.[343] Es handelt sich ja schließlich um die Grundsteine und Eckpfeiler der Gemeinde. Hätte Lukas die Geschichte erfunden, dann müßte zumindest im philippischen, gar im makedonischen Raum seine Glaubwürdigkeit starke Einbußen erleiden.

Um so mehr überrascht die Schlußfolgerung von Lilian Portefaix: „No traces of Lydia's house or her name are to be found in Philippi;…" (mit Verweis auf oben diskutierte Inschrift CIL III 664 [= Pilhofer, 646/L035]). Therefore, it is safer to consider Lydia as a fictious figure, hiding a germ of historical truth, rather than an entirely authentic person; Luke could scarcely have made up the story of Lydia altogether if he claims to be considered as reliable in the eyes

---

[339] Die diskutierten Belege bei HEMER, C. J., *Acts*, S. 114 und PILHOFER, P., *Philippi I*, S. 235f., bringen insgesamt nur 3 verschiedene Frauen hervor. SCHILLE, G., *Apostelgeschichte*, S. 341, verweist auf Horaz, 1,8.13.25 als Beleg des Namens für Kurtisanen.

[340] So ähnlich die meisten Kommentatoren; die ausführlichste Argumentation bei PILHOFER, P., *Philippi I*, S. 235–237.

[341] S. PILHOFER, P., *Philippi I*, S. 236f. und im Katalog (ders., *Philippi II*) die Inschriften 747/G769; 697/M580; 302/G423.

[342] Es sei denn, Lukas wäre wirklich äußerst spitzfindig gewesen, eine zur Herkunft (Thyateira ist für den Purpurhandel bekannt!) passendes Ethnikon als Rufname zu erfinden. Das führt zu absurden und tollkühnen Vermutungen. Lukas mag anderweitig seine literarische Kreativität unter Beweis stellen, hier nicht.

[343] BECKER, JÜRGEN, *Paulus. Der Apostel der Völker*, Tübingen 1989, S. 323.

of recipients familiar with Philipian church."[344] Dies ist nun wirklich ein äußerst eigenartiges Kriterium, Angaben der Apg als geschichtlich relevant bzw. irrelevant zu errachten. „Wie sollte man denn das Haus der Lydia identifizieren? Erwartet Portefaix im Ernst, einen Gedenkstein mit einer Inschrift »Hier wohnte Lydia, die erste Christin Philippis« in griechischer oder lateinischer Sprache zu finden?"[345]

Auch die Tatsache, daß Lydia im Philipperbrief namentlich nicht erwähnt wird, stellt ihre Historizität keineswegs in Frage. Da es sich bei Λυδία nicht wirklich um einen Vornamen handelt, kann es gut sein, daß die Purpurhändlerin sich hinter einer der im Philipperbrief genannten weiblichen Gemeindeglieder verbirgt (Phil 4,2). Vielleicht nannte sie sich Εὐοδία Λυδία oder Συντύχη Λυδία. Paulus spricht sie nicht etwa mit ihrer Herkunftsbezeichnung an (in etwa: „der Lydierin meinen Gruß"), sondern genau wie die anderen MitstreiterInnen im Herrn mit ihrem eigentlichen Vornamen. Daß Lukas später – aus zeitlicher Distanz – und ohne sich direkt an die erwähnte Person zu wenden, von einer Lydierin redet (wie es sich wohl indessen in der Tradition gefestigt hat), ist m.E. schon eher verständlich.

Es ist ebenfalls festzuhalten, daß neben den schon Genannten Paulus ohnehin nur zwei weitere Gemeindeglieder namentlich erwähnt (Epaphroditos und Clemens), also insgesamt 4 Personen, und dies bei zweien, weil er anscheinend Anlaß zur Kritik hat. Die meisten (4,3), auch solche, die wichtige Posten bekleiden, nämlich die διάκονοι und die ἐπίσκοποι, werden lediglich summarisch genannt.

Schließlich könnte man auch davon ausgehen, daß Lydia zur Zeit des Phil nicht mehr in Philippi wohnt, weil sie vielleicht aus beruflichen Gründen oder als christliche Missionarin sich irgendwo anders niedergelassen hat. Ein Vergleich mit dem Ehepaar Priscilla und Aquila ist m.E. gar nicht so abwegig.

Darum ist es keineswegs hypothetisch, daß Lydia unter einer der genannten Gruppen zu finden ist. Aus einer vermeintlichen oder wirklichen Nichtnennung der Lydia im Philipperbrief kann also nicht auf den Geschichtswert der sie betreffenden Aussagen in der Apostelgeschichte geschlossen werden.

---

[344] PORTEFAIX, L., *Sister's Rejoice*, S. 132 A. 4.
[345] PILHOFER, P., *Philippi I*, S. 235.

Getrost darf man sich dem Urteil anschließen: „Sollte Lukas vor Ort recherchiert und Daten bezüglich der Lage der Purpurindustrie in Philippi im allgemeinen und ihrer Verbindung mit Thyateira im besonderen gesammelt haben, um – historisch möglichst plausibel – in diesen Rahmen eine fiktive Lydia einzuzeichnen? Diese Vorstellung ist absurd."[346]

Die Angaben über Lydia sind deshalb nicht erst von Lukas erfunden worden, sondern gehen auf Tradition zurück. Diese entstammt nicht etwa einer Gründungsüberlieferung aus Thyateira, sondern war fester Bestandteil der in Philippi tradierten Geschichte über den Ursprung der örtlichen christlichen Gemeinde. Lydia stammte aus der in der kleinasiatischen Provinz Asia in der Landschaft Lydien gelegenen Stadt Thyateira. Sie hatte sich in Philippi wohl aufgrund ihres Berufs als Purpurhändlerin niedergelassen. Die Purpurhändler aus Thyateira waren in der Antike gut bekannt, in Philippi hatten sich gar einige Vertreter dieses Berufstandes als Zunft organisiert.

3. Eine Gottesfürchtige

Lydia wird weiterhin als eine σεβομένη τὸν θεόν vorgestellt. Zu den Wendungen σεβόμενος τὸν θεόν/φοβούμενος τὸν θεόν gibt es eine Vielfalt an Literatur, die den Sinn dieser Begriffe diskutiert. Dabei wird die Rolle von Gottesfürchtigen im Judentum u.a. im Vergleich zu der der sogenannten Proselyten hinterfragt. Im Rahmen dieser Arbeit ist es nicht möglich, umfassend auf diese Problematik einzugehen. Im folgenden wird lediglich die zur Scheidung von Tradition und Redaktion sowie zum besseren Verständnis von 16,14 notwendigen Fragen eingegangen: Welchen Sinn erhalten die Formulierungen bei Lukas? Greift Lukas auf allgemein gültige *termini technici* zurück? Oder formuliert er hier selber? Welche Belege gibt es für Gottesfürchtige bzw. gottesfürchtige Frauen außerhalb des NT? Hilft der LXX-Sprachhintergrund weiter? Welche literarischen und epigraphischen Belege gibt es?

Zunächst soll der Sinn dieser Wendungen bei Lukas erfaßt werden. Nach einem Überblick über die Vorkommen im NT (1) mit besonderer Berücksichtigung von Apg 13,43 (2) soll kurz der LXX-Hintergrund der Formulierung erläutert werden (3). Es folgt die Beschreibung dieser Glaubensgruppe in Abgrenzung

---

[346] PILHOFER, P., *Philippi I*, S. 238.

zu den Proselyten nach allgemeinem Forschungskonsens (4). Die Historizität der lk Darstellung (und somit ihr traditioneller Charakter) soll sodann unter Berücksichtigung der literarischen und epigraphischen Belege hinterfragt werden (5). Eine sprachliche Untersuchung (6) wird schließlich das Ergebnis bestätigen, daß die Formulierung Apg 16,14 lukanisch ist, inhaltlich jedoch der Tradition angehört.

(1) Das Verb σέβεσθαι zählt 10 nt Vorkommen (Mt 1/Mk 1/Lk 0/Joh 0/Apg 8).[347] Mk 7,7 par. Mt 15,9 steht es in einem at Zitat (Jes 29,13) in der Perikope zur Streitrede über die pharisäischen Überlieferungen, für die Lukas kein Interesse zeigt (neben Mk 7,1–23 fehlt ebenfalls die Gesetzesdebatte aus Mk 10,1–12).

Zur Bezeichnung von Gottesfürchtigen steht es 13,43 (τῶν Ἰουδαίων καὶ τῶν σεβομένων προσηλύτων); 13,50 (τὰς σεβομένας γυναῖκας); 16,14 (σεβομένη τὸν θεόν); 17,4 (τῶν σεβομένων Ἑλλήνων); 17,17 (τοῖς Ἰουδαίοις καὶ τοῖς σεβομένοις); 18,7 (Ἰούστου σεβομένου τὸν θεὸν); 18,13 (σέβεσθαι τὸν θεόν). Und es kommt ein weiteres Mal 19,27 (σέβεται) vor, jedoch in einem heidnischen Kontext, bzw. in bezug auf die Verehrung der Göttin Artemis. Die Wendung σεβόμενος(-η) τὸν θεόν (substantiviertes Partizip + Akk. des Objekts) findet sich also außer Apg 16,14 noch 18,7 zur Bezeichnung von Titius Justus, in dessen Haus Paulus einkehrt, nachdem die Juden in Korinth ihn abgelehnt hatten. Absolut steht das Partizip im gleichen Sinn 13,50; 17,4.17.

Um den Sinn der Wendung bei Lukas zu erfassen, muß ebenfalls auf die Stellen zurückgegriffen werden, welche die Gottesfürchtigen mit der ihr verwandten Wendung φοβούμενος τὸν θεόν bezeichnen (Apg 10,2; 11,18; 13,16.26). In der Apg zeichnet Lukas folgendes Profil: Die Gottesfürchtigen besuchen am Sabbat die Synagoge (Apg 13,16.26; 15,21; 16,1; 17,4.17), gehen in bestimmter Weise der jüdischen Gebetspraxis nach (10,2) und halten sich „in einem nicht klar definierbaren Umfang an die Tora"[348]. Sie werden mitunter

---

[347] FOERSTER, WERNER, Art. σέβομαι, ThWNT VII (1964), S. 169–172.
[348] STEGEMANN, E.W./STEGEMANN, W., *Urchristliche Sozialgeschichte*, S. 223, hieraus auch folgender Überblick übernommen. Vgl. weiterhin die ausführlicheDarstellung bei LEVINSKAYA, I., *Diaspora Setting*, S. 120–127.

als „gerecht" bezeichnet und gelten trotzdem als „unrein"[349]. Folglich handelt
es sich um Nichtjuden, die die Tora und die religiösen Bräuche nur mit
Einschränkung befolgen, in deren Häuser ein Jude nicht ohne weiteres einkehren
darf.[350] Gottesfürchtige zeichnen sich mitunter durch Wohltaten am jüdischen
Volk aus (Apg 10,1f.; vgl. Lk 7,4f.). Lukas grenzt die Gottesfürchtigen von
den Proselyten ab (Apg 2,11; 6,5; zu 13,43 s.u.), die ganz zum Judentum
übergetreten sind. Desweiteren bezeichnet er 13,7 Sergius Paulus als einen
verständigen Mann (ἀνὴρ συνετός), der wohl dem Glauben nahe stand (V.8).
Gemeint ist wahrscheinlich, daß der Prokonsul vielleicht aufgrund seiner
gesellschaftlichen Stellung kein Gottesfürchtiger im eigentlichen Sinne war,
sondern lediglich mit dem Judentum sympathisierte.[351] Lukas scheint also die
Gottesfürchtigen von sogenannten Sympathisanten zu unterscheiden. Auffällig
ist in der lk Schilderung schließlich das wiederkehrende Motiv von gottesfürchtigen Frauen (Apg 13,50; 16,14; 17,4.12).

(2) 13,43 bietet eine sachliche Schwierigkeit, da umstritten ist, ob Gottesfürchtige
im engeren Sinn oder mit Blick auf V.46 ganz konvertierte Proselyten gemeint
sind. Lukas schreibt nämlich πολλοὶ τῶν Ἰουδαίων καὶ τῶν σεβομένων
προσηλύτων. Die σεβόμενοι προσηλύτοι sind in keiner der derzeit erschlossenen Quellen belegt und der Autor gebraucht die Wendung nur *hier* in
seinem Doppelwerk. Die Wortwahl ist auch deswegen problematisch, da sie zwei
verschiedene Kategorien benennt, nämlich vollkonvertierte Proselyten und dem
Judentum nahestehende Gottesverehrer.[352]

---

[349] Vgl. die Beschreibung von Kornelius Apg 10,22.28; 11,3; vgl. Lk 1,6; 2,25; 23,47.

[350] Vgl. Petrus in der Korneliusgeschichte (Apg 10,20; 11,3).

[351] Vielleicht besuchten solche Sympathisanten z.B. nicht den Synagogengottesdienst. Für
einen Mann wie Sergius Paulus, Prokonsul von Zypern (in den Jahren 46–47 oder 49–50) könnte
es der öffentliche Charakter eines synagogalen Gottesdienstes sein, der ihn davon abhielt, sich
intensiver dem Judentum zuzuwenden. Zumindest ist dies aufgrund seiner gesellschaftlichen
Stellung einleuchtend. Vgl. SIEGERT, FOLKER, *Gottesfürchtige und Sympathisanten*, JSJ 4 (1973),
S. 109ff., besonders S. 147ff.

[352] Für Apg 16,14 braucht diese Frage nicht entschieden zu werden, denn hier steht fest:
Lukas meint die dem Judentum zwar nahestehenden, jedoch nicht ganz beigetretenen
Gottesfürchtigen. Vgl. die teils kontroversen Stellungnahmen von BRUCE, F.F., *Acts*, S. 252f.;
PESCH, R., *Apostelgeschichte, Bd II*, S. 41; SCHILLE, G., *Apostelgeschichte*, S. 237; HAENCHEN,
E., *Apostelgeschichte*, S. 355; WEISER, A., *Apostelgeschichte, Bd II*, S. 337; LEVINSKAYA, I.,
Diaspora Setting, S. 52ff.; u.a.

Die Lösungsversuche lassen sich wie folgt knapp umschreiben:
(a) Lukas formuliert ungenau
(b) Das Substantiv προσηλύτων ist eine spätere Glosse
(c) Lukas formuliert gezielt; vielleicht gibt er V.43 dem Wort Proselyt einen dem damaligen jüdischen Sprachgebrauch abweichenden Sinn.
(d) Die Divergenzen im Sprachgebrauch (φοβούμενος τὸν θεόν, σεβόμενοι προσηλύτοι, σεβόμενος τὸν θεόν) gehen auf unterschiedliche Quellen oder Autoren zurück.

Keiner der Vorschläge löst befriedigend das Problem. Lukas formuliert m. E. gezielt, was sich aus der Tatsache ergibt, daß er bis 13,43 zur Bezeichnung der Gottesfürchtigen φοβούμενος τὸν θεόν und hiernach nur noch σεβόμενος τὸν θεόν verwendet und just 13,43[353] und nur hier die eigenartige Wendung σεβόμενοι προσηλύτοι einsetzt. Es ist wohl „nicht ratsam, aus dieser singulären Quelle weitergehende Schlüsse zu ziehen"[354]. Eine besondere Glaubensgruppe ist auf jeden Fall nicht gemeint.

(3) In der LXX-Übersetzung findet sich die at Formel φοβούμενος τὸν θεόν sowie andere verwandte Begriffe (εὐσεβεῖς, θεοσεβεῖς, u.ä.), die „die religiöse Grundhaltung des Menschen vor Gott"[355] bezeichnen. Die Terminologie dient einerseits dazu, die Israeliten von allen Unbeschnittenen zu unterscheiden, andererseits das Verhalten des Glaubenden als gesetzes- bzw. gottestreu zu bewerten.

Die mit dem Titel φοβούμενοι τὸν θεόν (τὸν κύριον) bezeichneten Personen stellen keine besondere Gesellschaftsklasse oder religiöse Gruppierung dar. „Jede(r) Israelit kann ein φοβούμενος τὸν θεόν sein oder es nicht sein"[356]. Es

---

[353] LEVINSKAYA, I., *Diaspora Setting*, S. 53, urteilt treffend: „The abrupt change in terminology in Acts is puzzling." Vgl. V.44–47 die freimütige Rede der Missionare, über die Gründe für den wichtigen Wechsel der Adressaten der Verkündigung. Diese wird nunmehr den Heiden zukommen, da die Juden den christlichen Glauben abgelehnt haben und die Heidenmission dem Heilswillen Gottes entspricht (s. ebenfalls u.).
[354] SIEGERT, F., *Gottesfürchtige*, S. 139f.
[355] ROMANUIK, KASIMIERZ, *Die „Gottesfürchtigen" im Neuen Testament*, Aeg. 44 (1964), S. 70.
[356] ROMANUIK, K., *Gottesfürchtige*, S. 68, wo jedoch fehlerhaft „Jeden..." steht. Zum Begriff *yirei shamayim* als rabbinisches Äquivalent zu den Gottesfürchtigen, FELDMAN, L.H., *Jew and Gentile*, S. 353–356. Diese Wendung findet sich jedoch nicht in der Bibel.

kommt also auf die Haltung im Glauben an. Interessanterweise kennt Lukas die Formulierung, gibt ihr aber einen anderen Sinn. Er entlehnt den Begriff also nicht einfach der LXX.

(4) Allgemeinem Konsens nach handelt es sich bei den σεβομένοι im NT jedoch um aus dem Heidentum stammende Gottesfürchtige, die im Gegensatz zu den Proselyten der jüdischen Religion nicht vollständig beigetreten sind.[357] Die Gottesfürchtigen bieten jedoch kein einheitliches Bild. An ein für alle Gottesfürchtigen im Imperium Romanum gültiges „single fixed pattern of practice and belief"[358] ist kaum zu denken. „Some of the God-fearers were only one step from becoming converts, while others just added the Jewish God to their pantheon."[359] Einige dieser Heiden waren lediglich dem Judentum (politisch) wohlgesonnen, vielleicht von den ethischen Werten oder gar von den Glaubensvorstellungen der Juden angetan. Andere Gottesfürchtige ahmten jüdische Bräuche nach oder

---

[357] S. zum Forschungsüberblick: HARNACK, ADOLF VON, *Die Mission und Ausbreitung des Christentums in den ersten drei Jahrhunderten*, Bd I, 3. neu durchgearbeitete und vermehrte Auflage, Leipzig 1915, S. 15; LAKE, KIRSOPP, *Proselytes and God-Fearers*, in LAKE, KIRSOPP/CADBURY HENRY JOEL, *The Beginnings of Christianity I/5*, London 1933, S. 74–96, zur Frage besonders S. 77–79; KUHN, KARL GEORG, Art. προσηλύτος, ThWNT VI (1959), S. 727–745; KUHN, KARL GEORG/STEGEMANN, H., Art. *Proselyten*, PRE.S IX (1962) Sp. 1248–1283, zur Frage besonders 1274f.; ROMANUIK, K., *Gottesfürchtige*, S. 66–91; SIMON, MARCEL, Art. *Gottesfürchtiger*, RAC 11 (1981), Sp. 1060–1070; MEEKS, WAYNE A. (Hrsg.), *The First Urban Christians. The Social World of the Apostle Paul*, New Haven/London 1983, S. 207f. und A. 175; FINN, T.M., *The God-Fearers Reconsidered*, CBQ 47 (1985), S. 75–84; OVERMAN, J.A., *The God-Fearers: Some neglected Features*, JSNT 32 (1988), S. 17–26; BRUCE, F.F., *Acts*, S. 313. Kritischer äußern sich hingegen SIEGERT, F., *Gottesfürchtige*, S. 109–164; vor allem KRAABEL, A.T., *The Disappearence of the „God-Fearers"*, Numen 28 (1981), S. 113–126; etwas nuancierter WILCOX, MAX, *The "God-Fearers" in Acts – A Reconsideration*, JSNT 13 (1981), S. 102–122; HEMER, C.J., *Acts*, S. 444–447; FELDMAN, L.H., *Jew and Gentile*, S. 342–382; MITCHELL, STEPHEN, *Wer waren die Gottesfürchtigen?*, Chiros 28 (1998), S. 55–64; WANDER, BERND, *Gottesfürchtige und Sympathisanten. Studien zum heidnischen Umfeld von Diasporasynagogen*, WUNT 104, Tübingen 1998, hier insbesondere zur Apg S. 180–203 und den ausführlichen Exkurs II bei HENGEL, Martin/SCHWEMER, ANNE MARIE, *Paulus zwischen Damaskus und Antiochien*, WUNT 108, Tübingen 1998, S. 101–132. Zu den Juden im lk Doppelwerk (Überblick über die neuere Forschung) s. RESE, MARTIN, *„Die Juden" im lukanischen Doppelwerk. Ein Bericht über eine längst nötige „neuere" Diskussion*, in: BUSSMANN, C./RADL, W. (Hrsg.), *Der Treue Gottes trauen. Beiträge zum Werk des Lukas*, FS Gerhard Schneider, Freiburg/Basel/Wien, 1991, S. 61–80 und ders., *The Jews in Luke-Act. Some second Thoughts*, in: VERHEYDEN, JOSEPH (Hrsg.), *The Unity of Luke-Acts*, BEThL 142, Löwen 1999, S. 185–202; u. schließlich LEVINSKAYA, I., *Diaspora Setting*, S. 1–18.
[358] LEVINSKAYA, I., *Diaspora Setting*, S. 79.
[359] LEVINSKAYA, I., *Diaspora Setting*, S. 78.

verleibten den jüdischen Gott ihrem heidnischen Pantheon ein. Wiederum andere haben den Gott der Juden verehrt und sich von den paganen Bräuchen und Göttern losgesagt und sich schließlich der jüdischen Gemeinde angeschlossen. Diese gottesfürchtigen Heiden nahmen am synagogalen Gottesdienst teil, achteten die noachidischen Gebote und praktizierten den Monotheismus, ohne jedoch „den Schritt des vollen Übertritts zum Judentum durch die Beschneidung"[360] zu machen. Obwohl sie rechtlich nicht dazu verpflichtet waren, konnten sie, Geld-, Opfer- oder Weihegaben nach Jerusalem senden.[361] Sie galten also weiterhin als „Griechen", d.h. „Heiden" (gôjîm/ἔθνη), denn sie waren noch nicht durch Beschneidung und Opferdarbringung in Jerusalem *de jure* zum Judentum konvertiert.[362] Später kam auch die Taufe durch Tauchbad als Voraussetzung für den endgültigen Beitritt zum Judentum hinzu.[363] Dem ist eine Instruktion vorausgegangen, die den Gottesfürchtigen mindestens teilweise gemeinsam war.[364]

---

[360] KUHN, KARL GEORG, Art. προσήλυτος,ThWNT VI (1959), Sp. 731.

[361] Laut Josephus, *Ant.* XIV, 110, haben die 'Ιουδαῖοι und σεβόμενοι τὸν θεόν aus der ganzen Welt, bzw. auch die aus Asien und Europa zum Reichtum des Jerusalemer Tempels beigetragen. Es sind wohl die „religiösen Abgaben gemeint, die von Juden (und Proselyten) in einem Steuersystem eingezogen wurden und die ein Nichtjude nicht geben durfte (...), als auch freiwillige Spenden, die jedermann bringen durfte" (SIEGERT, F., *Gottesfürchtige*, S. 127 A. 1). Zur Diskussion der Stellen bei Josephus s. ebenfalls MARCUS, RALPH, *The Sebomenoi in Josephus*, JSS 14 (1962), S. 247–250; vgl. weiterhin Josephus, *Bell.* IV, 262.

[362] HENGEL, M./SCHWEMER, A.M., *Paulus zwischen Damaskus und Antiochien*, WUNT 108, Tübingen 1998, S. 114.

[363] Die sogenannte Proselytentaufe ist im 1. Jhdt. noch nicht als fester Brauch der Diaspora nachweisbar. Das macht eine Unterscheidung zwischen einer gottesfürchtigen Frau und einer Proselytin schwierig. Ausgangspunkt der späteren Proselytentaufe ist allem Anschein nach die Pflicht der Opferdarbringung im Tempel gewesen, die ein Tauchbad voraussetzte. Eine eigentliche Taufe der Proselyten gab es vor 70 nicht, diese war zunächst „auf die für den vollen Übertritt notwendige Pilgerfahrt nach Jerusalem beschränkt. Das hat sich dann nach der Tempelzerstörung als eigener Brauch verselbständigt, vermutlich im Gegensatz zur christlichen Taufe." (HENGEL, M./SCHWEMER, A.M., *Paulus zwischen Damaskus und Antiochien*, S. 111 u. A. 454.). Vgl. COHEN, SHAYE J.D., *Respect of Judaism by Gentiles Acccording to Josephus*, HthR 80 (1987), S. 409–430.

[364] S. z.B. KUHN, K.G./STEGEMANN, H., *Proselyten*, Sp. 1274f.; SIMON, M., *Gottesfürchtiger*, Sp. 1060ff.; LAKE, K., *Proselytes*, S. 77–79. An solche oder ähnliche Abstufungen ist wohl zu denken. Eine genaue Einteilung bleibt m.E. schwierig. Dennoch scheinen sich (im 3. oder 4. Jhdt.) vereinzelt solche „pattern of practice and belief" gefestigt zu haben, wie es zumindest die Aphrodisias-Inschrift nahelegt, vgl. LEVINSKAYA, I., *Diaspora Setting*, S. 78–79; SIEGERT, F., *Gottesfürchtige*, S. 109ff.; vgl. HENGEL, M./SCHWEMER, A.M., *Paulus zwischen Damaskus und Antiochien*, S. 103ff.: „Diese der Synagoge zugewandten Heiden muß man sich in Form mehrerer konzentrischen Kreise vorstellen, die sich um die jüdische Kerngemeinde herumlegten. Sie waren im 1. Jh. n.Chr. noch keine festumrissene und begrifflich klar definierte Gruppe, als solche tauchten sie erst ca. 200–300 Jahre später in der Aphrodisiasinschrift auf."

Allgemeingültige Auflagen oder sogar formal-rechtliche Bestimmungen scheint es für Gottesfürchtige keine gegeben zu haben: *„Generelle* Regeln für die von den heidnischen Sympathisanten und Gottesfürchtigen einzuhaltenden Gesetzesbestimmungen oder eine Übereinkunft über Mindestanforderungen in Hinsicht auf Speise- und Reinheitsvorschriften lassen sich in den jüdischen Texten im 1.Jh. n.Chr. nicht feststellen. Der Schwerpunkt der jüdischen Frömmigkeit in der Dispora lag sicherlich auf der Ethik.“[365] *De jure* sind Gottesfürchtige ohnehin noch Heiden, deshalb würde eine strenge Regelung zudem unangepaßt sein.

Auf jeden Fall ist mit dem Fund der Aphrodisias-Stele ein für allemal die Existenz von Gottesfürchtigen, Proselyten und Juden belegt, insofern es sich um drei unterschiedliche Gruppen handelt. Denn auf der ersten Seite dieser Stele werden drei Personen jeweils als προσήλυτος, zwei weitere als θεοσεβής benannt. Auf der zweiten Seite sind ὅσοι θεοσεβεῖς und ᾽Ιουδαῖοι vermerkt. Neben den 3 Proselyten nennt die Inschrift somit 54 Personen „theosebeis“ und 55 Juden.

Die Bezeichnung „Gottesfürchtige“ bezieht sich auf Heiden, die wiederum deutlich von den Proselyten zu unterscheiden sind: „…the most important conclusion of the Aphrodisias inscriptions is, I believe, that it establishes once and for all that there was a special class, at least at the time of the inscriptions, known as θεοσεβεῖς, because this group is clearly identified as such, in contrast to proselytes and to those presumed to be born Jews“.[366] Sie wurden zwar als Mitglieder der Gemeinschaft im weiten Sinne betrachtet, galten jedoch nicht als unterschiedslos in die Gemeinschaft integriert.[367]

---

[365] HENGEL, M./SCHWEMER, A.M., *Paulus zwischen Damaskus und Antiochien*, S. 123; vgl. SIEGERT, F., *Gottesfürchtige*, S. 125.

[366] FELDMAN, L.H., *Jew and Gentile*, S. 362–369, hier S. 367. Zu den θεοσεβεῖς und den Inschriften aus Aphrodisias s. weiterhin REYNOLDS, J./TANNENBAUM, R., *Jews and God-Fearers at Aphrodisias*, S. 48–66; sowie LEVINSKAYA, I., *Diaspora Setting*, S. 71ff.; den zu Juden und Christen in Aphrodisias s. weiterhin VAN DER HORST, PIET WILLEM, *Juden und Christen in Aphrodisias im Licht ihrer Beziehungen in anderen Städten Kleinasiens*, in: VAN AMERSFOORT, J./VAN OORT, J. (Hrsg.), *Juden und Christen in der Antike*, Studien der Patristischen Gemeinschaft 1, Kampen 1990, S. 125-143 näher S. 129f.

[367] Manche Autoren beharren weiterhin auf eine völlige „Ablehnung einer vorchristlichen jüdischen *Werbung* um die Hinkehr von Heiden zum Judentum.“ (HENGEL, M./SCHWEMER, A.M., *Paulus zwischen Damaskus und Antiochien*, S. 102 A. 416., der diese Ablehnung als „modisch“ bezeichnet), so beispielsweise weiterhin KRAABEL, A. T., *Immigrants, Exiles, Expatriates, and Missionaries*, in: BORMANN, LUKAS u.a. (Hrsg.), *Religious Propaganda and Missionary Competition in the New Testament World. Essays Honoring Dieter Georgi*, Leiden,

(5) Soweit der wachsende Forschungskonsens. Aber was bedeutet dies genau für die Frau namens Lydia? Und ist die lukanische Darstellung einer gottesfürchtigen *Frau* historisch plausibel?

Auf die Frau namens Lydia bezogen, bedeutet dies, daß sie – vorausgesetzt die Nachricht bei Lukas ist historisch – aus irgendeinem Grund den vollen Beitritt zum Judentum nicht vollzogen, vielleicht gar gescheut hat. Und dafür könnte es aufgrund ihres Berufes und des damit verbundenen sozialen Status gute Gründe gegeben haben. Allgemein ist zunächst die Ungleichheit der Frau in der jüdischen Religion im Gegensatz zu der Ebenbürtigkeit der Brüder und Schwestern in Christus festzuhalten.

„Von Anfang an bestand nie ein Zweifel darüber, daß die Taufe als Zeichen der Zugehörigkeit zu Christus und der Gemeinschaft der Kirche Männern und Frauen in gleicher Weise zu spenden sei. Darin drückt sich die Überzeugung aus, daß ein jeder Mann und eine jede Frau unterschiedslos, vollwertig und unmittelbar Anteil am eschatologischen Gottesvolk erhalten. Im Unterschied zur jüdischen Auffassung über das Bundeszeichen der Beschneidung bedeutete dies eine erhebliche Aufwertung der Frau; denn im Judentum gehörte die Frau nicht unmittelbar und nicht vollberechtigt zum priesterlichen Gottesvolk, sondern nur mittels des Mannes, an dem allein die Beschneidung vollzogen wurde."[368] Vielleicht konnte deswegen eine (eigenständige) Geschäftsfrau wie Lydia Hemmungen verspüren, dem Judentum ganz beizutreten.[369]

Anhand soziologischer Studien zum Urchristentum hat Gerd Theißen Überlegungen in diese Richtung angestellt.[370] Er erklärt, daß es für Gottesfürchtige, insbesondere die begüterten, trotz

---

New York/Köln 1994, S. 71-88; GOODMAN, M., *Jewish Proselytizing in the First Century*, in: LIEU, J./NOTH, J./RAJAK, T. (Hrsg.), *The Jews among Pagans and Christians*, London/New York 1992, S. 53-78 und WILL, E./ORRIEUX, C., *„Prosélytisme juif"? Histoire d'une erreur*, Paris 1992.

[368] WEISER, A., *Rolle*, S. 167. Vgl. THOMAS, W.D., *The Place of Women in the Church at Philippi*, ExpT 83 (1971–72) S. 117–120, hier S. 117f.

[369] Dies ist natürlich nur schlüssig, falls Lydia ledig war. Vielleicht liegt aber mit dem „schroffen, negativen Urteil mancher Rabbinen über nicht-jüdische Frauen" eine spätere Verschärfung vor (HENGEL, M./SCHWEMER, A.M., *Paulus zwischen Damaskus und Antiochien*, S. 111 A. 454).

[370] THEISSEN, GERD, *Studien zur Soziologie des Urchristentums*, WUNT 19, Tübingen 1979, S. 264f.268f. Die drastische Beschränkung des „Heiratsmarktes" oder die Speisetabus können weitere Gründe gewesen sein, als Heidin den vollen Beitritt zum Judentum nicht zu wagen. Besonders in seiner paulinischen Form bot das Christentum den Gottesfürchtigen die Möglichkeit, sich zum Monotheismus und einem hochstehenden Ethos zu bekennen und zugleich volle religiöse Gleichberechtigung zu erlangen – ohne Ritualgebote, ohne Beschränkungen, die sich für ihren sozialen Status negativ auswirken konnten. Ähnlich, aber weniger überzeugt urteilt MEEKS, WAYNE A. (Hrsg.), *The First Urban Christians. The Social World of the Apostle Paul*, New Haven/London 1983, S. 218 A. 73: „It is often asserted, usually citing Kuhn and Stegemann 1962, cols. 1266f., that "God-fearers" tended to be of higher status than were full converts to Judaism. The evidence is not very strong, however, and even if the generalization were valid, it could not be imposed on an individual instance apart from other information." Eben diese weiteren Informationen, die eine Übertragung auf Lydia ermöglichen, sind für Apg 16,14f. mit den historischen Angaben zum Pupurhandel in Philippi und Thyateira gegeben. THEISSEN, GERD,

innerer Zustimmung zum jüdischen Glauben kaum von Vorteil sein konnte, der jüdischen Gemeinde voll beizutreten. Als Proselyt hätte die Person nämlich nur mit Mühe ihren sozialen Status und die damit verbundene Tätigkeit aufrechterhalten können. Auf die πορφυρόπωλις namens Λυδία bezogen, könnte dies bedeuten: Die im Geschäftsleben entstandenen Kontakte u.a. mit der römischen Kundschaft, die z.b. für ihre Togen den Purpurstoff einkauften, wären im jüdischen Milieu nicht gern gesehen gewesen.[371]

Somit hätten wir indirekt einen Hinweis auf die geschichtliche Wahrscheinlichkeit der lk Beschreibung der Λυδία als σεβομένη. In einer römischen Kolonie wie Philippi wäre es für eine Purpurhändlerin wirtschaftlich unvorteilhaft gewesen, dem Judentum ganz beizutreten – mochte die Sympathie auch noch so groß sein. Dies würde nicht nur zutreffen, weil die Frau im Judentum dem Mann gegenüber einen geringeren Rang einnimmt und Lydia sich schließlich laut dem lk Bericht als alleinstehende, autonome Frau hervorgetan hat[372]. Bestimmte Reinheitsgebote hätten wahrscheinlich ihren Kundschaftskreis eingeengt. Dies hätte sich negativ auf das Geschäft ausgewirkt.

Schließlich sind da noch die Kosten und Risiken, die mit einer Pilgerreise nach Jerusalem zum Zwecke eines Opfers im Tempel verbunden sind. Das Reisen war für die Wallfahrer kosten- und zeitaufwendig und nicht immer ungefährlich.[373]

Marcel Simon schreibt summarisch: „Se convertir au judaïsme c'est rompre avec le monde."[374] Auch überzeugte Gottesfürchtige konnten oder wollten – trotz innerer Zustimmung – „aus politischen,

---

Soziologie der Jesusbewegung. Ein Beitrag zur Entstehungsgeschichte des Urchristentums, München 1977, S. 109: „Die wachsenden Städte mit neu zugezogenen Bevölkerungsteilen waren der neuen Botschaft gegenüber offener als das traditionalistisch eingestellte Land. Gerade solche Gruppen, die in den jeweiligen Städten noch nicht allzu tief verwurzelt waren, konnten in den Gemeinden Geborgenheit und Halt finden". Lydia stammt aus Thyateira (Lydien, Kleinasien). Ihre mögliche Entwurzelung könnte somit ein Grund für ihre Bekehrung sein. Vielleicht war sie deswegen dem Judentum und später dem Christentum gegenüber offen (vgl. u. Ergebnis).

[371] Obwohl es in der Handhabe der Reinheitsgebote sowie anderer Sitten und Bräuche Unterschiede zwischen dem Diasporajudentum und dem Mutterland gegeben haben wird. In der Diaspora scheint man im Umgang mit Heiden großzügiger gewesen zu sein. Vielleicht war deshalb dort die Zahl der wirklichen Proselyten „im Gegensatz zu dem relativ breiten und abgestuften Kreis der Gottesfürchtigen und Sympathisanten" wesentlich kleiner (HENGEL, M./SCHWEMER, A.M., *Paulus zwischen Damaskus und Antiochien*, S. 110). Zur wirtschaftlichen Attraktivität von christlichen Gemeinden vgl. PILHOFER, PETER, *Die ökonomische Attraktivität christlicher Gemeinden der Frühzeit*, in: ders., *Die frühen Christen und ihre Welt. Greifswalder Aufsätze 1996–2001*, WUNT 145, Tübingen 2002, S. 194–216.

[372] Allerdings kann auch diese Darstellung geschichtlich relevant sein. Denn in der hellenistisch-kaiserzeitlichen Stadtbevölkerung besaßen Frauen mitunter „wirtschaftlich, gesellschaftlich und religiös zum Teil eine beachtliche Selbständigkeit"; WEISER, A., *Rolle*, S. 165.

[373] Josephus, *Ant.* III, 315–319, wo von einer viermonatigen Pilgerreiser heidnischer Gottesfürchtiger berichtet wird, die aus dem Partherreich jenseits des Euphrats zur Heiligen Stadt ziehen, dies geschieht „unter großen Gefahren und Kosten", vgl. HENGEL, M./SCHWEMER, A.M., *Paulus zwischen Damaskus und Antiochien*, S. 110 auch A. 452.

[374] SIMON, MARCEL, *Verus Israel. Études sur les relations entre Chrétiens et Juifs dans l'Empire Romain*, Paris ²1964, S. 326f.

familiären, wirtschaftlichen oder auch ganz persönlichen Gründen"[375] nicht völlig zum Judentum übertreten.

Aber es braucht nicht diesen doch *spekulativen* Ansatz, um den historisch annehmbaren Charakter der lk Beschreibung zu zeigen. „Daß sich besonders Frauen der jüdischen Religion anschlossen und sie praktizierten, läßt sich sowohl aus inschriftlichem als auch aus literarischem Material erschließen."[376] In der Tat weiß Josephus an mehreren Stellen von Frauen zu berichten, die sich dem Judentum angeschlossen haben.[377] Faßt man die Nachrichten aus Josephus, *Bell.* II 560; *Ant.* XX 17ff.34–48, zusammen, so läßt sich folgende knappe Liste erstellen: fast alle Frauen von Damaskus, die Königin Helena von Adiabene, die Königsfrauen in Charax Spasinou am Persischen Golf.[378]

Derzeit gibt es zwar keine inschriftlichen Belege für das griechische Wort σεβόμενος (auch nicht für das Synonym φοβούμενος) τὸν θεόν, doch ist das lateinische Pendant *metuens* epigraphisch erhalten.[379] Die Grabinschrift aus Pula

---

[375] HENGEL, M./SCHWEMER, A.M., *Paulus zwischen Damaskus und Antiochien*, S. 109. Bei männlichen Gottesfürchtigen stößt die Beschneidung auf eine große Hemmschwelle. Denn bei Griechen und Römern gillt die Beschneidung „als barbarischer Brauch, der die körperliche Unversehrtheit verletzt" (S. 119). Sie ist deshalb Gegenstand des Spottes, bedeutet *de jure* den endgültigen Übertritt und somit „den Bruch mit der eigenen angestammten Identität".

[376] RICHTER REIMER, I., *Frauen*, S. 120.

[377] Vgl. auch die bereits genannten Vorkommen von σεβόμενοι τὸν θεόν bei Jos., *Ant.* XIV, 110, wo das Geschlecht jedoch nicht eindeutig spezifiziert ist. Juvenal, *Sat.*, 14, 96–106, beschreibt satirisch die Tendenz, wonach sich Bürger in der römischen Gesellschaft dem Judentum zuwenden: Zunächst halte der Vater den Sabbat ein und ließe vom Schweinefleisch ab, sein Sohn ließe sich schließlich beschneiden und würde vollwertiger Proselyt (= STERN, M., *GLAJJ II*, 103–106). FELDMAN, LOUIS H., *Jewish "Sympathizers" in Classical Literature and Inscriptions*, TAPA 81 (1950), S. 200–208; REYNOLDS, J./TANNENBAUM, R., *Jews and God-Fearers at Aphrodisias*, S. 48–66; weitere Literaturhinweise bei REISER, MARIUS, *Hat Paulus Heiden bekehrt?*, BZ 39 (1995), S. 76–91.

[378] NOETHLICHS, K.L., *Judentum*, S. 19. Mit der Königin Helena von Adiabene tritt auch ihr Sohn Izates zum jüdischen Glauben über. Das Ereignis fällt in die Regierungszeit des Kaisers Claudius (41–54).

[379] Die These der Identifikation der im Talmud genannten *yirei shamayim* (שׁמי ס׳ ב׳א) mit den *metuentes* bei Juvenal und den φοβούμενοι/σεβόμενοι τὸν θεόν der Apg stammt von BERNAYS, JAKOB, *Über die Gottesfürchtigen bei Juvenal*, jetzt in: ders., *Gesammelte Abhandlungen II*, Berlin 1885 Ndr. 1971, S. 71–80; STERN, M., *GLAJJ II*, 103–106. In den griechischsprachigen Inschriften findet sich überwiegend der Begriff θεοσεβεῖς zur Bezeichnung von Gottesfürchtigen. Es sei hier auf den Überbick und die Diskussion bei LEVINSKAYA, I., *Disapora Setting*, S. 59–82 verwiesen, hier auch die literarischen Belege (S. 117–120), sowie auf NOY, DAVID, *Jewish Inscriptions of Western Europe, Vol. I, Italy (excluding the City of Rome), Spain and Gaule*, Cambridge 1993, S. 9.12; ders., *Jewish Inscriptions of Western Europe, Vol. II, The City of Rome*, Cambridge 1995, S. 207.392. Vgl. ebenfalls die lateinische Transkription

(3.–5. Jhdt n.Chr.) CIL V 88 (=CIJ I 642) erwähnt *religioni[s] Iudaicae metuenti* und eine Frau namens Aurelia Soteria.[380] Noch weitere Inschriften nennen *metuens/metuenti* und bezeichnen hiermit explizit Frauen. CIL VI 29759 (=CIJ I 285) steht Laciae Quadrati[llae] vermerkt, CIL VI 29760 (=CIJ I 524) kennt eine Maiania Homeris. Die Inschrift CIJ I 3* erwähnt ein Paar: Aelia Criste und (ihren Mann?) Aelius Priscilianus.[381]

Wird das Feld auf Gottesfürchtige *und* Proselyten ausgeweitet, so findet die Annahme, daß es unter ihnen sehr viele Frauen gibt, noch weitere Bestätigungen. In bezug auf Damaskus sei nochmals Josephus genannt (Josephus, *Bell.*, II 560), wonach die Frauen der Damaskener „mit wenigen Ausnahmen der jüdischen Gottesverehrung ergeben"[382] waren. Laut Josephus, *Ant.* XX, 34, begann die

---

theosebes bzw. *teusus* des Griechischen in den Inschriften (NOY, D., *JIWE II* 207 bzw., *JIWE I* 113).

Einige Autoren erachten die Analogie mit *metuens* als nicht ganz unproblematisch (SIEGERT, F., *Gottesfürchtige*, S. 161; LÜDEMANN, G., *Christentum*, S. 162; FELDMAN, L.H., *Jew and Gentile*, S. 158), da die in Rom gefundenen Inschriften, die die *metuentes* vermerken, nicht in den jüdischen Katakomben gefunden wurden und die jüdischen Katakomben dieselben nicht nennen. So schlußfolgert FELDMAN, L.H., *Jew and Gentile*, S. 358: „there is no evidence that they [die Inschriften] had any relation with Jews". Dafür, daß die Inschriften der jüdischen Katakomben in Rom keine *metuentes* vermerken, könnte es eine simple Erklärung geben. Da die Gottesfürchtigen dem Judentum nicht ganz beigetreten waren, wurden ihnen eine Grabstätte in einer jüdischen Nekropole verwehrt. Gottesfürchtige sind eben noch Heiden. Ähnlich LIPINSKY, ÉDOUARD, Art. *Craignant Dieu*, DEB (1987), S. 309f. Vgl. weiterhin die Diskussion bei REYNOLDS, J./ TANNENBAUM, R., *Jews and God-Fearers at Aphrodisias*, S. 51f.

[380] Vgl. NOY, D., *JIWE I* 9, der betont, daß die genannte Frau keine Jüdin, sondern Gottesfürchtige ist. So auch HENGEL, M./SCHWEMER, A.M., *Paulus zwischen Damaskus und Antiochien*, S. 106 A. 431; vgl. LEVINSKAYA, I., *Diaspora Setting*, S. 70.

[381] Es sind noch CIL VI 31839 (=CIJ I 5), die einem Mann gewidmet ist (Emilio Valenti), CIL VI 29763, die eine Frau erwähnt, deren Namen nicht mehr auszumachen ist. CIJ I 72 erwähnt noch die Gottesfürchtige (?), diese wird jedoch als *colens (deum)* bezeichnet. Vgl. KUHN, K.G./STEGEMANN, H., *Proselyten*, Sp. 1265ff.

[382] Josephus, *Ant.* XX 23.34–48 berichtet die Konversion des Königshauses von Adiabene im Partherreich, östlich des Tigris gelegen. Ein jüdischer Kaufmann namens Ananias hat die Frauen des Königs von Charax Spasinou, der Hauptstadt von Mesene im Mündungsgebiet des Euphrat und Tigris, gelehrt, Gott nach jüdischer Sitte zu verehren (*Ant.* XX 34). Mit Hilfe der Frauen gelingt es Ananias auch Izates zum Glauben zu bewegen, der am Hofe des Königs erzogen wurde. Seine Mutter Helena war in der Adiabene von einem Juden belehrt worden. Nach dem Tode seines Vaters wird Izates dorthin zurückgerufen, um die Königsherrschaft anzutreten. Zu diesem Anlaß wollte er den letzten Schritt tun und sich beschneiden lassen. Seine Mutter und Ananias, die ihn in die Adiabene begleitet haben, halten ihn hiervon ab, da sie politische Folgen befürchten. Vgl. WEISER, A., *Rolle*, S. 166 A. 14. Vgl. BRUCE, F.F., *Acts*, S. 252f.; BROER, I., *Die Konversion des Königshauses von Adiabene nach Josephus (Ant XX)*, in: MAYER, C. (Hrsg.), *Nach den Anfängen fragen*, GSTR 8, 1994, S. 133–162. HENGEL, M./SCHWEMER, A.M., *Paulus zwischen Damaskus und Antiochien*, S. 108f. Mit dem Vorbehalt, daß „Josephus was eager to

Bekehrung des Königshauses von Adiabene im Frauengemach. Trotz der offensichtlichen Übertreibung spiegelt diese Darstellung doch ein historisches Faktum wider, wie es die epigraphischen Belege zeigen: „At least 50 % of our epigraphical proselytes and ca. 80 % of the Godfearers are women. This is a high percentage in view of the underrepresentation of women in our material."[383] In Rom z.b. sind folgende, meist aus vornehmen Kreisen stammende Frauen bekannt, die dem Judentum nahe standen: Beturia Paulina (CIL VI 29756), Flavia Antonia (CIG 9903), Fulvia (Josephus, *Ant.* XVII 3,5) und die Gattin Neros, Poppaea (Josephus, *Ant.* XX 8,11; *Vita* 3).[384]

Interessant ist auch die Feststellung, daß die beiden Novellen, das Buch Ruth sowie Joseph und Aseneth, die zwar aus unterschiedlichen Zeiten und kulturellen Umfeldern stammen, von Proselytinnen berichten, die geradezu verherrlicht werden. Und kann es ein Zufall sein, daß Mt 1,3.5.6 im Stammbau Jesu die Proselytinnen Thamar, Rahab, Ruth und die Frau des Hethiters Uria nennt? Zu diesem Sachverhalt urteilen Martin Hengel und Anna Maria Schwemer: „Es besteht eine offensichtliche Koinzidenz zwischen diesen sehr verschiedenartigen literarischen Beispielen, den Nachrichten des Josephus über die Frauen um König Izates in Adiabene, in Damaskus, die römische Matrone Fulvia, die ja kein Einzelfall war, den einschlägigen Hinweisen des Lukas, den inschriftlichen Belegen und rabbinischen Nachrichten."[385] Die konkordierenden Notizen lassen sich vielleicht wie folgt zusammenfassen: Im ersten Jahrhundert hat das Judentum

---

exaggerate the impact of the Jewish religion on pagans" (REYNOLDS, J./TANNENBAUM, R., *Jews an God-Fearers at Aphrodisias*, S. 50).

[383] VAN DER HORST, PIET WILLEM, *Ancient Jewish Epitaphs. An introductory survey of a millenium of Jewish funerary epigraphy (300 BCE–700 CE)*, Kampen 1991, S. 136, zur Diskussion s. weiterhin S. 109ff.

[384] Es bleibt unklar, ob die als θεοσεβής bezeichnete Frau des Nero, Poppaea Sabina, eine Gottesfürchtige im technischen Sinn war; s. NOETHLICHS, K.L., *Judentum*, S. 19 und A. 152. Poppaea Sabina setzt sich für die Interessen der Jerusalemer Priesterschaft gegen Agrippa II ein. Später empfängt sie den jungen Josephus als Anführer einer Priestergesandschaft und entläßt ihn mit großzügigen Geschenken (*Vita* 16). Vielleicht ist sie als Sympathisantin im weiten Sinne zu verstehen, denn in ihrer hohen Position hätte sie sich kaum offen zum Judentum bekennen können. Josephus hat sie wohl als solche verstanden. Vgl. weiterhin zu dieser Frage SMALLWOOD, E. M., *Jews under Roman Rule*, S. 278 A. 79; REYNOLDS, J./TANNENBAUM, R., *Jews and God-Fearers at Aphrodisias*, S. 50; STERN, M., *GLAJJ II*, 5–6 auch A. 12. Zur Fulvia s. STERN, M., *GLAJJ II*, 71 und zum jüdischen Einfluß in senatorischen Kreisen in Rom s. STERN, M., *GLAJJ II*, 380–384.

[385] HENGEL, M./SCHWEMER, A.M., *Paulus zwischen Damaskus und Antiochien*, S. 113. Hier noch weitere Belege.

in bestimmten heidnischen Kreisen und dort gerade unter Frauen regen Erfolg. Lydia war bei weitem kein Einzelfall!

Eines steht also fest: Gottesfürchtige Frauen sind geschichtlich belegt, sehr wahrscheinlich waren sie zahlreicher als ihre männlichen Glaubensgenossen. Die Beschreibung des Lukas ist mit großer Wahrscheinlichkeit historisch. „Lukas, der mehrfach die Bedeutung vornehmer Frauen im Zusammenhang mit der Synagoge betont, gibt in der Apg das historische Milieu völlig sachgerecht wieder."[386] Dem entspricht sicherlich auch die Nennung von Frauen in der paulinischen Korrespondenz (so z.B. in 1Kor 1,11; Röm 16,1.12; Phil 4,2f.).

Jedoch können weder σεβόμενος τὸν θεόν noch φοβούμενος τὸν θεόν als *termini technici* zur Bezeichnung einer religiösen Gruppierung innerhalb des Judentums belegt werden, wenngleich die oder ähnliche Wendungen gerne zur Bezeichnung von Gottesfürchtigen verwendet wurden. Es wäre ebenfalls verfehlt, die Wendungen sprachlich *und sogleich* inhaltlich auf Lukas zurückzuführen. So konnte 1981 A.T. Kraabel noch schreiben: „It is a tribute to Luke's dramatic ability that they have become so alive for the later Church, but the evidence (…) from archeology makes their historicity questionable in the extreme"[387]

Doch spätestens seit der Veröffentlichung der Aphrodisias-Inschrift gilt: „The picture presented in Acts may or may not be anachronistic, but it can no longer be thought of as preposterous, or the work of a theologically inspired imagination".[388] Wenngleich die Begriffe σεβόμενος τὸν θεόν und φοβούμενος τὸν θεόν bei Lukas auch theologisch motiviert sind, so ist die damit gemeinte Personengruppe nicht erst das Produkt lk Komposition.

(6) Nur die sprachliche Ausformulierung scheint also eigens auf Lukas zurückzugehen. Setzt er doch φοβούμενος τὸν θεόν und σεβόμενος (τὸν θεόν) ganz

---

[386] HENGEL, M./SCHWEMER, A.M., *Paulus zwischen Damaskus und Antiochien*, S. 113.

[387] Vgl. KRAABEL, A.T., *Disappearence*, S. 113–126, hier S. 120; vgl. ebenfalls ders., *The Roman Diaspora: Six Questionable Assumptions*, JJS 33 (1982), S. 445ff.; ders., *Greek, Jews, and Lutherans in the Middle Half of Acts*, in: NICKELSBURG, G.W.E./MACRAE, G.W. (Hrsg.), *Christian among Jews and Gentiles*, FS K. Stendahl, Philadelphia 1986, S. 147ff.

[388] HEMER, C.J., *Acts*, S. 444–447 hier S. 447, widerlegt Kraabels Argumentation, u.a. aufgrund der Auswertung der aus Aphrodisias stammenden Stele. S. auch die Gegenkritik bei GAGER, J.G., *Jews, Gentiles, and Synagogues in the Book of Acts*, in: NICKELSBURG, G.W.E./MACRAE, G.W. (Hrsg.), *Christians among Jews and Gentiles*, FS K. Stendahl, Philadelphia 1986, S. 91–99.

gezielt ein. Die erste Wendung gebraucht er Apg 10,2.22.35; 13,16.26, doch nach 13,43 nur noch die zweite: Apg 13,50; 16,14; 17,4.17; 18,7. Laut H.J. Cadbury sei σεβόμενος weniger semitisch als φοβούμενος. Daher sei σεβόμενος für die heidenchristliche Umgebung, in der die Mission des Paulus stattfindet, angemessener.[389] Tatsächlich entspricht die erste Ausdrucksweise einer wörtlichen Übersetzung aus dem Hebräischen, „die zweite gibt ein stärker hellenisiertes Äquivalent wieder".[390] Apg 13,46 läßt Lukas die Missionare Barnabas und Paulus freimütig die Öffnung zum Heidentum erklären. Die nächste Bekehrung (Apg 16,14f.), die nicht nur auf heidnischem Gebiet, sondern gleichweg in einer römischen Kolonie stattfindet, läßt die Verkündigung bis hin nach Makedonien vordringen. Σεβόμενος würde also sehr gut in den Kontext passen.

Auch verwendet allein Lukas im NT beide Wendungen in diesem spezifischen Sinn. Apg 16,14 schreibt er ein substantiviertes Partizip, was ganz seinem Sprachgefühl entspricht. Viele der Stellen, wo die Ausdrücke vorkommen, werden durch ihren stark geprägten redaktionellen Charakter gekennzeichnet. Für φοβούμενος sei z.b. die Taufe des Kornelius genannt (10, 1-11.18), wo die religiöse Charakterisierung des Kornelius 10,2 aufgrund ihrer Ähnlichkeit mit der von Lukas redaktionell geformten Beschreibung des Hauptmanns von Kapharnaum (Lk 7,4ff. diff. Mt 8,49) sowie die sprachlichen Indizien (Vokabular und Stil)[391] die gestaltende Hand des Lukas verraten. Zu σεβομένος soll exemplarisch der Gebrauch 13,43 genannt werden. Nach der Rede des Paulus (in der Synagoge in *Antiochia ad Pisidiam*) schildert Lukas die Reaktion der Zuhörer, wobei er V. 43 eine Erfolgsnotiz einlegt. Diese entspricht in Stil und Inhalt den anderen Erfolgsangaben, die über die ganze Apg verstreut sind und deren redaktionelle Herkunft schon längst erwiesen ist.[392]

Zusammenfassend kann die Angabe zur Gottesfurcht der Lydia als geschichtlich plausibel gelten, einen eindeutigen Beleg für Gottesfürchtige in Philippi haben

---

[389] CADBURY, H.J., *The Making of Luke-Acts*, S. 225; s. auch BRUCE, F.F., *Acts*, S. 359; LÜDEMANN, G., *Christentum*, S. 161.
[390] SIMON, M., Art. *Gottesfürchtiger*, Sp. 1063.
[391] Das Wort εὐσεβής und andere Begriffe, die mit dem selben Stamm geformt sind (εὐσεβ-), „kommen im NT außer in der späten Briefliteratur nur Apg 3,12; 10,2.7; 7,23 vor". Οἶκος im übertragenen Sinn (Haus und Gefolgschaft) verwendet unter den Evangelisten nur Lukas: Lk 19,9; Apg 10,2; 11,14; 16,15.31; 18,8, „und zwar stets im Zusammenhang einer Heilsaussage"; WEISER, A., *Apostelgeschichte, Bd I*, S. 254.
[392] ZINGG, P., *Wachsen*, S. 242–245.

wir jedoch nicht.[393] Lydia kann demzufolge wirklich eine Gottesfürchtige gewesen sein. Dieses überlieferte Faktum formuliert Lukas dann sprachlich aus und erinnert somit an andere Bekehrungen von gottesfürchtigen Heiden. Es ist mehr als unwahrscheinlich, daß er diesen Zug dichtend hinzufügt, um etwa lediglich den Parallelismus mit den Taufen anderer Heiden hervorzuheben. Die Existenz der προσευχή (u.a. aufgrund der Genauigkeit der topographischen Angaben) und die damit zusammenhängende Versammlung sind mit großer Wahrscheinlichkeit als geschichtlich zu betrachten. Deshalb gilt gleiches auch für die Gottesfurcht der Lydia.

Aber was konnte die jüdische Religion speziell ihren heidnischen Sympathisanten bieten und machte das Judentum für diese Menschen so attraktiv? In den Städten der Diaspora konnte der opferlose jüdische Synagogengottesdienst auf Glieder – und nicht zuletzt auf Frauen – der nichtjüdischen städtischen Mittel- und Oberschicht anziehend wirken, „der mit Gebet, Hymnengesang, Schriftauslegung und Lehrvortrag eher einer philosophischen Veranstaltung als dem üblichen heidnischen Gottesdienst mit einer Opferhandlung glich"[394].

Denn „anders als in Jerusalem war hier der Griechisch als Muttersprache sprechende Teil der Judenschaft tonangebend. (…) Anders als die traditionellen heidnischen Kulte, bei denen Opfer, Begehungen, d.h. Prozessionen entlang der heiligen Straßen, und Hymnengesang im Mittelpunkt standen, kam der jüdische Wortgottesdienst einem gewissen intellektuellen und ethischen Grundbedürfnis entgegen. Verehrt wurde in ihm der *eine* universale und allmächtige Gott, Schöpfer der Welt und Lenker ihrer Geschichte, der Herr aller Menschen und doch besonders seines erwählten Volkes, der klare Gebote gab und eine ethische Lebensführung forderte, zu dem man ein ganz persönliches Verhältnis haben konnte und der allen Gerechten und Frommen, die sich zu seinem erwählten Volk hielten, eine heilvolle Zukunft und ewiges Leben eröffnete. Das alles konnte so keine andere antike Religion bieten. Hier gab es keine anstößigen Götterabenteuer, und zugleich war es ein Glaube, der philosophisch interpretiert werden konnte."[395] Diese jüdische Religion hat auch

---

[393] S. oben die Anmerkungen zur jüdischen Präsenz in Philippi (Kapitel 2, Abschnitt II § 2,2c).
[394] HENGEL, M./SCHWEMER, A.M., *Paulus zwischen Damaskus und Antiochien*, S. 101
[395] HENGEL, M./SCHWEMER, A.M., *Paulus zwischen Damaskus und Antiochien*, S. 101–102.

auf die Purpurhändlerin namens Lydia ihre Anziehungskraft ausgewirkt. Ihr stand sie sehr nahe, ohne jedoch den völligen Übertritt zu wagen.

4. Eine Frau, die zuhört

a) Analyse des sprachlichen Befunds

Die Erzählung fährt mit der Meldung fort, daß Lydia den Missionaren zuhört (ἤκουεν). Das Verb ἀκούω zählt 427 Vorkommen im NT und steht am häufigsten in den Evangelien (Mt 63/Mk 44/Lk 65/Joh 58), der Apg (89) und der Apk (46). Das Verb bezeichnet allgemein das Hören.[396] Die 154 Vorkommen im lk Doppelwerk enthalten bemerkenswert viele Stellen, wo das Verb das Hören *der Botschaft* bezeichnet.[397]

So steht das Verb in bezug auf die Verkündigung z.B. Apg 4,4; 10,44; 15,7 und meint das Hören des „Wortes", oder Apg 13,7.44 *v.l.*; vgl. Lk 8,21; 11,28 das Hören des „Wortes Gottes" bzw. Apg 13,44; 19,10 des „Wortes des Herrn".[398]

Der Evangelist hebt das Hören auf Jesu Wort und dessen erstaunliche Wirkung (häufig redaktionell) hervor (Lk 2,47; 4,28; 10,39; 19,48; 21,38). In ähnlicher Weise bemerkt er, daß es auch dem Wort Mose und dem der Propheten zuzuhören gilt (Lk 16,29.31; vgl. 2,46).[399]

---

[396] Lukas verwendet ἀκούω absolut (Apg 28,26; als substantiviertes Partizip Lk 6,27 zur Bezeichnung der Zuhörer; in Imperativform Apg 7,2; 13,16) und mit folgendem Objekt. Das sachliche Objekt kann sowohl im Akk. (Lk 7,22; Apg 2,22; 22,9, als auch im Gen. (Lk 6,47; 15,25; Apg 9,7; 11,7; 22,7) stehen. Die sprechende Person, der zugehört wird, befindet sich im Gen. (Lk 2,46 u.ö.; Apg 24,4; 26,3), auch durch zusätzliches Partizip ergänzt (Apg 2,6.11). Lukas kennt noch die Wendungen ἀκούω τί τινος (Apg 1,4); ἀκούω τί παρά τινος (Apg 10,22) und ἀκούω τί περί τινος (Apg 17,32; 24,24). Lukas bildet gerne ἀκούω mit einem prädikativen Partizip. Von den 15 Vorkommen verteilen sich 2 auf das Evangelium. Lk 4,23 steht dabei das Partizip im Akkusativ und gibt den Inhalt des Gehörten an (ὅσα ἠκούσαμεν γενόμενα), genau wie Apg 7,12; 9,4; 26,14. Lk 18,36 fügt er das prädikative Partizip bei Beibehaltung des Verbs (ἀκούσας) seiner Vorlage hinzu (Mk 10,47); JEREMIAS, J., *Sprache*, S. 124f.

[397] Als *terminus technicus* der Rechtssprache findet er sich Apg 25,22 (anhören, verhören); sonst nur noch Joh 7,51. In der Bedeutung des Gehorsams (auf jemand hören) gebraucht Lukas es zweimal (Lk 9,35 par. Mk 9,7 u. Mt 17,5; Apg 3,22) jeweils in einem LXX-Zitat, bzw. nach Dtn 18,15. Dieses Zitat ist auch teilweise Apg 7,37 verarbeitet. Es ist die Aufforderung „zum Hören auf Gottes Wort, wie es durch den Propheten Jesus" verkündigt wird (WEISER, A., *Apostelgeschichte, Bd I*, S. 117).

[398] Lk 7,9 par. Mt 8,10; Lk 8,50 par. Mk 5,36 wird Jesus als Zuhörender bezeichnet; Apg 7,34 ist vom Erhören Gottes die Rede (LXX-Zitat: Ex 3,7f.).

[399] Vgl. SCHNEIDER, GERHARD, Art. ἀκούω, EWNT I (1980), Sp. 126ff.

Auch Apg 16,14 meint Lukas nicht nur akustische Wahrnehmung einer Botschaft. Er formuliert gezielt mit ἀκούω und erinnert somit an die Stellen, wo das Verb die Haltung der Zuhörer der Verkündigung meint. Ein Vergleich der Vorkommen von ἀκούω im Evangelium, die zweifelsohne (meistens aufgrund der Bearbeitung der Markusvorlage) als redaktionell gelten, zeigt, daß Lukas das Wort regelmäßig einsetzt, um spezifisch das Hören der Verkündigung zu kennzeichnen.

Lk 4,14–15 berichtet, wie Jesus die Verkündigung in den Synagogen beginnt. V. 16–30 stellt Lukas (diff. Mk und Mt) das Auftreten Jesu programmatisch an den Anfang seines Wirkens. Lk 4,28 schildert die Wut der Gottesdienstteilnehmer, die in der Synagoge Jesu Lehre zugehört haben. In der Vorlage Mk 6,5f. kann Jesus aufgrund des Unglaubens in Nazareth keine Wunder wirken; Lk 4,28–30 ist die Wut der Zuhörer und ihre Absicht, Jesus zu lynchen, der Grund für sein Verlassen der Stadt. In der sonst schon sehr stark redaktionell geprägten Nazareth-Perikope (Lk 4,16–30) entspricht das Motiv (V. 28–30) der Botschaftsverbreitung, die trotz der Verfolgung durch seine Landsleute nicht aufzuhalten ist, gar durch sie – so die Ironie des Schicksals – gefördert wird, lk Akzent (Apg 13,46; 18,6; 19,1; 28,24–28), wie Vokabular, Stil und Motive zeigen.[400]

Zu Anfang der Berufung Petri befindet Jesus sich am See Genezareth Lk 5,1 vom Volk umschart, das das Wort Gottes hören will. Hiermit entwirft Lukas eine Szene, die zwar grob Mk 4,1 entspricht, jedoch auf sein Konto geht.[401]

Die Notiz über die sich versammelnde Volksmenge, die Jesus zuhören möchte (συνήρχοντο ὄχλοι πολλοὶ ἀκούειν, Lk 5,15) und hofft, von ihren Krankheiten geheilt zu werden, ist ein redaktioneller Einschub (diff. Mk 1,45). Lk 6,18 wiederholt Lukas redaktionell das gleiche Motiv: Die Volksmenge kommt, Jesus zu hören und von ihm geheilt zu werden.

Lk 6,20–49 folgt die Feldrede, dabei spricht Jesus V. 27–36 von der Vergeltung und der Liebe zu den Feinden. In der Einleitungsformel zum Gebot der Feindesliebe (Lk 6,27) erinnert der Evangelist eigens an die Zuhörer (ἀλλὰ ὑμῖν λέγω τοῖς ἀκούουσιν, diff. Mk 5,44).

---

[400] Vgl. SCHNEIDER, G., *Lukas, Bd I*, S. 110.
[401] Vgl. oben, zur Präposition παρά (Kapitel 2, Abschnitt II § 1,3 b).

Im Zeugnis Jesu über den Täufer (7,24–35) setzt Lukas die Notiz πᾶς λαὸς ἀκούσας (...) V.29 höchstwahrscheinlich redaktionell. Es handelt sich hierbei um diejenigen, die die Verkündigung des Johannes hörten. Lk 8,21 identifiziert Jesus seine wahren Verwandten als diejenigen, die das Wort Gottes hören und befolgen. Dabei stellt der Aufruf zum Hören des Wortes Gottes eine redaktionelle Einfügung dar (diff. Mk 3,35 und Mt 12,50).

Lk 10,16 steht par. Mt 10,40, aber Lukas schreibt ein anderes Verb. Während bei Mt Jesus vom Aufnehmen (δέχομαι) seiner Person spricht, redet er bei Lk bezeichnenderweise vom Hören seiner Botschaft.[402]

Lk 10,39 beschreibt die Haltung Marias, der Schwester der Martha, die dem Herrn zu Füßen sitzt und seinem Worte zuhört. Zwar handelt es sich um eine Perikope aus dem lk Sondergut, aber mehrere Indizien weisen auf lk Redaktion hin: Wiederholung des Motivs des Hörens auf das Wort Jesu (V.39.42), das Motiv des dem Herrn zu Füßen Sitzens, die Wendung ἀδελφὴ καλουμένη Μαριάμ zur Namensnennung[403]. Die Haltung der Lydia (Apg 16,14) erinnert an die der Maria (ἤκουεν).[404]

Im Makarismus der Mutter Jesu (11,27–28) erinnert Lukas abermals an die Wichtigkeit des Hörens auf das Wort Gottes, ähnlich formuliert er in Lk 8,21 diff. Mk 3,35 und Mt 12,49, bei denen nur vom Befolgen des Willens Gottes die Rede ist.

Das Gleichnis vom Festmahl 14,15–24 geht wegen seiner Ähnlichkeit mit Mt 22,1–10.(11–14) auf eine Traditionsvariante zurück. Die Einleitung V.15 sowie der Schluß V.24 rahmen das Gleichnis ein. V.15 verrät inhaltlich und sprachlich lk Redaktion: Die Bemerkung des Gastes klammert sich an die

---

[402] Ob nun Lukas in der Alternative „hören/ablehnen" dem Wort der Logienquelle entspricht, gegen Mt 10,40, der sich Mk 9,37 angleicht, oder Mt den Text aus Q widerspiegelt, ist für unsere Fragestellung nicht relevant. Wichtig ist: Lukas schreibt ἀκούω und unterstreicht somit die Wichtigkeit vom Hören der Botschaft Jesu. Im Q-Stoff des Lukas begegnet ἀκούω vor allem in Jesusworten zur Bezeichnung des Hörens auf seine Botschaft: Lk 6,47.49 par. Mt 7,24.26 und Lk 7,22 par. Mt 11,5 gewissermaßen im „akustischen Sinn"; Lk 10,16 diff. Mt 10,40 (δέχομαι); Lk 11,31b par. Mt 12,42. Das Wortpaar „Sehen und Hören" steht Lk 7,22 par. Mt 11,5 und Lk 10,24 par. Mt 13,17 und Lk 12,3. Letztendlich begegnet es noch in den Aufforderungen Jesu zum Hören (Lk 8,8; 14,35b; 18,6).

[403] Vgl. die Ausführungen in diesem Kapitel in Abschnitt III § 1,1. Das Partizip καλούμενος ist lk und zählt 11 Belege in Lk, 13 in Apg, 6 im übrigen NT; vgl. den Anhang „Die Lukanismen der Tauferzählungen" bei AVEMARIE, F., *Tauferzählungen*, S. 467.

[404] In beiden Fällen also ein Imperfekt, das die Kontinuität des Zuhörens unterstreicht.

Seligpreisung Jesu in V.14 und gibt die Gelegenheit, die folgende Parabel als Antwort Jesu an den Gast einzuführen (V.16a). Auch die Formulierung spricht für die lk Feder (δέ, τις, das Participium conjunctum ἀκούσας (...) εἶπεν). Das Verb beschreibt auch V.15 das Verhalten eines Zuhörers Jesu, der die Frohe Botschaft wahrnimmt und steht sicher redaktionell.

Lk 15,1ff. leitet das Gleichnis vom verlorenen Schaf und das von der verlorenen Drachme ein (15,1–10). Das Verb ἀκούω weist die Sünder und Zöllner als Zuhörer der Botschaft aus. Diese werden im Gegensatz zu den Pharisäern und Schriftgelehrten als „hörwillig" dargestellt. V.1–3 sind redaktionell und geben „den Schlüssel zur Deutung"[405] für die beiden folgenden Doppelgleichnisse (15,4–7.8–10; 15,11–24.15–32). Die ihnen zugrundeliegende Thematik ist die Freude über das Auffinden des Verlorenen (s. V.6.9.23–24.32). V.1 enthält außerdem typisch lk Formulierungen, so z.B. die periphrastische Konstruktion ἦσαν (...) ἐγγίζοντες, δέ. ᾿Ακούειν steht also mit Sicherheit redaktionell.

Lk 16,14 gibt der folgenden Spruchreihe (V.15–18) die Situationsangabe und geht eindeutig auf den Evangelisten zurück. V.13 erklärt Jesus nämlich die Unvereinbarkeit von Gott und Mammon, V.14 charakterisiert die Pharisäer als geldliebend (vgl. Lk 1,39.42f.), die sich folglich über Jesu Äußerung lustig machen. Das Verb zeichnet die Pharisäer als Jesu Zuhörer aus.

Im Dialog mit dem reichen Vorsteher (Lk 18,18–23) hört Jesus die Antwort seines Gesprächspartners (V.22, ἀκούσας δὲ ὁ ᾿Ιησοῦς εἶπεν αὐτῷ diff. Mk 10,21), der wiederum Jesu Aufforderung zum Besitzesverzicht hört (V.23, ὁ δὲ ἀκούσας ταῦτα περίλυπος ἐγενήθη diff. Mk 10,22). Beide Male fügt Lk das Verb seiner Vorlage hinzu, steht es also redaktionell. Als sich Jesus schließlich dem Kreis der übrigen Zuhörer (u.a. den Jüngern) zuwendet, reagieren diese gegen Jesu strenge Worte resignierend mit der Frage, wer wohl noch gerettet werden könne (V.26). Lukas kennzeichnet die Jünger als Zuhörer und schreibt das substantivierte Partizip οἱ ἀκούσαντες, diff. Mk 10,26.

Ob nun das Gleichnis vom anvertrauten Geld (Lk 19,11–27 par. Mt 25,14–30) auf die Logienquelle zurückgeführt ist[406] oder für Mt und Lk zwei unter-

---

[405] SCHNEIDER, G., Lukas, Bd II, S. 324.
[406] So z.B. SCHULZ, S., Q. Die Spruchquelle, S. 288–298.

schiedliche Vorlagen vorauszusetzen sind[407], denen vielleicht eine gemeinsame Urfassung zugrunde liegt[408], sei dahingestellt. Die Einleitung (V.11), die den Anlaß zur Gleichniserzählung gibt, weist sprachlich wie inhaltlich Spuren von lk Redaktion auf: den Gebrauch vom Genitivus absolutus ἀκουόντων δὲ αὐτῶν ταῦτα; die geographische Nähe zur Stadt Jerusalem kombiniert mit der Anspielung auf die Parusie. Obwohl das Verb ἀκούω sehr häufig im NT in vielen verschiedenen Konstruktionen vorkommt, so gebraucht es nur Lukas im Genitivus absolutus außer hier noch 20,45, wo die Wendung ἀκούοντος δὲ παντὸς τοῦ λαοῦ einen Zusatz zu Mk 12,38 bildet. Er meint in beiden Fällen die der Verkündigung Jesu Zuhörenden und steht jeweils in Perikopeneinleitungen (Vgl. Lk 20,45–47, Worte gegen die Schriftgelehrten).

Die Tempelreinigung Lk 19,45–48 beruht auf Mk 11,15–18. Mk 11,18 staunt das ganze Volk über Jesu Lehre; Lk 19,48 hebt eigens das Hören des Volkes hervor: ὁ λαὸς γὰρ ἅπας ἐξεκρέματο αὐτοῦ ἀκούων.

Das Gleichnis der bösen Winzer (Lk 20,9–19 par. Mk 12,1–12) vermerkt V.16b die Reaktion des zuhörenden Volkes, das sich entschieden gegen das Verhalten der Winzer ausspricht. Ἀκούσαντες δὲ εἶπαν ist zudem sprachlich ganz lk (Participium conjunctum, abundant zum Hauptverbum, Partikel δέ) und stellt eine Einfügung in den Markus-Stoff dar (diff. Mk 12,9).

Lk 21,37–38 beschreibt erneut die Lehrtätigkeit Jesu im Tempel. Diese summarische Notiz läßt Jesu Endzeitrede ausklingen (V.34–36; diff. Mk 13,37, wo 14,1 unmittelbar die Leidensgeschichte Jesu einsetzt) und leitet zum Leiden und Sterben Jesu über (21,1–23,56). Zudem erinnert die Darstellung des Jesu zuhörenden Volkes und der gegen ihn sich verschwörenden Hohenpriester und Schriftgelehrten (22,2) sehr an Lk 19,47f. Das Verb steht 21,38 folglich mit Sicherheit redaktionell.

Lk 23,6 steht Πιλᾶτος δὲ ἀκούσας ἐπηρώτησεν zu Anfang der Perikope von der Vorführung Jesu vor Herodes (V.6–12). V.6 beinhaltet die Frage des Pilatus, ob Jesus Galiläer. Die Bestätigung veranlaßt den Statthalter, Jesus an Herodes zu überliefern (V.7). Die Verklammerung der Herodes-Szene mit dem

---

[407] So z.B. HAUCK, FRIEDRICH, *Das Evangelium des Lukas*, ThHK 3, Leipzig 1934, S. 231; WEISER, A., *Knechtsgleichnisse*, S. 226–272, insbesondere 255.
[408] SCHNEIDER, GERHARD, *Parusiegleichnisse im Lukas-Evangelium*, Stuttgart 1975, S. 38ff.; ders., *Lukas, Bd II*, S. 380.

Pilatus-Verhör (V.1–5.13–25) ist eindeutig redaktionell. Wenngleich Lukas hier eine Sonderüberlieferung einbaut, die vom Verhör Jesu vor Herodes Antipas, seinem Landesherrn, erzählte, so verraten u.a. V.6.8.12 inhaltlich sowie teilweise sprachlich die lk Redaktion. In dem uns betreffenden V.6 hat Lukas das Verb ἀκούω selbst gesetzt.

b) Ergebnis des sprachlichen Befunds

Sehr aufschlußreich sind die Zufügungen von ἀκούω zum Markus-Stoff, mittels derer Lukas die Aufnahme (oder Ablehnung) von Jesu Verkündigung bei seinen Jüngern, dem Volk, einzelnen Personen oder seinen Gegnern charakterisierend hervorhebt. Natürlich gebraucht Lukas nicht alleine das Verb in diesem Sinn. Aber an fast allen Stellen, wo der Autor das Verb seiner Vorlage hinzufügt, meint es das Hören der Botschaft. Dabei handelt es sich um einzelne Lehren Jesu oder allgemein um das Evangelium. Manchmal erinnert der Kontext sehr an Apg 16,14 (vgl. z.B. Lk 10,39).[409]

Von den 65 Vorkommen des Wortes im Evangelium sind mindestens 18 Stellen Zufügungen zur Vorlage, denen noch etliche Verwendungen hinzuzuzählen sind, wo die Trennung von Tradition und Redaktion nicht ganz so eindeutig ist. So z.B. die Vorkommen von ἀκούω in den Kindheitsperikopen (Lk 1,41.58.66; 2,18.20.46.47). An einigen dieser Stellen verrät die sprachliche Ausformulierung oder der theologische Akzent die lk Hand[410]. Dieser gezielte Einsatz von ἀκούω ist keineswegs auf das Evangelium begrenzt. Auch in der Apg finden sich eine hohe Anzahl Stellen, wo wie Apg 16,14 das Verb die Haltung eines Zuhörers der Verkündigung beschreibt (1,4; 2,11.22.33.37; u. viele andere Stellen).[411]

---

[409] Wegen der Verwendung der Vokabel συνέρχομαι fällt Lk 5,15 diff. Mk 1,45 auf (vgl. noch Apg 13,44.48).

[410] Z.B. Lk 1,41 ist καὶ ἐγένετο ὡς ἤκουεν ganz und gar sprachlich lk. 1,58 verbreitet sich die Kunde der Geburt des Täufers unter Elisabets Nachbarn. 1,66 schildert Lukas die Verbreitung der Neuigkeit u.a. von der Heilung des stummen Zacharias (Vater des Johannes) im ganzen judäischen Bergland. In der Geburtsperikope (2,1–20) suchen die Hirten Maria, Josef und das Kind auf und berichten über die Engelsvision. 2,18 staunten alle, die dies hörten (καὶ πάντες οἱ ἀκούσαντες ἐθαύμασαν).

[411] S. die Anführungen zum fünfmaligen Vorkommen von ἀκούω in der Schlußperikope Apg 28,16–31 bei DUPONT, JACQUES, _La conclusion des Actes et son rapport à l'ensemble de l'ouvrage de Luc_, in: KREMER, JACOB (Hrsg.), _Les Actes des Apôtres. Traditions, rédaction, théologie_, BEThL 48, Gembloux/Leuven 1979, S. 359–404, hier besonders S. 372–376. Er kommt zu folgendem Schluß: „il semble que nous pouvons conclure que les cinq emplois du

Nicht selten handelt es sich um Menschen, die daraufhin die Taufe empfangen bzw. gläubig werden (vgl. Apg 4,4; 10,22.33.44; 13,48; 15,7, wo Paulus im Apostelkonzil selbst daraufhinweist; 18,8; 19,5).

Exemplarisch sei noch die Wachstumsnotiz Apg 4,4 angeführt, die die Schilderung des eigentlichen Geschehens unterbricht.[412] Die Zwischenbemerkung über das Gemeindewachstum ist mit Sicherheit lk: Form, Stil und Inhalt sprechen dafür.[413] Die Zahl von 5000 Männern erinnert an die Wachstumsnotiz in 2,41 (Zuwachs von 3000 im Anschluß an die Pfingstpredigt) und an 1,15 (120), die sie übersteigt. Schließlich nennt 21,20 noch eine Zahl: Zehntausende unter den Juden haben zum Glauben gefunden. Die Angaben zum Wachstum der Kirche sind ein wichtiges lk Kompositionsmittel und finden sich regelmäßig über die Apg verstreut (2,47; 5,14; 6,1.7; 8,6.12; 9,13.35.42; 11,21.24; 12,24; 13,48.49; 14,1.21; 16,5; 17,4.11f.34; 18,8.10; 19,10.20; 21,20). Diese verdeutlichen die unaufhaltsame Verbreitung des Christentums unter Einwirkung der Kraft Gottes bzw. des Heiligen Geistes.[414]

Darin findet die Bekehrung Lydias (16,14f.), die den Worten des Paulus Gehör schenkt, da der Herr ihr das Herz öffnete, sehr gut Platz. Somit faßt das Evangelium Fuß in Makedonien. Das Verb ἀκούω erinnert den Leser also auch an vorangegangene Bekehrungen, die zum Wachsen der Kirche beitrugen.

Das Verb ἀκούω ist also sprachlich wie inhaltlich lk. Der Autor greift ganz bewußt auf dieses Wort zurück, um das Hören der Verkündigung als Ausgangspunkt für den Glauben hervorzuheben. Der Herr spielt dabei eine nicht unerhebliche Rolle (s.u.). Natürlich ist die Versammlung der Frauen, darunter Lydia, die dem Paulus zuhörten, nicht erst das Produkt lk Komposition. Um zum Glauben zu gelangen, wird auch die historische Lydia den Missionaren zugehört haben. Die Darstellung verrät jedoch typisch lk Akzente.

---

verbe ἀκούω dans ces versets correspondent à une dynamique d'après laquelle les Juifs paraissent de plus en plus incapables d'entendre, et c'est au point culminant de cet endurcissement qu'éclate l'annonce: les Gentils, eux, entendront" (376). Einen Überblick über alle Vorkommen des Verbs bei Lukas gibt PANIMOLLE, S.A., *Il discorso di Pietro all'assemblea apostolica*, CSB 2, Bologna 1977, S. 75–108.

[412] Auffallend ist auch die „unverhältnismäßig hohe Zahl für die Größe der urchristlichen Gemeinde (1/5–1/6 der gesamten Einwohnerschaft Jerusalems)"; WEISER, A., *Apostelgeschichte, Bd I*, S. 122.

[413] ZINGG, P., *Wachsen*, S. 164f.

[414] WEISER, A., *Apostelgeschichte, Bd II*, S. 126.

§ 2 Der Herr öffnet ihr das Herz, das von Paulus Gesagte aufzunehmen: V.14b

Diese *erläuternde Zwischenbemerkung* ἧς ὁ κύριος διήνοιξεν τὴν καρδίαν προσέχειν τοῖς λαλουμένοις ὑπὸ τοῦ Παύλου spricht ganz für lk Stil. Lukas mag allgemein solche Ergänzungen (vgl. Lk 1,66; 2,50; 3,15; 8,29; 9,14; 12,1; 16,14; 20,20; 23,12; Apg 1,15; 17,21; 23,8). Interessant ist hier besonders die Parallele zu Lk 1,66 (Geburt des Täufers), da die Zeugen erkennen, daß die Hand des Herrn mit dem Kind war. Die Vokabeln ἀκούω, καρδία und κύριος sind beiden Versen gemeinsam. Lk 1,66 steht das Verb ἀκούω als substantiviertes Partizip zur Bezeichnung der Zuhörer.[415] Lukas ahmt zudem den LXX-Sprachgebrauch nach und verwendet das Substantiv καρδία in einem distributiven Singular[416], was die redaktionelle Prägung von V.66 ausmacht.

Aber vor allem theologisch entspricht das Eingreifen des Herrn dem für Lukas so typischen Akzent, die Verbreitung der Verkündigung auf Gottes wirkende Kraft zurückzuführen[417]. Das Motiv, wonach der Herr Lydia das Herz öffnete, damit sie das von Paulus Gesagte aufnehmen kann, erinnert sehr an Lk 24,31f.45; Apg 8,6. Die sprachliche Analyse wird diese Feststellung bestätigen.

1. Analyse des sprachlichen Befunds

Von den 1369 Vorkommen des *Relativpronomens* (ὅς, ἥ, ὅ) im NT enthalten Mt 122/Mk 85/Lk 182/Joh 152/Apg 217. Wie z.B. Apg 2,24; 3,3; 11,6; 23,29; 25,16 zeigen, setzt Lukas gerne den Text durch das Relativum fort.

Das *Substantiv* ὁ κύριος findet sich in der Lydia-Perikope gleich zweimal (V.14.15). Das Wort zählt knapp 720 Vorkommen im NT, wobei Lukas unter den Evangelisten die höchste Zahl verbucht (Mt 80/Mk 18/Lk 103/Joh 52/Apg 107). Anders als im Mk oder Mt, wo der κύριος-Titel „keine nachweisbare

---

[415] Die Wendung πάντες οἱ ἀκούσαντες/ἀκούοντες gebraucht nur Lukas im NT: Lk 1,66; 2,18.47; Apg 5,5.11; 9,21; 10,44; 26,29. Für Formulierungen von πᾶς ὁ + Partizip hat Lukas außerdem eine Schwäche. Vgl. JEREMIAS, J., *Sprache*, S. 72.

[416] Der Semitismus ἐν τῇ καρδίᾳ αὐτῶν – wörtlich übersetzt „in ihrem Herzen" – meint „jeder in seinem Herzen". Im Griechischen wäre der Plural zu erwarten, der distributive Singular begegnet jedoch oft in der LXX, den Lukas vor allem bei καρδία verwendet, Lk 8,12.15; 9,47 gar als Einfügung zur Markusvorlage (vgl. noch Lk 1,51; 12,34; 24,38; Apg 2,37; 28,27 zweimal in einem at Zitat). Vgl. JEREMIAS, J., *Sprache*, S. 72.

[417] S. Kapitel 3, Abschnitt II § 2 und § 6,1.

christologische Funktion hat"[418], spielt er bei Lukas als Bekenntnis (z.b. in Lk 1,43; 2,11; 24,34) mit Bezug auf die Auferstehungsbotschaft und die Erhöhung eine bedeutende Rolle, so auch in Verbindung mit Umkehr und Taufe.[419] Um über den redaktionellen bzw. traditionellen Charakter von κύριος an unserer Stelle zu entscheiden, ist es wichtig, die Tragweite des Begriffs zu klären. Meint κύριος Gott oder den auferstandenen Herrn?

Obgleich an einigen Stellen die Abgrenzung zwischen christologischem und theologischem Bezug nicht eindeutig hervortritt (so Lk 3,4; 4,8.12.18.19; 10,27; 13,35; 19,38; 20,42; Apg 2,20.21.25.34; 7,49)[420], muß an unserer Stelle diese Frage nicht offen bleiben. M.E. ist nicht an Gott zu denken. Dies erschließt sich aus folgenden Beobachtungen:

(1) Zunächst legt der Kontext eine Deutung von κύριος in V.14.15 im christologischen Sinn nahe. So ist Lydia V.15 nicht an den Glauben zu Gott, sondern zu Jesus gelangt (πιστὴν τῷ κυρίῳ εἶναι). Als σεβομένη τὸν θεόν war sie ja schon gottesgläubig. Durch die Predigt des Paulus ist sie zu Christus bekehrt worden! V.31 nennt schließlich den Glauben an den Herrn Jesus, zu dem der Gefängniswärter gelangt. Lukas bezieht das Wort πιστός als Adjektiv und Substantiv auf den Glauben an Christus (Apg 10,45; 16,1)[421]. Auch Apg 11,17.21; 14,23; 18,8 meint Lukas den Glauben an den *Herrn* Jesus Christus.

(2) V.14.15 (s.u.) steht das Substantiv in einem stark redaktionell geprägten Kontext. Wortschatz und Stil sowie Inhalt verweisen eindeutig auf einen Eingriff des Lukas. Nun läßt Lukas „dort, wo er selbst schreibt und redigiert, κύριος als Gottesbezeichnung zurücktreten, weil er den Titel für Jesus reserviert"[422].

---

[418] POKORNÝ, P., *Theologie*, S. 116.

[419] So in der Philippi-Perikope die Frage des Kerkermeisters, was dieser tun müsse, um gerettet zu werden (Apg 16,30). Lukas legt dem Paulus folgende Antwort in den Mund: „Glaube an den Herrn Jesus Christus" (V.31).

[420] An verschiedenen Stellen schwanken zudem die Lesarten zwischen κύριος und θεός, was zumindest zeigt, daß sich schon frühere Kopisten dieser Fragestellung bewußt waren. Eine vollständige Liste der Stellen, die κύριος spezifisch christologisch oder theologisch deuten, d.h. abzüglich der Vorkommen, wo das Wort einen anderen Sinn hat, gibt SCHNEIDER, GERHARD, *Gott und Christus als κύριος nach der Apostelgeschichte*, in: *Begegnung mit dem Wort*, FS. H. Zimmermann, Bonn 1980, S. 161–174, erneut veröffentlicht in: ders., *Lukas, Theologe der Heilsgeschichte. Aufsätze zum lukanischen Doppelwerk*, BBB 59, Königstein-Ts./Bonn 1985, S. 213–226.

[421] Vgl. noch Apg 12,5 *v.l.*

[422] JEREMIAS, J., *Sprache*, S. 23; s. dort auch die detaillierte Beweisführung.

Wenn κύριος Jesus gilt, fügt Lukas den Artikel hinzu, wobei die Bezeichnung für Gott meist ohne Artikel steht.[423]

(3) Wenn also V.15 mit Sicherheit κύριος christologisch zu verstehen ist, so ist selbiges für V.14 anzunehmen. Unwahrscheinlich wäre nämlich, daß Lukas dem Titel so nah aufeinander folgend eine unterschiedliche Tragweite gäbe, da doch der Kontext gleich bleibt.[424]

(4) Daß Lukas wirklich den Auferstandenen meint, legt schließlich der Bezug zu dem Verb διανοίγω nahe. κύριος steht Apg 16,14 als Subjekt zum Verb διανοίγω, das Lukas drei weitere Male mit dem Auferstandenen als Subjekt kombiniert und zwar in ähnlichem Kontext (Öffnung des Herzens, der Augen, der Schrift zum Verständnis der Botschaft; vgl. weiter unten die sprachliche Analyse zum Verb διανοίγω).

Während der Nicht-Missionsreise im Zickzackkurs durch Kleinasien (16,6–8) schreitet der Geist zweimal ein, um das Geschick der Reise zu leiten. V.7 ist es gar der *Geist Jesu* (V.7), der interveniert. Nach der Traumvision in Alexandria Troas (V.9) sind die Missionare überzeugt, daß Gott sie berufen hat, das Evangelium in Makedonien zu verkünden. Eben diese göttliche Fügung erhält ihre Bestätigung dadurch, daß der Herr ihr das Herz öffnet! Und dieser Herr ist nicht – wie oft behauptet – Gott[425], sondern kein anderer als der Auferstandene! Somit stellt das Eingreifen des erhöhten Jesus in 16,14 eine Steigerung zu V.7 dar. Die Intervention vom Geiste Jesu wird durch die Öffnung des Herzens bestätigt, gar überboten. Selbst ein skeptischer Leser weiß nun: Die Überquerung der Ägäis entsprach dem göttlichen Willen.

Die Prädilektion des Lukas für Verbkomposita mit δια- findet hier einen weiteren Beleg: Das *Kompositum* διανοίγω zählt 7 (8) Vorkommen im NT, wovon sich

---

[423] Die Ausnahmen von dieser Regel gehen auf einen grammatikalischen Grund zurück; oder aber es handelt sich um ein at Zitat. So fehlt z.B. Apg 2,36 der Artikel, da κύριος dort Prädikatsnomen ist. RESE, M., *At Motive*, S. 127 sowie A. 18.

[424] S. den Beitrag von SCHNEIDER, G., κύριος, S. 213–226. Hier auch ein umfassendes Literaturverzeichnis zur Frage. Der Autor hält für V.15 ebenfalls die christologische, jedoch für V.14 die theologische Deutung fest. Leider begründet der Autor nicht, warum Apg 16,14 eindeutig auf Gott bezogen sei.

[425] So z.B. FITZMEYER, J.A., Art. κύριος, EWNT II (1981), Sp. 811–820, besonders 815.

nicht minder als 6 im lk Doppelwerk befinden.[426] Lk 2,23; 24,31.32.45 steht das Verb jeweils im Sondergut des Evangelisten. Komposition verrät jedoch das jeweilige Objekt der Öffnung[427]:

Lk 24,31 (Emmaus-Erzählung, 24,13–35) gehen den Jüngern die Augen auf (οἱ ὀφθαλμοί), worauf sie den Auferstandenen erkennen und dieser verschwindet. V.32 erinnnern sich die Emmaus-Jünger, wie der Auferstandene ihnen den Sinn der Schriften (αἱ γραφαί) eröffnete (vgl. 17,3).

Lk 24,45 ist es abermals der Auferstandene, der den in Jerusalem versammelten Elf und anderen Jüngern (V.33) den Sinn (ὁ νοῦς) für das Verständnis der Schriften öffnet. Apg 16,14 öffnet der Herr ihr schließlich das Herz (ἡ καρδία), damit sie für die Verkündigung des Missionars empfänglich wird (vgl. 2Makk 1,4). An diesen 4 Stellen beschreibt das Verb διανοίγω jeweils den Zugang zur Botschaft. Und Lk 24,31.32.45 ist es explizit der Auferstandene, der diese Öffnung ermöglicht. Apg 16,14 legt die Deutung von κύριος ebenfalls ein Einschreiten des Auferstandenen nahe[428].

Die zwei noch verbleibenden Vorkommen verraten ebenfalls die redaktionelle Hand des Lukas. Apg 7,56 öffnet sich Stephanus der Himmel, worauf ihm eine Vision des Menschensohns zuteil wird. Es steht zu Anfang des Martyriumsberichts des Stephanus (7,54–8,3) und erzählt in einer Selbstaussage seine Vision. Vokabular und Stil sowie die theologischen Akzente erweisen den „Visionsbericht Vers 55 und die Visionskundgabe Vers 56"[429] als lk Konstrukt.

Apg 17,3 erschließt Paulus in der Synagoge zu Thessaloniki den Juden die Schriften. In V.3 weisen der theologische Akzent (Leiden und Auferstehung Jesu entsprechen der Schrift und dem Heilsplan Gottes, vgl. Lk 24,26f.46; Apg 3,18; 10,43; 13,26–37; 18,18; 26,22f.) und das Stilmittel, von der indirekten zur direkten Rede überzugehen (Lk 5,14 *diff.* Mk 1,44; Apg 1,4; 14,22; 23,22;

---

[426] Mk 7,34; noch V.35, wo die Textüberlieferung jedoch zwischen dem Bikompositum und dem Simplex ἀνοίγω schwankt. Es steht in der Heilung von dem Taubstummen, die weder Lk noch Mt weitergeben.

[427] Lk 2,23 steht es in bezug auf Ex 13,2.12.15 (Weihung des männlichen Erstgeborenen). Die Stelle hat inhaltlich keinen Bezug zu Apg 16,14.

[428] Wobei natürlich der dreimalige Einsatz des Auferstandenen als Subjekt von διανοίγω, die christologische Deutung von κύριος, Subjekt des Verbs in Apg 16,14, bestätigt.

[429] WEISER, A., *Apostelgeschichte, Bd I*, S. 190. Dort auch die einzelnen Belege. Gegen COLPE, CARSTEN, Art. ὁ υἱὸς τοῦ ἀνθρώπου, ThWNT VIII (1969), Sp. 465ff., der für V.56 Tradition vorraussetzt.

25,5), auf lk Redaktion.[430] In beiden Fällen also (Apg 7,56; 17,3) setzt Lukas das Verb διανοίγω selbst.

Die Verteilung der 156 Vorkommen von καρδία im NT läßt bei keinem Evangelisten eine außerordentliche Vorliebe für das Wort erkennen (Mt 16/Mk 11/Lk 22/Joh 7/Apg 20), wenngleich ein relativ vorherrschender Gebrauch bei Lukas auffällt.[431]

So spielt das Herz im lk Doppelwerk eine nicht unwichtige Rolle. Es ist der Ort der Annehmung oder der Ablehnung der Verkündigung (Lk 1,51; 2,19.51; 6,45; 8,12. 15; 10,27; 12,34; 16,15; 24,25; Apg 2,37; 5,3; 8,21). Das Herz ist der Sitz der Gedanken (Lk 2,35; 5,22; 6,8; 9,47). Diese können sich gegen Gott wenden oder aber auch der Verkündigung gegenüber offen sein.

Gott mag auf das Herz des Menschen einwirken, um ihn zum Glauben zu bewegen. Jedoch geschieht dies nie ohne menschliche Vermittlung, bzw. durch die Verkündigung der Botschaft. Der Äthiopier wird nicht etwa durch göttliches Eingreifen, sondern durch die Schriftauslegung des Philippus zum Glauben geführt. Ähnlich ist auch die Predigt des Paulus ausschlaggebend für die Bekehrung der Lydia.[432] In der lk Darstellung der Lydia-Episode schimmert hier ein doppelter Gedanke durch: Zur Bekehrung gehört immer das Hören der Botschaft, wobei jedoch der Herr zum Verständnis dieser Botschaft beiträgt. Zudem erklärt Lukas so nebenbei, warum die anderen versammelten Frauen nicht zum Glauben gelangt sind.

Nicht nur inhaltlich, sondern auch sprachlich weisen bestimmte Vorkommen von καρδία Spuren lk Redaktion auf: Lk 1,51; 1,66; 8,12.15; 9,47; 12,34; Apg 2,37; 24,38; 28,27 steht jeweils die Wendung ἐν τῇ καρδίᾳ αὐτῶν (bzw. ὑμῶν), d.h. ein distributiver Singular[433].

Andere Stellen sind wiederum Zufügungen zum Mk-Stoff. Lk 3,15.18 rahmen

---

[430] Vgl. WEISER, A., *Apostelgeschichte, Bd II*, S. 444.

[431] Noch Apg 8,36 *v.l.* Vgl. BEHM, JOHANNES, Art. καρδία κτλ., ThWNT III (1938), S. 611–616.

[432] BOVON, F., *L'oeuvre de Luc*, S. 195.

[433] Wörtlich übersetzt „in ihrem Herzen", meint jedoch „jeder in seinem Herzen". Im Griechischen wäre der Plural zu erwarten gewesen. Diese Formulierung ist ein Semitismus und begegnet oft in der LXX, deren Sprachgebrauch Lukas gerne imitiert, s.o. (JEREMIAS, J., *Sprache*, S. 72).

die christologische Verkündigung (V.16f.) des Johannes. V.15 ist das Volk voller Erwartung und alle erwägen in ihren Herzen, ob Johannes nicht der Messias sei.[434] In der Deutung des Gleichnisses von der Saat (8,9–15) beschreibt Lukas eine Hörergruppe, die nicht zum Glauben kommt, da der Teufel ihnen das Wort aus dem Herzen reißt (V.12). In der Mk-Vorlage heißt es lediglich, daß Satan es dem Zuhörer entnimmt: καρδία steht hier redaktionell.[435] V.15 fällt das Wort wie Samen auf guten Boden in ein gutes und aufrichtiges Herz (ἐν καρδίᾳ καλῇ καὶ ἀγαθῇ). Im Rangstreit der Jünger (9,46–48) weiß Jesus, was sie im Herzen dachten (V.47). Dies ist eine Einfügung zu Mk 9,36. Lk 21,14 steht die Warnung Jesu an die Jünger, sich nicht um ihre Verteidigung zu sorgen, die sie sich in ihre Herzen prägen sollen. V.14a ist die Formulierung θέτε οὖν ἐν ταῖς καρδίαις ὑμῶν ein Zusatz zur Mk-Vorlage.[436]

Die Betrachtung der sich als eindeutig redaktionell zu erkennen gebenden Zufügungen zur Mk-Vorlage zeigen, daß Lukas das Motiv des Herzens als des Entscheidungsortes gegen oder für den Glauben nicht nur gerne aus der Tradition übernimmt (so Lk 5,22 par. Mk 2,8; 6,45 par. Mt 12,35.34b; 10,27 par. Mk 12,30; Lk 12,34 par. Mt 6,21; 12,45 par. Mt 24,48)[437], sondern gelegentlich selber formuliert.[438] Folglich ist es gut denkbar, daß Lukas Apg 16,14 καρδία redaktionell setzt. Da das Verb διανοίγω aus lk Feder stammt, wird außerdem gleiches für dessen Objekt gelten.

---

[434] V.16f. hängen vielleicht von Q ab. Siehe diff. Mk 1,7–8; par. Mt 3,11–12. Vgl. SCHRAMM, T., *Markus-Stoff*, S. 34–36.

[435] Wegen der ähnlichen Formulierung bei Mt 13,19 braucht keine Abhängigkeit von Q vorausgesetzt zu werden. Vgl. ZINGG, P., *Wachsen*, S. 76–100.

[436] Trotz der starken Abweichnung von Mk 13,9–13, verwendet Lukas hier keine weitere Quelle (vgl. schon SCHMID, JOSEF, *Das Evangelium nach Lukas*, RNT 3, Regensburg ⁴1960, S. 306; SCHNEIDER, G., *Lukas, Bd II*, S. 419).

[437] Lk 6,45 par. Mt 12,35.34b enthält jedoch ein Zusatzvorkommen gegenüber der Vorlage (Lk 6,45a).

[438] Lk 16,15 steht der Begriff in Jesu Urteil über die Pharisäer, deren Herzen Gott kennt. Sie sind geldgierig. Dieser Spruch ist lk Sondergut (Spruchreihe V.14–18). Doch eine ähnliche Darstellung der Pharisäer, ihrer Habgier und Ehrsucht findet sich 11,39.42.43. Bei einer Abhängigkeit von 21,34–36 (Mahnung zur Wachsamkeit) gegenüber Mk 13,33–37 ginge noch Lk 21,34 das Vorkommen von καρδία auf das Konto des 3. Evangelisten. Vgl. jedoch exemplarisch die gegensätzlichen Standpunkte von BULTMANN, R., *Geschichte*, S. 126, der die Verarbeitung eines verlorenen Stückes aus einem Brief des Paulus in Erwägung zieht, mit SCHNEIDER, GERHARD, *„Der Menschensohn" in der lukanischen Christologie*, in: *Jesus und der Menschensohn*, FS A. Vögtle, Freiburg 1975, S. 267–282, insbesondere 268ff.

Das *Verb* προσέχειν verwendet Lukas gern. Die 24 Vorkommen im NT verteilen sich wie folgt: Mt 6/Lk 4/Apg 6.[439] Oft ist es sprachlich wie inhaltlich auf den 3. Evangelisten zurückzuführen.

(1) Einerseits fällt bei Lk die wiederholte Konstruktion des Verbs im pluralischen Imperativ mit dem Dativ des Reflexivpronomens auf, die im NT ausschließlich im Lk/Apg vorkommt: Lk 12,1; 17,3; 21,34; Apg 5,35; 20,28.[440] Lk 12,1 schreibt προσέχετε ἑαυτοῖς, wo par. Mt 16,6 lediglich der Imperativ ohne Reflexivpronomen steht. Lk 17,3 fehlt die Wendung ganz bei diff. Mt 18,6. Lk 21,34 steht in der Mahnung zur Wachsamkeit diff. Mk 13,33 und enthält das lk Vorzugswort ἐφίστημι als weiteres Indiz für Redaktion.[441] Apg 5,35 (in der Ansprache des Schriftgelehrten Gamaliel), 20,28 (in der Abschiedsrede Paulus' in Milet) steht das Verb jeweils in stark redaktionell geprägtem Kontext.

(2) Apg 8,6 steht das προσέχειν schließlich in dem *summarischen Bericht* über die Wirksamkeit des Philippus in Samaria, wo die *Ausformulierung* sehr an 16,14 erinnert: Die Massen achteten auf das von Philippus Gesagte (προσέχειν τοῖς λεγομένοις ὑπὸ τοῦ Φιλίππου). Apg 8,10.11 sind die Vorkommen nicht eindeutig zuzuordnen. V.9–11 stellen Simon den Magier vor und sind wohl teilweise der Überlieferung entnommen. Da προσέχω sich einerseits auf das von Philippus Gesagte (die Verkündigung) und andererseits auf die Zaubereien von Simon bezieht, ist Komposition auch in V.10.11 nicht ganz auszuschließen.[442]

2. Ergebnis des sprachlichen Befunds

Die Wendung προσέχειν τοῖς λαλουμένοις ὑπὸ τοῦ Παύλου spricht deshalb mit Sicherheit für *lk Komposition*. Zudem entspricht sie der lk Vorliebe für substantivierte Partizipien.[443] Noch interessanter als die schon genannte Parallele

---

[439] Kein Gebrauch des Verbs bei Mk und Joh. In den Pastoralbriefen weitere 5, Rest 3 Vorkommen.

[440] JEREMIAS, J., *Sprache*, S. 211.262.

[441] Wenngleich Lk 21,34–36 (Mahnung zur Wachsamkeit) stark von Mk 13,33–37 abweicht, blickt die mk Vorlage doch zur Genüge durch (vgl. Mk 13,33 par. Lk 21,34a.36a).

[442] Vgl. auch die Wiederholung: ᾧ προσεῖχον πάντες (V.10); προσεῖχον δὲ αὐτῷ (V.11).

[443] Oft bietet der Evangelist substantivierte Partizipien, wo im Logienstoff eine Parataxe bzw. einen Relativsatz steht (Lk 4,5; 6,29.47.48.49; 7,32; 9,59; 11,33.55; 12,9.10; 14,11 (bis); 16,18; 18,14 (bis). Vgl. JEREMIAS, J., *Sprache*, S. 116.

(Apg 8,6) ist die fast wortwörtliche Übereinstimmung mit Apg 13,45 (τοῖς ὑπὸ Παύλου λαλουμένοις). Und Lk 2,33 steht das Verb ebenfalls substantiviert (vgl. zudem noch Lk 1,45; Apg 13,42; 17,19).

Der *erklärende Zusatz* ἧς ὁ κύριος διήνοιξεν τὴν καρδίαν προσέχειν τοῖς λαλουμένοις ὑπὸ τοῦ Παύλου geht folgerichtig auf Lukas selbst zurück. Er inszeniert somit ein weiteres Eingreifen des Herrn. Der Herr selbst ermöglicht Lydia das Verständnis der von Paulus gepredigten Botschaft. Sprachlich und inhaltlich-theologisch ist der Zusatz dem Lukas zuzuschreiben.

§ 3 Die Taufe der Lydia und ihres Hauses

Die Taufe der Lydia geht natürlich auf ein geschichtliches Ereignis zurück (s.o. die Anmerkungen zu V.14), das wohl den ursprünglichen Kern der Überlieferung ausmacht. Aber auch hier formuliert Lukas in seiner Sprache. Die Frage ist, ob der Zusatz „und ihr Haus" vorlukanisch, gar historisch oder erst der lk Komposition zu verdanken ist.

1. Analyse des sprachlichen Befunds

a) Die Taufe der Lydia

Nun erweist sich die Wortkombination ὡς δέ als typisch lukanisch. Das Wort ὡς gebraucht Lukas 47mal als temporale Konjunktion (Lk 18/Apg 29), wobei von den anderen Evangelisten lediglich Mk 1 und Joh 18 solcher Vorkommen aufweisen. An nicht weniger als 28 der Stellen in der Apg kombiniert Lukas die temporale Konjunktion mit der Partikel δέ (so auch 5,4; 7,12). Mit dem Aorist wie 16,15 steht die temporale Konjunktion ὡς auch Lk 1,23.41.44; 2,15.39 u.ö.; Apg 5,24; 10,7.25 u.ö. Schon die Statistik zeigt, daß die Wortkombination aus der Feder des Lukas stammt.

Aufgrund der Beschaffenheit der Apg (Missionsreisen) kommt βαπτίζω hier häufiger vor: Mt 7/Mk 12/Lk 10/Joh 13/Apg 21 (Gesamtvorkommen NT 76)[444].

---

[444] Mit *v.l.* Mt 11- bzw. 12mal (20,22bis.23bis). Vgl. noch das Vorkommen im nach-lk Mk-Schluß 16,16. Sonst steht das Verb nur noch im Corpus Paulinum (Röm 6,3bis; 10mal im 1Kor; Gal 3,27).

Insgesamt entfallen circa (die Hälfte aller nt Belege für βάπτισμα und) ein Drittel der Belege für βαπτίζειν auf Lk und Apg. Die Bearbeitung der Mk-Vorlage im 3. Evangelium läßt für diese Stellen weder eine Vorliebe für das Wort noch eine Abneigung gegen das Verb feststellen.[445] Die Tilgungen dem Markus-Stoff gegenüber (Mk 1,4 diff. Lk 3,2f.; Mk 1,5 diff. Lk 3,6 s. jedoch V.7; Mk 6,14 dif. Lk 9,7; Mk 6,24 (V.17–29) diff. Lk 3,19–20; Mk 7,4; 10,38bis. 39bis vgl. jedoch Lk 12,50) sind entweder Vermeidungen unnötiger Wiederholungen oder sind durch den Verzicht des Lukas, ganze Perikopen zu übernehmen, zu erklären. Der Zusatz Lk 3,7 ist kontextuell bedingt und kompensiert die Tilgung in V.6 (diff. Mk 1,5). Lk 3,12 steht es in einer Sondergut-Perikope (3,10–14). Lk 3,16a.c ist der Stoff der Vorlage Mk 1,8bis nur umgeordnet. Lk 3,21 steht die einzige wirkliche Einfügung βαπτίζω im technischen Sinn des Taufens, da Lukas die Taufe Jesu eigens hervorhebt. Lk 7,29.30 besteht eine Abhängigkeit gegenüber Q (Lk 7,24–30 par. Mt 11,7–15; 21,32)[446]. Der Zusatz Lk 11,38 meint eine rituelle Waschung und keine Taufe. Die Einfügung Lk 12,50 ist traditionsgeschichtlich schwer einzuordnen. Die Sondergut-Verse 49f. stammen wahrscheinlich aus Q.[447]

Das Verb βαπτίζω (oder vielleicht das Substantiv βάπτισμα) war Apg 16,14 wohl traditionell mit der Überlieferung verankert. Die Taufe der Lydia hat zum ursprünglichen Kern der Erzählung gehört. Dies geht schon alleine aus der Überlegung hervor, daß ihre Taufe schließlich die Gründungstradition der philippischen Gemeinde ausmacht.

Außerdem hat sich dieses Vokabular zur Bezeichnung der christlichen Taufe, d.h. in einem technischen Sinn sehr früh gefestigt (Gal 3,27; Röm 6,3f.; Kol 2,12; 1Kor 1,14.16f.; 10,2; 12,13; Eph 4,5). Lukas greift also älteren christlichen Sprachgebrauch auf. Aber auch hier legt Lukas Hand an, indem er das Verb im Aorist passiv konjugiert. Das Taufgeschehen wird „rückblickend" mit Bezugnahme auf die Predigt und die Intervention des Herrn genannt. Die Taufe wird auch sonst im Zusammenhag mit der Verkündigung erwähnt (Vgl.

---

[445] Außer vielleicht gegen die Wendung Ἰωάννος ὁ βαπτίζων, die er nicht übernimmt (Mk 1,4 diff. Lk 3,2; Mk 6,24 diff. Lk 3,19f.).

[446] SCHÜRMANN, HEINZ, *Das Lukasevangelium. Erster Teil: Kommentar zu Kap. 1,1–9,50*, HThK III/1, Freiburg 1969 ²1982, S. 422f.; SCHNEIDER, G., *Lukas, Bd I*, S. 172.

[447] SCHNEIDER, G., *Lukas, Bd II*, S. 292.

Apg 2,41; 8,6.16; 18,8). Die Verben ἀκούω, πιστεύω und βαπτίζω bilden hierbei eine „klassische" Reihenfolge.

b) Die Bekehrung ihres Hauses

Daß Paulus nicht nur einzelne Personen, sondern auch ihre Hausgemeinschaften getauft hat, geht aus seinem Selbstzeugnis hervor: 1Kor 1,16 erinnert Paulus sich, den Krispus und den Gaius sowie das Haus des Stephanas getauft zu haben (ἐβάπτισα δὲ καὶ τὸν Στεφανᾶ οἶκον). Taufen von „Häusern" dürfen also als historisch gesichert gelten. Folglich mag sich im frühen Christentum eine Wendung geprägt haben, die der Oikosformel in Apg 16,15 ähnlich war.[448]

Jedoch kann sie an unserer Stelle sprachlich gut auf Lukas zurückgehen. Nämlich V.30–34 weiß Lukas über die Bekehrung des Gefängniswärters und seines Hauses zu berichten. Durch den Glauben an den Herrn Jesus soll dieser und sein Haus gerettet werden (V.31). Die Wendung (ὁ οἶκος σου) erinnert sehr an V.15 und findet sich wortwörtlich schon 11,14 ([καὶ] σωθήσῃ σὺ καὶ [πᾶς] ὁ οἶκος σου), demzufolge ist sie redaktionell. Man vergleiche auch die Wiederholung des Hausmotivs 16,32.34. Die wirren Umstände, in denen der Gefängniswärter und sein Haus zum Glauben kommen, verleihen dem Geschehen einen außerordentlichen Charakter. Die Taufe des Gefängniswärtes überbietet also gleichsam die Szene der Taufe der Lydia. Das Steigerungsmoment ist in typisches Stilelement des Lukas und begegnet öfter in der Apg.

Nun hat kürzlich erst David Lertis Matson gezeigt, wie wichtig die Hausbekehrungen in der Missionstheologie des lk Doppelwerkes sind.[449] So bereitet Lukas

---

[448] WEISER, A., *Apostelgeschichte, Bd II*, S. 423. S. weiterhin MICHEL, OTTO, Art. οἶκος κτλ., ThWNT V (1954), S. 122–161.

[449] MATSON, D.L., *Household*. Die Frage, ob Lukas bei der Formulierung auch an Kleinkindertaufen denkt oder eine solche Praxis gar im frühen Christentum bestanden hat, kann im Rahmen dieser Arbeit auf sich beruhen. Auf jeden Fall erwähnt Lukas nirgends *expressis verbis* die Taufe Unmündiger. Und „wenn er von der Bekehrung eines οἶκος schreibt, so kann er das ohne weiteres in der Annahme getan haben, sein Leser werde schon wissen, dass dies nur diejenigen Familienmitglieder betreffe, die zu einem bewussten Vollzug ihrer Bekehrung fähig sind: Ehegatten, erwachsene Haussklaven, heranwachsende Kinder und sonstige mündige Angehörige" (AVEMARIE, F., *Tauferzählungen*, S. 100–103, hier 101). Zur „Oikosformel" und der damit verbundenen Frage der Taufe von Hausgemeinschaften: WEIGANDT, P., *Zur sogenannten „Oikosformel"*, NT 6 (1963), S. 49–74; ders., Art. οἰκία/οἶκος, EWNT II (1981), Sp. 1210f. 1222–1229; DELLING, GERHARD, *Zur Taufe von „Häusern" im Urchristentum*, NT 7 (1964/65), S. 285–311; SCHENKE, L., *Zur sogenannten „Oikosformel" im Neuen Testament*,

das Motiv der Bekehrung von Hausgemeinschaften bereits in seinem Evangelium vor. Die Erzählung der Aussendung der 72 (Lk 10,1–16)[450] enthält in den Anweisungen Jesu (V.5–7) die „constituent elements of a household conversion story"[451]. Diese werden durch Jesu Praxis, in die Häuser einzukehren (εἰσέρχομαι) und dort zu verweilen (μένω), verdeutlicht (Lk 4,38; 7,6.36.44–45; 8,41.51; 10,38; 11,37; 19,7; 24,29 für Jesu Eingehen in Häuser; für das Verbleiben in Häusern: Lk 19,5; 24,29).[452] Eine nicht geringe Rolle spielt die Perikope von Zachaeus (19,1–10), in dessen Haus Jesus einkehrt und dem die Rettung samt seines Hauses zuteil wird (V.9).

Dieses Hausmotiv führt Lukas schließlich in der Apg fort u.a. unter Anwendung der sogenannten Oikosformel, bzw. des Motivs der Hausbekehrungen. Zunächst ist der Korneliusgeschichte einen besonderen Platz einzuräumen (Apg 10,1–11,18), da diese Hausbekehrung schließlich die Öffnung zum Heidentum vorbereitet. Es sind die Bekehrungen der Lydia (16,11–15), die des heidnischen Gefängniswärters (V.25–34) und schließlich die des Krispus (18,1–11) und ihrer jeweiligen Hausgemeinschaften, in denen Lukas dieses Motiv wiederholt verwendet und es der Gestaltung seiner Missionstheologie dient.

Abschließend sei noch vermerkt, daß Apg 16,14b.15a solche Zwischenbemerkungen im Erzählstoff darstellen, wie sie ebenfalls 1,15b; 2,41; 4,4; 6,1; 8,6.12; 9,35.42; 11,24b; 13,48; 14,1.21; 17,4.11b.12.34; 18,8 (.10); 28,24 stehen, die meisten im Aorist formuliert sind, einen „Einzelfall" schildern, der eine Wachstums- bzw. Erfolgsangabe enthält.[453]

Kairos 13 (1971), S. 226–243; KLAUCK, HANS-JOSEF, *Hausgemeinde und Hauskirche im frühen Christentum*, SBS 103, Stuttgart 1981, S. 52f.; ders., *Die Hausgemeinde als Lebensform im Urchristentum*, MThZ 32 (1981), S. 1–15; GNILKA, JOACHIM, *Die neutestamentliche Hausgemeinde*, in: SCHREINER, J. (Hrsg.), *Freude am Gottesdienst. Aspekte ursprünglicher Liturgie*, FS J.G. Plöger, Stuttgart 1983, S. 229–242.

[450] Die Zahl der ausgesandten Boten schwankt in den verschiedenen Handschriften zwischen 70 und 72 (auch bei Lk 10,17). Die ursprüngliche Lesart ist nicht sicher auszumachen.

[451] MATSON, D.L., *Household*, S. 185.

[452] Vgl. weiterhin Lk 7,36–50; 11,37–54; 14,1–24, wo Jesus in Häusern von Pharisäern speist und 10,38–42, wo Jesus bei Maria und Martha einkehrt, zum Essen und Lehren. Weitere Perikopen, die davon berichten, wie Jesus bei Gastgebern einkehrt, dort ißt und trinkt: Lk 5,29–32; 7,33–34; auch das letzte Mahl 22,14–38.

[453] Vgl. noch Apg 19,10; 21,20bc; ZINGG, P., *Wachsen*, S. 22f.

2. Ergebnis

Die in Apg 16,14–15 verwandte und mit der Oikosformel verbundenen Leitwörter, μένω und εἰσέρχομαι, erinnern einerseits an die Anweisungen Jesu bei der Aussendung der 72 (Lk 10,5–7), λαλέω und ἀκούω, andererseits lassen sie die Kornelius-Episode nachklingen (Apg 10,44). Diese Arbeitsweise des Lukas hat Richard I. Pervo richtig erkannt: „One of Luke's primary artistic gifts is the capacity to spring imagination by a word or a phrase rather than by elaborate or protracted exposition. Through this economy the author can suggest an entire scene or circumstance with a few words"[454]. Der Leser stellt somit implizit Verbindungen zwischen den verschiedenen Erzählungen her. Die Oikosformel ist demnach ein rhetorisches Stilmittel, mit dessen Hilfe Lukas die Aufmerksamkeit des Lesers auf bestimmte Aspekte seiner Theologie lenkt. Folglich ist das Hausmotiv in Anlehnung an die Taufe der lk Komposition zuzuschreiben. Sprachliche wie inhaltliche Indizien sprechen dafür.

Indessen ist der Bekehrung von Hausgemeinschaften nicht jegliches historische Fundament abzusprechen. Nicht nur das paulinische Selbstzeugnis belegt diese Praxis. Die Beschreibungen des Lukas würden an Glaubwürdigkeit verlieren, wenn seine Leser solche Behauptungen als unrealistisch erachten könnten. Darüber hinaus macht die Organisation der Hausgemeinschaften kollektive Bekehrungen denkbar. „Historisch betrachtet bildeten die vororientalischen und griechisch-römischen Familien- und Sippenverhältnisse die soziologischen Voraussetzungen"[455] für Hausbekehrungen. *Zusammenfassend:* Wenngleich die Hausbekehrung in Philippi möglich erscheint, so geht die Ausformulierung mit Sicherheit auf die Komposition des Lukas zurück.

---

[454] PERVO, RICHARD I., *Luke's Story of Paul*, Minneapolis 1990, S. 13; vgl. MATSON, D.L., *Household*, S. 135. Pervos allgemeines Urteil paßt in unserer Perikope nicht nur auf die Oikosformel, auch andere Vokabeln suggerieren weitaus mehr, als die eigentliche Tragweite des Wortes. Vgl. beispielsweise meine Ausführungen zu εὐθυδρομέω in Kapitel 3, Abschnitt II § 2.

[455] WEISER, A., *Apostelgeschichte, Bd II*, S. 433. Wie wahrheitsgemäß ist die lk Darstellung, wonach die Bekehrung einer Frau die Taufe ihres ganzen Hauses mit sich zieht? Lydia scheint eigenständig zu handeln. Von einem Mann ist nicht die Rede. Oder geht dieser Zug auf den Theologen Lukas zurück, der somit die unaufhaltsame und rasche Verbreitung des Christentums gerade in römischen Gefilden inszeniert? Für die Erwähnung des Ehemannes (d.h. des eigentlichen führenden Gliedes der Hausgemeinschaft) bleibt somit „keine Zeit". Dies wirft rechtliche Fragen auf, die eine eigene Diskussion verlangen. Vgl. jedoch die feministische Auslegung bei RICHTER REIMER, I., *Frauen*, S. 137ff.

IV. Lydias Bitte, die Unterkunft der Missionare und die junge Gemeinde

§ 1 Lydias dringliche Bitte

1. Sie bat

In dieser Einleitung zur direkten Rede ist das Partizip von λέγω pleonastisch zu παρακαλέω formuliert, was ganz lk Sprachgefühl entspricht. Verbum dicendi + pleonastisches λέγων + anschließende direkte Rede ist ein Biblizismus, der 199 Vorkommen im NT zählt (Mt 50/Mk 26/Lk 62/Joh 17/Apg 26/Rest NT 15). 25 der 91 Belege im lk Doppelwerk sind Einfügungen in den Mk-Stoff, wodurch sich die Konstruktion als lk Vorzugswendung entpuppt.[455] Lk 7,4; Apg 2,40; 16,9.15; 27,33 steht das Partizip jeweils pleonastisch zu παρακαλέω.

Lukas gebraucht das *Verb* παρακαλέω in den verschiedenen Bedeutungen (bitten, mahnen, trösten)[456]. Im Sinne des Bittens steht es z.B. Lk 8,31.41; Apg 8,31; 9,38; 13,42; 28,14; mit einer etwas drängenden Nuance wie 16,15 nur noch 16,9f.

Der in Apg 16,9f. enthaltene „Visionsbericht mit dem unvermittelten Übergang zum Wir-Stil"[457] wird wohl erst von Lukas gebildet worden sein. Dabei wählt er die Tempora sorgfältig: Setzt er ein Imperfekt oder ein Partizip Präsens ein, so ist die Folge unsicher (z.B. Lk 8,41; Apg 21,12) oder die Rede andauernd (z.B. Apg 2,40); steht das Verb im Aorist, so bezeichnet es einen sicheren Erfolg (Apg 16,15) oder etwas Neues (16,39) oder Abgeschlossenes (16,40).[458]

Legt Lukas der Lydia die Bitte in den Mund, bei ihr zu verweilen, so erhält diese einen verpflichtenden Akzent. Paulus und seine Weggefährten können gar nicht ablehnen. Deshalb erübrigt sich auch eine Notiz über deren Antwort oder ihr Einkehren in Lydias Haus. Lukas kann nunmehr problemlos zur Erzählung

---

[455] JEREMIAS, J., *Sprache*, S. 67ff.

[456] Vgl. z.B. in der Philippi-Perikope: V.15.39.40.

[457] WEISER, A., *Apostelgeschichte, Bd II*, S. 404; s. auch S. 410. Die zielstrebige Ausrichtung der Traumvision entspricht lk Theologie: Die Nicht-Missionsreise durch Kleinasien und die Traumvision heben den Übergang nach Makedonien hervor. Diese stimmt mit der Hauptausrichtung aller Traum- und Visionberichte der Apg überein: die weltweite Verbreitung des Christuszeugnisses (s. Kapitel 3, Abschnitt II § 2).

[458] THOMAS, J., Art. παρακαλέω, EWNT III (1983), Sp. 57.

der wahrsagenden Sklavin übergehen (siehe V.16, die typisch lk Formulierung ἐγένετο δέ).[459]

2. Wenn ihr überzeugt seid, daß ich an den Herrn glaube

a) Analyse des sprachlichen Befunds

Der Satzteil εἰ κεκρίκατέ με πιστὴν τῷ κυρίῳ εἶναι verrät die lukanische Feder gleich an mehreren Stellen. Die Verwendung der *Partikel* εἰ in fast dem gleichen Sinn wie ἐπεί findet sich ebenfalls Apg 4,9; 11,7 jeweils redaktionell. In der Perikope von der Gefangennahme des Petrus und des Johannes sowie deren Verhör vor dem Hohenrat (Apg 4,1–22) steht es in V.9 in der Rede des Petrus (V.9–11), die Lukas dem Apostel in den Mund legt.[460] Apg 11,17 leitet es die rhetorische Frage ein, ob man sich dem Willen Gottes widersetzen kann und gehört zu der Rede des Paulus, die Lukas erst gestaltet hat.[461]

Das *Verb* κρίνω gebraucht im abgeschwächten Sinn (beurteilen) außer Paulus (3mal) nur Lukas im NT: Lk 7,43; Apg 4,19; 13,46; 15,19; 16,15; 26,8 (vgl. noch 16,4; 20,16). Von den 114 Vorkommen des Wortes im NT fallen 0 auf Mk, 6 auf Mt, 19 auf Joh und 21 auf Apg.[462] Schon alleine diese beiden Fakten sprechen für den redaktionellen Charakter des Wortes.[463] Werfen wir dennoch einen Blick auf die anderen Stellen.

---

[459] Zu ἐγένετο δέ bzw. καὶ ἐγένετο s. VOGEL, Th., *Charakteristik*, S. 33.

[460] Aufgrund der inhaltlichen Spannungen innerhalb der Perikope sowie im Kontext der Apg (vgl. Kap. 5) wurde viel über die vermeintlich zugrundeliegenden Quellen auch kontrovers diskutiert, ohne jedoch eine befriedigende Lösung anzubieten: BEYER, HERMANN WOLFGANG, *Die Apostelgeschichte*, NTD 5, Göttingen 1921 ⁴1947 ⁸1957, S. 15f.28f.; HARNACK, A.V., *Apostelgeschichte*, S. 142–146; JEREMIAS, J., *Quellenproblem*, S. 238–255, insbesondere 238–247; CONZELMANN, H., *Apostelgeschichte*, S. 41; HAENCHEN, E., *Apostelgeschichte*, S. 249; Reicke, Bo, *Glaube und Leben der Urgemeinde. Bemerkung zu Apg 1–7*, AThANT 32, Zürich 1957; BAUERNFEIND, O., *Apostelgeschichte*, S. 73; DUPONT, J., *Sources*, S. 42–50.

[461] Die abschließende Szene 11,1–18 gibt größtenteils die Petrusrede aus Kap. 10 wenn auch variiert wieder. Nur am Rande sei bemerkt, daß es 11,17 ähnlich wie 16,14f. um den Glauben an den Herrn Jesus Christus als *Gabe Gottes* geht. S. auch BOVON, F., *L'oeuvre de Luc*, S. 102–105.110; DUPONT, Jacques, *Le salut des Gentils et la signification théologique du livre des Actes*, NTS 6 (1960), S. 132–155; erneut veröffentlicht in: ders., *Études sur les Actes des Apôtres*, LeDiv 47, Paris 1967, S. 393–419.

[462] Noch Apg 24,6 *v.l.* Ein Großteil im Corpus Paulinum, vor allem Röm (18); 1 u. 2Kor (19).

[463] JEREMIAS, J., *Sprache*, S. 171.

Lk 7,43 steht es in der Perikope von der Begegnung Jesu mit der Sünderin (7,36–50), die lk Sondergut ist. Hierin ist das Gleichnis von den beiden Schuldnern plaziert (V.41–43), die Quellenscheidung ist umstritten.[464] In der Apg steht das Verb jeweils in Reden und gibt sich somit mit großer Wahrscheinlichkeit als redaktionell zu erkennen.[465]

Apg 4,19 steht die Frage, ob dem Hohenrat mehr als Gott zu gehorchen sei. Diese Erwiderung des Petrus und Johannes trägt lk Prägung, insofern die Szene an die Sokrates-Überlieferung (Platon, Apol: 29d) anknüpft (vgl. die Areopag-Rede Apg 17,16–34). Lukas fügt sehr wahrscheinlich als hellenistischer Schriftsteller eine absichtliche Anspielung ein, indem er eine Analogie zwischen dem Verhalten des Paulus und dem des Sokrates schafft. Dieser erwiderte seinen Richtern in einer ähnlichen Situation, daß er es vorziehe, Gott mehr als ihnen zu gehorchen.[466]

Apg 13,46 steht in der Szene, die der Pauluspredigt in der Synagoge von Antiochia (13,16–41) folgt und „ideal-typische(n) Charakter"[467] hat. Nicht nur der V.46 verrät lk Akzent (Hervorhebung des Freimutes der Missionare ähnlich wie 2,29; 4,29.31; 9,28; 28,31), sondern die ganze Szene (V.44–47)[468].

Apg 15,19 hat Jakobus das Wort und hält es für richtig (κρίνω), „den Heiden, die sich zu Gott bekehren, keine Lasten aufzubürden". Das Verb findet sich im Apostelkonzil mitten in der Jakobusrede (V.13–21), die sehr wahrscheinlich erst Lukas formuliert hat.[469] Apg 26,8, befindet sich im Paulus-Prozeß, in der Rede des Heidenmissionars vor Agrippa. V.6–8 geht Paulus seine Anklage an (wegen

---

[464] S. BRAUMANN, GEORG, *Die Schuldner und die Sünderin. Luk VII, 36–50*, NTS 10 (1963/64), S. 487–493; DELOBEL, J., *L'onction de la pécheresse*, EThL 42 (1966), S. 415–475; ders.; *Encore la pécheresse*, EThL 45 (1966), S. 180–183; WILCKENS, U., *Vergebung*, S. 394–424.

[465] Verallgemeinernd ist das Urteil von DIBELIUS., M., *Aufsätze*, S. 157, festzuhalten: „Alle Reden (...) haben Lukas zum Verfasser". In der aktuellen Forschung hat sich dieser Standpunkt mit verschiedenen Nuancen durchgesetzt.

[466] Plümacher, E., *Lukas*, S. 18f. Auch die „Augen- und Ohrenzeugenschaft" (V.20 vgl. mit 1,1ff.21f.) verraten lk Akzent (S. WEISER, A. *Apostelgeschchte, Bd I*, S. 129).

[467] WEISER, A., *Apostelgeschichte, Bd II*, S. 328.

[468] Der redaktionelle Charakter der Erfolgsnotizen V.43.48f. (s. ZINGG, P., *Wachsen*, S. 242–245); dramatischer Episodenstil (V.42f.), und weitere sprachliche, inhaltliche sowie stilistische Lukanismen. Vgl. WEISER, A., *Apostelgeschichte, Bd II*, S. 328f.

[469] WEISER, A., *Apostelgeschichte, Bd II*, S. 371.374.382f. Es ist fraglich, ob Lukas das Verb κρίνω hier in einem technischen bzw. juristischen Sinn versteht, wie z.B. LAKE, K./CADBURY, H.L., *Beginnings IV*, S. 177, es vermuten.

der Hoffnung Israels, Verheißung zu erlangen). V.8 ist die Frage über die Glaubhaftigkeit der Totenerweckung durch Gott gestellt. Diese apologetische Rede ist zweifelsohne das Prunkstück lk Komposition.

Das Personalpronomen der 1. Person Singuar ἐγώ wird im NT in den verschiedenen Kasus 1802mal verwendet, wobei die 494 Belege im Joh (Mt 221/Mk 107/Lk 215/Apg 183) inhaltlich-theologisch eine besondere Tragweite erhalten. Die Verwendung des Pronomens in Lk/Apg läßt für unsere Stelle keine Schlüsse zu.[470]

Das *Adjektiv* πιστός begegnet 67mal im NT (Mt 5/Mk 0/Lk 6/Joh 1/Apg 4), dabei nur 16mal in der Bedeutung „gläubig", „vertrauend".[471] Lukas selbst verwendet πιστός in diesem Sinn lediglich Apg 10,45; 16,1.15, wo jeweils der Glaube an Christus gemeint ist. Doch die Zahlen sollen nicht täuschen (3 gegen 7 Vorkommen von 10)!

Apg 10,45 schildert die Reaktion der „Gläubigen aus der Beschneidung" (οἱ ἐκ περιτομῆς πιστοί), d.h. der Judenchristen über den Geistempfang der Heiden; 16,1 wird Timotheus als Sohn einer gläubig gewordenen Jüdin vorgestellt (γυναικὸς Ἰουδαίας πιστῆς). Alle Stellen, 16,15 inbegriffen, meinen also den Glauben an Christus.

Betrachten wir nunmehr diese Stellen etwas näher. Apg 10,45 ist der Kontext stark redaktionell geprägt, wie sprachliche und inhaltliche Indizien zeigen: das Verb ἐπίπτειν, das im NT nur Lukas verwendet (Apg 8,16; 10,44; 11,15), Übereinstimmungen mit der Schilderung der Pfingstszene (Herabkunft des Geistes und Taufe)[472]. Die Szene V.44–48 wird zwar von den Exegeten redaktionskritisch

---

[470] Das Personalpronomen steht noch im Akk. des Objekts Apg 23,3; 25,10 beide Male zweifelsohne redaktionell. Allerdings hat das Verb κρίνω jeweils die Bedeutung vom Richten. Zur Redaktionalität beider Vorkommen vgl. WEISER, A., *Apostelgeschichte, Bd II*, S. 614f. sowie 616f.638.

[471] Ansonsten bedeutet es „treu", „glaubwürdig", „zuverlässig", so auch an den 6 Stellen im Lk sowie Apg 13,34 in einem LXX-Zitat (Jes 55,3, τὰ ὅσια Δαυὶδ τὰ πιστά; gemeint sind „die verläßlichen Heilsgüter Davids"). Vgl. weiterhin BULTMANN, RUDOLF, u.a., Art. πιστεύω κτλ., ThWNT VI (1959), S. 174–230.

[472] KREMER, JACOB, *Pfingstbericht und Pfingstgeschehen. Eine exegetische Untersuchung zu Apg 2,1–13*, SBS 63/64, Stuttgart 1973, S. 191–197. Vgl. weiterhin die Vokabeln und Inhalte von 10,45 und 2,7.12.38; s. WEISER, A., *Apostelgeschichte, Bd I*, S. 259f.

unterschiedlich bewertet, V.45 ordnen jedoch die meisten der lk Komposition zu.[473]

Apg 16,1 geht die Information wohl auf eine Personalüberlieferung über Silas zurück, ob Lukas mit πιστός selbst formuliert, ist an dieser Stelle nicht zu entscheiden.[474]

Apg 16,15 ist hingegen der Kontext wieder redaktionell: Die Infinitivkonstruktion als Zusatz zum Hauptverbum verrät lk Sprachstil. Der ganze Satz kann gut als Einlage des Lukas verstanden werden, der der Taufe somit eine ekklesiologische Tragweite gibt.[475]

Allem Anschein nach zieht Lukas die aktivische Bedeutung („christgläubig") der passivischen („treu", „glaubwürdig") vor. Die 6 Vorkommen im Lk (12,42 par. Mt 24,45; Lk 19,17 par. Mt 25,21; Lk 16,10bis.11.12), die nämlich jeweils den passivischen Sinn andeuten, sind alle traditionell.[476] Die aktivische Tragweite des Wortes stammt wohl aus dem missionarischen Sprachgebrauch und dürfte sich zur Redaktionszeit im christlichen Milieu schon längst eingebürgert haben (Vgl. 2Kor 6,15; Eph 1,1; Kol 1,2; 1Tim 4,10; 6,2; Tit 1,6).[477]

b) Ergebnis des sprachlichen Befunds

Die *Formulierung* πιστὸς τῷ κυρίῳ ist einzigartig im lk Doppelwerk. Jedoch erinnert die Wendung an die redaktionell geprägte Stelle in Apg 18,8, wo es bezüglich der Bekehrung von Krispus heißt: Κρίσπος ἐπίστευσεν τῷ κυρίῳ

---

[473] So z.B. HAENCHEN, E., *Apostelgeschichte*, S. 302–305; DIBELIUS, M., *Aufsätze*, S. 100; BAUERNFEIND, O., *Apostelgeschichte*, S. 143; DUPONT, J., *Études*, S. 409–412; CONZELMANN, H., *Apostelgeschichte*, S. 61f.83; BOVON, F., *L'oeuvre de Luc*, S. 101–105; KREMER, J., *Pfingstbericht*, S. 191–197; WEISER, A., *Apostelgeschichte, Bd I*, S. 259.

[474] Allgemein erachten die Kommentatoren die V.1b–3 als traditionell. Sie werden teilweise dem Itinerar zugerechnet, S. z.B. HAENCHEN, E., *Apostelgeschichte*, S. 463f.; SCHMITHALS, W., *Apostelgeschichte*, S. 145; ROLOFF, J., *Apostelgeschichte*, S. 240; anders LÜDEMANN, G., *Paulus, Bd I*, S. 170, der den gesamten Abschnitt (V.1–5) für lk Komposition hält. Vgl. schon vorher TROCMÉ, É, *Histoire*, S. 162, wonach V.1b–5 als „une addition de notre écrivain, destinée de montrer la fidélité scrupuleuse de Paul à la Loi juive" zu bewerten sei.

[475] Vgl. die Auslegung der Perikope im folgenden Kapitel (Abschnitt II § 6,1–2).

[476] Lk 16,9–13 hat zwar lediglich V.13 eine genaue Parallele in Mt 6,24, aber V.10–12 stellen ebenfalls ein Q-Logion dar; vgl. DESCAMPS, ALBERT, *La composition littéraire de Luc XVI.9–13*, NT 1 (1956), S. 47–53; SCHNEIDER, G., *Apostelgeschichte, Bd I*, S. 334.

[477] JEREMIAS, J., *Sprache*, S. 221.

σὺν ὅλῳ τῷ οἴκῳ αὐτοῦ.[478] Der *Zusatz* εἰ κεκρικατέ με πιστὴν τῷ κυρίῳ εἶναι ist also mit großer Wahrscheinlichkeit auf Lukas zurückzuführen. Für den folgenden Hauptsatz wird gleiches festzuhalten sein.

3. Kommt in mein Haus und bleibt dort

Lukas setzt die Erzählung in der direkten Rede fort: εἰσέλθοντες εἰς τὸν οἶκόν μου μένετε. Das *Verbkompositum* εἰσέρχομαι steht als Participium conjunctum im Aorist zum Hauptverbum μένω, was ganz lk Sprachgefühl entspricht. Εἰσέρχεσθαι begegnet 192mal im NT (Mt 36/Mk 30/Lk 50/Joh 15/Apg 32), mit Ortsangaben vorwiegend in den Evangelien und der Apg. Der lokale Gebrauch ist in der Logienquelle selten, im lk Doppelwerk hingegen häufig.[479]

In bezug auf Häuser, in die Jesus, seine Jünger bzw. missionierende Christen eingehen, schreibt Lukas es Lk 7,36.44; 8,41.51; 10,5; Apg 9,17; 11,12; 16,15; 18,7; 21,8.[480] Dabei wechselt er zur Bezeichnung des Hausgebäudes zwischen οἶκος und οἰκία. An diesen Stellen steht jeweils die Wendung εἰσέρχομαι εἰς τὸν οἶκον/(τὴν) οἰκίαν.[481] Besonders interessante Parallelen bieten aufgrund der Vokabeln Lk 8,41 (παρεκάλει αὐτὸν εἰσελθεῖν εἰς τὸν οἶκον αὐτοῦ) und Apg 21,8 (ἐξελθόντες ... καὶ εἰσελθόντες εἰς τὸν οἶκον Φιλίππου ... ἐμείναμεν παρ' αὐτῷ).[482] Die literarische Funktion der Stichwörter εἰσέρχομαι und μένω sowie ihre theologische Tragweite im Zusammenhang mit der Hausmission wurden schon eingehend erörtert.

Die *Wendung* εἰς τὸν οἶκόν μου verrät ebenfalls die gestaltende Hand des Lukas. Die *Präposition* εἰς steht sehr oft pleonastisch zum Verbkompositum

---

[478] Die Taufe des Krispus durch Paulus ist historisch, wie es 1Kor 1,14 zeigt. Allerdings erwähnt Paulus nicht die Taufe dessen Hauses, obwohl er anschließend von der Taufe der Hausgemeinschaft des Stephanas spricht (V.16). Außerdem erreicht Lukas Apg 18,8 eine Steigerung, indem er die Nachricht von der Taufe der Familie des Krispus und vieler Korinther anfügt. Dieser Steigerungsmoment findet sich in der ganzen Perikope (18,1–17) wieder, zudem auch die folgende redaktionell geformte Visionsszene gehört (V.9f.). Vgl. HAENCHEN, E., *Apostelgeschichte*, S. 516; SCHNEIDER, G., *Apostelgeschichte, Bd II*, S. 247; WEISER, A., *Apostelgeschichte, Bd II*, S. 485.492.

[479] SCHNEIDER, JOHANNES, Art. εἰσέρχομαι, ThWNT II (1935), S. 673–676; WEDER, H., Art. εἰσέρχομαι, EWNT I (1980), Sp. 972–976.

[480] Vgl. noch Lk 6,4 (εἰσῆλθεν εἰς τὸν οἶκον τοῦ θεοῦ).

[481] Außer Lk 10,5, wo die Präposition εἰς fehlt.

[482] S. weiterhin die Wortwahl in Apg 18,7 (μεταβὰς ἐκεῖθεν εἰσῆλθεν εἰς οἰκίαν τινὸς ὀνόματι Ἰούστου).

(Lk 27 Apg 20)[483]. Das sind über die Hälfte aller Vorkommen von εἰσέρχομαι im lk Doppelwerk und der überwiegende Teil der Stellen, wo εἰσέρχομαι das Eingehen in einen Ort, ein Gebäude, eine Gegend o.ä. meint. An einigen Stellen wäre die Präposition entbehrlich gewesen (Vgl. z.B. Lk 7,1 mit 19,1, wo εἰς fehlt)[484] oder hätte das Simplex genügt.[485] Bei Lk 8,30 diff. Mk 5,10; Lk 8,41.51 diff. Mk 5,22.37 (jeweils vom Betreten eines Hauses); Lk 9,34 diff. Mk 9,7; Lk 22,3 diff. Mk 14,10; Lk 22,10 diff. Mk 14,13; Lk 22,40 diff. Mk 14,32 handelt es sich jeweils eindeutig um redaktionelle Zusätze zur Mk-Vorlage. Dabei schreibt Lukas interessanterweise bei Mk 14,13 (ὑπάγατε εἰς τὴν πόλιν) die Präposition pleonastisch zum Verbkompositum: ἰδοὺ εἰσελθόντων ὑμῶν εἰς τὴν πόλιν (…).[486] Folglich bildet Lukas mit Vorliebe das Verbkompositum εἰσέρχομαι pleonastisch mit der Präposition εἰς.

Die *Nachstellung des Possessivpronomens* gegenüber seinem Bezugswort spricht ebenfalls für lk Redaktion. Der Evangelist stellt 272mal die Pronomina μου, σου, ἡμῶν oder ὑμῶν nach, nur 22mal gehen sie dem Bezugswort voran. Die Voranstellung, die seine Vorlagen ihm anbieten, ersetzt er durch Nachstellungen (Mk 5,30 diff. Lk 8,45; Mk 5,31 diff. Lk 8,46; Mk 2,5.9 diff. Lk 5,20.23; Lk 1,25 diff. LXX Gen 30,23). In der Apg schließlich schreibt er 126 Nachstellung, jedoch nur 9 Voranstellungen. Dabei stellt er μου 34mal nach

---

[483] Apg 16,15 wie Lk 6,4.6; 7,1.36.44; 8,30.32.33.41.51; 9,4.34.52; 10,8.10.38; 17,12.27; 18,17.25; 19,45; 21,21; 22,3.10.40.46; 24,26; Apg 5,21; 9,6.17; 10,24; 11,8.20; 14,1.20.22; 18,7.19; 19,8.30; 20,29; 21,8; 23,16; 23,33; 25,23; 28,16. Noch Lk 18,24; Apg 13,14 *v.l.* Würde man die Präposition auf μενεῖν und nicht auf εἰσέρχεσθαι beziehen, was grammatikalisch nicht unmöglich ist, dann wäre sie ebenfalls redaktionell gesetzt. In diesem Fall bezeichnet εἰς nicht die Bewegung des Betretens, sondern das Verweilen im Haus. Diese Formulierung müßte auf das Konto des Lukas gehen, da die Verdrängung von ἐν durch εἰς in lokaler Bedeutung typisch für lk Sprachgebrauch ist. Vgl. u.a. Lk 9,61, τοῖς εἰς τὸν οἶκον μου; JEREMIAS, J., *Sprache*, S. 59. Aber Lk 8,27 (ἐν οἰκίᾳ οὐκ ἔμενεν ἀλλ᾽ ἐν τοῖς μνήμασιν) und 10,7 (ἐν αὐτῇ δὲ τῇ οἰκίᾳ μένετε) legen diese grammatikalische Deutung nicht nahe. Lk 8,27 ist nämlich ein redaktioneller Zusatz zur Mk-Vorlage.

[484] In beiden Fällen schildert das Verb εἰσέρχομαι das Eintreten in die Stadt (7,1, Kapharnaum; 19,1 Jericho).

[485] Vgl. Lk 8,51, Apg 11,20; 18,7; 28,16 schreiben manche Handschriften bezeichenderweise ἔρχομαι.

[486] S. noch Lk 18,25 par. Mk 10,25, wo für Lk die Handschriften zwischen διελθεῖν und εἰσελθεῖν schwanken. Mk schreibt διελθεῖν. Lk 22,46 diff. Mk 14,38, wo die Textzeugen zwischen ἔλθηντε und εἰσέλθητε variieren. Lukas verwendet das Verbkompositum.

und nur 4mal vor das Bezugswort.[487] Dieser Sprachgebrauch ist also außerordentlich lk. Die Wendung εἰς τὸν οἶκόν μου stammt also von Lukas.

Das *Verb* μένειν kommt im NT 118mal vor, die joh Schriften verbuchen hierbei die meisten Vorkommen (Joh 40/1 Joh 24/2 Joh 3).[488] Bei den Synoptikern begegnet das Verb gemäßigt (Mt 3/Mk 2/Lk 7/Apg 13), wobei das lk Doppelwerk ins Auge fällt.[489] Im Sinn von „verweilen, bzw. logieren, den Wohnsitz nehmen" steht es Lk 1,56; 8,27; 9,4; 10,7; 19,5; 24,29; Apg 9,43; 18,3.20; 21,7; 28,16.30.[490] Einige dieser Stellen lassen sich als redaktionell erweisen.

Die Perikope des Besuchs der Maria bei ihrer Verwandten Elisabet (Lk 1,33–56) endet mit der Notiz über die Länge des Aufenthalts (und der Heimkehr Marias): ἔμεινεν δὲ Μαριὰμ σὺν αὐτῇ ὡς μῆνας τρεῖς (...). Die Zeitangabe in V.56 greift die Notiz V.36 (vgl. V.26) auf, wonach Elisabet im 6. Schwangerschaftsmonat ist. Die Zahlen gehen wohl auf den Evangelisten zurück. Die V.26.36.56 summierten 9 Monate erinnern vielleicht an die nahezu „volle Erfüllung der Verheißung"[491]. Diese chronologischen Verknüpfungen, die jeweils an das Vorausgegangene anschließen, sind mit großer Wahrscheinlichkeit der lk Komposition zu verdanken. Zudem entspricht der Schlußvers dem einleitenden V.39 (Anreise); beide Verse rahmen somit die Perikope ein. Folglich geht das Verb μένειν in Lk 1,56 auf Lukas zurück.

Lk 8,27 ist das Verb ein redaktioneller Einschub in die Mk-Vorlage (diff. Mk 5,2).[492] Lukas ändert die Beschreibung des besessenen Geraseners ab. Der

---

[487] Die Voranstellungen sind teilweise gut stilistisch zu erklären (z.B. Apg 2,26: Chiasmusbildung); vgl. JEREMIAS, J., *Sprache*, S. 142f. Die weiteren Voranstellungen von μου: Apg 1,8; 21,13; 22,1.

[488] Das Verb erhält im joh Schrifttum eine besondere theologische Tragweite in den sogenannten Immanenzformeln (z.B. Joh 5,4–7; 1 Joh 2,6.24 u.a.). Vgl. HAUCK, FRIEDRICH, Art. μένω, THWNT IV (1942), S. 578–581.

[489] Noch Apg 20,15 *v.l.* Lukas gebraucht zudem 7 verschiedene Verbkomposita mit μένειν: διαμένειν (2); ἐμμένειν (2); ἐπιμένειν (6); καταμένειν (1); περιμένειν (1); προσμένειν (3); ὑπομένειν (2), wovon bestimmte nur im lk Dopelwerk vorkommen (z.B. ὑπομένειν, zurückbleiben: Lk 2,43; Apg 17,14).

[490] Obwohl Lk 24,29 zufolge Jesus mit den Jüngern das Mahl teilt, logiert er nicht. Aber in der Bitte der Jünger ist mit μενεῖν schon an eine Übernachtung gedacht.

[491] SCHNEIDER, G., *Lukas, Bd I*, S. 48f.56.

[492] STERCK-DEGUELDRE, J.-P., *Possédé*, S. 6ff. Vgl. PESCH, Rudolf, *Der Besessene von Gerasa*, SBS 56, Stuttgart 1972, S. 59; ANNEN, F., *Heil*, S. 23. Die Handschriften schwanken für das Lukasevangelium zwischen Gerasa und Gergesa.

Mann begegnet Jesus entkleidet; er wohnt nicht mehr in Häusern, sondern in Grabhöhlen.

Während der Aussendung der Zwölf (9,1–6) äußert Jesus gegenüber den Jüngern die Aufforderung, in dem Haus zu bleiben, in das sie einkehren (V.4 par. Mk 6,10). Gemeint ist das Logieren bis zur Weiterreise. Die Aussendung der 72 wiederholt dieses Motiv (Lk 10,7). So kehrt auch Jesus beim Zollaufseher Zachäus ein (19,5). Letztendlich sind es die Emmaus-Jünger, die den nicht erkannten Jesus auffordern, doch zu bleiben (24,29). Diese drei Stellen entstammen alle Sondergut-Perikopen. Doch wird der Leser wohl unweigerlich die verschiedenen Situationen asoziieren, da Lukas jeweils die gleichen Stichwörter wiederholt (εἰσέρχομαι, μένω, u.a.). Vor allem auch die Emmaus-Episode erinnert sprachlich und inhaltlich an Lydias Geste (Apg 16,15).[493]

Apg 9,43 geht die Mitteilung von Petrus' Aufenthalt im Haus des Gebers Simon in Joppe auf eine Lokalüberlieferung zurück (s. z.B. Apg 9,23; 18,18; 27,2). Die Wendung am Satzanfang ἐγένετο δὲ ἡμέρας ἱκανὰς μεῖναι entstammt jedoch, wie Wortschatz und Stil zeigen, lk Komposition. Zudem leitet sie die nächste Perikope ein (10,6.32).[494]

Apg 18,3 ist der Kontext stark redaktionell geprägt. Die Informationen über das Zusammentreffen des Paulus mit dem Ehepaar Aquila und Priscilla, seine handwerkliche Arbeit und Unterkunft bei den Zeltmacherkollegen sind historisch zuverlässig und der Tradition entnommen (1Thess 2,9; 1Kor 16,19; 9,15.18; 2Kor 11,9). Es ist jedoch nicht auszuschließen, daß Lukas bewußt den Aufenthalt des Paulus mit μένειν (V.3) formuliert. Bemerkenswerterweise erinnert auch Pauli Symbolhandlung des Staubabschüttelns an Jesu Aufforderung in Lk 10,11.

Apg 18,20 stehen die an Paulus gerichtete Bitte der Epheser, länger zu bleiben, sowie die Ablehnung des Missionars in einem knapp gehaltenen Reisebericht, der summarischen Charakter besitzt. Da Lukas Apg 19,1–7.8–20 intensiv auf die Wirksamkeit des Paulus in Ephesus eingeht, stellt er den Aufenthalt in Kap. 18 sehr gerafft dar und läßt Paulus die Bitte ablehnen.[495]

---

[493] Vgl. zu παραβιάζομαι Kapitel 2, Abschnitt IV § 3 und Kapitel 3, Abschnitt II § 9.

[494] WEISER, A., *Apostelgeschichte, Bd I*, S. 241.

[495] Die frühe Abreise wirkt umso befremdlicher, als die jüdischen Zuhörer nicht mit Widerstand, sondern mit Wohlwollen auf die Botschaft reagieren. Der westliche Text legt Paulus bezeichnenderweise eine Begründung in den Mund: δεῖ με παντως τὴν ἑορητήν τὴν (ἡμέραν D) ἐρχόμενην ποιῆσαι εἰς Ἱεροσόλυμα. Der Vorwand, unbedingt das kommende Fest in

Apg 21,7 erwähnt ein im Wir-Stil gehaltener Kurzbericht die Fahrt von Tyrus nach Ptolemais, die Beendigung der Seefahrt dort und den Besuch der Christen, bei denen die Missionare einen Tag bleiben (μένω). Am folgenden Tag führt die Reise die Gruppe nach Caesarea, wo sie ins Haus des Evangelisten Philippus einkehrt (εἰσέρχομαι) und dort ihr Quartier bezieht (V.8, μένω; vgl. V.10). Unabhängig von den vermerkten Reisestationen, die vielleicht auf ein Itinerar zurückzuführen sind, deutet die Sprache auf lk Redaktion: εἰσέρχομαι (Participium conjunctum), εἰς (pleonastisch zum Verbkompositum) τὸν οἶκον, μένω.

Nach seinem Eintreffen in Rom erhält er schließlich die Erlaubnis, unter Aufsicht von Soldaten alleine eine Wohnung zu beziehen (μένω, Apg 28,16). Die übereinstimmende Gestaltung mit der Ankunft des Missionars in Jerusalem (21,15–18), einem anderen sehr wichtigen Reiseziel, läßt für die hiesige Schilderung lk Komposition vermuten.[496] V.30 nennt schließlich den zweijährigen Aufenthalt des Paulus in seiner Mietwohnung in Rom. Die Zeitangabe ist sicherlich der Tradition entnommen, setzt sie doch das Wissen über eine Veränderung nach dieser Zeitspanne voraus (nämlich den Tod des Heidenapostels). Die V.30f. bilden mit V.16 den Rahmen dieses Schlußabschnittes, der inhaltlich-theologisch sowie sprachlich lk Komposition verrät.[497]

4. Die Gastfreundschaft der Lydia

Der Aufenthalt der Missionare im Haus der Lydia ist dennoch keineswegs eine Erfindung des Lukas. Dieser berichtet wiederholt von der Beherbung der Missionare in Privatquartieren. Neben Lydia in Philippi fungiert auch Jason in Thessaloniki als Gastgeber (17,5–7).[498] In Korinth verweilt Paulus zunächst bei Aquila und dessen Frau Priscilla (18,7) und später bei dem Gottesfürchtigen

---

Jerusalem zu feiern (δεῖ!), lehnt an Apg 19,21; 20,16 an. Vgl. besonders WEISER, A., *Apostelgeschichte, Bd II*, S. 499.

[496] Apg 21,15; 28,14b nimmt die Beschreibung der Wegstrecke jeweils das Endziel voraus; 21,17a; 28,16a schildern jeweils explizit das Betreten der Stadt; 21,17b; 28,16b wird die Aufnahme bzw. der Verbleib erwähnt. Vgl. WEISER, A., *Apostelgeschichte, Bd II*, S. 672.

[497] DELLING, GERHARD, *Das letzte Wort der Apostelgeschichte*, NT 15 (1973), S. 193–204; DUPONT, Jacques, *La conclusion des Actes et son rapport à l'ensemble de l'ouvrage de Luc*, in: KREMER, Jacob (Hrsg.), *Les Actes des Apôtres. Traditions, rédaction, théologie*, BEThL 48, Gembloux/Leuven 1979, S. 359–404.

[498] VOM BROCKE, C., *Thessaloniki*, S. 235f.

namens Titus Justus (V.7). In Caesarea beziehen die Missionare Quartier im Haus des Evangelisten Philippus (21,8). Und als die Missionare hierauf nach Jerusalem ziehen, werden sie (unterwegs)[499] einem aus Zypern stammenden Mnason untergebracht. Ähnlich berichtet Lukas von Petrus, der im Hause des Gerbers namens Simon gewohnt hat (Apg 10,6.18.32).

Das Motiv der Beherbung der Missionare ist historisch gut vertretbar. Zum einen ist aus dem paulinischen Selbstzeugnis in Röm 16,23 zu ersehen, daß der Apostel bei einem gewissen Gaius untergebracht war, in dessen Wohnung sich zudem die christliche Gemeinde versammelte. Auch die „großzügige Gastfreundschaft, die Lydia nach Act 16,15.40 den Missonaren gewährt, passt hingegen zu dem Dank, den Phil 4,15–18 der Gemeinde für wiederholte, reichlich gewährte materielle Unterstützung ausspricht."[500]

Zum anderen war es in der Antike Gang und Gebe, auf Reisen nicht nur in Gasthäusern, sondern sogar vorzugsweise bei Freunden oder Verwandten zu übernachten. Denn die Gaststätten und Herbergen genossen „einen recht zweifelhaften Ruf"[501]. Wie die Quellen zeigen, kursierten Erzählungen über Gastwirte, die die Reisenden betrogen, beraubten oder sogar ermordeten.[502] Wohlhabende Reisende besaßen wohl auch deshalb entlag der Reiseroute eigene Privatquartiere, wo sie übernachteten. Falls man weder über solche Quartiere verfügte, noch bei Freunden, Verwandten oder Bekannten unterkommen konnte, bestand die Möglichkeit, über Beziehungen eine Unterkunft zu erhalten. Der Reisende trug dann ein Empfehlungsschreiben einer Person bei sich, die Verbindungen zum Stationsort besaß. Solche Empfehlungsbriefe mit Bitte um gastliche Aufnahme scheint auch Lukas gekannt zu haben. Apg 18,27f. senden die Christen in Ephesus Apollos zu den Jüngern nach Achaia mit einer schriftlichen Bitte, ihn zu beherbergen. Apg 21,16 übernachten die Missionare auf Empfehlung der Jünger aus Caesarea bei Mnason. Empfehlungen und

---

[499] Aus V.16 geht nicht klar hervor, ob die Unterbringung bei Mnason als Übernachtung auf der Reiseroute nach Jerusalem oder als Unterkunft in Jerusalem gedacht ist. Vgl. die Diskussion bei DELEBECQUE, E., *Actes*, S. 103; HAENCHEN, E., *Apostelgeschichte*, S. 581; ROLOFF, J., *Apostelgeschichte*, S. 313; SCHNEIDER, G., *Apostelgeschichte II*, S. 308–309 u. WEISER, A., *Apostelgeschichte II*, S. 596.

[500] AVEMARIE, F., *Tauferzählungen*, S. 402.

[501] VOM BROCKE, C., *Thessaloniki*, S. 235.

[502] Vgl. beispielsweise die Berichte bei Cicero, *de divinatione*, I 57; Valerius Maximus, *facta et acta memorabilia*, I 10.

Empfehlungsschreiben hat es mit Sicherheit in der frühchristlichen Kirche gegeben, wie bespielsweise Röm 16,1f. und 2Kor 3,1 zeigen.

5. Ergebnis

Der *Satz* εἰ κεκρίκατέ με πιστὴν τῷ κυρίῳ εἶναι εἰσέλθοντες εἰς τὸν οἶκόν μου μένετε geht sprachlich sowie inhaltlich-theologisch auf Lukas zurück. Mit diesem Satz deutet er nachträglich das Taufgeschehen. Die Taufe selbst findet nur noch in einem Nebensatz Erwähnung und leitet sogleich die obenstehende Bitte ein. Durch die lk Redaktion erhält die Bekehrung der Lydia eine neue, eine ekklesiologische Tragweite.

Der Aufenthalt der Missionare im Hause der Lydia entspringt dennoch nicht der Phantasie des Schriftstellers. Das Motiv der Unterbringung der Missionare paßt gut in den kulturgeschichtlichen Kontext der Antike und ist in der paulinischen Korrespondenz bezeugt.

§ 2 Und Lydia drängte die Missionare

Die Bekehrungsgeschichte der Lydia schließt mit der Bemerkung παρεβιάσατο ἡμᾶς. Das *Verb* παραβιάζομαι steht im NT nur noch Lk 24,29. Die dringliche Einladung zum Mahl, mit der sich die Emmaus-Jünger an Jesus wenden, überschneidet sich inhaltlich wie sprachlich mit unserer Stelle: καὶ παρεβιάσαντο αὐτὸν λέγοντες· μεῖνον μεθ᾽ ἡμῶν (...) καὶ εἰσῆλθεν τοῦ μεῖναι σὺν αὐτοῖς. Vokabeln und Stil sprechen in V.29 für lk Komposition (u.a. das Partizip von λέγω abundant zu παραβιάζομαι). Die Emmaus-Jünger nötigen Jesus zu bleiben (παραβιάζομαι), mit ihnen im Haus zu verweilen (μένω). Jesus tritt ein (εἰσέρχομαι), bleibt (μένω) und teilt ein Mahl mit ihnen (V.30).

In Apg 16,15 setzt Lukas gezielt die Vokabeln εἰσέρχομαι, μένω ein, um somit dem Text eine bestimmte theologische Tragweite zu geben. Mit Matson darf festgehalten werden: „The verbatim repetition of standard household *Leitwörter*, coupled with the salvation of the personified οἶκος (Acts 16.15a), expressly recalls the household protocal of the Seventy-two (Lk 10.5-7)."[503]

---

[503] MATSON, D.L., *Household*, S. 142.

Paulus und seine Mitarbeiter verhalten sich ganz so, wie Jesus es seinen Jüngern aufgetragen hat.

Aber noch weitere sprachliche Indizien verraten, daß die Wendung Apg 16,15 aus lk Feder floß: die Formulierung im Wir-Stil und die die LXX nachahmende Sprache.[504] Das Verb παραβιάζομαι gehört zwar nicht zu den „standard household *Leitwörtern*", wird aber in der Emmaus-Episode mit ihnen kombiniert. Dort ist es ausdrücklich die Bitte zum Mahl. Hier suggeriert Lukas gleiches. Die drängende Bitte der Lydia ist eine subtile Anspielung auf die Bitte der Emmaus-Jünger. Die Einladung, Lydia nach Hause zu begleiten und dort zu verweilen, beinhaltet die Bitte zum Mahl. Der Taufe soll nun auch die Brotteilung folgen. Die Wendung παρεβιάσατο ἡμᾶς steht deshalb zweifelsohne redaktionell.

§ 3 Die Abschiedsszene

Der Schlußvers dieser Perikope beschreibt das Verlassen des Gefängnisses, den Besuch der Lydia durch die Missionare, die die Brüder ermutigen und sodann die Stadt verlassen. Der redaktionelle Charakter von V.40 geht schon aus folgenden Feststellungen hervor:

(1) Inhaltlich knüpft V.40 an die vorangegangene Einkerkerung an (φυλακή) und läßt die Missionare zum Ausgangspunkt zurückkehren (Λυδία). Der Vers gibt somit den einzelnen Erzähleinheiten einen Rahmen.[505]

(2) Inhaltlich-theologisch enthält der Schlußvers zudem eine Wachstumsnotiz. Trotz der Unruhen und der durch Menschenhand verursachten Verfolgung kann die Verbreitung der Botschaft nicht aufgehalten werden, denn diese wurde vom Geiste bewirkt und vom Herrn durch sein direktes Eingreifen unterstützt (Öffnung des Herzens, V.14; wundersame Befreiung V.25ff.). Somit können die Missionare

---

[504] PLÜMACHER, E., *Lukas*, S. 48 u. A. 63, der auf Gen 19,3; 33,11; 1Sam 28,23; 2Kön 5,16 verweist und in der Wendung παρεβιάσατο ἡμᾶς ein Beispiel für die Fortführung der Nachahmung septuagintischen Sprachstils durch Lukas im zweiten Teil der Apg sieht. Als Beifügung des Erzählers verstand ZAHN, Th., *Apostelgeschichte*, Bd II, S. 575, es schon.

[505] Selbst bei der Annahme, daß unterschiedliche Erzählungen schon in einem Block tradiert wurden (z.B. v.19–39) – was m.E. nicht zutrifft – muß V.40 als redaktionell betrachtet werden, da V.19 eindeutig eine Schnittstelle bietet, wo Lukas nachweislich anhand der Formel ἐγένετο δέ die Lydia-Erzählung redaktionell mit der Geschichte der wahrsagenden Magd verknüpft. Die Philippi-Perikope kann als Ganzes also nicht aus der Tradition stammen.

nach ihrer Freilassung in das Haus der Lydia einkehren und dort die junge Gemeinde antreffen.

Die sprachliche Untersuchung bestätigt des weiteren diese Beobachtungen. Zunächst fällt das Wortspiel auf: Die Missionare gehen aus dem Gefängnis *heraus* (ἐξέρχομαι) in das Haus der Lydia *hinein* (εἰσέρχομαι) und verlassen die Stadt (ἐξέρχομαι).[506] Die *Konstruktion* ἐξέρχομαι ἀπό kann sprachlich gut auf Lukas zurückgehen, jedenfalls ist im Kontext von Exorzismen die Wortverbindung mit Sicherheit lk.[507] Die Präposition πρός ist lk Vorzugswort (Mt 41/Mk 63/Lk 165/Apg 134/Joh 101) und steht mit Akk.

Die lk Vorliebe für Partizipien findet auch hier Anklang. So fällt das für Lk/Apg typische Participium conjunctum ἐξέλθοντες (δὲ ἀπό)... εἰσῆλθον (πρός) ins Auge, das zudem u.a. aufgrund der Verben der Fortbewegung an V.11 erinnert (ἀναχθέντες δὲ ἀπό... εὐθυδρμήσαμεν εἰς). Die Partikel δέ ist nach dem Partizip redaktionell gesetzt, so auch ihre Verbindung mit der Konjunktion καί (s.o.). Das abundante Participium ἰδόντες (παρεκάλεσαν) entspricht ebenfalls lk Sprachgefühl. Am Rande sei bemerkt, daß die Partizipial-konstruktion ἰδόντες in ihrer Verbindung mit δέ im NT steht, „um einen Fortschritt der Handlung zu markieren“[508], und nur bei den Synoptikern (Mt 3/Mk 3/Lk 15) und in der Apg (5) begegnet. Die Statistik gibt zu erkennen, daß Lukas die Partizipialwendung gern gebraucht. Die redaktionellen Zufügungen zum Markusstoff (Lk 5,12; 8,34; 18,24; 20,14; vgl. 22,49) bestätigen indessen diese Beobachtungen. Apg 16,40 steht es mit καί, da Lukas die Partikel δέ schon zu Satzanfang geschrieben hat.

Der *Begriff* ἀδελφός hat sich zur Bezeichnung von Christen zur Zeit der Abfassung des lk Doppelwerkes längst eingebürgert, wie die Verwendung des Begriffs in 1Thess und 1Kor 5 und 6 erkennen läßt. Paulus gebraucht dieses Substantiv zur Bezeichnung seiner Adressaten mit einer Selbstverständlichkeit, die zeigt, daß die Wendung nicht lediglich als Anrede in der Korrespondenz diente. Sehr aufschlußreich ist die Formulierung τις ἀδελφὸς ὀνομαζόμενος

---

[506] Vgl. LÜDEMANN, G., *Christentum*, S. 189.

[507] JEREMIAS, J., *Sprache*, S. 177. Statt der pleonastischen Präposition (ἐκ) ist die Verbindung mit ἀπό (Lk 13/Apg 3) kennzeichnend für den lk Sprachgebrauch; SCHENK, W., Art. ἐξέρχομαι, EWNT II (1981), Sp. 8–11.

[508] JEREMIAS, J., *Sprache*, S. 86.

(1Kor 5,1): die Christen in Korinth haben sich wohl gegenseitig mit ἀδελφή und ἀδελφός angesprochen.[509] Erwähnenswert sind ebenfalls die Stellen im 1Thess 1,4; 2,1.9.14.17; 3,2.7; 4,1.6.9.10.13; 5,1.4.12.14.25.26.27 und weiterhin 1Thess 4,9 (φιλαδελφία) sowie im Röm 16,1; 1Kor 7,15; 9,15, schließlich noch Jak 2,15.

Lukas verwendet den Begriff im Evangelium 7mal und in der Apg 53mal. Das Substantiv nimmt Apg 16,40 Bezug auf das von Paulus getaufte οἶκος, stellt also eine Verbindung zu der Gründungstradition her und gibt dem Leser die Bestätigung, daß die Gemeinde trotz der Spannungen ausharrt, und liefert somit ein letztes Indiz für die von Gott gewollte Missionierung in Philippi.

Schließich ist das *Verb* παρακαλέω ein Vorzugswort der Apg. Von 109 Vorkommen im NT entfallen 7 auf Lk und 22 auf die Apg (Mt 9/Mk 9/Joh 0/Paulus 54). Es findet sich bemerkenswerterweise Apg 21,12; 28,14 in der 1. Person Plural. Im Sinn von „trösten/ermuntern" bezeichnet es ebenfalls Apg 14,22; 20,2 die „segnend-tröstende Abschiedssprache"[510] und steht mit 11,23; 15,32; 18,23 (wo ein erneuter Besuch gemeint ist) redaktionell. Besonders erwähnenswert ist die parallele Gestaltung von 16,40 und 20,2. „Hier wie dort läßt er [=Lukas] Paulus nach dramatischen Zwischenfällen nochmals mit Christen zusammentreffen, sie ermutigend ermahnen und sich dann von ihnen verabschieden. Lukas hebt damit zugleich hervor, daß Paulus nicht durch die Ereignisse gezwungen, sondern aus freiem Entschluß weiterreist."[511]

---

[509] Zur Bezeichnung „Bruder" im Vergleich zur Verwendung des Begriffs in paganen Kulten vgl. die Studie von EBEL, EVA, *Collegium et ecclesia. Die Struktur und Attraktivität griechisch-römischer Vereine und der christlichen Gemeinde in Korinth*, Diss. theol. Erlangen 2002, S. 186–194. Vgl. noch BEUTLER, JOHANNES, Art. ἀδελφός, EWNT I (²1992), Sp. 67–72.

[510] THOMAS, J., Art. παρακαλέω/παράκλησις, EWNT III (1983), Sp. 54–64.

[511] WEISER, A. , *Apostelgeschichte, Bd II*, S. 557.

V. Ergebnis der Redaktionskritik in 16,11–15.40

§ 1 Einleitung

Bevor ich nun zur Auslegung der Perikope gelange, soll der Übersicht wegen nochmals der griechische Text dargestellt und die einzelnen redaktionellen Überarbeitungen erhoben werden. Natürlich ist diese Art von Darstellung nicht ganz unproblematisch. Sie kann nämlich den Eindruck vermitteln, die Trennung zwischen Tradition und Redaktion verlaufe haarscharf. Die Grenzen zwischen Redaktion und Tradition sind jedoch fließend.

So (1) z.b. zu den in V.11 genannten Reisestationen, die ich inhaltlich und sprachlich mit großer Wahrscheinlickeit der lk Redaktion zuschreibe. Denn einerseits sind diese Angaben für eine lokale Tradierung gänzlich unnötig und andererseits sind die Verben der Fortbewegung und der Wir-Stil sicherlich redaktionell. Jedoch entstammen diese Angaben nicht der Phantasie des Redaktors, sondern ruhen auf solide recherchierten Informationen, die geschichtlich zutreffen. Der Autor hat m.E. die Wegbeschreibung beim Einverleiben der Philippi-Perikope in sein Gesamtwerk als Bindungsglied zum Traumgesicht in Alexandria Troas eingesetzt. Im Gegensatz zur vorherigen, fruchtlosen Missionsreise durch halb Asia Minor, die nur ungenau beschrieben wird, zählt fortan jedes Reisedetail. Die Wegstrecke und das schnelle Vorankommen erhält somit eine theologische Tragweite. Zudem mag die Reiseroute sowie die Erscheinung des Makedoniers im Traum und etliche Details zum Geschehen in der römischen Kolonie den Lokalpatriotismus des Schreibers verraten.

Auch V.40 (2) ist ganz und gar redaktionell gesetzt. Zum einen schließt der Vers die Perikope: Lukas läßt die Missionare das Gefängnis verlassen und nochmals bei Lydia einkehren, um die dort versammelten Brüder und Schwestern zu ermutigen. Die Wortwahl ist lk, die damit verbundenen, theologischen Motive sind es ebenfalls. Dennoch sind hier ebenfalls tradierte Inhalte vorauszusetzen, so z.B. der Gefängnisaufenthalt von Paulus und das Bestehen einer Hausgemeinde im Oikos der Lydia.

Diese beiden Beispiele zeigen, daß ein Resultat nur nuanciert dargestellt werden kann. Deshalb konnte u.a. auch der Anteil an Redaktion bzw. an Tradition nicht immer sicher bestimmt werden. Somit mag die schematische Darstellung etwas künstlich wirken. Dennoch ermöglicht dies einen Gesamtüberblick, der sonst nur schwer zu erhalten ist. Zur Veranschaulichung ist dem Text nochmals eine knappe Erläuterung beigefügt worden (Kommentar). Um jedoch jeglichem Mißverständnis entgegenzuwirken, sollte der Leser vielleicht den Text mit der vorangegangen redaktionskritischen Arbeit vergleichen.

Der Text ist unterschiedlich unterstrichen, wobei ein durchgehender Strich ein sicheres Ergebnis, eine unterbrochene Linie ein wahrscheinliches Ergebnis anzeigt. Hierbei stehen ▭▭▭ und ▭▭▭ für Redaktion, ▨▨▨ und ▰▰▰ hingegen für Tradition.

Wo Lukas die im Wort enthaltene Information selbst anfügt, geht der betreffende Ausdruck sprachlich und inhaltlich auf ihn zurück. Dies trifft besonders dort zu, wo die Wahl der Sprache eindeutig einen theologischen Akzent verrät. So ergänzt er nachweislich mehrmals die rezipierte Tradition. Falls er jedoch eine aus dem Überlieferungsgut stammende Information lediglich in seiner Sprache wiedergibt, so gilt der Begriff als sprachlich lk. Ähnlich können Angaben sogar im Wortlaut oder nur dem Inhalt nach aus der Tradition stammen. Daraus ergeben sich zusammenfassend folgende Möglichkeiten:

Redaktionell	*Sicher*	*Wahrscheinlich*
sprachlich & inhaltlich	▭	▭ ▭ ▭ ▭
sprachlich	▨	▭ ▭ ▭ ▭

Traditionell		
inhaltlich	▱▱▱	▱ ▱ ▱ ▱
sprachlich & inhaltlich	▰▰▰	▰ ▰ ▰ ▰

§ 2 Der Text: Apg 16,11–15.40

11 Ἀναχθέντες δὲ ἀπὸ Τρῳάδος εὐθυδρομήσαμεν εἰς

Σαμοθρᾴκην, τῇ δὲ ἐπιούσῃ εἰς Νέαν πόλιν. 12 κἀκεῖθεν εἰς

Φιλίππους, ἥτις ἐστὶν πρώτης μερίδος τῆς Μακεδονίας πόλις,

κολωνία. ἦμεν δὲ ἐν ταύτῃ τῇ πόλει διατρίβοντες ἡμέρας τινάς.

13 τῇ τε ἡμέρᾳ τῶν σαββάτων ἐξήλθομεν ἔξω τῆς πύλης παρὰ

ποταμὸν οὗ ἐνομίζετο προσευχὴ(ν) εἶναι, καὶ καθίσαντες

ἐλαλοῦμεν ταῖς συνελθούσαις γυναιξίν. 14 καί τις γυνὴ ὀνόματι

Λυδία, πορφυρόπωλις πόλεως Θυατείρων σεβομένη τὸν θεόν,

ἤκουεν, ἧς ὁ κύριος διήνοιξεν τὴν καρδίαν προσέχειν τοῖς

λαλουμένοις ὑπὸ τοῦ Παύλου. 15 ὡς δὲ ἐβαπτίσθη καὶ ὁ οἶκος

αὐτῆς, παρεκάλεσεν λέγουσα· εἰ κεκρίκατέ με πιστὴν τῷ κυρίῳ

εἶναι, εἰσελθόντες εἰς τὸν οἶκόν μου μένετε· καὶ παρεβιάσατο

ἡμᾶς.

40 ἐξελθόντες δὲ ἀπὸ τῆς φυλακῆς εἰσῆλθον πρὸς τὴν Λυδίαν

καὶ ἰδόντες παρεκάλεσαν τοὺς ἀδελφοὺς καὶ ἐξῆλθαν.

§ 3 Kommentar

Apg 16,11–15 werden in der Literatur gerne auf Tradition zurückgeführt. Diese Verse zeichnen sich nämlich „durch einen chronikartigen Erzählstil [aus], der sich unter Verzicht auf alles novellistische Beiwerk auf die Nennung von Orten, Personen und Fakten beschränkt"[512]; sie seien deswegen „wohl nahezu wörtlich der vorlukanischen Quelle entnommen"[513]. Dieses Urteil ist m.E. nicht nur zu grob, sondern gleichsam ganz und gar verfehlt. Denn selbst dort, wo Lukas eindeutig von der Tradition abhängig ist, überarbeitet er seine Quelle. Unsere Perikope illustriert dies sehr gut.

Meine redaktionskritische Betrachtung der Perikope ermöglicht zwar nicht immer eine klare Trennung von Tradition und Redaktion in Apg 16,11–15, jedoch konnte sie an vielen Stellen mit Sicherheit, überall aber mit großer Wahrscheinlichkeit die lk Bearbeitung der Überlieferung erheben. Wortstatistische Besonderheiten, sprachliche Stileigentümlichkeiten und inhaltlich-theologische Akzente gaben die lk Komposition als solche zu erkennen. Archäologische und besonders epigraphische Funde wurden sporadisch herangezogen, um die Historizität bestimmter Inhalte zu bewerten. Der traditionelle Charakter mancher Motive konnte somit festgestellt werden. Gelegentlich ermöglichten soziologische Überlegungen, die geschichtliche Wahrscheinlichkeit bestimmter Informationen zu beurteilen, die somit der Überlieferung zugeordnet wurden.

Die wichtigsten Ergebnisse dieser redaktionskritischen Untersuchung werden nun hervorgehoben, um somit die redaktionelle Arbeit des Lukas an dieser Perikope übersichtlich zu betrachten. Die damit verbundenen theologischen Akzente werden im folgenden Kapitel besprochen. Die seiner Kompostion zugrundeliegende Überlieferung kann nur noch in groben Zügen umschrieben werden. Sie ist aber weitaus weniger greifbar, als es manche Kommentatoren vermuten. Wobei dies in Anbetracht der literarischen Arbeitsweise des Lukas nicht weiter verwunderlich ist.

---

[512] So ROLOFF, J., *Apostelgeschichte*, S. 243, ähnlich SCHNEIDER, G., *Apostelgeschichte, Bd II*, S. 212 und PESCH, R., *Apostelgeschichte, Bd II*, S. 104.
[513] So KRATZ, R., *Rettungswunder*, S. 479, gefolgt von PESCH, R., *Apostelgeschichte, Bd II*, S. 104.

1. Die Verse 11–12a

Die hier verwendeten Verben der Fortbewegung verraten lk Redaktion. Es sind lk Vorzugswörter, die zudem in einer von Lukas nicht minder beliebten Konstruktion (Participium conjunctum) stehen. Zudem erhält die schnelle Schiffsreise im Kontext eine theologische Tragweite. Sie bestätigt die von Gott gewollte Missionierung Makedoniens. Die zeitlichen Angaben verraten ebenfalls lk Sprache. Die Reiseetappen (Alexandria Troas, Samothrake, Neapolis und schließlich Philippi) könnten einem Itinerar entnommen sein.[514] Wer jedoch wie ich die Itinerarhypothese ablehnt, muß die Wegstationen auf den Autor zurückführen. Entweder hat er diese durch eigene Erkundigungen gesammelt, was dem Gebrauch einer „Quelle" sehr nahekommt. Oder aber er hat die Gegend sehr gut gekannt. Wer die Heimat von Lukas in Philippi ansetzt, findet zwanglos eine Erklärung für diese Detailfreudigkeit in der Wegbeschreibung. Sie steht im Gegensatz zur spärlichen Beschreibung der Reise durch Kleinasien und setzt mit dem von Gott gewollten Übergang nach Makedonien ein. Diese Darstellung ist aus makedonischer bzw. philippischer Perspektive geschrieben. M.E. gehen deshalb auch die Reisestationen auf Lukas zurück.

2. Der Vers 12b

Der mit dem uneigentlichen Relativpronomen eingeleitete Zusatz ist zweifelsohne auf des Lukas Konto zu buchen. Für die Christen aus Philippi sind die geographische Situierung ihrer Stadt wie die Hervorhebung des politischen Status irrelevant. Im Rahmen der Apostelgeschichte erhalten diese Informationen jedoch eine doppelte Tragweite. Der Schreiber gibt sich als Ortskundiger zu erkennen. Die römische Kolonie in Makedonien bedeutet sowohl geographisch als auch theologisch eine Öffnung zum Heidentum. Zudem entspricht der Zusatz lk Sprachgefühl.

---

[514] In diesem Fall würden die Wendungen τῇ δὲ ἐπιούσῃ und κἀκεῖθεν nur sprachlich auf Lk zurückgehen, da von einem solchen Itinerar auch der Vermerk von Zeitbestimmungen zu erwarten wären. Die Wendungen entsprechen jedoch zweifelsohne lk Sprachgebrauch.

3. Der Vers 12c

Dieser Versteil bringt den zeitlichen Rahmen für die gesamte Philippi-Perikope (16,11–40) und entstammt sprachlich sowie inhaltlich aus lk Feder. Da der Zusatz in V.12b auf den Autor zurückgeht, enthält dieser Versteil wahrscheinlich den traditionellen Vermerk der Ortschaft, wobei die Namensnennung für die lokale Überlieferung nicht unentbehrlich ist. Das Demonstrativpronomen paßt gut zum Wir-Stil, da es die Binnenperspektive stärkt. Vielleicht stand hier ursprünglich ein Possessivpronomen.

4. Der Vers 13

Das Geschehen wird an einem Sabbat stattgefunden haben. Dafür spricht schon alleine der „Gottesdienst". Außerdem entspricht es paulinischer Missionspraxis, am Sabbat in den Synagogen das Wort zu ergreifen. Τῇ τε ἡμέρᾳ τῶν σαββάτων ist dem Sprachstil nach jedoch lk. Die Wortkombination τε ... καί ist sprachlich und inhaltlich lk. Sie verbindet die redaktionell geschaffene Beschreibung der Predigt an die versammelten Frauen mit der traditionellen Situierung der Gebetsstätte.

Der Verweis auf die Sitte, die Gebetsstätte außerhalb des *pomerium* zu erbauen (Infinitivkonstruktion), kann nur auf einen Ortskundigen zurückzuführen sein. Für eine örtliche Tradierung ist diese Notiz überflüssig. In bezug auf einen größeren Erzählrahmen (Apg) gewinnt der Vermerk an Relevanz. Der Schreiber weist sich als ortskundig aus und trägt der römischen Prägung der Stadt Rechnung.

Mit Sicherheit ist die Lage der Gebetsstätte am Fluß und großer Wahrscheinlichkeit ihre Bezeichnung als προσευχή der Überlieferung und darüber hinaus der Geschichte zuzuschreiben. Die topographische Beschreibung kann heute noch nachvollzogen werden. Was das Gebäude der προσευχή betrifft, so wurden bislang weder Ruinen noch Inschriften in Philippi ans Tageslicht gefördert, die den *terminus* für die Kolonie endgültig belegen. Die Existenz einer Synagoge in Philippi deswegen zu verneinen, wäre falsch. Denn frühe Synagogenreste und Inschriften sind nunmal „Stecknadeln im Heuhaufen".

Ähnlich kann die Anwesenheit von lediglich Frauen nicht mit Sicherheit belegt werden, vor allem da Lukas theologisch an solchen sehr gelegen ist. Das sozio-kulturelle Umfeld der Kolonie macht ihre Präsenz jedoch wahrscheinlich. Vielleicht haben sich die Missionare, den Gepflogenheiten entsprechend, zu den Versammelten hingesetzt. Es ist jedoch nicht mehr auszumachen, inwiefern dies im Überlieferungsgut schon beschrieben wurde. Die Wortwahl des Lukas (λαλέω, καθίζω, συνέρχομαι) stellt eine subtile Anspielung auf andere Lehrsituationen dar. Sprachlich und inhaltlich gehen diese Verben also auf Lukas zurück. Der Autor meint ganz gezielt das Predigen der Botschaft, das er auch anderswo mit diesen *termini* umschreibt. Er skizziert eine Versammlung, die religiösen Charakter hat.

5. Der Vers 14

Traditionell und darüber hinaus geschichtlich sind zweifelsohne der *Name*, bzw. das Ethnikon sowie die *Berufsbezeichnung* und die *Herkunft aus Thyateira*. Die epigrapischen Belege beweisen dies. Nicht ganz so eindeutig steht es um ihre *Gottesfurcht*, da die Belege für Philippi fehlen. Aufgrund jedoch der weitverbreiteten Belege für die Existenz dieser Glaubensgruppe ist der traditionelle Charakter dieser Information sehr wahrscheinlich. Die Wortwahl ist für letzteres jedoch lk. Zur Bekehrung gehört natürlich das *Hören* der Botschaft, sonst wäre eine Taufe gleichweg unmöglich. Mit dem Verb ἀκούω drückt Lukas sich jedoch gewählt aus: das Wort erhält eine religiöse Tragweite. Die Erklärung, wonach der Herr der Lydia zum Verständnis von der Predigt des Paulus das Herz öffnet, geht ausschließlich auf die Redaktion zurück. Sprache und Thematik zeigen dies.

6. Der Vers 15

Mit Sicherheit wurde die Taufe im ursprünglichen Überlieferungsgut vermerkt. Sie dürfte sogar den eigentlichen Höhepunkt der Erzählung ausgemacht haben. Die jetzige Formulierung berichtet nur noch nebenbei von der Taufe, was den Akzent der Erzählung verschiebt. Die Bekehrung der Hausgemeinschaft ist historisch nicht unmöglich und kann deshalb in der Tradition verankert gewesen sein. Ein sicheres Urteil ist jedoch nicht möglich. Das Hausmotiv wird jedoch von Lukas gezielt eingesetzt. Die Formulierung floß also aus seiner Feder. Daß die Missionare in das Haus der Lydia einkehrten und dort verweilten, ist historisch plausibel. Inhaltlich birgt aber auch die Wortwahl (εἰσέρχομαι, μένειν) eine subtile Anspielung an verwandte Szenen im Evangelium. Der Kern der philippischen Gemeinschaft dürfte in ihrem Haus entstanden sein. Die Schlußbemerkung bezüglich der Nötigung durch Lydia geht sprachlich und inhaltlich auf Lukas zurück.

7. Der Vers 40

Der Schlußvers ist wohl, wie Sprache und inhaltlich-theologische Akzente zeigen, ganz auf das Konto des Lukas zu buchen, der offensichtlich unterschiedliche Überlieferungen aus Philippi miteinander verknüpft hat und diesen mit dem Schlußvers den nötigen Rahmen gibt.

Zusammenfassend ist festzustellen, daß der Anteil an der lk Redaktion in dieser Perikope äußerst hoch ist. Der Kern der Missionserzählung basiert jedoch mit ihren Fakten auf „sehr alter Lokaltradition. Dies ergibt sich aus einigen Erzähldetails, die kulturgeschichtlich und archäologisch erstaunlich zutreffend bestätigt wurden"[515]. Der Wortgehalt dieser Tradition ist natürlich nicht mehr zu bestimmen. Die Überlieferung wird mit Sicherheit Informationen über die Taufe der Lydia durch Paulus, Erstbekehrte der Gemeinde, Zeitpunkt, Ort und Umstände enthalten haben, die in die Perikope mit eingeflossen sind. Teil des Überlieferungsguts war wohl auch die Schilderung der aktiven Unterstützung der frisch gegründeten Gemeinde durch Lydia und ihr Haus. Falls die lokale Überlieferung auch von der aktiven Teilnahme der Lydia im Gemeindeleben von Philippi berichtete, hat Lukas solche Informationen aus voraussichtlich theologischen Beweggründen nicht übernommen.

Diese Gründungstradition hatte mit „Überlieferungen über Apostel, andere Leiter der Kirche und die Gemeinden"[516] wohl ebenfalls „ihren Platz in der Verkündigung des Evangeliums und der Paränese", wie die paulinischen Briefe zeigen. Paulus verkündet den Gemeinden das Evangelium der Auferstehung Jesu Christi, dazu gehört aber auch eine Botschaft über die Apostel (1Kor 15,3ff.). Glaube und Leben einer Gemeinde sind fester Bestandteil der Missions-

---

[515] WEISER, A., *Rolle*, S. 171 A. 28.
[516] JERVELL, J., *Apostelgeschichte*, S. 64f., hieraus auch die folgenden Zitate und Beobachtungen.

verkündigung (Röm 1,8; Kol 1,6.25; 1Thess 3,6; 2Kor 7,4–13), während ebenfalls die Taten der Missionare in den Gemeinden erwähnt werden (1Thess 1,8ff. 2Kor 3,2; Kol 1,4ff.). In seinen Gemeinden berichtet Paulus über andere Gemeinden (2Thess 1,4; 1Kor 16,1; 2Kor 2,12; 10,12–18), die er mitunter als Beispiel heranzieht (2Kor 8,1–5; 9,1–2.12–14; Röm 16,19). Wie man sieht, bietet die Verkündigung der Botschaft durch Paulus an die Gemeinden „die besten Bedingungen für eine Traditionsbildung" über die Missionare und Apostel, die gegründeten Gemeinden und ihre Leiter. So wird auch die Kunde über die Gründung der Gemeinde in Philippi nicht nur vorort tradiert worden sein. Der Missionsbericht wird Teil der Verkündigung Paulus in den später gegründeten Gemeinden in Makedonien und anderswo gewesen sein.

Drittes Kapitel

Die Theologie in 16,11-15.40

I. Einleitung

Die nun folgende Auslegung versucht nach der lukanischen Deutung der Bekehrungsgeschichte dieser Lydia zu fragen. Deshalb sei nochmals kurz an die wichtigsten redaktionskritischen Überlegungen erinnert, um somit die theologischen Akzente, die der Schreiber setzt, zu erheben.

Manche theologische Motive sind zu ihrem besseren Verständnis im Kontext des gesamten Werkes anzusiedeln. Es werden hierbei, manchmal bisher unbeachtete, Feinheiten der lk Komposition zum Vorschein kommen, da der Autor des Doppelwerkes – mag seine wahre Identität für uns auch ein Rätsel bleiben – sich und vor allem seine Deutung der Heiligen Geschichte schriftstellerisch durch unscheinbare Details zu erkennen gibt.

II. Auslegung

§ 1 Philippi, Heimat des Lukas

In Philippi fand Lukas die Überlieferung von Lydias Bekehrung vor, die als Gründungstradition der örtlichen Gemeinde von Generation zu Generation weitergegeben wurde. Dabei gibt es gute Gründe, die Heimat des Lukas in Makedonien und zwar genau in dieser Stadt anzusetzen. Den bisher erwähnten Argumenten habe ich durch die textkritische Diskussion zu V.13 noch ein weiteres angefügt: Nur ein Ortskundiger kann von der Sitte gewußt haben, die προσευχή außerhalb der Stadtmauer aufgrund des mit ihr gleichlaufenden *pomerium* zu bauen. Für eine lokale Tradierung ist diese Information überflüssig. Für ein weiteres Publikum begründet Lukas somit, warum sich die Missionare außerhalb der Stadt begeben, betreten sie doch laut Darstellung in der Apg zum ersten Mal die römische Kolonie. Weswegen sollen die Missionare eine Gebetsstätte wohl außerhalb der Stadtmauer vermuten? Die von François Bovon geäußerte Vermutung und von Peter Pilhofer erstmals belegte These, Lukas stamme aus Philippi, erhalten somit eine weitere Bestätigung. Im folgenden Kommentar zur Perikope finden sich noch weitere inhaltlich-theologische Beobachtungen, die diese Argumente unterstützen.

Ich möchte nunmehr einige weiterführende Überlegungen in diese Richtung wagen. Zunächst ein negativer Befund: Die spärlichen Nachrichten des Lukas über die Stadt Antiochien und die Vorgänge dort machen „eine persönliche Herkunft des Lukas aus der syrischen Metropole, wie sie in späteren altkirchlichen Quellen berichtet wird, sehr unsicher".[1] Im Vergleich zu Philippi sind die Kenntnisse des Lukas über Antiochien eher schwach.[2]

Die m.E. berechtigte Vermutung, daß Lukas aus Makedonien stammt und (zeitweise) Glied der christlichen Gemeinde in Philippi war, kann zudem den Ausgangspunkt für weitere Betrachtungen bieten. Einerseits hatten die Gemeinden an Erstbekehrten, vor allem wenn diese von Paulus getauft wurden, ein reges Interesse. Plausibel ist andrerseits auch, daß Lydia in der frühen philippischen Gemeinde eine wichtige Rolle spielte. Zumindest hat man es für lohnenswert gehalten, die Erinnerung an ihre Bekehrung und ihre materielle Unterstützung aufrechtzuerhalten.

Dann liegt doch der Gedanke nahe, daß Lydia schon im Anfang des Gemeindelebens als Leitbild fungierte. Die Gemeinde wird schon sehr früh die Erinnerung an Lydias Taufe und ihren Einsatz als Modell christlichen Verhaltens tradiert haben. So schlußfolgert Lilian Portefaix richtig: „Consequently, we can suggest that Lydia became an important model of conversion for pagan women who were attracted to Christianity, and to the Christians this prestigious model supported their conversion to the new religion."[3] Trifft dies zu, dann drängt sich folgende Frage auf: Inwiefern hat die in Philippi kursierende Lydia-Überlieferung und das somit vermittelte Frauenbild die lukanische Theologie beeinflußt? Schon Johannes Leipoldt urteilt: „Man darf schließen, daß Lukas' Urteil über die Frau durch seine Missionserfahrungen mitbestimmt ist."[4] Einige theologische Motive wären somit aus dem philippischen Hintergrund heraus zu verstehen. So zum Beispiel seine *Prädilektion für Frauengestalten*.

---

[1] HENGEL, M./SCHWEMER,M. A., *Paulus zwischen Damaskus und Antiochien*, S. 36 u. A. 130f.

[2] PILHOFER, PETER, *Luke's knowledge of Pisidian Antioch*, in: DREW-BEAR, THOMAS/ TASLIALAN, MEHMET/THOMAS, CHRISTINE M. (Hrsg.), *First International Congress on Antioch in Pisidia*, Ismit 1999, S. 70–76.

[3] PORTEFAIX, L., *Sisters Rejoice*, S. 171.

[4] LEIPOLDT, JOHANNES, *Die Frau in der antiken Welt und im Urchristentum*, Leipzig 1953 [2]1955, S. 184.

Vielleicht läßt sich gar die Erwähnung des *Augustus* (Lk 2,1ff.) auf die Geschichte der Kolonie und ihre augusteische Prägung zurückführen. Eigenartig ist jedenfalls die latinisierte Formulierung Καῖσαρ Αὐγούστος. Zum einen sind solche Transliterationen in Philippi epigraphisch belegt. Die eigentümliche Sprachsituation in der Kolonie bringt mit sich, daß lateinische Inschriften mitunter im griechischen Alphabet gesetzt sind.[5] Zum anderen sei nochmals auf die starke römische Prägung der Kolonie im 1. Jhdt hingewiesen, die zu einem gewissen Maß Inbegriff für das augusteische Zeitalter war.[6] Der Kaiserkult wird – ohne dessen Tragweite für die Bewohner der Stadt überzubewerten – zum religiösen Erfahrungshorizont auch der Christen in Philippi gehört haben.

Außerdem interessiert sich Lukas besonders für die Bekehrung von *Griechen*, um sie als Beispiel und Modell einer *vocatio gentium* anzuführen, wie François Bovon zurecht betont: „Luc s'intéresse particulièrement à la conversion des Grecs comme modèle et exemple d'une vocatio gentium."[7] Die philippische Gemeinde besteht im 1. Jhdt nachweislich größtenteils aus Christen griechischer Herkunft.[8] Lukas war m.E. selbst Grieche, der jedoch nicht aus einem rein heidnischen Umfeld stammt, sondern dem Judentum schon sehr nahe stand.

Denn besonders fällt die Vorliebe des Lukas für die Gottesfürchtigen auf. Tatsächlich rückt Lukas die Gottesfürchtigen in ein sehr günstiges Licht, wie es die Schilderungen des Hauptmanns von Kapharnaum (Lk 7,4-5), des äthiopischen Finanzministers (Apg 8,27-29),[9] des Cornelius (Apg 10,1-2), der Purpurhändlerin Lydia (16,14) oder des Titus Justus (18,7) zeigen. „Wahrscheinlich zeichnet er einige Gestalten so liebevoll, weil er selbst aus diesem Milieu kam."[10] Im Vergleich

---

[5] S. hierzu DUCREY, PIERRE, *Le recueil des inscriptions grecques et latines de Philippes de Macédoine: Etat des questions*, Πρακτικά του Η' Διεθνούς Συνεδρίου Ελληνικής και Λατινικής Επιγραφικής, Αθήνα, 3-9 Οκτωβρίου 1982, Τόμος Β', Athen 1987 [1992], S. 155-157; PILHOFER, P., *Philippi I*, S. 86 und im Katalog, ders., *Philippi II*: 048/L304; 614/L651; 644/L602.

[6] BORMANN, L., *Philippi*, S. 28ff.34ff.

[7] BOVON, F., *L'oeuvre de Luc*, S. 250.

[8] S. neben Phil 2,25-30; 4,2.18 die Quellen samt ausführlicher Diskussion bei PILHOFER, P., *Philippi I*, S. 240-245.

[9] Der Äthiopier ist bestimmt kein Proselyt gewesen. Das ergibt sich aus Dtn 23,1f., wonach ein Kastrat die Beschneidung nicht empfangen und somit „nicht zur vollen Gesetzeserfüllung herangezogen werden" kann (WEISER, A., *Apostelgeschichte I*, S. 212), sowie aus den kultischen Verpflichtungen, die mit seinem hohen Amt verbunden sind. Lukas muß sich dessen bewußt gewesen sein, jedoch bezeichnet er den „Kämmerer, Hofbeamter der Kandake, der Königin der Äthiopier, der ihren ganzen Schatz verwaltete" nicht *expressis verbis* als Heiden. Denn die Erstbekehrung eines Heiden muß durch Petrus geschehen. „Die erste Taufe eines Heiden wäre der Ehre zuviel für die Nebenfigur Philippus gewesen" (HENGEL, M./SCHWEMER, A. M., *Paulus zwischen Damaskus und Antiochien*, S. 103; zur Person des Äthiopers s. BARRETT, C.K., *The Acts of the Apostles*, ICC 5/1, Edinburgh 1994., S. 424ff.; AVEMARIE, F., *Tauferzählungen*, S. 54-67). So sehr die Gottesfürchtigen in der lk Darstellung der Heidenmission eine zentrale Rolle spielen, beschränkt Lukas keineswegs die paulinische Mission auf die Sympathisanten für das Judentum, wie beispielsweise die Episode des Kerkermeisters in Philippi (Apg 16,23-36) zeigt. „Ebenso erwähnt Lukas in Lystra, Derbe und in Perge (Apg14,8-18), wo Pauls und Barnabas das Evangelium offenbar durchaus erfolgreich verkündigten, keine Synagoge" (HENGEL, M., *Der Jude Paulus und sein Volk*, S. 364).

[10] HENGEL, M./SCHWEMER, A.M., *Paulus zwischen Damaskus und Antiochien*, S. 104.

zu den „verzerrten und oft von Haß erfüllten Berichte"[11] der lateinischen und griechischen Autoren des 1. Jhdts v. Chr. bis zum 2. Jhdt n. Chr. zeichnet der nichtjüdische Schriftsteller Lukas ein auffallend positives Bild vom Judentum.[12] Auf jeden Fall ist Lukas sehr an einer schematischen Darstellung der Gottesfürchtigen gelegen, vielleicht weil er diese „als potentielle Leser seines Werkes"[13] ansprechen möchte. Dazu paßt ganz gut sein LXX-Sprachstil und die Tatsache, daß Lukas typisch jüdische Begriffe und Sitten nicht weiter für seine Leser erklärt.[14] Lukas schreibt ein Griechisch, das sehr gut in den Kontext des hellenistischen (Diaspora-)Judentums paßt.[15]

Am Rande sei noch an die lukanische Vorliebe für das Hausmotiv erinnert. Das Gemeindeleben in Philippi hat sich – so wie noch in den meisten Gemeinden – bestimmt lange Zeit in einem Haus abgespielt. Lukas ist wohl eher ein Stadtmensch. Die Hervorhebung der Stadtmission durch Jesus und die entsandten Jünger bietet hierfür einen deutlichen Hinweis. Vom οἶκος gelangt das Wort zur πολίς. Die Motive der Stadtmission und Bekehrung von Häusern sind im lk Doppelwerk eng miteinander verbunden.[16] In dieser Stadt gab es Heiden, die dem Judentum nahestanden. Aus dem Kreis solcher Sympathisanten stammt Lukas vielleicht selbst. Auf jeden Fall ist er den Gottesfürchtigen sehr wohlgesonnen.

Die Heimatstadt des Autoren ad Theophilum ist sehr wahrscheinlich im paulinischen Missionsgebiet gelegen, wodurch sich gut die große Bedeutung des Paulus in der Apg erklären ließe.[17] Auch deshalb ist vorstellbar, daß die Gemeinde, in der Lukas lebt und schreibt, durch den Heidenmissionar Paulus persönlich gegründet wurde.

Sollte es etwa keinen *genetischen Zusammenhang zwischen theologischen Optionen und der historischen Situation des Lukas* geben? Die hier angeführten Überlegungen sind natürlich spekulativ.

---

[11] HENGEL, MARTIN, *Der Jude Paulus und sein Volk. Zu einem neuen Acta-Kommentar*, ThR 66/3 (2001), S. 346 A. 38.

[12] Die Zusammenstellung der Belege nebst Kommentar bei STERN, M., *GLAJJ*; zur Fragestellung s. HENGEL, MARTIN, *Early Christian Scripture as a Source for Ancient Judaism*, in: HENGEL, M./BARRETT, C.K., *Conflicts and Challenges in Early Christianity*, hrsg. v. HAGNER, D.A., Harrisburg 1999, S. 14–31.

[13] WANDER, B., *Gottesfürchtige und Sympathisanten*, S. 199.

[14] Ähnlich auch JERVELL, J., *Apostelgeschichte*, S. 74–75 auch A. 134; hier eine kurze Auflistung der lexikalischen und syntaktischen Wendungen, die sich in der LXX finden oder durch das Aramäische oder Hebräische geprägt sind. Auffallend sind zugleich die Streichungen und Kürzungen einiger Gesetzesdebatten aus Mk. So fehlt beispielsweise jede Parallele zu Mk 7,1-23; 10,1-12. Das lk Gesetzesverständnis – wie es vor allem in Apg 15,10 anklingt – ist „weithin unjüdisch" (CONZELMANN, H./LINDEMANN, A., *Arbeitsbuch*, S. 341). Doch widersprechen diese Beobachtungen keinesfalls, sondern passen gut ins Bild: Es wäre dann der theologischen Selbständigkeit eines *gottesfürchtigen Heiden* (also kein Volljude!) zuzuschreiben, der indes zum *Christentum* konvertiert hat. Außerdem schreiben die Evangelisten jeweils für ein anderes Publikum.

[15] Dazu gehören dann auch die Septuagintismen, die er als gewähltes Stilmittel einsetzt, um etwa erbaulich-biblisch zu wirken. Das Milieu der Gottesfürchtigen und eine bestimmte Nähe zur Synagoge würden ideale Voraussetzungen zum erwerben solcher Sprachfertigkeiten bieten. Ähnlich JERVELL, J., *Apostelgeschichte*, S. 75 A. 136. Daß Lukas gut mit den jüdischen Sitten vertraut war, zeigt beispielsweise seine Schilderung des Synagogengottesdienstes in Lk 4,16ff.

[16] Vgl. hierzu unten Abschnitt II § 6,2.

[17] Ähnlich schon WEISER, A., *Apostelgeschichte I*, S. 40.

Gewiß kann man den Ursprung dieser theologischen Motive verschieden erklären, ohne dabei auf solch eine gewagte Hypothese zurückzugreifen. Aber sind diese Überlegungen wirklich zuweit hergeholt? Die Lebensumstände der Gemeinde(n) des Lukas und die dort gesammelten Glaubenserfahrungen müssten sich in seiner Theologie widerspiegeln. Übereinstimmungen sind nicht nur zu erwarten, sondern ihr Fehlen wäre gleichsam merkwürdig. Setzt man die Heimat des Lukas in Makedonien näher in Philippi an, so fügen sich die genannten „Puzzlestücke" gut zu einem Gesamtbild zusammen. Eine systematische Überprüfung möglicher Korrelationen dürfte wohl genügend Stoff für eine weitere Forschungsarbeit bieten.

§ 2 Die Reiseroute nach Philippi

Die in V.11–12a beschriebene Reiseroute entspricht ganz und gar lk Wortwahl. Wird die Heimat des Lukas in Philippi angesiedelt, so ist seine Kenntnis hierüber kein Wunder. Daß die Fahrt in zwei Etappen durchgeführt werden kann und in den Sommermonaten mit günstigen Windbedingungen zu rechnen ist, bedarf keiner besonderen Quellen. Die Vermutung eines Itinerars als Grundlage ist dann entbehrlich. Wenngleich die Existenz einer Vorlage, die die Reisestationen nannte, nicht schlüssig widerlegt werden kann, so ist für unsere Perikope ihre Voraussetzung keineswegs zwingend.

Die im Wir-Stil gehaltenen Formulierungen geben ebenfalls keinen Hinweis auf Tradition. Die Verben in der 1. Person Plural konnten mit Sicherheit der lk Komposition zugeordnet werden. Beide Verben der Fortbewegung in V.11–12a sind lk Vorzugswörter. Gleiches gilt für die übrigen Verben in diesem Abschnitt. Wortschatz und Stil verraten immer die Redaktion durch Lukas.

Die erste Wir-Sektion beginnt mit dem Aufruf im Traum, nach Makedonien überzusetzen (V.10). Die nächtliche Vision eines Mannes, der seine Heimat darstellt, leitet einen beachtlichen Wendepunkt in der Heilsverkündigung ein. Das Evangelium kommt nach Makedonien. 16,8–10 steht wie andere *commissioning accounts* an einer bedeutsamen Stelle der Apg[18] und gibt dem Moment eine besondere theologische Tragweite. Besonders die Träume und Visionen des Paulus (16,9f.; 18,9f.; 22,17–21; 23,11; 27,23f.)[19], die in Form und

---

[18] S. hierzu HUBBARD, BENJAMIN J., *The Role of Commissioning Accounts in Acts*, in: TALBERT, CHARLES H. (HRSG.), *Perspectives on Luke-Acts*, PIRS.SSS 5, Danville/Edinburgh 1978, S. 187–198.
[19] Natürlich sind in diesem Kontext noch die Christusvision bei Damaskus (9,1–19a; vgl. 22,1–16; 26,12–18) und die Stellen zu nennen, wo die Mission des Paulus vom Heiligen Geist geleitet wird (13,2.4; 16,6f.; 20,22f.; 21,4.11).

Bedeutung an alttestamenliche und griechisch-römische Überlieferungen erinnern, möchten verdeutlichen, „daß Gott selbst es ist, der den Weg des Evangeliums Jesu Chrsiti durch die Welt bahnt"[20]. Lukas hat solch ein Darstellungsmittel auch 16,9f. mit Bezugnahme auf die folgenden Episoden benutzt. Der nun folgende Schritt ist von Gott gewollt und durch sein Eingreifen gesichert.

Dabei hat der Verfasser keineswegs den Kontinent Europa – wie die meisten Kommentatoren behaupten – als Ziel der von Gott gewollten Reise vor Augen[21]. Verständlicherweise ist man als moderner Europäer an den Anfängen des Christentums in Europa interessiert. Dies mag auch die Vokabel *Europa* gewissermaßen rechtfertigen. Ob dies nun den Standpunkt des Verfassers Lukas widerspiegelt, ist mehr als fraglich. M.E. war diese Deutung dem Lukas fremd. Hierfür gibt es gleich mehrere Argumente.

Nun ist der wortstatistische Befund schon sehr aufschlußreich. Der Begriff Εὐρώπη findet sich weder in der Apg noch im Lk, er begegnet nirgendwo im NT.[22] Der Text spricht hingegen von einem ἀνὴρ Μακεδών, der bittet: διαβὰς εἰς Μακεδονίαν βοήθησον ἡμῖν (V.9). Unverzüglich suchen die Missionare nach einer Gelegenheit, nach Makedonien zu reisen, da sie überzeugt sind, daß es dem Willen Gottes entspreche, dort das Evangelium zu verkünden (V.10). Hätte Lukas wirklich an den Kontinent Europa gedacht, so hätte er dies deutlicher zu verstehen gegeben.

Deshalb ist der Übergang nach *Makedonien* und nicht der nach Europa gemeint. Dies widerspricht nicht der Tatsache, daß Philippi in neutestamentlicher Zeit die Kennzeichnung „Tor zwischen Asien und Europa" aufwies, wie Appian es formuliert (*Bella Civilia*, IV 105: καθάπερ πύλαι).[23] Denn ein Reisender des 1. Jhdts würde beim Übersetzen von einer Küste des Hellespont auf die

---

[20] WEISER, A., *Apostelgeschichte, Bd II*, S. 415. S. weiterhin S. 412–415 den religionsgeschichtlichen Vergleich, auch WIKENHAUSER, ALFRED, *Religionsgeschichtliche Parallelen zu Apg 16,9*, BZ 23 (1935), S. 180–186; PERVO, R. I., *Profit with Delight*, S. 72f.

[21] So z.B. ELLIGER, W., *Paulus*, S. 27f.; ROLOFF, J., *Apostelgeschichte*, S. 237; SCHNEIDER, G., *Apostelgeschichte, Bd II*, S. 203; LÜDEMANN, G., *Christentum*, S. 184; besonders GLOMBITZA, OTTO, *Der Schritt nach Europa: Erwägungen zu Act 16,9–15*, ZNW 53 (1962), S. 77–82. Vgl. z.B. die angelsächsichen Autoren: JOHNSON, L.T., *The Acts of the Apostles*, Sacra Pagina 5, Collegeville 1992, S. 281.290; DUNN, JAMES, *The Acts of the Apostles*, Valley Forge 1997, S. 215.218, TALBERT, C.H., *Reading Acts*, S. 147f.

[22] Vgl. schon PILHOFER, P., *Philippi I*, S. 154f.

[23] Vgl. ELLIGER, W., *Paulus*, S. 41; BORMANN, L., *Philippi*, S. 80 A. 61.

gegenüberliegende nicht etwa einen Übergang zu einem anderen Kontinent, sondern allenfalls das Überwechseln von einer römischen Provinz (Mysien für unsere Stelle) in eine andere (Makedonien) wahrnehmen.[24]

Weder aus griechischer noch aus römischer Perspektive (im geographisch-politischen Sinn) ist der Text geschrieben. Denn aus „griechischer Sicht stellt der Übergang von Alexandria Troas nach Philippi eben _keinen_ Einschnitt dar: In Kleinasien siedelten Griechen seit Menschengedenken, in und um Philippi mindestens seit vier Jahrhunderten (an der Küste und im gegenüberliegenden Thasos noch wesentlich länger). Als Grieche war man hier wie dort »zuhause«. Ähnlich verhält es sich, wenn man das Problem aus römischer Sicht betrachtet: In diesem Fall reicht die Tradition zwar nicht so weit zurück wie bei den Griechen, doch Philippi ist seit immerhin achtzig Jahren römische Kolonie, _Colonia Iulia Augusta Philippensis_; und Alexandria Troas wurde ebenfalls schon von Augustus zur Kolonie gemacht: _Colonia Augusta Troas_. In beiden Fällen handelte es sich also um römische Städte, so daß ein Übergang von der einen zur anderen allenfalls aufgrund der dabei notwendigen Seereise als Einschnitt empfunden werden konnte."[25] Es ist eine spezifisch makedonische Perspektive, die insbesondere die Kolonie Philippi hervorhebt. Die Verkündigung soll nach Makedonien und näher nach Philippi gelangen.

Schreibt Lukas in V.11, daß die Missionare „gerade Kurs fahren" (εὐθυδρομέω), so suggeriert der seefahrtstechnische Begriff weitaus mehr. Das schnelle Vorankommen auf See entspricht nämlich dem lk Konzept, wonach die Mission in Makedonien von Gott gewollt ist. Ist doch die Mission durch Kleinasien trotz weit zurückgelegter Strecken ertraglos geblieben. So darf nunmehr das schnelle Vorankommen auf See im Gegensatz zu der langwierigen Reise auf Land, wo der Geist eigens die Missionsarbeit verwehrt, hervorgehoben werden. Auf dem Weg nach Philippi ist gar der Wind günstig! Bei der Durchquerung Kleinasiens bleibt die Wegstrecke oft unklar, nun zählt hingegen wieder jede Reiseetappe (Alexandria Troas, Samothrake, Neapolis), sogar die

---

[24] So ähnlich schon RAMSAY, W.M., _St. Paul the Traveller and the Roman Citizen_, London 1895 ⁶1902, S. 199; vgl. auch RACKHAM, R.B., _The Acts of the Apostles: An Exposition_, London 1906, S. 272; STALEY, JEFFREY L., _Changing Woman: Postcolonial Reflections on Acts 16.6–40_, JSNT 73 (1999), S. 113–135, hier 114f.

[25] PILHOFER, P., _Philippi I_, S. 155.

Reisegeschwindigkeit findet Erwähnung. Die Arbeit der Missionare in Makedonien wird – wie könnte es anders sein – von Erfolg gekrönt.

Der Einsatz des Wir (V.10) kündigte dies schon an: Der Übergang nach Makedonien bedeutet ein wichtiger Heilsmoment, hierin erfüllt sich das göttliche δεῖ.[26] Der moderne Kritiker mag etwas nüchtern von „Schwierigkeiten" oder „Hindernissen" in Kleinasien bzw. vom Erfolg der paulinischen Mission in Makedonien reden. Lukas sieht hierin die „Führung Gottes".[27]

§ 3 Die römische Kolonie

Der V.12b von Lukas eingeleitete Zusatz (ἥτις …) beschreibt eingehend die geographische Lage und die politische Verfassung der Stadt und hebt darüber hinaus ihren römischen Charakter hervor. Die Bezeichnung der Stadt liest sich „wie eine Zusammenraffung ihrer Geschichte, die von der Makedonia Prima (seit 167 v.Chr.) bis zur Colonia Julia (seit ca. 30 v.Chr.) reicht".[28] Die Ausformulierung des Zusatzes geht zweifelsohne auf Lukas zurück. Weiterhin erscheinen die hier enthaltenen Informationen zur Geographie und Verfassung der Stadt für eine lokale Tradierung gänzlich überflüssig. Einerseits mögen sie den Lokalpatriotismus des Verfassers zeigen. Daß die Erstbekehrung nach dem Apostelkonzil gerade in einer römischen Kolonie stattfindet, paßt nun andererseits vorzüglich in das lk Heilskonzept. Die Öffnung zu den Heiden erfährt nämlich mit dem Übergang nach Makedonien einen weiteren Schritt in Richtung Rom.

Chronologie und Itinerar der paulinischen Missionsreisen sind bei Lukas theologisch motiviert. Die Analyse von V.12 bestätigt, inwiefern gerade bei Lk/Apg „geographische Angaben, historische Information und theologische Tendenz zusammenhängen können"[29]. Hinter der lk Redaktion, die vorrangig theologischen Intentionen dient, stößt man dennoch immer wieder auf solide recherchierte Geschichte, so z.B. die Reiseroute von Alexandria Troas nach Makedonien. Liegt es nicht nahe zu vermuten, daß Lukas seine genauen Kenntnisse über Philippi in den Dienst seiner Theologie stellt?

---

[26] Zur theologischen Tragweite des Wirstils s. o., Kap. I, VI. Vgl. weiterhin DAVIES, PAUL E., *The Macedonian Scene of Paul's Journeys*, BA 26 (1963), S. 91–106.

[27] JERVELL, J., *Apostelgeschichte*, S. 418.

[28] GNILKA, JOACHIM, *Der Philipperbrief*, HThK X/3, Freiburg/Basel/Wien ⁴1987, S. 1f.

[29] HENGEL, M., *Der Historiker Lukas*, S. 152.

Die Verwendung der Transliteration κολωνία statt des im Griechischen geläufigen ἀποικία spiegelt nicht nur die Lokalkenntnisse des Lukas wider, sondern gibt für die Philippi-Episode gleichsam den Ton an.[30] Aus der Geschichte der Stadt Philippi geht hervor, daß trotz thrakischer und griechischer Einflüsse diese Kolonie im ersten Jahrhundert vor allem römisch geprägt ist.[31] Die archäologischen und epigraphischen Befunde bestätigen dies. Die durch Antonius erstmals gegründete Kolonie steht seit ihrer Neugründung durch Augustus als Wahrzeichen für eine Zeitenwende. Die Doppelschlacht bei Philippi (42 v.Chr.) wurde nach dem Sieg des Augustus über seinen Rivalen Antonius bei Actium (31 v.Chr.) vom Sieger neu gedeutet.[32] Der Ort Philippi, wo die Cäsarmörder Cassius und Brutus ihre gerechte Strafe erhielten, wurde nunmehr zu einem Inbegriff des augusteischen Zeitalters.[33] Das muß der *Colonia Augusta Iulia Philippensis* ohne Zweifel ein starkes römisches Bewußtsein gegeben haben. Die starke römisch, bzw. augusteische Prägung Philippis war weit über die heimischen Grenzen hinaus bekannt.[34]

---

[30] STEGEMANN, Wolfgang, *Zwischen Synagoge und Obrigkeit. Zur historischen Situation der lukanischen Christen*, FRLANT 152, Göttingen 1991, S. 215, erwägt, „ob nicht die Philippi-Episode für Lukas in einem gewissen Sinn gleichsam stellvertretend für Rom steht, d.h. hier die Konfliktebene der Christen in Rom selbst thematisiert wird". Dabei sei zu beachten, „daß die Philippi-Episode den Konflikt der christlichen Propagandisten als einen *Konflikt zwischen Juden und Römern schildert*. Dazu paßt auch, daß die Gegner hier nicht Juden oder Heiden allgemein, sondern speziell Römer sind."

[31] Diese Behauptung läßt alleine schon der städtebauliche Charakter der Stadt zu. Philippi bot im ersten und zweiten Jahrhundert „ein typisches Bild einer römischen Stadt"; PILHOFER, P., *Philippi I*, S. 77. Vgl. ELLIGER, W., *Paulus*, S. 40–44; BORMANN, L., *Philippi*, S. 28.30.

[32] BORMANN, L., *Philippi*, S. 34: „Augustus sah sich, entgegen der historischen Wahrheit, als alleinigen Sieger der Schlacht von Philippi." Die Manipulation der Fakten spiegelt sich ebenfalls im Titel der Stadt und in der Münzprägung wider, denn die „erste Bezeichnung der Kolonie nach der Gründung durch Antonius, *Colonia Victrix Philippensium*, wird demonstrativ durch eine neue ersetzt: *Colonia Iulia Philippensis*, und auf den Münzen erscheint statt des *iussu Antonii* ein *iussu Augusti*", ELLIGER, W., *Paulus*, S. 42.

[33] BORMANN, L., *Philippi*, S. 34–36: „Die politische Propaganda des Augustus sucht den Bezug zu Philippi als dem Ort des entscheidenden Sieges über die Cäsarmörder. (...) Die Kolonie Philippi, ihre Gründung und ihre Existenz, ist eng mit dem politischen Schicksal des Augustus verknüpft. Sie erinnert an einen Wendepunkt in der für die ganze Welt folgenreichen politischen Karriere des Augustus. Dieser historisch-politische Bezug wurde durch Augustus mit religiösen Motiven und den Mitteln des Kultus verstärkt und fest in der Identität der Kolonie verankert."

[34] Zumindest wenn man von dem Eindruck her urteilen darf, den die antiken historischen Autoren vermitteln, die sich mit Philippi beschäftigt haben (u.a.: Augustus, Velleius Paterculus, Lukan, Tacitus, Sueton, Josephus, Plutarch, Appian, Dio Cassius). Siehe die Diskussion bei BORMANN, L., *Philippi*, S. 68–84: „Philippi wird sofort mit der entscheidenden Schlacht zwischen den Rächern des Mordes an Julius Caesar und dessen Mördern in Verbindung gebracht.

Und eben diese Stadt wird zum Ort einer entscheidenden Szene: die der Erstbekehrung nach dem Apostelkonzil. Es ist nur schwer zu glauben, daß Lukas
diesen Tatbestand ignorierte, wo er sich doch sonst als Kenner der topographischen, geographischen und verwaltungstechnischen Details zu erkennen gibt.
Dann liegt es doch nahe zu vermuten, daß der Autor das Motiv der römischen
Prägung in den Dienst seiner allgemeinen theologischen Absicht stellt.[35] Das
muß nicht bedeuten, daß Lukas diesen geschichtsträchtigen Hintergrund etwa
für den Leser voraussetzt.[36] Aber die starke römische Prägung der Stadt nutzt
er geschickt in seinem Werk aus. Wiederholt weist er seinen Leser auf den
römischen Charakter der Stadt hin. Dies geschieht teilweise offenkundig
(κολωνία, V.12; die Intervention der römischen Beamten, bzw. der στρατηγοί,
V.20.22 sowie der ῥαβδοῦχοι, V.38)[37], teilweise diskret (römische Sitte, im
pomerium keine Gebetsstätte zu errichten, V.13). Da Philippi im hohen Maße
römisch ist und Lukas dieses Motiv auf besondere Weise herausstreicht, erhält
der Übergang nach Makedonien, Ort der ersten Bekehrung nach dem Jerusalemer
Apostelkonzil, eine besondere theologische Tragweite. Man kommt Rom und
somit dem Heidentum – nicht nur aus geographischen Gründen, sondern wegen
des spezifisch religionspolitischen Lokalkolorits der Stadt – einen (großen) Schritt
näher.

Der Ortsname erinnert an einen Wendepunkt in der römischen Geschichte, an dem die Richtung
der weiteren Entwicklung der Verfassung des Staates mit Waffengewalt bestimmt wurde. (...) Seit
der Neugründung durch Augustus ist Philippi eine Stadt, in der sich das römische
Selbstbewußtsein als Vertrauen in das göttergewollte Recht und in das begnadete Können der
julisch-claudischen Familie formiert." (S.83f.)

[35] BORMANN, L., *Philipppi*, S. 84, urteilt: „Diese mit Philippi verbundenen Vorstellungen
haben sicher auf die Darstellung der Philippiepisode (Act 16,11–40) durch Lukas eingewirkt.
Lukas, der sich immer um ein besonderes Maß an Lokalkolorit bemüht, greift neben seinem
Wissen um den Status einer römischen Kolonie auch das Selbstverständnis der lokalen Obrigkeit
als das Beharren am *mos maiorum* auf, das auch Augustus so am Herzen lag. So läßt er einen
römischen Bürger die Anklage vortragen, daß Paulus und sein Mitarbeiter Sitten und Bräuche
verkündeten, deren Ausübung sich für römische Bürger verbiete (Act 16,21)."

[36] Obwohl so manche seiner Zeitgenossen wohl über diese politischen und historischen
Hintergründe Bescheid wußten.

[37] In keiner anderen Perikope der Apg beschreibt Lukas die fungierenden Beamten mit solcher
Präzision. Die Titel entsprechen den lateinischen Pendants *duumviri iure dicundo* und den
lictores, die deren Beschlüsse ausführten. Die Bezeichnungen (στρατηγός, ῥαβδοῦχος) sind
zwar für Philippi selbst in römischer Zeit nicht epigraphisch belegt, sie geben aber zweifelsohne
die oben genannten römischen Instanzen wieder, die zudem für eine römische Kolonie wie
Philippi typisch sind. Vgl. PILHOFER, P., *Philippi I*, S. 193–199. Dort auch eine ausführliche
Diskussion und weiterführende Literaturhinweise.

Dies hat auch Winfried Elliger erkannt: „Neben der Athenschilderung ist kein anderer Bericht derartig stark von genus loci geprägt wie der Bericht von den Ereignissen in Philippi. Mehr noch: Striche man die römische Komponente, fiele der Bericht in sich zusammen. Dieser unübersehbare Zuschnitt der gesamten Darstellung auf spezifisch römische Verhältnisse zwingt zu dem Schluß, daß Lukas für die erste Missionsstation auf europäischem Boden eine römische Stadt haben wollte. Ob er das Fernziel Rom schon im Auge hatte, läßt sich nicht mit Sicherheit sagen. Unwahrscheinlich ist es jedoch nicht, denn Philippi läßt sich in der Schilderung der Apostelgeschichte durchaus als Rom in nuce verstehen".[38]

Erstaunlich ist doch auch die lk Darstellung vom Beginn der zweiten Missionsreise. Die Aktivität der Missionare wird nach dem Konvent zunächst nur summarisch dargestellt (Apg 15,30–35 in Antiochia). Über eine Wegstrecke, die viele hunderte Kilometer umfaßt, erhalten wir nur vage Angaben, von einer missionarischen Aktivität ganz zu schweigen.[39] M.E. wußte der Verfasser selbst, daß über eine solche weite Strecke die Mission nicht gänzlich ereignislos geblieben ist. Daß die Durchquerung Kleinasiens wahrhaft eine „Nicht-Missionsreise" ist, mag einerseits mit den Quellen des Lukas zusammenhängen. Andererseits birgt es ebenfalls eine theologische Deutung der Geschichte. Es besteht kein Zweifel: Für die Erstbekehrung nach dem Apostelkonzil konnte zur Illustration der Öffnung zum Heidentum kein Ort besser geeignet sein als eine römische *Kolonie*.

Weiterhin kann es kein Zufall sein, daß eben *Philippi* diese römische Kolonie ist. Alexandria Troas selbst war Kolonie, *Colonia Augusta Troas*. Römische Kolonien nennt Lukas einige, ohne sie jedoch eigens als solche erkennen zu

---

[38] ELLIGER, W., *Paulus*, S. 32.

[39] Zur Hervorhebung der philipppischen Episode tragen ja schon der Umweg durch Phrygien, das galatische Land und Mysien (Apg 16,6–8) und die Vision des Makedoniers durch Paulus (V.9–10) bei. Hat Paulus in den durchreisten Orten (z.B. Derbe, Lystra) ebenfalls bekehrt und getauft? So urteilt zumindest PESCH, R., *Apostelgeschichte, Bd II*, S. 100: „Durchziehen (vgl. 8,4) ist *terminus technicus* der Missionssprache und meint kein bloßes Hindurcheilen; beim missionarischen Zug durch Phrygien (vgl. 2,10), die an die Provinz Asia grenzende Landschaft im Inneren Kleinansiens, und das „galatische Land" (vgl. Gal 1,2; 3,1), das Phrygien und Bithynien angrenzende, von den Galatern bewohnte Gebiet um die Städte Nakolea, Dorylaion, Pessinus und Ankyra, haben die Missionare, wie wir aus 18,23 (und dem Galaterbrief) erfahren, Gemeinden gegründet." Wie dem auch sei, Lukas berichtet jedenfalls von einer Bekehrung erst wieder in Philippi!

geben.[40] Nur Philippi gebührt diese Ehre. Die schon oft genannten Motive und Details, die die Philippi-Perikope vorbereiten und hierin vorkommen, zeigen, daß der Übergang nach Makedonien nicht nur aus makedonischer, sondern darüber hinaus aus Philippischer Perspektive erzählt wird. Jedoch nicht nur die Wegstrecke von Jerusalem nach Philippi bleibt missionarisch gesehen ereignislos, auch die Weiterreise überrascht. Neben Apollonia ist Amphipolis in Apg 17,1 als Station auf dem Weg von Philippi nach Thessalomiki genannt. Aber auch für Amphipolis bietet Lukas keinerlei Nachrichten über missionarische Aktivitäten. „Daß der alte Hafen von Philippi den Apostel nicht besonders reizte, ist verständlich, Neapolis hatte nicht viel zu bieten. Aber warum nicht Amphipolis, die Hauptstadt eines der vier makedonischen Distrikte?"[41]

Dieses Schweigen mag auch historische Gründe haben. Vielleicht hat sich eben in der Hauptstadt des ersten Distrikts von Makedonien nicht viel ereignet. Dennoch, Amphipolis war weitaus größer und wohlhabender als Philippi und hat in der Geschichte dieser Gegend eine nicht geringe Rolle gespielt. Diese „totale Vernachlässigung von Amphipolis"[42] im Bericht der Apg ist auffällig. Aber im Gegensatz zur römischen Kolonie Philippi war Amphipolis eine *griechische* Stadt, und kommt deshalb auch aus theologischen Gründen für den Autor der Apg weniger in Frage.

Schließlich zeigen die Längen der verschiedenen Episoden, die sich in makedonischen Städten abspielen, die Prädominanz der Philippi-Episode. Der missionarischen Arbeit des Lukas in Thessaloniki widmet Lukas 9 Verse, die Erzählung in Beröa ist gleichsam auf 5 Verse zusammengestrichen. Die Philippi-Perikope erfreut sich hingegen einer besonders ausführlichen Berichterstattung mit nicht minder als 28 Versen (abzüglich der Reisenotizen V. 11–12). Hierin liegt „ein klarer Beweis für das außergewöhnliche Interesse des Erzählers an dieser Stadt"[43]. Die erste Bekehrung nach dem Apostelkonvent sollte in einer *römischen Kolonie* stattfinden und diese sollte keine andere als *Philippi* sein.

---

[40] Die Liste dieser Kolonien s. o., Kapitel 2, Abschnitt I § 2 zu κολωνία.
[41] ELLIGER, Winfried, *Mit Paulus unterwegs in Griechenland. Philippi, Thessaloniki, Athen, Korinth*, Stutgart 1998, S. 15.
[42] ELLIGER, W., *Mit Paulus*, S. 15.
[43] MEINARDUS, O.F.A., *Paulus*, S. 12.

§ 4 Der zeitliche Rahmen

Die V.12b enthaltene Bemerkung über den „mehrtägigen" Aufenthalt der Missionare in der Stadt entspricht wiederum ganz lk Sprachstil. Außerdem versteht sich die ungenaue Zeitangabe ἡμέρας τινάς als zeitliche Rahmenangabe für den ganzen Philippi-Aufenthalt. Hierbei besteht keine Spannung zu der Zeitangabe ἐπὶ πολλὰς ἡμέρας (V.18). Apg 16,11–12.40 verstehen sich folglich als Rahmenverknüpfung, die die Bekehrung der Lydia einerseits mit dem vorangegangenen (V.9) und dem folgenden Geschehen (17,1ff.) verbindet und andererseits verschiedene Lokaltraditionen narrativ umschließt.[44]

§ 5 Paulus predigt den versammelten Frauen bei der Proseuche

1. Ort und Zeitpunkt des Taufgeschehens

Wenn Lukas die Bekehrung der Lydia in einer προσευχή, vor der Stadtmauer bzw. ἔξω τῆς πύλης παρὰ ποταμόν situiert, so entnimmt er zweifelsohne diese Angaben dem lokalen Überlieferungsgut. Der mit der Partikel οὖ eingeleitete Nebensatz ist sprachlich wie inhaltlich auf Lukas zurückzuführen. Da die im NTG[27] festgehaltene Lesart m.E. unzulänglich ist, muß ἐνομίζετο als ursprünglich betrachtet werden. Es ist ein Verweis auf die römische Sitte, eine jüdische Gebetsstätte nicht innerhalb des *pomerium* zu erbauen.

Für eine lokale Tradierung ist diese Notiz überflüssig. Für einen weiteren Leserkreis motiviert Lukas somit den Weg zur Gebetsstätte außerhalb der Stadtmauer. Diskret trägt Lukas zudem im Rahmen einer größeren literarischen Einheit dem römischen Charakter der Kolonie Rechnung. Die einzelnen Angaben zur Situierung der προσευχή haben sehr starkes Lokalkolorit und sind durch archäologische Funde größtenteils historisch abgesichert.

Die zeitliche Einordnung τῇ τε ἡμέρᾳ τῶν σαββάτων von Lydias Taufe geht sprachlich erst auf Lukas zurück, wird aber aufgrund der traditionellen Nennung der Gebetsstätte wohl aus der Überlieferung stammen. Diese Information formuliert er im LXX-Stil aus und deutet mit weiteren *termini* (καθίζω, λαλέω, συνέρχομαι) einen jüdischen Gottesdienst an, woran Lukas aufgrund seines

---

[44] Die übrigen Abschnitte (V.16–18.19–24.25–34.35–40) stellen mehr oder minder redaktionell überarbeitete Einzelepisoden dar.

Missionsschemas gelegen ist. Somit wenden sich die Missionare auch in Philippi zunächst an die Juden bzw. an die Gottesfürchtigen. Das Sitzen, Reden und Versammeltsein sind hierbei Anspielungen auf verwandte Szenen, wo von der Verkündigung der Botschaft die Rede ist. Ob es sich *de facto* um einen regulären Gottesdienst gehandelt hat oder nicht, ist schwer zu entscheiden. Den Verfasser beschäftigt diese Frage – wenn überhaupt – nur peripher. Dieser lenkt das Augenmerk sofort auf das für ihn Wesentliche: die versammelten Frauen.

2. Die Anwesenheit lediglich von Frauen

Die Erwähnung von dort versammelten (gottesfürchtigen) Frauen war – dies ist m.E. wahrscheinlicher – schon traditionell mit der Bekehrung der Lydia verankert. Dafür sprechen der sozio-kulturelle Kontext in der Militärkolonie Philippi, sowie die mit Sicherheit redaktionelle Anfügung des Motivs der Herzöffnung.

Die Juden bildeten eine unbedeutende Minderheit in der Stadtbevölkerung. Die jüdische Gemeinde in Philippi war eher klein. Die Griechen bildeten den überwiegenden Anteil der Einwohnerschaft. Einige von ihnen (griechische Frauen) dürften wohl mit dem Judentum sympathisiert haben. Und da von den Frauen nur Lydia konvertiert wird, fügt Lukas rechtfertigend eine Erklärung an: Der Herr öffnete ihr das Herz. Das Wahrnehmen der Botschaft genügt nicht. Das Erschließen der Botschaft liegt nicht beim Menschen alleine. Darum greift hier der Auferstandene selbst ein, um Lydia für die Verkündigung des Paulus empfänglich zu machen.

Das Eingreifen des Herrn bzw. des Geistes wundert den Leser nicht, intervenieren beide doch regelmäßig, um die Verbreitung der Verkündigung bis ans Ende der Welt[45] zu gewährleisten (Apg 8,29; 10,19; 11,12; 13,2.4;

---

[45] Die Wendung (Apg 1,8) steht zweifelsohne im direkten Zusammenhang mit der Heidenmission und „allen Völkern" (Lk 24,47). Inwiefern das Ende der Erde geographisch mit Rom, da das Erreichen Roms gut symbolisch den Weg zur ganzen bewohnten Welt meinen kann, oder mit Spanien bzw. der römschen Provinz Hispania zu identifizieren ist, braucht hier nicht eigens geklärt zu werden. Vgl. VAN UNNIK, WILLEM CORNELIS, *Der Ausdruck EΩΣ EΣXATOY THΣ ΓHΣ (Apostelgeschichte 1,8) und sein alttestamentlicher Hintergrund*, in: ders., *Sparsa collecta. The Collected Essays of W.C. Van Unnik*, Part One, NT.S XXIX, Leiden 1973, S. 386–391; ELLIS, E.E., *Das Ende der Erde (Apg 1,8)*, in: BUSSMANN, C./RADL, W. (Hrsg.), *Der Treue Gottes trauen. Beiträge zum Werk des Lukas*, FS Gerhard Schneider, Freiburg/ Basel/Wien 1991, S. 277–288 bes. 281f. 286; POKORNÝ, P., *Theologie*, S. 103–107 bes. 105.

16,6–7; 19,1.21; 20,22–23.28; 21,4.11; vgl. 15,28; sowie die Erscheinungen des Herrn 9,10; 16,9; 18,9; 23,11). Die Verkünder des Auferstandenen reden und handeln mit dem Heilgen Geist erfüllt (Apg 4,8 Petrus; 6,5 Stephanus; 13,9 Paulus). Irgendwelche Hindernisse oder Verfolgungen können die Verkündigung deshalb nicht aufhalten.[46] Somit ist diese Intervention nur eine von vielen, die an die Gottesgefügtheit der Heidenmission erinnert. Und dennoch dürfte der Leser dieses Eingreifen des Herrn (Apg 16,14) aufgrund der von Lukas gewählten Vokabeln mit der Emmaus-Episode in Verbindung bringen (Lk 24,13–35). So wie den Jüngern die Augen aufgehen (V.31), der Auferstandene ihnen den Sinn der Schriften eröffnet (V.32) und ihnen den Sinn für das Verständnis der Schriften öffnet (V.45), so ermöglicht er auch der Lydia den Zugang zur Botschaft. Die Aufnahme der Botschaft hängt nicht vom Subjekt alleine ab. Als Vermittler agieren die Missionare, ohne deren Predigt die Botschaft nicht bis hin zur Lydia gelangt wäre. Aber letztendlich liegt die Aufnahme der Verkündigung in den Händen des Herrn.

3. Die Verkündigung durch die Missionare

Die sprachliche Ausformulierung ist in V.13 jedoch das Zeugnis lk Komposition. Dieser stellt durch seine Wortwahl (καθίζω, λαλέω) das Reden der Missionare als Verkündigung der frohen Botschaft heraus und zwar während einer Feier mit religiöser Dimension (συνέρχομαι in bezug auf τῇ τε ἡμέρᾳ τῶν σαββάτων und προσευχή). Ob es sich ursprünglich um einen authentischen synagogalen Gottesdienst gehandelt hat, ist nicht eindeutig zu entscheiden.[47]

4. Eine Frau namens Lydia

Lukas ist auf jeden Fall an der Versammlung von Frauen gelegen, in deren Mitte sich Lydia, eine gottesfürchtige Purpurhändlerin aus Thyateira, befindet (V.14a). Ihr Name, im Übrigen ein Ethnikon, sowie ihre Berufs- und Herkunftsbezeichnung entstammen zweifelsohne dem Kern der Urüberlieferung. Die

---

[46] Vgl. die Ausführungen bei DEHANDSCHUTTER, B., *La persécution des chrétiens dans les Actes des Apôtres*, in: KREMER, Jacob (Hrsg.), *Les Actes des Apôtres. Traditions, rédaction, théologie*, BEThL 48, Gembloux/Leuven 1979, S. 541–546, besonders 542f.

[47] Anders RICHTER REIMER, I., *Frauen*, S. 98.

Angaben sind darüber hinaus mit höchster Wahrscheinlichkeit historisch. Die einleitende Formulierung (καὶ τις γυνὴ ὀνόματι) geht sprachlich und inhaltlich auf Lukas zurück. Er gebraucht diese Wendung nämlich häufig. Weiterhin ermöglicht sie dem Schriftsteller, Lydia in ihrer geschlechtlichen Identität hervorzuheben. Interessant ist auch, mit welcher Detailfreude Lukas die Beschreibung der Lydia weitergibt. Lukas arbeitet mit einer gewissen Vorliebe Frauengestalten heraus. „Darin ist Lukas ein echter Vertreter des späteren Griechentums, daß er sich der Frauen annimmt", urteilte schon Johannes Leipoldt.[48]

Nun hat gerade Lukas den Schwachen und Ausgestoßenen der Gesellschaft einen wichtigen Platz in seinem Evangelium eingeräumt. Die Frau gehört innerhalb des männerorientierten Judentums dieser Bevölkerungsgruppe an.[49] Jesus war bemüht, ihr eine ebenbürtige Stellung zu geben, nicht zuletzt, indem er Frauen in seine Jüngerschar aufnahm.[50] Eben diese Tradition arbeitet Lukas

---

[48] LEIPOLDT, JOHANNES, *Der soziale Gedanke in der altchristlichen Kirche*, Leipzig 1952, S. 154f.

[49] JEREMIAS, Joachim, *Jérusalem au temps de Jésus*, Paris 1967, S. 471–492; LOHSE, EDUARD, *Umwelt des Neuen Testaments*, GNT1, Göttingen [7]1986, S. 107–109; CHARLIER, JEAN-PIERRE, *Jésus au milieu de son peuple*, tome I, LiBi 78, Paris 1987, S. 129–142.149; LIPINSKI, ÉDOUARD, Art. *Femme*, DEB (1987), S. 472–474; MOURLON BEERNAERT, P., *Marthe, Marie et les autres. Les visages féminins de l'Évangile*, Ecritures 5, Bruxelles 1992, S. 34–49. Zur Frau im (antiken) Judentum s. weiterhin SCHÄPPI, L., *Die Stellung der Frau im Judentum, im Islam und im Christentum. Ein Vergleich*, Judaica 32 (1976), S. 103–112.161–172; DEXINDER, F., Art. *Frau, III. Judentum*, TRE 11 (1983), S. 424–431.

[50] Zur Rolle der Frauen im Jüngerkreis Jesu, insbesondere in der synoptischen Tradition, siehe HENGEL, MARTIN, *Maria Magdalena und die Frauen als Zeugen*, in: BETZ, O./HENGEL, M./SCHMIDT, P. (Hrsg.), *Abraham unser Vater*, FS Otto MICHEL zum 60. Geburtstag, AGSU 5, Leiden/Köln 1963, S. 243–256; MOURLON BEERNAERT, P., *Marthe, Marie et les autres*, S. 28–31.
Vgl. die berechtigte Nuancierung bei THEISSEN, GERD/MERZ, ANNETTE, *Der historische Jesus. Ein Lehrbuch*, Göttingen 1996, S. 204: „Ein in der Forschung verbreitetes Erklärungsmuster, nach dem Jesus eine frauenfreundliche Ausnahme unter seinen patriarchalen jüdischen Zeitgenossen war und Frauen, wenn sie seine Botschaft annahmen, damit zeitgleich vom frauenverachtenden jüdischen Gesetz befreit wurden, wird eher von triumphalistischen und anti-jüdischen Motiven genährt als von den Quellen gestützt. Vielmehr ist festzuhalten, daß die Jesusbewegung eine innerjüdische Bewegung war. Die in ihrer Haltung zu Frauen erkennbare Spannung zwischen ungebrochenen patriarchalen und emanzipatorischen Tendenzen spiegelt einen unter hellenistischen Einflüssen zunehmenden Diskussionsprozeß innerhalb der palästinischen Gesellschaft wider."
Mit Recht sollte nicht die Subjektivität der verschiedenen Jesusbilder außer Betracht gelassen werden, die wohl unvermeidlich auf die jeweilige Auslegung Einfluß nimmt, vgl. HEILIGENTHAL, ROMAN, *Der verfälschte Jesus. Eine Kritik moderner Jesusbilder*, Darmstadt 1997, insbesondere zu den feministischen Jesusbildern, S. 43ff.

mit Vorliebe heraus. Diesem Ziel dient auch das Motiv der Bekehrung von Frauen aus vornehmen Kreisen (Apg 17,4.12). Überhaupt erinnert er regelmäßig an die Gegenwart von Frauen. Einige nennt er mit Namen, andere werden namenlos erwähnt. Es folgt nunmehr eine Übersicht dieser Stellen.

Im Evangelium findet sich die Elisabet gleich neunmal, so z.B. in Lk 1,36; Anna in Lk 2,36. Maria, die Mutter Jesu, nennt er zwölfmal (Mt 5mal/Mk einmal); Maria aus Magdala steht im Lk viermal, u.a. in Lk 8,2. In Lk 10,38–40 erwähnt er die Geschwister Maria und Martha; Johanna, Frau des Chuza, in Lk 8,3; Susanne in Lk 8,3. In der Apg finden sich 1,14, Maria, die Mutter Jesu; 5,1, Saphira; 9,36, Tabita; 12,12, Maria, Mutter des Johannes; 12,13, die Magd Rhode; 16,14.40, Lydia; 17,34, Damaris; 18,2.18.26, Priscilla; schließlich 24,24, Drusilla, Gemahlin des Felix, Statthalter von Jerusalem. Weiterhin erwähnt Lukas Witwen, Frauen, darunter mehrmals Gottesfürchtige, Mägde, Töchter, eine Jüngerin, eine Jüdin, prophetisch begabte Jungfrauen und die Schwester des Paulus.[51]

Und in der Apg schildert Lukas wiederholt die rege Anteilnahme von Frauen am Gemeindeleben. Lukas hebt immer wieder die wertvolle Mitarbeit von Frauen hervor, dies nicht nur unter Griechen, sondern schon in Jerusalem. Maria, die Mutter des Johannes (mit dem Beinamen Markus), empfängt in ihrem Haus die Urgemeinde (Apg 12,12ff). In Ioppe gilt Tabitha als Musterchristin, wird gar als μαθήτρια bezeichnet (Apg 9,36–42).[52]

---

[51] S. Apg 1,14; 2,17.18; 5,2.7.14; 6,1; 8,3.12; 9,2.36.39.41;13,50;16,1.13.16.18; 17,4.12; 21,5.8; 22,4; 23,16. Aus feministischer Perspektive, s. weiterhin die Darstellungen bei SAUNDERS, ROSS, *Frauen im Neuen Testament. Zwischen Glaube und Auflehnung*, Darmstadt 1999.

[52] Interessant in diesem Zusammenhang ist die Verdrängung von Frauengestalten in bestimmten Textvarianten, vgl. hierzu u.a. MARTINI, C., *La tradition textuelle des Actes des Apôtres et les tendences de l'Église ancienne*, in: KREMER, Jacob (Hrsg.), *Les Actes des Apôtres. Traditions, rédaction, théologie*, BEThL 48, Gembloux/Leuven, S. 21–35, insbesondere S. 27: „Comme exemple de mentalité, on pourrait citer ce qu'on appelle l'antiféminisme du texte occidental, et une certaine préoccupation de l'ordre dans l'exercice des charismes. Le livre des Actes est certainement ouvert pour la mission des femmes dans l'Eglise, comme le montrent la mention spéciale des femmes au cénacle (1,14) et les personnages de Tabitha (9,36) et de Lydia (16,14–15.40). C'est pour cela qu'on s'étonne de voir le texte occidental présentant en 18,26 Aquila et Priscilla dans l'ordre homme-femme, tandis que la variante alternative nous donne la séquence Priscilla-Aquila (qui se trouve aussi dans tous les témoins en 18,18). On peut se demander aussi ce qu'est devenue la «femme appelée Damaris», convertie à Athènes, que D n'a pas nommée dans son texte (17,34), et pourquoi la mention des «dames de qualité» qui embrassèrent la foi à Bérée avec «un bon nombre d'hommes» apparaît en D comme «gens de

Die Erstbekehrung nach dem Apostelkonvent schildert, wie eine *Frau* zum Glauben an Christus gelangt. Und dies fügt sich abermals sehr gut in die lk Heilstheologie. Lukas hat schon in seiner Kindheitsgeschichte Maria, die Mutter Jesu zum Leitmodell für christliches Verhalten stilisiert.[53] Für den Evangelisten „war diese Frau Maria fähig, das Wort Gottes zu hören, in sich aufzunehmen und bei der Einführung des alles-umstürzenden Heils aktiv mitzuwirken. Abgesehen von Jesus selbst hat kein Mann im Lukasevangelium eine größere, wichtigere Rolle."[54] Damit wird der Verfasser seiner Sensibilität für Frauen von Anfang an in seinem Evangelium gerecht. Hier nun lenkt er das Augenmerk auf eine Frau namens Lydia, die eine nicht geringe Rolle spielen soll.

EXKURS
Lydia, die Purpurhändlerin

Im Vorangegangenen hat sich die Solidität der Angaben zum Beruf und zur Herkunft der Lydia erwiesen (s. Kapitel 2, Abschnitt III § 1–2). Die Purpurhändlerin aus Thyateira ist keine fiktive Gestalt. Ganz im Gegenteil hat Lukas Überlieferungen in seine Perikope eingebaut, die als historisch gesichert gelten dürfen. Doch welche Absicht verfolgte Lukas hiermit? Hat er die Erwähnung ihres Berufes vielleicht als Hinweis auf ihren Reichtum verstanden? Und wollte er vielleicht somit dem Leser die Weltläufigkeit des Christentums suggerieren? Was hat(te) sich ferner der (antike) Leser unter dieser Berufsbezeichnung vorzustellen?

---

qualité, hommes et femmes en bon nombre» (17,12)." Die Textgeschichte der Apg scheint auf eine gewisse „antifeministische" Tendenz in der frühen Kirche hinzuweisen.

[53] MAHONEY, R., *Mutter Jesu*, S. 110, urteilt: „Maria genießt eine ganz andere Stellung bei Lukas als bei Markus oder Matthäus. Sollte ein Grund dafür in der Lukas zukommenden Jesustradition liegen, ist dieser Grund jedenfalls nicht in Lk 3–24 ersichtlich. Ausschlaggebend dürfte des Lukas' eigenes Konzept für den Aufbau seiner ersten zwei Kapitel gewesen sein. Hinzu kommt sein prinzipielles Anliegen, Frauen, wie überhaupt den gesellschaftlich Benachteiligten, eine positive Rolle zukommen zu lassen. Marias Rolle bei Lukas ist eine nicht nur für Frauen äußerst positive. Hierin ist auch ein Hauptpfeiler der späteren mariologischen Entwicklung zu sehen." Vgl. weiterhin zur Darstellung der Maria im lk Doppelwerk ZMIJEWSKI, JOSEF, *Maria im Neuen Testament*, ANRW II 26,1 (1992), S. 596–716, besonders S. 642–691.

[54] MAHONEY, R., *Mutter Jesu*, S. 116.

Deshalb soll im folgenden der Frage nachgegangen werden, was mit der Berufsbezeichnung πορφυρόπωλις im eigentlichen gemeint ist und inwiefern dies Aufschluß über den sozialen Status der Lydia geben kann. Zu diesem Zweck wird zunächst das Handwerk als solches und sodann das Purpurhandwerk vorgestellt. Hierbei werden die verschiedenen Arbeitsvorgänge zur Herstellung des Purpurfarbstoffes, vom Fang der Schnecke bis zur Aufbereitung des Sudes, die Färbung von Wolle und Textilien und andere Verwendungen, der Preis von Purpurwaren und der Handel mit dergleichen dargestellt. Schließlich folgt eine Skizze der sozialen Strukturen auf der Ebene des Imperium Romanum und eine Übertragung auf eine Kolonie wie Philippi. Diese Angaben sollen schließlich für die Einordnung der Lydia fruchtbar gemacht werden.

1. Das Purpurhandwerk

In den archaischen Gesellschaften Griechenlands und Italiens deckte die Familie den Kleidungsbedarf durch Eigenproduktion (s. z.B. Vergil, *Georg.* 1,294.390f.).[55] Mit zunehmender Urbanisierung konnte die nun auf engerem Raum lebende Bevölkerung nicht mehr über die Möglichkeit verfügen, die Textilien für den Eigenbedarf selbst herzustellen. So fehlt es z.B. in den städtischen Mietshäusern an fließendem Wasser zur Reinigung der Wolle oder an Platz für den Webstuhl. Fortan entwickeln sich zunehmend auch in der Textilproduktion Gewerbebranchen, wo Tagelöhner, Handwerker und Kleinhändler beschäftigt werden. Zur Zeit des Prinzipats hat sich infolgedessen das Textilgewerbe stark spezialisiert. So wurde im allgemeinen z.B. die Wolle nicht innerhalb eines einzigen Betriebes, sondern in auf unterschiedliche Arbeitsvorgänge konzentrierten Werkstätten zu Tuch verarbeitet. „Der Produktionsprozeß war also nicht primär durch eine innerbetriebliche Arbeitsteilung, sondern durch

---

[55] Im Oikos eines Adligen übernehmen die Dienerinnen folgende Arbeiten: das Mahlen des Getreides, das Spinnen der Wolle, das Weben von Stoffen. Spindel und Webstuhl gelten „als wesentliche Charakteristika des Lebensbereiches der Frau", SCHNEIDER, HELMUTH, *Einführung in die antike Technikgeschichte*, Darmstadt 1992, S. 120ff., für die folgenden Ausführungen.

eine Spezialisierung der Berufe gekennzeichnet (...)"[56]. So entstanden Spinnereien, Webereien, Walkereien und Färbereien, die z.T. Güter unterschiedlicher Qualität produzierten (Filze, Leinen, feine Tücher, usw.).[57] Im Rahmen dieser Untersuchung interessieren vor allem das Färben mit Purpur und dessen Herstellung, sowie der Handel mit dem Farbstoff und den purpurgefärbten Textilien.

Die vielfältigen *termini technici* vor allem zur Bezeichnung der unterschiedlichen Tätigkeiten bestätigen diese Spezialisierung für das Purpurgewerbe. Πορφυρεύς oder πορφυρευτής meint den Purpurfischer (z.B. Herodot IV 151; Aristoteles, *probl.* 966B 25; Dio Chrysostomus XIII 2; Pollux I 48; I 97; VII 137) πορφυρεύομαι das Fischen (Athen. XIII 604b), πορφυροβάφος bezeichnet den Färber (z.B. Athen. XIII 604b; Pollux VII 139), πορφυρεῖον und πορφυροβαφεῖον stehen für die Purpurfärberei (Strabon XVI 757; XVII 835). Die Kunst der Purpurerzeugung nennt sich πορφυροτική oder πορφυροτέκνη (Pollux VII 139). Der Purpurhändler trägt die Bezeichnung πορφυροπώλης (C.Gl. II 414,13; III 309,6; 371,22) mit dem weiblichen Pendant πορφυρόπωλις (Apg 16,14). Auf lateinisch gibt es zahlreiche inschriftliche Belege von *purpurarii* aus der Kaiserzeit (z.B. CIL VI 4016.9843–9846. 9848.32454 aus Rom; besonders für Philippi: Pilhofer, P., *Philippi II*, 650 = 646/L035, *purpurari* in Philippi). Purpurarius wird dabei für den Purpurfärber, als auch für den Händler verwendet. CIL III 5224 ist die *ars purpuraria* belegt, womit die Purpurherstellung allgemein gemeint ist. *Officina* und *taberna purpuria* meinen den Purpurladen (Plinius, *nat. hist.* XXXV 46; Dig. XXXII 91,2). CIL III 2824 erwähnt ausdrücklich einen *neg(otiator) artis purpuriae*, womit der Purpurhändler gemeint ist.[58]

---

[56] SCHNEIDER, H., *Technikgeschichte*, S. 121. Vgl. PETRIKOVITS, HARALD VON, *Die Spezialisierung des römischen Handwerks II (Spätantike)*, ZPE (1981), S. 285ff. Diese Differenzierung der einzelnen Berufsarten scheint in der Spätantike wieder abzunehmen.
[57] SCHNEIDER, H., *Technikgeschichte*, S. 121–126 zu den Verarbeitungsprozessen vom Rohstoff bis zur Tuchherstellung, auf die hier nicht näher eingegangen werden kann.
[58] Zu den griechischen Bezeichnungen für Purpur s. BESNIER, MAURICE, Art. *Purpura* (Πορφύρα), DAGR 4,1 (1877), Sp. 769–778; BLUM, Hartmut, *Purpur als Statussymbol in der Griechischen Welt*, Ant. Reihe 1, Abhandlungen zur Alten Geschichte 47, Bonn 1998, S. 20–39; DREXHAGE, HANS-JOACHIM, *Der πορφυροπώλης, die πορφυρόπωλις und der κογχιστής in den Papyri und Ostraka*, Münstersche Beiträge zur antiken Handelsgeschichte XVII (1998), S. 94–99, besonders 96ff.

Die Koloniegründungen und Städtebildungen der frühen Kaiserzeit haben das lokale Handwerk gefördert, die „zunehmende Romanisierung bringt den Aufschwung des Gewerbes auch in die provinzialen Städte (...)"[59]. Das Handwerk richtete dabei seine Tätigkeit je nach den spezifischen Lebensbedürfnissen der lokalen wie regionalen Bevölkerung.

Die oben genannte Spezialisierung des Handwerks muß im Zusammenhang mit dem sozialen Status des Handwerkes gesehen werden. Es handelt sich in der Regel um „kleine Leute, Angehörige der *plebs*, Freigelassene, im Einzelfall sogar Sklaven, die sich auf ein ganz bestimmtes Gebiet beschränkt haben"[60]. Die Betriebe u.a. des Textilgewerbes waren größtenteils kleine Werkstätten, Großbetriebe waren eher die Ausnahme. In diesen *officinae* arbeiteten höchstens 15 bis 20 Personen. Für die Handwerksbetriebe in römischer Kaiserzeit waren wohl „das Nebeneinander von Haus-, Lohn- und Handwerk, das Verwalten kleinerer und mittlerer Betriebe, die Beschäftigung von freien Arbeitern neben Sklaven, ein in der Regel vertraglich vereinbarter Arbeitslohn, der neben Geld auch die Beköstigung und Naturalien umfassen"[61] konnte, charakteristisch.

Die entstehenden Oikosbetriebe nutzten intensiv die Standortvorteile und förderten somit verstärkt die Verarbeitung der heimischen Produkte, „die überregionalen Ruf besitzen und entsprechend gehandelt werden"[62] konnten.

2. Die Herstellung des Purpurfarbstoffes

Purpur wurde in der Antike hauptsächlich aus zwei Arten von Schnecken gewonnen, der sogenannten Trompetenschnecke, d.h. dem *murex* oder *bucinum*, bzw. κῆρυξ, und der eigentlichen Purpurschnecke, *purpura* oder *pelagium*, bzw. πορφύρα genannt. Bei diesen Hauptarten von Purpurschnecken wird bei der ersten noch zwischen *murex trunculus*, *brandaris* und *erinaceus*, bei der zweiten

---

[59] KLOFT, HANS, *Die Wirtschaft der griechisch-römischen Welt. Eine Einführung*, Darmstadt 1992, S. 213; vgl. VITTINGHOFF, FRIEDRICH, *Römische Kolonisation und Bürgerrechtspolitik unter Caesar und Augustus*, AAWLM.G 1951, Nr. 14, Wiesbaden 1952.
[60] KLOFT, H., *Wirtschaft*, S. 214.
[61] KLOFT, H., *Wirtschaft*, S. 218f.
[62] KLOFT, H., *Wirtschaft*, S. 214.

zwischen *purpura haemostoma* und *purpura lapilla* unterschieden.[63] Die antiken Schriftsteller haben jedoch die beiden Arten oft verwechselt und darüber hinaus die *termini purpura* und *murex* für die Purpurschnecke sowie den Purpur allgemein benutzt.

Die Purpurschnecke lebt im Meer. Nach der Laichzeit, in der die Schnecken den schlechtesten Purpursaft haben, und während der heißesten Sommerzeit (den sog. Hundstagen), in der sie sich verstecken, lohnt der Fang sich nicht (Aristoteles, hist. an. V 547a, 13.20; Plinius, nat. hist. IX 125.133). Deshalb findet dieser zwischen Herbst und Frühjahr statt.

Laut Plinius, *nat. hist.* IX 132 werden die *murices*[64] in kleinen, weitmaschigen Reusen gefangen, in denen zuvor als Köder halbtote Muscheltiere (*conchae semineces*) gelegt wurden. Die Purpurfischer (πορφυρεύς, z.B. Aristoteles, *probl.* 966B 25; Herodot IV 151; Pollux I 48.97) versenken die glockenförmige Reuse (κημróς, κυρτίς oder κυψέλη genannt) ins Meer, die sie circa 24 Stunden später voller Purpurschnecken hinaufziehen.[65] Eine Unterart der Purpura (die sog. Riffschnecke oder Trompetenschnecke) klebte unter Wasser an Felsen entlang der Küste und wurde von Tauchern eingesammelt (Plinius, *nat. hist.* IX 130), was nicht ganz ungefährlich zu sein schien: *parum est, nisi qui vescimur periculis etiam vestiamur, adeo per totum corpus anima hominis maxime placent* (Plinius, *nat. hist.* IX 105).[66]

Nach dem Fang wurde den größeren die farbhaltige Drüse, eine Art Vene mit Verästelungen (die dem Mastdarm entlangläuft und beim After eine kleine

---

[63] SCHNEIDER, K., Art. *purpura (πορφύρα)*, PRE XXIII/2 (1959), Sp. 2000–2020, zur Terminologie und Herstellung des Purpurs 2001ff.; STEIGERWALD, G., *Die antike Purpurfärberei nach dem Bericht Plinius' des Älteren in seiner 'Naturalis Historia'*, Tr. 42 (1986), S. 1–57; SANDBERG, GÖSTA, *The Red Dyes: Cocchineal, Madder, and Murex Purple. A World Tour of Textile Techniques*, English translation from the Swedish by Edith M. Matteson from the original title: *Purpur Koschnill Krapp*, Stockholm 1994, New York 1997, S. 17–40.41–72.

[64] Laut moderner Terminologie, Plinius schreibt *purpurae*.

[65] Zum Fang der Purpurschnecken muß der Bericht des Plinius (IX, 132) berichtigt werden: es sind wohl nicht die Muscheln, die die Schnecken festhalten, vielmehr sind die Reusen so konstruiert, daß die gierigen Purpurschnecken nicht mehr entweichen können. Vgl. z.B. die Erläuterungen zur Stelle bei KÖNIG, RODERICH/WINKLER, GERHARD, *C. PLINIUS SECUNDUS d.Ä., Naturkunde. Latein-deutsch*, Buch IX, München 1979, S. 195.

[66] „Es ist nicht genug, daß wir uns unter Gefahren nähren, sondern wir bekleiden uns auch damit, und gerade gefällt uns nur das am ganzen Körper am meisten, was unter Einsatz der Lebenskraft des Menschen errungen wird." Übersetzung nach KÖNIG, R./WINKLER, G., Plinius, *nat. hist.* IX 105.

Pore besitzt, durch die der Purpursaft abgesondert wird), noch lebendig herausgeschnitten (Plinius, *nat. hist.* IX 126). Diese *venae* wurden zunächst drei Tage in Salz eingelegt, hiernach wurden sie mit Wasser in einen Bleikessel (*plumbum*) geschüttet, der durch ein langes Rohr von einem Ofen her gleichmäßig mit warmem Dampf erhitzt wurde. Gelangte der Sud zum Kochen, wurden die an der Oberfläche schwimmenden Fleischreste abgeschöpft, eine Prozedur, die ungefähr 10 Tage dauerte. Der somit gewonnene Absud diente dem Färber (*purpurarius*, πορφυροβάφος) als Farbstoff. Das Verfahren mit den kleineren Schnecken war identisch, nur daß hier das ganze Tier zunächst zerstampft wurde und dann erst in den Topf kam (Pollux I 49).[67] Jedoch schien bei dieser Verfahrensweise das Ergebnis nicht so befriedigend gewesen zu sein: Die Brühe blieb relativ unsauber, was sich auf die Qualität der Purpurfarbe auswirkte.[68] Wahrscheinlich galten diese Verfahren ebenfalls für die *bucina*.[69]

Neben diesem tierischen Purpur wurde der Farbstoff ebenfalls aus verschiedenen Pflanzen sowie aus Mineralien gewonnen. So dienten Kermesbeere (ὕσγη – granis coccum), Hyazinthe (ὑάκινθος – vaccinium), Färberröte bzw. Krapp (ἐρυθρόδανον – *rubia*) zur Herstellung von Purpurfarbe. Sogar aus an der Sonne getrocknetem Salpeter (*nitrum*) wurde Farbstoff produziert.[70] Hierbei entstand jedoch ein Purpur minderer Qualität, die Färbung der Stoffe war nicht so dauerhaft. Nicht selten wurden die tierischen Farbstoffe unterschiedlicher Herkunft getüncht oder die pflanzlichen Farben mit Mineralien versetzt (Plinius, *nat. hist.* IX,139).

---

[67] Hier wird dieses Verfahren für große und kleine Schnecken wiedergegeben. Beide Berichte (Pollux und Plinius) ergänzen wohl einander. Auch wird die Herstellung des Purpurs nicht allen Ortes dieselbe gewesen sein. S. SCHNEIDER, K., Art. *purpura*, Sp. 2004.

[68] ROOSEN-RUNGE, H., *Farbgebung und Technik frühmittelalterlicher Buchmalerei*, Bd II, Kunstwissenschaftliche Studien XXXVIII, Berlin 1967, S. 25, der die verschiedenen Prozeduren durchgeführt hat.

[69] BLÜMNER, HUGO, *Technologie*, S. 241. Plinius, *nat. hist.* IX 130, schreibt *bucinum* für Trompetenschnecke, womit modern die Schneckenart *Purpura haemostona* gemeint ist. Die heute Buccinidae genannten Schnecken liefern keine Purpurfarbe.

[70] Zur Verwendung von nitrum s. besonders Plinius, *nat. hist.* XXXI, 113; weiterhin Plinius, *nat. hist.* XVI, 77; XIX, 47; XXI, 170; XXIV, 94. Vgl. RICHTER REIMER, I., *Frauen*, S. 128ff. Jedoch ist der Kermes kein *rubens granum* (IX, 141 vgl. XVI, 32) wie Plinius schreibt, sondern eine Schildlaus. Zum Gebrauch des Insekts in der Antike, s. SANDBERG, G., *The Red Dyes*, S. 57ff.

3. Die Färbung mit Purpur

Die Färbung mit der echten Purpurfarbe (*purpura*) war dauerhaft, die mit dem aus dem *bucinum* gewonnenen Farbstoff weniger. Deshalb wurden gern *bucinum* mit *purpura* vermischt, um die Qualität zu steigern und je nach Mischungsverhältnis unterschiedliche Farbtöne zu erreichen.[71] Plinius nennt 5 verschiedene Meeresschnecken, mit denen gefärbt werden konnte, und unterscheidet die Färbung mit dem Farbstoff, der aus nur einer Schnecke gewonnen wurde, von „der Mehrfachfärbung, bei der in der Regel zwei verschiedene Spezies verwendet wurden"[72]. Die verschiedenen Purpursorten und -qualitäten ermöglichten eine breite Pallette von Farbtönen. Leider können die Bedeutungen der antiken Farbbezeichnungen heute nicht immer eindeutig geklärt werden. Denn die alten Schriftsteller umschreiben die Farbtöne häufig anhand von Beispielen aus der Natur, so z.b. im Vergleich zu Blumen, die jedoch nicht immer identifiziert werden können. Deshalb wurde sogar der Versuch unternommen, die Angaben der griechischen und römischen Autoren mit naturwissenschaftlichen Methoden zu überprüfen. Es konnten somit Farbtöne „von rot über violett bis blau"[73] ermittelt werden.

„Das Charakteristikum des Purpurs bestand also nicht in einer besonderen Farbe, es gab verschiedene Farben, die darüber hinaus durch Ersatzstoffe täuschend ähnlich imitiert werden konnten. Daß ein Gewand mit Purpur gefärbt war, konnte vielmehr daran erkannt werden, daß die Schneckenfarbe einen besonderen Glanz besaß und sehr dauerhaft gewesen ist."[74] Ein prupurfarbenes Gewand mußte also keineswegs prupurrot sein.

Die mit Kalk ausgelaugte Wolle wurde in Wasser ausgewaschen und in einer Seifenlauge ausgesotten. Eine Probe dieser gereinigten Wolle wurde in die

---

[71] Vgl. BLÜMNER, H., *Technologie*, S. 241ff.; Plinius, *nat. hist.* IX 133f.

[72] BLUM, H., *Purpur als Statussymbol*, S. 22f. Vgl. Plinius, *nat. hist.* IX 134ff., wo die sogenannte tyrische Doppelfärbung, und Plinius, *nat. hist.* IX 135.137.139–140, wo die Dreifachfärbung erwähnt wird. Ein Papyrus (Hanson Nr. 85, 3) erwähnt gar eine fünffache Färbung, S. HANSON, A.E. (Hrsg.), *Collectanea Papyrologica, Bd 2*, Papyrologishe Texte und Abhandlungen 20, Bonn 1976, S. 556f., Nr. 85 Z.3–4.

[73] BLUM, H., *Purpur als Statussymbol*, S. 24, hier auch nähere Angaben zu der naturwissenschaftlichen Forschung.

[74] BLUM, H., *Purpur als Statussymbol*, S. 24.

Farbbrühe eingetaucht und bei befriedigender Qualität auch der Rest. Etwa 5 Stunden danach wurde die Wolle herausgenommen, gekrempelt (*lana carminata*)[75] und wiederholt eingetaucht, bis sie die ganze Farbe aufgesogen hatte. Zum Trocknen wurde die gefärbte Wolle der Sonne ausgesetzt, wobei je nach Farbherstellung die Wolle ihren feurigen Glanz erhöhte. Der Farbstoff konnte auch mit Wasser oder Urin versetzt werden. Beim Aussetzen der Wolle entstand deshalb ein übler Geruch, der längere Zeit anhalten kann (Plinius, *nat. hist.* IX 127.138).[76] In diesem Zusammenhang dichtet Martial im 9. Buch seiner Epigramme (Nr. LXII)[77]:

> *tinctis murice vestibus quod omni*
> *et nocte utitur et die Philaenis,*
> *non est ambitiosa nec superba:*
> *delectatur odore, non colore.*

Die Herstellung von Purpur benötigt also folgende Infrastruktur und Rohstoffe:
- die Pflanzen bzw. Mineralien
- die Purpurschnecke
- Salz, Brennholz, Wasser
- eine Werkstatt, ausgerüstet mit *plumba*, dem Ofen (*longinqua fornax cuniculus*, Plinius, *nat. hist.* IX 133), Werkzeug wie z.B. Geräte zum Umrühren des Suds, Behälter für Schnecken und Farbstoff sowie einer Waagschale zum Abwiegen der Zutaten und der zu verkaufenden Stoffe

Purpurfärber sind nicht nur in Thessaloniki (IG X 2,1 Nr. 291), sondern in Philippi (Pilhofer, 646/L035) und darüber hinaus sogar als Zunft (Pilhofer, 697/M580) – und zwar aus *Thyateira stammend* – epigraphisch belegt.[78] Auf

---

[75] Das Krempeln (*carminare*) meint das Auflockern der Fasernbüchel.

[76] Vgl. BLÜMNER, H., *Technologie*, S. 244. Aber schon der von der Purpurschnecke abgesonderte Schleim verursacht den unangenehmen Geruch.

[77] Vgl. Martial I 49, IV 4. HELM, RUDOLF (HRSG.), *Martial Epigramme*, BAW, Zürich 1957, meint zur Stelle, daß der Geruch des Purpurs andere decken soll. Ist vielleicht nicht eher an den von Plinius erwähnten *virus grave in fuco* (IX 127) zu denken, der durch den Schleim der Purpurschnecken und der Zusetzung von Urin entsteht?

[78] Zur Diskussion s. Kap. 3.

jeden Fall bietet die Nähe zum Meer und das die Stadt umgebende Sumpfgebiet (Fruchtbarkeit des Bodens) für die tierische und pflanzliche Purpurproduktion in Philippi gute Voraussetzungen.

4. Verwendung von Purpur

Im ganzen Mittelmeerraum war der Purpur geschätzt. In Ägypten war er wohl seit dem 13. Jhdt v.Chr. bekannt. Dort könnten auch die Juden die Purpurverarbeitung vor allem für den Gebrauch im Kultus übernommen haben.[79] Auch die Assyrier, Babylonier und Perser fanden Gefallen an Purpurgewebe u.a. zur Herstellung von Gewändern für Amts- und Würdenträger, so schließlich auch die Griechen. Auch bei den Römern verbreitete sich der Purpur wohl schon zur Zeit der Monarchie als Statuszeichen und wurde allmählich zu einem Inbegriff für Luxus, so daß sich reiche Frauen gern in Purpurkleidern zeigten. Dies war sogar zur Zeit des zweiten punischen Krieges Gegenstand von Senatsverhandlungen (195 v.Chr.).[80]

Gegen Ende der Republik und zu Anfang der Kaiserzeit erfreut sich der Purpur steigender Beliebtheit, wie schon die zahlreichen literarischen Quellen zeigen. So sah sich Julius Caesar gezwungen, den Gebrauch von purpurfarbener Kleidung zu reglementieren (Suetonius 43,1). Augustus unternahm den Versuch, die Bestimmungen zu verschärfen, indem er das Tragen von Purpur auf Senatoren und Beamte einschränkte (Dio XLX 16,1). Jedoch geschah dies ohne großen Erfolg, die Bürger hielten sich kaum an die Bestimmungen.[81] Später verbot Nero seinen Untertanen, Purpurgewänder zu tragen (Suetonius 32,3), doch nach seinem

---

[79] Vgl. Ex 21,11–4; 26,1.31; 27,16; 28,5f.; 31,4 u.a. S. SCHNEIDER, K., Art. *purpura*, Sp. 2009–2018 zur geschichtlichen Entwicklung der Purpurverwendung.

[80] Ein 20 Jahre früher erlassenes Gesetz gegen den Luxus der Frauen sollte nun aufgehoben werden. Vgl. Livius XXXIV 1ff. Das Gesetz wurde schließlich vom Senat aufgehoben, was dazu führte, daß der Gebrauch von Purpur in Rom kontinuierlich anstieg. Zur Verwendung von Purpur in der Textilbranche s. weiterhin JONES, A.H.M., *Die Bekleidungsindustrie in der Zeit des Römischen Imperiums*, in: DIESNER, H.J., u.a. (Hrsg.), *Sozialökonomische Verhältnisse im Alten Orient und im klassischen Altertum*, Berlin 1961, S. 156–167.

[81] Tiberius selbst übertrat diese Vorschrift, als er zum Anlaß eines Festes einen purpurnen Mantel trug (Dio LVII 13,5).

Tod scheint das Verbot nicht mehr so streng befolgt worden zu sein.[82] Dieser knappe historische Überblick bis in die uns betreffende Epoche zeigt, wie sehr der Gebrauch von Purpur im Mittelmeerraum verbreitet war und sich wachsender Beliebtheit u.a. als Luxusartikel erfreute.

Der Purpur spielte natürlich in der Textilindustrie zum Tönen von Wolle und Stoffen eine große Rolle, insbesondere bei der Herstellung von Kleidern. Purpur galt schon sehr früh als Auszeichnung des Herrschers und behielt diese Bedeutung bis tief in das Mittelalter hinein.[83] Die *toga praetexta* (mit Purpur verbrämte Toga) wurde von hohen Amtspersonen wie z.B. Konsuln und Praetoren, aber auch von Priestern und mitunter von freigeborenen Söhnen bis zum Erreichen des Mannesalters getragen (Plinius, *nat. hist.* IX 127; Livius XXXIV 7; Juvenal, *Sat.* 10, 36ff.).[84] Purpurdecken fanden auf Speisesofas (z.B. Catull 64, 49), als Bettunterlagen (Ovid, *met.* X 267) oder in Speisezimmern (Plinius, *nat. hist.* IX 137) Verwendung und dienten ebenfalls als Sattel, des weiteren scheinen Purpurteppiche beliebt gewesen zu sein (Cicero, *Verr.* IV 59; Livius XXXIV 7,3).

Darüber hinaus diente der Purpur gelegentlich zur Herstellung von Malerfarbe, von Gesichtsschminke und zur Haarfärbung. Papierrollen sowie die entsprechenden Hülsen wurden purpurfarbig hergestellt. Schließlich wurde die Asche verbrannter Purpurschnecken medizinisch angewandt. Die κήρυκες und πορφύραι konnten in Pulverform oder als Salbe bei unterschiedlichen Erkrankungen oder Verletzungen verabreicht werden (so z.B. bei Brandblasen, chronischem Ohrengeschwulst, Mandelentzündung, Magenverstimmung usw.)[85]

---

[82] Auf jeden Fall „hört man längere Zeit nichts mehr von Purpurverboten", so SCHNEIDER, K., Art. *purpura*, Sp. 2012.

[83] SCHNEIDER, K., Art. *purpura*, Sp. 2018.

[84] Vgl. die Erläuterungen bei KÖNIG, R./WINKLER, G., *Plinius*, S. 194.

[85] SCHNEIDER, K., Art. *purpura*, Sp. 2019.

5. Preis der Purpurstoffe

sed unde conchyliis pretia, quis virus grave in fuco, color austerus in glauco et irascenti similis mare? fragt Plinius, *nat. hist.* IX 127 ironisch.[86] Die Kostbarkeit der Purpurfärbungen ergibt sich einerseits aus der umständlichen Produktion des Purpurs. Aus 12.000 Purpurschnecken können im Durchschnitt lediglich 1,4 g Farbstoff gewonnen werden.[87] Auch die Transportkosten zu Lande und zur See sowie die damit z.T. verbundenen Zollregelungen beeinflussen den Preis des Farbstoffes. Und Plinius weiß zu berichten, daß die „Preise für den Farbstoff (…) dem Ertrag der Küste entsprechend billiger [sind]".[88] Das heißt also, daß die Ergiebigkeit des Standortes, wo die Purpurschnecken gefischt wurden, ebenfalls eine Rolle spielt. Nachfrage und Angebot werden wohl ebenfalls für Preisschwankungen gesorgt haben.

Als Preis führt Plinius sodann (IX 138) 50 Sesterzen für hundert Pfund Pelagien (*pelagium*) und für die gleiche Menge *bucinum* 100 Sesterzen an. Damit möchte er etwaige Käufer warnen, die unermeßliche Preise zahlen (*qui ista mercantur immenso*). Die beachtliche Summe von 50 Sesterzen für 100 Pfund Pelagien (= 32, 745 kg) – Plinius meint Purpurschnecken (IX 125.131), modern *murex brandaris* – ergibt in etwa einen Preis von 15 Sesterzen pro kg. Die entsprechende Menge *bucinum* – Plinius meint die Trompetenschnecke (IX 130), modern Purpura haemostoma – kostete in etwa das Doppelte.[89] Dies ist die einzige uns überlieferte Nachricht über den Preis hergestellten Purpursaftes, wie er dann zum Färben gebraucht wurde.

Diese Preise mögen zur Zeit des Plinius (23/24–79 n.Chr.) Geltung gehabt haben. Plinius, *nat. hist.* IX 137 ist eine Bemerkung des Cornelius Nepos erhalten, wonach zur Zeit des Cicero (106–43 v.Chr.) 1 Pfund violetter Purpur 100, ein Pfund tyrischer mehr als 1000 Denare kostete. Gemeint ist wohl die

---

[86] Zum widrigen Geruch s.o., vgl. IX 138. Die Conchylienstoffe meinen Purpur ohne Zumischung von *bucinum* (KÖNIG, R./WINKLER, G.,*Plinius*, S. 197).

[87] FRIEDLÄNDER, P., *Über den Farbstoff des antiken Pupurs aus murex brandaris*, Berichte der Deutschen Chemischen Gesellschaft 42 (1909), S. 765–770, hier S. 766. Vgl. die Erläuterungen von KÖNIG, R./WINKLER, G.,*Plinius*, S. 194, zur Stelle.

[88] Übersetzung nach KÖNIG, R./WINKLER, G., *Plinius*, S. 103 (*nat. hist.* IX 138).

[89] S. die Erläuterungen zur Stelle bei KÖNIG, R./WINKLER, G., *Plinius*, S. 193.197.

purpurgefärbte Wolle, die nach dem Gewicht verkauft wurde.[90] Eine weitere Notiz findet sich bei Plutarch (45–125 n.Chr.), *tranq.an.* 10, wonach zur Zeit des Sokrates ein Purpurkleid in Athen 3 Minen kostete.[91] Der Prahler bei Theophrast (371–287 v.Chr.), *Char.* 23, ließ sich im Athener Basar ein Purpurgewand für den Preis von 2 Talenten vorzeigen.[92] Aus Martial (40–100 n.Chr.) IV 61,5 sowie VIII 10 geht hervor, daß eine feine tyrische *lacerna* (=eine sagumartige Purpurpelerine) 10.000 Sesterzen kostet. Und X 41,5 soll ein Praetor gar 100.000 Sesterzen für ein Purpurkleid bezahlt haben. Der griechische Kirchenschriftsteller Clemens von Alexandria (2.Jhdt) berichtet *paedag.* II 11, 115, 4, daß eine Frau für ein Purpurkleid 10.000 Talente zu zahlen habe, wobei sie für die Preisgabe ihres Körpers nur 1000 attische Drachmen erhalte.[93] Der griechische Rhetoriker Dio Chrysostomus (30–117 n.Chr.), *or.* 66,4, berichtet, daß ein schönes Purpurkleid von Färbern für 2–3 Minen zu erhalten ist, auf Staatskosten müsse man jedoch viele Talente zahlen.[94]

Neben diesen literarischen Quellen ist epigraphisch das *edictum de maximis pretiis rerum venalium* aus dem Jahre 301 n.Chr. erhalten, das Preise für Waren, Arbeits- und Dienstleistungen festlegt.[95] Der Kaiser Diokletian (284–305 n.Chr.)

---

[90] SCHNEIDER, K., Art. *purpura*, Sp. 2006.

[91] Die griechischen Münzeinheiten stehen in der Regel in folgender Relation: 1 Talent = 60 Minen; 1 Mine = 50 Statere; 1 Stater = 2 Drachmen; 1 Drachme = 6 Obolen. 2 Obolen ermöglichten im 5. Jhdt v.Chr. den Lebensunterhalt für einen Tag; die griechische Drachme wurde später von den Römern mit dem Denar gleichgesetzt (1 zu 1); s. CHRIST, KARL, *Antike Numismatik. Einführung und Bibliographie*, Darmstadt 1967 ²1972 ³1991, S. 18f.

[92] Laut SCHNEIDER, K., Art. *purpura*, Sp. 2006, könnte es sich hier um ein hochfeines Purpurkleid mit Goldstickereien gehandelt haben, es sei denn, es liegt hier eine Übertreibung vor: 2 Talente = 12.000 Drachmen.

[93] Die angegeben Summen stehen m.E. in keinem realistischen Zusammenhang: 1 Talent = 6000 Drachmen. 10.000 Talente = 60.000.000 Drachmen. Der Preis des Purpurkleides entspricht also 60.000fach der Einnahme der Prostituierten. Die attische Drachme wiegt durchschnittlich 4,37g, die aiginetische 6,24g; das attische Talent hingegen 26,196 kg. Vgl. CHRIST, K., *Antike Numismatik*, S. 19. Zum Purpur als Statussymbol s. weiterhin MEYER, REINHOLD, *History of Purple as a Status Symbol in Antiquity*, CollLat 116, Brüssel 1970; BLUM, H., *Purpur als Statussymbol*.

[94] Im 1. Jhdt n.Chr. 1 Drachme = 1 Denar; 3 Minen = 300 Drachmen. Ein Vergleich (insofern ein solcher möglich ist!) dieser Angaben mit den etwa zeitgleichen Behauptungen bei Martial ergibt eine relative Übereinstimmung: 1 Denar = 4 Sesterzen; 10.000 Sesterzen = 2500 Denare, was 20–30 Minen bei Dio Chrysostomus entspricht.

[95] Zum Text LAUFFER, SIEGFRIED (Hrsg.), *Diokletians Preisedikt*, TK 5, Berlin 1971; CHANIOTIS, A./PREUSS, G., *Neue Fragmente des Preisedikts von Diokletian und weitere lateinische Inschriften aus Kreta*, ZPE 80 (1990), S. 189–193; Übersicht und Literatur bei NOETHLICHS, Karl Leo, Art. *Edictum Diocletiani*, NP 3 (1997), Sp. 878–879.

setzt in seinem Maximaltarif Preise für Purpurkleider (19,8–31) und Purpur (24,1–7) fest. Leider sind die Höchstpreise der Purpurgewänder verloren-gegangen, der Preis für das Pfund Purpur ist jedoch erhalten geblieben: Die billigste milesische Purpurwolle durfte nicht 10.000, die teuerste gefärbte Rohseide nicht 150.000 Denare übersteigen. Auch für die Arbeitsvorgänge im Purpurgewerbe sind Preise erhalten: für das Auflösen einer Unze Knäuel der teuersten Purpurseide sind 80 Denare Lohn (24,13), für das Spinnen von ganzseidener Purpurseide 116 (24,14), von halbseidener 60 Denare (24,15) Lohn und schließlich von nicht geschorener Purpurwolle 24 Denare je Unze zu zahlen. Diesem mageren Verdienst war wahrscheinlich noch die Verpflegung hinzuzu-rechnen.[96]

Natürlich ist ein Vergleich der Preise für Purpur und dessen Nebenprodukte nicht unproblematisch. Rückschlüsse vom Preisedikt des Diokletian auf das 1. Jahrhundert sind nur schwer möglich. Einerseits fluktuiert natürlich der Währungswert. Denn die Münzen waren Ware und Geld zugleich, da es sich um Edelmetalle handelt und diese somit die Funktion von Gütern besitzen. Deshalb war das Münzsystem abhängig vom Aufkommen des jeweiligen Edelmetalls, was wiederum Einfluß auf den Handelswert der Münzen hatte.[97] Die im Edikt verordneten Preisgrenzen basieren auf der Grundlage einer neu geschaffenen Rechnungseinheit und zwar des *denarius communis* (des „gemeinen" Denars).[98] Dieser Denar besaß jedoch nur 2 % des ursprünglichen Wertes.[99] Auch unterscheiden sich das 1. und 2. Jhdt wirtschaftspolitisch vom 3. Jhdt n.Chr. Das letztere ist vom „Verfall, Dezentralisierung und Reform des

---

[96] BLÜMNER, H., *Technologie*, S. 243.
[97] KLOFT, H., *Wirtschaft*, S. 67f.229.
[98] KLOFT, H., *Wirtschaft*, S. 56. S. weiterhin JONES, A.H.M., *Das Wirtschaftsleben in den Städten des römischen Kaiserreiches*, in: SCHNEIDER, H. (Hrsg.), *Sozial- und Wirtschaftsgeschichte der römischen Kaiserzeit*, Darmstadt 1981, S. 48–80; PLEKET, HENRI WILLY, *Wirtschaft*, in: VITTINGHOFF, FRIEDRICH (HRSG.), *Europäische Wirtschfts- und Sozialgeschichte in der römischen Kaiserzeit*, Handbuch der europäischen Wirtschafts- und Sozialgeschichte I, Stuttgart 1990, S. 25–160.
[99] Die unter Augustus ausgeweitete Vereinheitlichung des Münzsystems zu einer Reichswährung setzt Gold – Silber – Kupfer bzw. Bronze „in eine halbwegs stabile Relation, die sich aus dem Gewicht und dem Feingehalt der einzelnen Nominale in ihrem gegenseitigen Verhältnis ergibt"; KLOFT, H., *Wirtschaft*, S. 229. Die Münzen sind wie folgt abgestuft: 1 Aureus (Gold, 7,76g) = 25 Denare (Silber); 1 Denar (3,98 g) = 4 Sesterzen (Messing); 1 Sesterze (27,3 g) = 4 Asse (Kupfer); 1 As (11,2 g) = 4 Quadranten (Kupfer). Sie bestimmen das Währungssystem der ersten beiden Jahrhunderte. Vgl. CHRIST, K., *Antike Numismatik*, S. 55.

Münzwesens"[100] und einem Wirtschaftsdirigismus geprägt, der im Gegensatz zu den liberalen Wirtschaftsprinzipien, einem gewissen *laissez-faire* der ersten beiden nachchristlichen Jahrhunderte steht. Die unterschiedlichen Währungen in den literarischen Quellen sowie die Tatsache, daß eine Verallgemeinerung der dort enthaltenen Angaben nicht ohne weiteres möglich ist, erschweren zudem die Aufgabe.[101]

Wie dem auch sei, die Abnehmer von Purpurwaren sind auf jeden Fall vornehmlich reiche Leute und Beamte, die über große finanzielle Mittel verfügen (Plinius, *nat. hist.* IX 127). Die große Menge der verarbeiteten Purpurschnecken sowie die umständliche Farbstoffgewinnung haben dazu beigetragen, „daß der Preis für echten Schneckenpurpur in der Antike stets außerordentlich hoch war"[102]. Dabei waren wohl Glanz und Dauerhaftigkeit der Färbung ausschlaggebende Preiskriterien.

6. Der Handel mit Purpur

Die ersten beiden Jahrhunderte der Kaiserzeit gelten allgemein als „eine Epoche der Blüte und des Wohlstandes"[103]. Das Kaisertum bietet die Rahmenbedingungen für eine florierende Wirtschaft. Die iulisch-claudische Dynastie, die mit dem Tod Neros 68 endet, hat zunächst die Grundlagen des Prinzipats gefestigt, die Flavier (69–96) konsolidieren das Reich innenpolitisch. Die stabilisierten Machtverhältnisse führen zur *Pax Romana*, was wiederum den Handel begünstigt. Die zur Befriedung in den jeweiligen Regionen stationierten Truppen bilden einen wichtigen Wirtschaftsfaktor. Das Heer fördert das lokale Gewerbe und schafft lokale Absatzmärkte.[104]

Im Imperium Romanum ist eine Expansion der Absatzmärkte durch die hohen Kosten des Transportes beeinträchtigt. Deshalb entwickelt sich die Tendenz,

---

[100] KLOFT, H., *Wirtschaft*, S. 67, weiterhin S. 24.189f.229f.
[101] BLUM, H., *Purpur als Statussymbol*, S. 24 A.18 zu der Schwierigkeit, einen objektiven Purpurpreis zu ermitteln.
[102] BLUM, H., *Purpur als Statussymbol*, S. 24.
[103] KLOFT, H., *Wirtschaft*, S. 190.
[104] KLOFT, H., *Wirtschaft*, S. 195.

eher neue Werkstätten einzurichten, als Waren in entlegene Regionen zu exportieren.[105] Weitere Transportstrecken lohnen sich deshalb nur bei entsprechenden Mengen oder bei Luxusgütern. „Während in den meisten Regionen des Mittelmeerraumes die Weber und Walker billige Tuche für den lokalen Absatz herstellen, existierte für Textilien von hoher Qualität ein überregionaler Absatzmarkt (...).“[106] Aber *Handel* mit Luxusgütern wie z.B. Purpur ist nicht unbedingt abhängig vom Massenumschlag, wie es für Getreide, Wein, Öl oder Baumaterialien der Fall ist. Es genügt, wenn lokal oder regional eine finanzkräftige Konsumentenschicht vorhanden ist.[107]

Als Luxuswaren galten zur Kaiserzeit Gewürze, Drogen, Schmuck, Kleidung und andere Textilien aus noblen Stoffen, Pelzwaren und feine Wolle, Genußmittel höchster Qualität, Wohnungs- und Dekorationsgegenstände u.a., also Güter, „die in ihrer Aufmachung und Zubereitung den Charakter des unmittelbar Lebensnotwendigen hinter sich gelassen haben“[108]. Die Purpurfarbe und purpurgefärbte Textilien gehören schließlich zu dieser Kategorie von Waren.[109]

Kaufleute benötigen natürlich Transportmittel, die für den Warenaustausch zu Lande die Lasttiere (Esel, Packpferde, Zugtiere) und Karren bedeuten. Für den Gütertransport wurde vornehmlich auf zwei- bisweilen vierrädrige Wagen mit einer Plattform zurückgegriffen, auf der die Last verfrachtet wurde.[110]

Der Purpursaft wurde in Gefäßen abgefüllt. Dies geht aus einem Grabsteinrelief aus Parma hervor, das die Berufsgeräte eines *purpurarius* darstellt:

---

[105] SCHNEIDER, H., *Technikgeschichte*, S. 25.

[106] SCHNEIDER, H., *Technikgeschichte*, S. 121.

[107] In diesem Fall fällt der kostspielige und mitunter risikoreiche Transport auf Frachtschiffen weg.

[108] KLOFT, H., *Wirtschaft*, S. 223.

[109] Zollregelungen aus der Zeit der Kaiser Mark Aurel und Commodus legen Einfuhrsteuern (*vectigal*) für aus dem Orient importierte Luxusgüter fest, wo auch Purpur vermerkt wird. Vgl. KLOFT, H., *Wirtschaft*, S. 226. RICHTER REIMER, I., *Frauen*, S. 124f.130 lehnt es ab, den Purpur als Luxusware zu bezeichnen, da dieser selbst von „SklavInnen“ benutzt wurde. Cicero, *Philippicae* 2,67 berichtet nämlich von Sklavenkammern, in denen die Betten mit Purpurdecken bezogen waren. Doch Cicero gibt hier ein Beispiel für die Verschwendungssucht des Antonius. Interessanterweise verweist Quintilian, *Inst. orat.* 8,4,25 auf diese Stelle bei Cicero, um ein Beispiel rhetorischer *amplificatio* anzuführen. Somit beweist die Stelle eigentlich das Gegenteil: Purpur ist Luxusware und wurde in der Regel nicht von Sklavinnen benutzt! Vgl. AVEMARIE, F., *Tauferzählungen*, S. 45 A. 7.

[110] Ein starkes Charakteristikum dieser Wagen waren ihre großen Speichenräder, die die Wagenplattform überragte. Vgl. SCHNEIDER, H., *Technikgeschichte*, S. 134f.

eine *spatha* zum Umrühren des Purpursudes, die im Farbstoff getauchte Wolle, mit Purpur gefüllte Flaschen, eine Waage zum Verkauf der gefärbten Wolle oder des Stoffes.[111]

Produktion und Handel stehen in enger Verbindung. Der Absatzmarkt bestimmt die Größe und die Spezialisierung des Betriebes. Schon in republikanischer Zeit regelten die sogenannten *nundinae*, d.h. festgelegte Markttage den Warenaustausch. In Kleinstädten und auf dem Lande haben diese Wochenmärkte bis in die Kaiserzeit hinein bestanden. Hier bot der kleine Händler (*negotiator*) seine Waren an. Zur Regelung dieser Märkte gehörte das Bestimmen der Verkaufsbedingungen. Die *nundinae* waren von der Bewilligung der kaiserlichen Verwaltung abhängig.[112]

So wie der Händler ist auch der Handwerker – damals wie heute – von den jeweiligen Absatzmöglichkeiten abhängig. Nur wo die Waren Käufer bzw. die Arbeit Auftraggeber finden, etablierten sich Händler und Handwerker. Hieraus resultiert die Mobilität der Berufszweige. War die Nachfrage unbefriedigend, so konnte z.B. der βάναυσος einfach seine Werkzeugtasche packen und sich anderswo niederlassen. Denn nicht die Betriebsanlagen, sondern der Arbeiter zählte. Die technisch primitiven Werkstätten konnten fast jederorts eingerichtet werden. Hingegen mußten qualifizierte Handwerker erst über Jahre ausgebildet werden.[113]

---

[111] Vgl. Fig. 82 bei BLÜMNER, H., *Technologie und Terminologie der Gewerbe und Künste bei Griechen und Römern, Bd I*, Leipzig 1912 (Nachdr. Hildesheim 1969), S. 247. CIL XI 1069a.

[112] Diese wurden ursprünglich, wie der Name verrät, alle neun Tage abgehalten. Vgl. MACMULLEN, *Markttage im römischen Imperium*, in SCHNEIDER, Helmuth (Hrsg.), *Sozial- und Wirtschaftsgeschichte der römischen Kaiserzeit*, Darmstadt 1981, S. 248ff. Nennenswert ist in diesem Zusammenhang eine Wandkrizelei aus Pompeji (CIL IV 8863), die die Orte und Wochentage für die Märkte enthält; s. KRENKEL, W., *Pompejanische Inschriften*, Leipzig/ Heidelberg 1962, S. 55.

[113] BURFORD, ALISON, *Craftsmen in Greek and Roman Society*, London 1972, hier in der Übersetzung: *Künstler und Handwerker in Griechenland und Rom*, Kulturgeschichte der antiken Welt 24, Mainz 1985, S. 136ff. VITTINGHOFF, FRIEDRICH (Hrsg.), *Europäische Wirtschafts- und Sozialgeschichte in der römischen Kaiserzeit*, Handbuch der Europäischen Wirtschafts- und Sozialgeschichte, S. 20f.

7. Handel in Philippi

Die Landwirtschaft bildet die Grundlage des wirtschaftlichen Lebens in der Kolonie Philippi, wobei das Getreide wohl den größten Teil der Anbauflächen auf den ausgedehnten Ebenen zwischen Strymon und Angites, dem Pangaion und Symbolongebirge und schließlich in der Ebene der Stadt selbst beansprucht haben. Weinanbau und -herstellung lassen sich epigraphisch belegen. Die ausgegrabenen Weinkeltern in der Stadt und im Umland lassen den Schluß zu, daß „in Philippi ein Weinüberschuß produziert wurde, der dem Export diente."[114] Manche dieser Weine waren im Altertum weit über die Grenzen der Stadt und der Region Makedonien bekannt. Ohne eine florierende Landwirtschaft hätte das Handwerk nicht Fuß fassen können. Der fruchtbare Boden des Territoriums war die Grundvoraussetzung schlechthin für das Leben der Kolonie.

Darüber hinaus verfügt das Stadtgebiet über weitere natürliche Ressourcen, so die Gold- und Silbervorkommen des Pangaion- und Lekanigebirges, die zu römischer Zeit jedoch längst erschöpft waren. Den Rohstoff Marmor, wenn auch aus minderer Qualität, gab es reichlich, und er wurde in den umliegenden Bergen sowie innerhalb der Stadt so z.B. am Fuße der Akropolis abgebaut. Da mit der Neugründung als römische Kolonie ein wahrer Bauboom eingesetzt hatte, gab es hier nicht nur in der Marmorgewinnung und -verarbeitung reges Treiben, sondern florierten auch das Baugewerbe und die davon abhängigen Handwerksbranchen.

Verkehrsgeographisch ist die Stadt allemal gut gelegen. Die makedonische Hauptverkehrsader schlechthin durchläuft das Gebiet der Stadt auf einer Länge von fast 70 Kilometern: Die *Via Egnatia*, Wirtschaftsader und Heeresstraße zugleich, durchquert das Festland vom Bosporus bis hin zur Adria. Die Nähe zum Meer und der Hafen in Neapolis ermöglichen eine Verbindung mit Kleinasien über den Seeweg. Die Stadt ist nach Osten und Westen sowie zum Norden hin bestens vernetzt.

Der städtebauliche Charakter der *colonia* weist auf rege ökonomische Aktivitäten hin. Innerhalb der Stadt befindet sich neben dem Forum ein Marktplatz, der ausschließich dem Handel diente. Dieses *macellum* war ein

---

[114] PILHOFER, P., *Philippi I*, S. 78ff. hier 81. Vgl. COLLART, P., *Philippes*, S. 89.

wahrhaftes Wirtschaftszentrum nicht nur für die Kolonie selbst, auch für das (thrakische) Hinterland, wie Münzfunde es zu verstehen geben. Zudem wurden im Süden des Forums entlang der Εμπορικί οδός elf Läden ausgegraben. In Philippi waren Binnen- als auch Fernhandel ausgeprägt.[115]

Für den Purpurhandel gab es neben den Ratsmitgliedern (*decuriones*) und Wohlhabenden auch die hier angesiedelten Veteranen, unter denen sich Abnehmer für teure Purpurstoffe finden konnten. Abnehmer für die billigeren Imitate fanden sich bestimmt nicht nur in der Mittelschicht, sondern wahrscheinlich auch in den unteren Schichten.

8. Soziale Strukturen im Imperium Romanum

Zur sozialen Einordnung der Purpurhändlerin Lydia bedarf es einerseits eines Überblicks über die soziale Struktur im römischen Reich (Kaiserzeit)[116] und andererseits einer Skizze der Gesellschaftsstruktur in Makedonien sowie näher in der Kolonie Philippi u.a. aufgrund des epigraphischen Materials.

Ich gehe von dem folgenden Gesellschaftsmodell aus, das nach Rechtskategorien gegliedert ist:

OBERSCHICHTEN	* *imperator, domus imperatoria*
honestiores	* *ordo senatorius* (*consulares*, „gewöhnliche" Senatoren)
	* *ordo equester* (*procuratores*, Inhaber der *militia equestris*,
	„gewöhnliche" Ritter)
	* *ordo decurionum*
	* *veterani*
UNTERSCHICHTEN	
humiliores	* *ingenui, liberti* und *servi*

---

[115] PILHOFER, P., *Philippi I*, S. 81–85.
[116] ALFÖLDY, GÉZA, *Römische Sozialgeschichte*, Wiesbaden 1975 ³1984, S. 131; zur Diskussion und Kritik dieses Modells s. CHRIST, Karl, *Grundfragen der römischen Sozialstruktur*, in: ECK, W./WOLFF, H./GALSTERER, H. (Hrsg.), *Studien zur antiken Sozialgeschichte*, FS Friedrich Vittinghoff, Köln/Wien 1980, S. 197–228, sein Modell besonders S. 218ff., und die Antwort bei ALFÖLDY, GÉZA, *Die Römische Gesellschaft*, Wiesbaden 1986, S. 69ff. Zur Frage der *honestiores* und *humiliores* weiterhin: RILINGER, R., *Honestiores – Humiliores*, München 1988.

Die Gesellschaftsstruktur in der römischen Kaiserzeit unterscheidet grob dargestellt zwischen Ober- und Unterschichten in Anlehnung an die Rechtskategorien *honestiores* und *humiliores*. Kaiserhaus, Senatoren, Ritter- und Dekurionenstand gehören zu den Oberschichten, wobei hier zwischen imperialer Führungs- (mit aktiver Leitungsfunktion im Imperium) bzw. Oberschicht (ohne Leitungsfunktion, aber mit herausragendem sozialen Prestige) und regionaler, d.h. lokaler Oberschicht zu differenzieren ist.[117]

Die Plebs in Stadt und Land (*plebs rustica – plebs urbana*) gehörte der unteren Schicht an. Es sind Sklaven, Freigelassene und arme *ingenui*. Die *humiliores* sind gesellschaftlich generell benachteiligt, da sie unter Armut, Not und Entbehrungen leiden und ihren kümmerlichen Lebensunterhalt durch körperliche Arbeit absichern müssen.[118] Manche Personen, deren Erwerb in der Regel die selbständige Arbeit ist (z.B. Sklaven, Freigelassene oder freie römische Bürger), bringen es zu einem bestimmten finanziellen Wohlstand, wobei ihnen manchmal jedoch die Leitungsfunktionen auf städtischer Ebene versperrt bleiben.[119]

Übertragen wir nun diese soziale Gliederung auf eine Koloniestadt wie Philippi. Die lokale Oberschicht bildet der Dekurionat, der normalerweise aus 100 Mitgliedern besteht. Zudem sind aus Philippi drei senatorische Familien bekannt, die gewissermaßen den lokalen „Adel" und somit die Spitze der sozialen Hierarchie in der *colonia* bildeten.[120] Im lokalen Ritterstand sind wohl Zugehörige zum *ordo* der *equestris militia* zu vermuten, da sich solche wahrscheinich unter den umgesiedelten Veteranen befanden.

Die Dekurionen stellen den Stadtrat und bestimmen das politische Geschick der Stadt. Dieser *bourgeoisie municipale*[121] gehören mitunter Grundbesizter, Kaufleute und Gewerbetreibende an, die mit ihrem Vermögen sich um das Wohlergehen der Stadt kümmern. Nicht selten gehören auch Ritter gleichzeitig dem Dekurionat an. Die *munera* (öffentliche Aufgaben wie Straßenbau, Wasserleitungen, öffentliche Lebensmittelversorgung oder Gebäude, Spiele, u.ä.)

---

[117] CHRIST, K., *Grundfragen*, S. 218f.

[118] KLOFT, H., *Wirtschaft*, S. 203.

[119] Diese Personengruppe ordnet CHRIST, K., *Grundfragen*, S. 218–221 folglich der Mittelschicht zu. Auf die Frage der Notwendigkeit einer solchen Unterscheidung (Einordnung in die Mittelschicht) kann im Rahmen dieser Arbeit nicht eigens eingegangen werden.

[120] PILHOFER, P., *Philippi I*, S. 239 auch A. 14.

[121] CAGE, J., *Les classes sociales dans l'Empire Romain*, Paris ²1971, S. 153ff.

wurden in der Regel nicht aus der *arca* (städtischen Kasse) finanziert, sondern durch Schenkungen der Dekurionen.[122] Den Bewerbern wurden zudem Antrittsgebühren abverlangt.

Diese lokale Oberschicht rekrutierte sich deshalb aus den vermögenden *coloni*, die sich somit als Wohltäter der Stadt profilieren konnten. Zu der Dekurionengruppe gehören auch die Apg 16,20 genannten στρατηγοί (lat. *duumviri*)[123], d.h. die städtischen Beamten.

Da die Zahl der zu bekleidenden Ämter jedoch begrenzt war, werden neben den Dekurionen wohl noch weitere wohlhabende Bürger vorauszusetzen sein, die ebenfalls der lokalen Oberschicht zuzurechnen sind. In den Mittel- und Unterschichten sind die Manufakturbesitzer, Händler, Handwerker, Tagelöhner und Bauern anzusiedeln, wobei hier eine Nivellierung nicht nur zwischen unterschiedlichen Berufssparten, sondern innerhalb derselben Tätigkeit angenommen werden darf. Händler war nicht gleich Händler, und es gab reiche und arme Bauern.

Die Mehrzahl der Handwerker und der Handeltreibenden (*negotiatores*) stammen aus den mittleren und unteren Schichten. Im Handel waren insbesondere Freigelassene, Peregrine und Menschen aus der Plebs tätig. Interessanterweise sind auch Frauen im Kommerz zahlreich belegt, besonders im Lokalhandel „führen sie selbständig Geschäfte, in der Regel kleindimensionierte und oft auch anrüchige (Gemüsehandel, Kneipe, Bordell)."[124] Sie entstammen in der Regel nicht dem Senatoren- oder dem Ritterstand. Wobei diese soziale Einordnung nicht über die finanzielle Potenz dieser Händler hinwegtäuschen darf. Mit dem Warenumschlag konnten nämlich erhebliche Geldsummen vor allem im Fernhandel verbunden sein. Der „mindere soziale Rang des Händlers schließt die Geldkonzentration und den Umschlag bedeutender Waren nicht aus."[125]

---

[122] KLOFT, H., *Wirtschaft*, S. 200; vgl. jedoch NICOLS, JOHN, *On the Standard Size of the Ordo Decurionum*, ZRG 105 (1988), S. 712–719, der bestreitet, daß von einer *Standard Size* die Rede sein könne.

[123] Die sind zweifelsohne in Apg 16,20 das sachgemäße Pendant zu den *duumviri iure dicundo* und nicht etwa *praetores*, vgl. MASON, HUGH J., *Greek Terms for Roman Institution. A Lexicon and Analysis*, American Studies in Papyrology 13, Toronto 1974, S. 87.

[124] KLOFT, H., *Wirtschaft*, S. 225.

[125] KLOFT, H., *Wirtschaft*, S. 226. Vgl. Petr. Sat. 76,3ff., wo von dem reichen Freigelassenen Trimalchio berichtet wird, der 5 Schiffe bauen läßt und im Handel sein Glück versucht, was zunächst in einem Desaster endet. Nach einem erneuten Versuch erzielt er bei einem einzigen

Neben der politischen Bedeutung und der gesellschaftlichen Anerkennung bzw. der Stellung des jeweiligen Standes in der Sozialstruktur sollten noch weitere Kriterien zur sozialen Einordnung eines Individuums in Betracht gezogen werden. Neben Besitz, Einkommen und auf wirtschaftlicher Ebene dem Verhältnis zu den Produktionsmitteln und den Konsumgütern spielen folgende Unterschiede mitunter eine erhebliche Rolle: der Unterschied „von frei und unfrei, von Bürger und Nichtbürger, von einheimisch und fremd, von Stadtbewohner und Landbewohner, nicht zuletzt von Mann und Frau."[126] Die Frau z.B. war in der Kaiserzeit keineswegs auf ihre Rolle im Haus beschränkt. Im Handel wurde sie oft wirtschaftlich aktiv, ohne dabei jedoch ihren niedrigeren Status wesentlich zu verändern.

Diese Beobachtungen sollten davor warnen, die Purpurhändlerin namens Lydia alleine nach den Rechtskategorien Oberschicht und Unterschicht bzw. *honestiores* und *humiliores* sozial einzuordnen. In den Kommentaren zur Apostelgeschichte wird m.E. zu leichtfertig auf diese Rechtskategorien zurückgegriffen. Zudem scheint es schwierig, rechtliche und ökonomische Kriterien in einer „Sozialpyramide" miteinander zu kombinieren, wobei der Faktor „Prestige" noch ein zusätzliches Kriterium bedeutet.

9. Soziale Einordnung der πορφυρόπωλις

Über das soziale Statut der Lydia finden sich in der heutigen Forschung grob dargestellt zwei Meinungen. Einerseits gilt die Purpurhändlerin u.a. aufgrund ihrer Herkunft – wie es der Name verrate[127] – als sozial bedeutungslos. Sie ginge

---

Unternehmen einen Gewinn von 10 Millionen Sesterzen. Wenngleich der Bericht aufgrund seines satirischen Charakters wohl Übertreibungen enthält, so schimmert hier doch die ökonomische Wirklichkeit durch. So hat z.B. ein normales Schiff samt Ladung grob eingeschätzt einen durchschnittlichen Wert von 400.000–600.000 Sesterzen gehabt. HOPKINS, K., *Models, Ships and Staples*, in: ders./GARNSEY, P./WHITTAKER, C.R., *Trade in the Ancient Economy*, London 1983, S. 100f.

[126] KLOFT, H., *Wirtschaft*, S. 202.

[127] Lydos scheint z.B. in Athen ein häufiger Sklavenname gewesen zu sein; vgl. PAPE, W./ BENSELER, G., *Wörterbuch der griechischen Eigennamen*, Braunschweig ³1911, unver. Ndr. Graz 1959, S. 819. Ein Ethnikon als Name zu tragen deute auf die Bedeutungslosigkeit ihrer Herkunft hin, bzw. daß sie früher eine Sklavin gewesen sei, so z.B. RICHTER REIMER, I., *Frauen*, S. 135f.

einer „schmutzigen Arbeit" nach, deshalb sei sie von Berufs wegen verachtet und ist den unteren Schichten zugeordnet worden.[128] Andererseits herrscht in den gängigen Kommentaren zu der Stelle der Standpunkt vor, daß Lydia aufgrund des Handels mit den teuren Purpurwaren wohlhabend war, sogar zu den oberen Schichten zählte.[129]

Die oben gesammelten Informationen zur Herstellung und Handel von Purpurwaren und zu der Sozialstruktur im römischen Reich sollen nun für die soziale Einordnung der lydischen Pupurhändlerin fruchtbar gemacht werden.

a) Das Purpurhandwerk, ein verachteter Beruf?

Tatsächlich hat Cicero nicht sehr viel für das Handwerk übrig (*de officiis*, I 42,150f.), wenn er die eines Freien würdigen (*liberales*) und unwürdigen (*inliberales*) bzw. schmutzigen (*sordidi*) Tätigkeiten aufzählt und die Arbeit der Handwerker den letzteren zuordnet, denn „eine Werkstätte kann nichts Edles an sich haben." Aber in der Antike herrschte bei der Elite generell eine Verachtung des Körperlichen im Gegensatz zum Geistigen vor. Und es ist nun mal die reiche Oberschicht, die zu Worte kommt, wenn es da bei Plutarch, *Perik.* 1, heißt: παλλάκις δὲ καὶ τοὐναντίον χαίροντες τῷ ἔργῳ τοῦ δημιουργοῦ καταφρονοῦμεν, ὡς ἐπὶ τῶν μύρων καὶ τῶν ἀλουργῶν τούτοις μέν ἡδόμεθα, τοὺς δὲ βαφεῖς καὶ μυρεψοὺς ἀνελευθέρους ἡγούμεθα καὶ βαναύσους. Denn diese erachtet sich eben der körperlichen Arbeit als unwürdig und konnte sich solch eine Einstellung auch leisten.[130]

---

[128] Diese Ansicht herrscht vor allem in der feministischen Exegese vor. Exemplarisch hier die Ausführungen bei SCHOTTROFF, L., *Lydia*, S. 305ff. und RICHTER REIMER, I., *Frauen*, S. 136.

[129] S. z.B. ZAHN, Th., *Apostelgeschichte, Bd II*, S. 574f., WIKENHAUSER, A., *Apostelgeschichte*, S. 188; STÄHLIN, G., *Apostelgeschichte*, S. 217f., ROLOFF, J., *Apostelgeschichte*, S. 244; SCHMITHALS W., *Apostelgeschichte*, S. 150, WEISER, A., *Apostelgeschichte, Bd II*, S. 422; PESCH, R., *Apostelgeschichte, Bd II*, S. 105. Beispielhaft auch STEGEMANN, W., *Zwischen Synagoge und Obrigkeit*, S. 224, der Lydia zwar nicht dem „römischen Adel" zuordnet, aber vermutet, daß sie „durchaus zu den höheren Schichten Philippis" zählt. Vgl. jedoch die Überlegungen zu *The purple trade, and the status of Lydia of Thyatira* bei HORSLEY, G.H.R., *A Review of the Greek Inscriptions and Papyri published in 1977*, NDIEC II, North Ryde (New South Wales) 1982, S. 25–32.

[130] Es handelt sich also weniger um die Wiedergabe der herrschenden Meinung durch Cicero (RICHTER REIMER, I., *Frauen*, S. 134), sondern um die Wiedergabe der Meinung der Herrschenden. Gleiches gilt für Plinius, *nat. hist.* XIX, 47, wenn er die Herstellung purpurner Farben als *sordidum* bezeichnet. Recht hat RICHTER REIMER, I., *Frauen*, S. 140f., mit dem Einwand, daß von Lydias Handelsware nicht auf das Ausmaß ihres Wohlstandes geschlossen

Mit Sicherheit ist davon auszugehen, daß die arbeitende Bevölkerung – und das ist immerhin die Mehrheit! – ganz anders als die Oberschicht über handwerkliche Arbeit bzw. das Purpurhandwerk dachte. Daß in der antiken Gesellschaft vor allem in der oberen Schicht und bei den Intellektuellen ein bestimmtes Maß an Verachtung des Handwerks vorherrscht,[131] sagt nichts Bedeutendes über den sozialen Status einer Purpurhändlerin aus. Denn zum einen war das schaffende Arbeiten der Oberschicht schlechthin verpönt. Zum anderen spiegeln solche Aussagen nur die verengte Perspektive einer Minderheit der Bevölkerungsschicht wider. Was ein Cicero über das Handwerk denkt, sagt nichts darüber aus, wie z.B. ein Purpurfischer die Arbeit des Färbers einschätzt oder was ein Bauer über einen Händler denkt.

Wie oben dargestellt, schien das Fischen der Purpurschnecken nicht ganz ungefährlich gewesen zu sein. Die Zubereitung des Farbstoffes und das Färben waren eine regelrechte Knochenarbeit. Die Arbeiter waren zudem dem üblen Geruch vom Purpurschleim und Urin ausgesetzt. Vielleicht mögen diese Arbeiten auch deshalb als schmutzig gegolten haben. Der griechische Begriff πορφυρόπωλις bezeichnet Lydia eindeutig als Purpur*händlerin*. Sie war also weder in der Fischerei noch im Färben tätig. Im Purpurgewerbe ist der Handel zweifelsohne die lukrativere und „angenehmere" Tätigkeit.

b) Eine reiche Händlerin aus der Oberschicht?

Was Lydias soziale Zugehörigkeit betrifft, sollte m.E. zwischen Stand und finanzieller Kraft unterschieden werden. Es ist unzulässig, von dem Handel mit Luxuswaren – insofern dieser *für den Händler* ertragreich war – sogleich auf den sozialen Status der Lydia zu schließen. Auf jeden Fall wäre ein Einordnen in die Oberschicht, – sofern die Rechtskategorien Anwendung finden – ganz und gar verfehlt. Nie und nimmer hat die Lydia zu den *honestiores* gezählt.

Denn was die lokale Oberschicht in Philippi betrifft, kommen Senatoren-familien, Ritter oder Dekurionen sowie schließlich Veteranen in Betracht. Für Lydia ist aber die Zugehörigkeit zu keinem dieser Stände wahrscheinlich. Eine

---

werden darf. Umgekehrt zwingt der Handel mit Purpur keineswegs zu der Annahme, daß „Lydia harte Arbeit geleistet" hat (S. 143).

[131] SCHNEIDER, H., *Technikgeschichte*, S. 25.

Senatorenfamilie wird kaum aus Thyateira nach Philippi ziehen und im *für die Oberschicht* verachteten Handwerk tätig sein. Das allgemeine Urteil, wonach gewiß „(...) noch lange Senatoren und Ritter nicht zu den Christen (gehörten), und auch Dekurionen (...), jedenfalls was ihre Zahl betrifft, bis weit in das 2. Jahrhundert hinein noch keine große Rolle gespielt (haben)"[132], trifft auch auf die Situation in Philippi zu.

So belegen die christlichen Inschriften der ersten Jahrhunderte vorwiegend griechische und kaum lateinische, d.h. römische Namen.[133] Und literarisch sind uns neben der Lydia (die geheilte Sklavin und der Kerkermeister bleiben namenlos) aus der Apg noch Epaphroditos, Euodia, Syntyche und Clemens im Philipperbrief bezeugt. Bis auf Clemens sind dies allesamt griechische Namen. Niemand, der sich deutlich als römischer Bürger und schon gar nicht als der Oberschicht zugehörig zu erkennen gibt. Natürlich geht es Paulus nicht darum, den „weltlichen" Stand der Briefadressaten eigens hervorzuheben, da alle Brüder und Schwestern in Christus gleich sind. Aber weder der Philipperbrief noch die Apostelgeschichte geben Indizien her, für die durch Paulus gegründete Philippigemeinde Römer oder Zugehörige der Oberschicht anzunehmen.

Hätte Lukas für Lydia die Zugehörigkeit zur reichen Oberschicht vorausgesetzt, hätte er dies mit Sicherheit in seinem Bericht eigens hervorgehoben. So verfährt er jedenfalls mit dem Kornelius, dem Hauptmann der Italischen Kohorte (Apg 10,1ff.), dem Prokonsul Sergius Paulus (Apg 13,4–12) und Gallio, dem Prokonsul von Achaia (Apg 18,12–17). Denn dem Verfasser ist daran gelegen, die „Weltläufigkeit des Christentums"[134], d.h. auch Bildung und Kultur[135] für das Christentum nachzuweisen. Die Attraktivität des Christentums will Lukas eben durch die Erwähnung bekannter und für jedermann als sozial hochstehend erkennbarer Persönlichkeiten zeigen. Für den zeitgenössischen Leser gibt sich die Pupurhändlerin namens Lydia eben nicht als Dame der Oberschicht zu erkennen. Was den sozialen Stand betrifft, ist sie wohl zu der Schicht der *humiliores* zu rechnen.

---

[132] PLÜMACHER, ECKHARD, *Identitätsverlust und Identitätsgewinn. Studien zum Verhältnis von kaiserzeitlicher Stadt und frühem Christentum*, BthSt 11, Neukirchen-Vluyn 1987, S. 32.

[133] Zu den Inschriften PILHOFER, P., *Philippi I*, S. 241f.

[134] PLÜMACHER, E., *Lukas*, S. 22.

[135] Hier spielen seine Reden – so z.B. die Aeropagrede – gewiß eine Rolle.

Arm ist sie deshalb keineswegs. Als Betriebsinhaberin, die aus Thyateira hergezogen ist, sich in Philippi etabliert hat und einen οἶκος besitzt, kann sie nicht zu den armen Schichten gehört haben. Der Handel mit Pupur setzt schon als solcher eine gewisse finanzielle Potenz voraus: die Waren und Rohstoffe müssen eingekauft und gelagert werden; wahrscheinlich besaß sie einen Karren und Zugtiere für den Transport. Die zur Bearbeitung gehörenden Werkzeuge und Infrastruktur, die zwar technisch primitiv gewesen sein mögen, mußten aber immerhin erst einmal erstanden werden. Neben der Werkstatt dürfte sie auch ein Handelskontor auf dem *macellum* besessen haben, wo sie ihre Waren anbot.

Und das Wort οἶκος meint im Text keineswegs nur die *familia*, sondern ebenfalls ein Gebäude, wie V.15b nahelegt: εἰσελθόντες εἰς τὸν οἶκόν μου μένετε. Dieses Haus (bzw. die Wohnung) ist schließlich groß genug, um sich darin zu versammeln (V.40) und Gäste zu beherbergen (V.16f.).[136] Den Missionaren für die Zeit ihres Aufenthaltes, der wohl mehrere Wochen gedauert hat, Kost und Logie anzubieten, setzt nicht nur Gastfreundschaft, sondern auch eine bestimmte Finanzkraft voraus.

Von ihrem Namen bzw. ihrer Herkunftsbezeichnung „die Lydierin" auf ihre Armut zu schließen, ist m.E. unzulänglich. Zum einen konnten auch Sklaven es zu Reichtum bringen. Zum anderen ist zwar Lydos als Sklavenname in Athen belegt[137], aber dies läßt keinen zwingenden Schluß für die Lydia aus Philippi zu. Ein Ethnikon (die Lydierin) als Name zu tragen, deutet nicht automatisch auf die Bedeutungslosigkeit ihrer Herkunft hin. Ihre Lebensbedingungen waren keineswegs miserabel.[138]

Zusammenfassend ist folgendes festzuhalten: Lydia gehört in Philippi zu den zugewanderten Griechen, worauf der Gebrauch des Ethnikons wohl schon hinweist. Sie ist vielleicht eine Freigelassene und dürfte den Status einer *incola*

---

[136] Die wahrsagende Sklavin begegnet den Missionaren wohl auf dem Weg vom Hause der Lydia hin zur Gebetsstätte außerhalb der Stadtmauer.

[137] PAPE, W./BENSELER, G., *Wörterbuch*, S. 819.

[138] Wie SCHOTTROFF, L., *Lydia*, S. 307, meint: „Ihre Lebensbedingungen waren miserabel, ihr soziales Ansehen war extrem gering."

gehabt haben.[139] Lydia mag es aufgrund ihres Berufs zu einem gewissen Wohlstand gebracht haben, aber der lokalen Oberschicht hat sie mit Sicherheit nicht angehört. Ihr Kommerz trug dazu bei, daß sie zumindest geschäftlich mit Kundschaft aus der Oberschicht verkehrte. Bei den Mitbürgern ihres Standes dürfte sie m. E. ein gewisses Ansehen genossen haben.

Die πορφυρόπωλις aus Θυάτειρα ist somit dem „Mittelstand" zuzuordnen. Um das oben angeführte Schema aufzugreifen, ist sie zwar zu den *humiliores* zu zählen, aber eben zu den Bessergestellten. Lydia stand dem Judentum schon vor ihrer Taufe sehr nahe. Als eigenständige Kauffrau[140], die einem Hause vorsteht und diese religiösen Voraussetzungen mitbringt, bietet sie ein ideales Profil, um auch in der neuen Gemeinschaft eine leitende Funktion zu übernehmen. Vielleicht hat ihr Beruf als Kauffrau dazu geführt, daß sie ihre Handelsreisen auch mit missionarischem Wirken verbunden hat.[141]

Für die *Deutung der Perikope* ergibt sich: Lukas hat ein deutliches Interesse am gesellschaftlichen Status der Bekehrten. Zwar kann Lukas Apg 16,14f. keine reiche Dame aus der Oberschicht erwähnen, aber immerhin eine Unternehmerin, die mit Luxuswaren handelt. Als solche paßt Lydia ganz gut zu den anderen Bekehrten, die „je auf ihre Weise Kultur und Gesellschaft in der Umwelt des jungen Christentums"[142] repräsentieren. „Ein wütender Gegner aus den Reihen der Pharisäer, ein hoher Staatsbeamter von weither, ein Offizier der Truppen der Weltmacht, ein Gefängnisaufseher als Verkörperung zivilstaatlicher Gewalt, das sind hohe Erfolge, ja teilweise Glanzlichter der Mission." Lukas erweist somit die Attraktivität des Christentums, das gerade auch „in der hellenistischen Welt als Faktor von Rang und Bedeutung"[143] gelten kann.

---

[139] War sie nämlich Griechin und hatte den Status einer *incola* inne, dann ist für sie mit Recht keine leitende Funktion im politischen und administrativen Bereich anzunehmen, was aber nun von einem Mitglied der städtischen Oberschicht zu erwarten wäre.

[140] Hier wird von der lukanischen Darstellung ausgegangen. Die Fragestellung, unter welchen Voraussetzungen eine Frau, näher eine *incola*, in einer römischen Kolonie eigenständig Handel betreiben kann, würde den Rahmen dieses Exkurses sprengen.

[141] Zu den Kaufleuten als Träger religiöser und vornehmlich christlicher „Propaganda" vgl. MARKSCHIES, CH., *Zwischen den Welten wandern. Strukturen des antiken Christentums*, Frankfurt 1997, S. 26–27.205. Vgl. Josephus, *Ant.* XX 34–48, wo ein jüdischer Kaufmann namens Ananias die Frauen des Königs von Charax Spasinou dazu bewegt, sich dem Judentum zuzuwenden.

[142] AVEMARIE, F., *Tauferzählungen*, S. 45, dieses u. folgendes Zitat.

[143] PLÜMACHER, E., *Lukas*, S. 22.

§ 6 Die Bekehrung

1. Die Taufe der Lydia

Wie in den meisten Fällen in der Apg steht βαπτίζειν auch hier im Aorist Passiv. „Damit wird der Vorgang als abgeschlossen und der Täufling als die eigentliche Person des Interesses in den Blick genommen.“[144] Die Bekehrung der Lydia findet an einem Wendepunkt des lk Werkes statt. Ihre Taufe erhält als Erstbekehrung nach dem Apostelkonvent eine strategische Stellung in der lk Heilstheologie. Und diesen Heilsmoment hat Lukas sehr gut eingeleitet. Mit dem vom Geist bewirkten Übergang nach Makedonien verwirklicht sich die im Jerusalemer Konzil beschlossene Öffnung zu den Heiden in einer *römischen Kolonie* und zwar an einer *Frau*.

So schildert Lukas die Frauengruppe, in deren Mitte sich Lydia befindet, die Paulus Worten zuhört (ἀκούω). Wenngleich die Missionare der gesamten Frauengruppe predigen (V.13c), so wird nur die Haltung der Lydia eigens mit dem Verb umschrieben. Fortan fällt das Augenmerk auf Lydia allein. Das Verb ἀκούω meint nicht nur die akustische Wahrnehmung einer Mitteilung, sondern suggeriert ganz gezielt das Hören der Botschaft. Somit entspricht ihre Haltung der der Jünger oder anderer Zuhörer der Verkündigung Jesu.

„Certes, il [= Lukas] veut orienter ses lecteurs vers Dieu, et pour ce faire, il nous montre ce qui se passe sur terre: c'est à travers ce que certains hommes disent et font qu'on accède à Dieu, de manière indirecte et médiate.“[145] Das Hören der Verkündigung erlangt bei Lukas eine besondere Tragweite. Es erhält einen medialen Charakter zwischen Gott und dem zum Glauben Kommenden. Nach lk Auffassung gelangt das Wort Gottes nicht etwa unmittelbar in die Herzen der Menschen. Damit der Mensch zum Glauben kommt, muß das Wort gesprochen und gehört werden. Nur über das menschliche Zeugnis – hier das der Missionare – kann die Lydia zum Glauben an Christus kommen. „Luc ignore tout d'une visibilité de la Parole qui ne coïnciderait pas avec la présence humaine des

---

[144] Avemarie, F., *Tauferzählungen*, S. 24. Vgl. Quesnel, M., *Baptisés dans l'Esprit. Baptême et Esprit Saint dans les Actes des Apôtres*, LeDiv 120, Paris 1985, S. 186.

[145] Bovon, François, *L'importance des médiations dans le projet théologique de Luc*, in: ders., *L'oeuvre de Luc. Étude d'exégèse et de théologie*, LeDiv 130, Paris 1987, S. 181–203, hier S. 188.

témoins, celle de Jésus assurément mais aussi celle des apôtres"[146], beobachtet zutreffend François Bovon.

Zur Zeit des Lukas hat die Missionspredigt schon eine wichtige Stellung eingenommen. Über das Wort, die Verkündigung der frohen Botschaft gelangen seiner Zeit die Menschen zum Glauben. „Au temps de l'Église, qui est le temps de Luc, la médiation de la Parole a sans doute pris le relais du Christ: elle véhicule les mystères du royaume et réconcilie l'indicible de Dieu avec les cœurs raisonnables des hommes."[147] Deshalb darf auch nicht die Öffnung des Herzens als unmittelbarer Zugang zum Glauben mißverstanden werden. Die Auslegung des Philippus hat dem Äthiopier den Sinn der Schriften erschlossen (Apg 8,31), nicht etwa eine unmittelbare Erkenntnis. So bietet Lukas uns ebenfalls keine unmittelbare Erleuchtung der Lydia, sondern zunächst die Verkündigung, worauf hin er das Eingreifen des Herrn erwähnt. Womit er dem Leser sogleich erklärt, warum nur Lydia (und ihr Haus) und nicht alle Anwesenden sich taufen lassen.[148]

Dieses Porträt einer zuhörenden Lydia, das Lukas hier zeichnet, ist bei näherer Betrachtung jedoch nicht ganz problemlos. Die Tradition, die Lukas nämlich bezüglich der Erstbekehrten in Philippi zur Verfügung stand, hätte ihm die Gelegenheit geben können, Lydia in einer weitaus aktiveren Rolle erscheinen zu lassen. Sie ist Purpurhändlerin und führt als solche eine Hausgemeinschaft. Aber nicht nur die Erfahrungen in ihrem wirtschaftlichem Leben, sondern auch ihre religiöse „Ausbildung" als Gottesfürchtige dürften sie für eine Leitungsfunktion innerhalb der christusgläubigen Gemeinde geradezu bestimmt haben. Dieser wird sie vorgestanden haben, hier wird sie selbst gelehrt haben. Zudem bietet sie ihre Dienste als Gastgeberin an und stellt gar ihr Haus zur Verfügung.[149] Ist es dann nicht eigenartig, daß Lukas Lydia (immerhin die Erstbekehrte nach

---

[146] BOVON, F., *L'oeuvre de Luc*, S. 198.

[147] BOVON, F., *L'oeuvre de Luc*, S. 199.

[148] Lukas weiß auch Gegenbeispiele zu liefern, so z.B. die Synhedristen, die haben „unbeschnittene Herzen und Ohren und leisteten immer Gottes Geist Widerstand" (Apg 7,51). Die Metapher der Beschneidung des Herzens bietet eine verwandte Formulierung zur Öffnung des Herzens (Apg 16,15). Der rettende Glaube ist von Gott gewirkt (Vgl. HENGEL, M., *Der Jude Paulus und sein Volk*, S. 362).

[149] Neben Lydia in Philippi werden wohl auch Priscilla (Priska) zusammen mit ihrem Mann Aquila, Nympha in Laodizöa und vielleicht Chloe in Korinth Leiterinnen einer Hausgemeinde gewesen sein.

dem Apostelkonvent!) doch in eine rein rezeptive bzw. passive Rolle drängt? Mit anderen Frauen hört sie dem Paulus und seinen Mitarbeitern zu, die Männer hingegen lehren bzw. predigen. Kein Wort über ihre aktive Anteilnahme am Aufbau der christlichen Gemeinde in Philippi, ganz zu schweigen von einer Anteilnahme an der missionarischen Arbeit. Wenn zweifelsohne auf geschichtlicher Ebene Lydia sich als Leiterin einer Hausgemeinde hervorgetan hat[150], erscheint sie in der lk Darstellung nur noch in einer passiven Teilhabe. Dieser Befund wirkt umso kurioser, wenn man sich Lukas' Vorliebe für Frauenschicksale in Erinnerung ruft. So scheint die Frage berechtigt, warum er die Lydia betreffende Tradition nicht gezielter ausbeutet?

Nun gilt einerseits Lukas Interesse vorrangig der Gründung von Gemeinden. Kaum sind die Apostel in einer Stadt angekommen, schon geht es weiter zum nächsten Missionsort. Zurück lassen sie die frischgegründete, aber schon zahlreiche Gemeinde. In Wirklichkeit hat die Missionierung natürlich wesentlich mehr Zeit in Anspruch genommen. Es handelt sich um ein literarisches Mittel des Lukas. „Luc s'intéresse à la fondation et non à l'édification des communautés. Une fois les premiers convertis baptisés, ils les abandonne à leur sort et dirige l'attention vers de nouvelles conquêtes."[151] Am persönlichen Schicksal der Getauften ist Lukas nicht sonderlich gelegen. Wenngleich die Bekehrte in den Mittelpunkt rückt, so tut sie dies weniger, weil Lukas ein besonderes Interesse für das Individuum Lydia hat, sondern weil ihre Bekehrung exemplarischen Wert

---

[150] Angesichts der unterschiedlichen Funktionen, die Frauen laut paul. Selbstzeugnis bekleiden, ist dies nahezu evident. Und die Gemeinde in Philippi wurde nunmal von Paulus gegründet! So wird Junia mit dem Titel ἀπόστολος bezeichnet (Röm 16,7). Priska, Euodia und Syntyche gelten als Mitarbeiterinnen (συνεργός: Röm 16,3; Phil 4,2f.), die letzteren gar als „Mitkämpferinnen" (συναθλοῦντες Phil 1,27f.). Maria (Röm 16,6), Tryphäna und Tryphosa sowie Persis (Röm 16,12), die mühevolle Schwerarbeit geleistet haben (κοπιᾶν). All diese Frauen waren als Missionarinnen tätig. Phöbe wird Röm 16,1f. διάκονος (ein Maskulinum!) genannt (neben diesem wohl ältesten nt Beleg für das Diakonat als Funktionsbezeichnung s. weiterhin Phil 1,1; 1Tim 3,8–12). Laut 1Kor 11,5 waren Frauen als „Prophetinnen" und „Beterinnen" tätig, auch haben sie sich in der korinthischen Gemeinde an der Lehre (διδαχή) beteiligt (1Kor 14,26). Ob die 1Tim 5,2 genannten πρεσβύτεραι eine Leitungsfunktion innehatten, ist zwar umstritten, jedoch nicht unmöglich. Vgl. SCHÜSSLER-FIORENZA, ELISABETH, *Zu ihrem Gedächtnis. Eine feministisch-theologische Rekonstruktion der christlichen Ursprünge*, München/Mainz 1988, S. 349. Mit Bezug auf die Zeltmacher Priska und Aquila ist es gar nicht so abwegig, auch für die Purpurhändlerin Lydia eine gewisse Teilhabe an der Missionsarbeit zu vermuten.

[151] So z.B. BOVON, F., *L'oeuvre de Luc*, S. 24; vgl. LEIPOLDT, J., *Der soziale Gedanke*, S. 151f.; ROLOFF, J., *Apostelgeschichte*, S. 12.

hat. Sie rückt nicht als Einzelperson ins Blickfeld, sondern als Typ, als Repräsentantin des „unbeschnittenen Heidentums"[152].

Andererseits ist die Darstellung der Apg stark auf die Missionsarbeit des Paulus zugeschnitten. Dabei verblaßt die Bedeutung der Missionare und Missionarinnen „vor und neben Paulus". So nennt Röm 16,3 Priska und Aquila συνεργοί in Jesus Christus. Mit Bezug auf 1Thess 3,2; 1Kor 3,9; Phil 2,25; 4,3 und Phlm 1,2 sind diese Mitarbeiter Beauftragte Gottes „am gemeinsamen ,Werk' der Missionsverkündigung".[153] Paulus versteht sich ihnen gegenüber nicht als Vorgesetzter, sondern als Gleichgestellter. Priska und Aquila waren „ein selbständig missionierendes Ehepaar (...), das zeitweise auch mit ihm missionarisch zusammen wirkte"[154]. In Apg 18,19 gewinnt man hingegen den Eindruck, die Gründung in Ephesus sei alleine Paulus zu verdanken. Das Ehepaar dürfte jedoch einen erheblichen Anteil an der Mission in Ephesus gehabt haben.[155]

Aufschlußreich ist auch ein Vergleich mit der Erzählung über Jesu Einkehren in das Haus von Maria und Martha (Lk 10,38–42). Die Perikope ist zwar lk Sondergut, der redaktionelle Anteil des Verfassers jedoch erheblich.[156] Es kann hier nicht auf die unterschiedlichen Deutungen der Perikope eingegangen werden. Ungeachtet der Spannungen bezüglich der Rollenverteilungen an Frauen in den christlichen Gemeinden, eins steht fest: Marias Haltung wird gegenüber der von Martha, die sich um den Tischdienst kümmert, als Vorbild vorangestellt. Sie hat den besseren Teil gewählt. Denn diese hat sich zu Jesu Füßen gesetzt und hört ihm zu.

Wenngleich Maria als Zuhörerin, bzw. als „Schülerin" in eine Männerrolle schlüpft, so ist ihr Verhalten doch rein rezeptiv. Jesus lehrt und sie hört schweigend zu.[157] „Ihr Verhalten bleibt im konventionellen Rahmen der griechisch-römischen Ideologie für das Verhalten von Frauen bei privaten Mahlzeiten (...)."[158] Lukas weist der Maria keine sonderlich aktive Rolle zu.

---

[152] AVEMARIE, F., *Tauferzählungen*, S. 47.
[153] OLLROG, H.-W., *Paulus*, S. 67 A. 1.
[154] WEISER, A., *Rolle*, S. 77.
[155] HAENCHEN, E., *Apostelgeschichte*, S. 521 A. 46; S. 525, CONZELMANN, H., *Apostelgeschichte*, S. 108.
[156] S. die Ausführungen zu ἀκούω in Kapitel 2, Abschnitt III § 1,4.
[157] Das Sitzen beim Hören der Botschaft erinnert auch an Apg 22,3, wo Lukas den Paulus sagen läßt, er habe als Schüler dem Gamaliel zu Füßen gesessen.
[158] STEGEMANN, E.W./STEGEMANN, W., *Urchristliche Sozialgeschichte*, S. 342.

Ähnliches fällt auch in der Philippi-Perikope auf: die Missionare predigen, die Frauen hören zu.

Es scheint also hier ein bestimmter Akzent des Lukas durchzuschimmern. Er zeichnet in seinem Werk generell das Bild einer Frau, die zwar an der Lehre der Botschaft teilhat, aber keineswegs das einer aktiven Teilhabe an der Mission oder in der Leitung der Gemeinde.[159] Entgegen den historischen Fakten bleiben seine Frauen relativ „unemanzipiert".[160] Lukas konzentriert sich auf das für ihn Wesentliche: Die Verbreitung des Wort Gottes. Da bleibt nur wenig Zeit für die Beschreibung der Tätigkeiten der Getauften in ihren Gemeinden.

Die Taufe hat wohl den Höhepunkt der Überlieferung ausgemacht. Sie findet V.15a nur noch in einem Nebensatz (ὡς δέ...) Erwähnung, wo diese einleitend zur Bitte, in ihr Haus einzutreten, steht.

2. Die Taufe der Hausgemeinschaft

„Als sie und ihr Haus getauft waren": Der Autor blickt schon auf das Taufgeschehen zurück, wobei er kurz zuvor noch die Predigt des Paulus schilderte (προσέχειν τοῖς λαλουμένοις ὑπὸ τοῦ Παύλου). Die Taufe ihres Hauses wirkt auch etwas überraschend. Einerseits wird sie beiläufig genannt und andererseits war bisher noch nicht von ihrem Haus die Rede. Lukas scheint die Hausgemeinschaft der Lydia zu der Frauengruppe zu zählen.[161]

---

[159] CORLEY, K.E., *Private Women, Public Meals. Social Conflict in the Synoptic Tradition*, Peabody (Mass.) 1993, S. 39.63ff.

[160] So STEGEMANN, E.W./STEGEMANN, W., *Urchristliche Sozialgeschichte*, S. 342–345, die glauben, daß sich hier eine „restriktive Tendenz" abzeichnet, die schon im Schweigegebot 1Kor 14,33ff. anklingt und die Frau allmählich aus den Lehrgesprächen und anderen Beteiligungen am Kult drängt. „Während Paulus noch das Schweigen der (verheirateten) Frauen in den Lehrgesprächen der *Ekklesia* eigens einfordern mußte, scheint Lukas selbst dieses passive Verhalten von christusgläubigen Frauen gegen ihre Beschränkung auf die traditionelle (Haus-) Frauenrolle verteidigen zu müssen." Diese passive Beteiligung müsse Lukas schon mit der Autorität Jesu begründen. Der sozialgeschichtliche Hintergrund sei die Entwicklung des Christentums aus der häuslichen Sphäre in die Polis. Das städtische Urchristentum nach 70 habe auch die sozialen Strukturen der römischen Städte übernommen. Indem die Gemeinde vom Oikos in die Öffentlichkeit der Polis übergeht, wandelt sich auch die Rolle der Frau in den christlichen Gemeinden. Zur Diskussion vgl. weiterhin KOPERSKI, VERONICA, *Luke 10,38–42 and Acts 6,1–7. Women and Discipleship in the Literary Context of Luke-Acts*, in: VERHEYDEN, JOSEPH (Hrsg.), *The Unity of Luke-Acts*, BEThL 142, Leuven 1999, S. 517–544.

[161] An einen Szenen- bzw. Ortswechsel scheint er zumindest bis hierher nicht zu denken. Der Leser gewinnt nicht den Eindruck, daß der Zuhörerkreis sich indessen verändert hat. Erst mit der Bitte der Lydia wird ein Szenenwechsel angekündigt.

Die Taufe der Hausgemeinschaft ist geschichtlich nicht unwahrscheinlich und kann aus der philippischen Überlieferung stammen. Es fällt jedoch auf, „daß die Wendung stilistisch schwerfällig nachklappt"[162] und die Oikosformel V.31 wiederholt wird, die wörtlich an 11,14 erinnert. Das Hausmotiv erfährt gegen Ende der Perikope (V.40) ein weiteres Steigerungsmoment, da die Missionare vor dem Verlassen der Stadt nochmals bei Lydia einkehren und dort die Brüder ermutigen. Die Gemeinde hatte inzwischen Zuwachs zu verbuchen (vgl. V.30–34), und dies trotz der Festnahme und Einkerkerung der Missionare!

Der Taufe des einzelnen folgt auch die der Gruppe, was einer ganz bestimmten theologischen Intention dient. Die Taufe ihres Hauses gibt Lydias Bekehrung einen kollektiven Charakter. „Dans l'Évangile comme dans les Actes, on assiste à une interaction stimulante de la cité [Apg 8,8.40, 16,11f.14.20] et de la maison [Apg 2,46; 10,22; 16,15; 20,20]. La maison paraît jouer un rôle médiateur important. Les disciples ou les apôtres ont pour mission d'atteindre la cité. Mais pour que la cité croie, il faut que la maison se convertisse. Comme l'attestent le discours de Lc 10 et divers récits des Actes, c'est de la maison, de son hospitalité et de sa vie domestique concrète que part la conversion des habitants de la cité. Par là, Luc dépersonnalise la conversion et donne à la mission et à l'Église une dimension collective."[163]

Die Taufe der Lydia *samt ihres Hauses* situiert nunmehr das Individuum innerhalb einer Gemeinschaft. Es geht Lukas nämlich nicht nur um die Person der Lydia als Erstbekehrte, sondern ebenfalls um ihren οἶκος von dem aus das Evangelium schließlich zur πόλις gelangt.

Dennoch vermute ich nicht, daß erst Lukas diese Notiz erfunden hat. Die Formel scheint an hiesiger Stelle etwas nachzuhinken, weil der Verfasser den Akzent der Erzählung verschoben hat. Wenngleich die Erwähnung der Taufe anhand der Oikosformel und weiterer Vokabeln an andere Haushaltsbekehrungen erinnert, so steht diese hier nicht mehr im Mittelpunkt. Hat Lukas die Ereignisse bisher mit Detailfreude geschildert, so wird das eigentliche Taufgeschehen nur noch am Rande vermerkt. Lukas stellt diese Szene sehr gerafft dar und verstärkt somit beiläufig den Eindruck einer raschen Verbreitung des Christentums.

---

[162] WEISER, A., *Apostelgeschichte, Bd II*, S. 423.
[163] BOVON, F., *L'oeuvre de Luc*, S. 187.

Möglicherweise hat Lukas die Information über die Bekehrung weiterer Mitglieder der Hausgemeinschaft der philippischen Tradition entnommen. Diese Information baut er geschickt aus und wiederholt sie an geeigneter Stelle (V.40). Nicht nur die rasche Überfahrt nach Philippi bestätigt, daß die Mission in Makedonien dem Willen Gottes entspricht, sondern auch die Bekehrung von Heiden, gar die ihrer Hausgemeinschaften (V.14–15.30–34). Trotz der Verfolgung, der die Missionare in der Kolonie ausgesetzt waren, hat sich auch während ihres Gefängnisaufenthalts die Gemeinde gefestigt. Somit können sie nach ihrer Freilassung die Brüder im Haus der Lydia aufsuchen.

§ 7 Lydias dringliche Bitte

1. Die Bitte, in ihr Haus einzutreten und dort zu verweilen

Sprachlich und inhaltlich geht die nun folgende Bitte auf Lukas zurück. Erst Lukas legt sie der Lydia in den Mund, wobei der Schwerpunkt der Bekehrungsgeschichte eine Verlagerung erfährt. Die Pointe wird somit auf die ekklesiologische Deutung ihrer Taufe verlegt. In der Haltung der Lydia, sich dem Urteil der Missionare anzuvertrauen, schlägt sich eine tiefgründige Glaubenserfahrung nieder. „Der Glaubende kann sich nicht selbst beurteilen, er ist auf die Mitglaubenden in der Kirche, in ihrer Versammlung angewiesen. Deren Urteil wird dadurch gebildet, daß der zu Beurteilende als von Gott Berufener gleichsam „mit den Augen Gottes" angeschaut wird, mit den Augen der Agape, die um den Aufbau und den Wachstum der Kirche in ihren Gemeinden besorgt ist. (...) Lydia demonstriert auch, was Glauben konkret bedeuten kann: Das Vertrauen zu denen, die sie in die ecclesia einführen können, die Bereitschaft, sich führen zu lassen".[164]

Dennoch hat die mit der Wendung παρεκάλεσεν λέγουσα eingeleitete Bitte einen verpflichtenden Akzent und läßt den Aposteln erst gar nicht die Wahl[165]:

---

[164] PESCH, R., *Apostelgeschichte, Bd II*, S. 106.
[165] S. Kapitel 2, Abschnitt IV § 1,1–2 zu Wortwahl und Tempora der Verben. Auch schon ZAHN, Th., *Apostelgeschichte, Bd II*, S. 575: "Durch εἰ κεκρίκατε wird nicht wie durch ἐὰν κρίνητε ein möglicher zukünftiger Fall gesetzt, sondern auf eine vorliegende Tatsache hingewiesen." Zum Motiv der Gastfreundschaft, s. u.a. DENAUX, ADELBERT, *The Theme of Divine Visits and Human (In)Hospitality in Luke-Acts*, in: VERHEYDEN, JOSEPH (Hrsg.), *The Unity of Luke-Acts*, BEThL 142, Leuven 1999, S. 255–279.

"Wenn ihr mich – wie es die Taufe ohnehin voraussetzt – für eine Gläubige an den Herrn Jesus-Christus haltet, so kommt in mein Haus und bleibt dort." Deshalb erübrigt sich auch eine bestätigende Notiz über das Einkehren der Missionare in das Haus der Lydia. Im weiteren Ablauf der Erzählung wird dies einfach vorausgesetzt (V.16ff.).[166]

2. *Und sie nötigte uns*

Mit der Nötigung der Apostel durch Lydia endet diese erste Episode in Philippi. Die Wortwahl bildet eine subtile und dennoch gezielte Anspielung auf die dringliche Bitte der Emmaus-Jünger (Lk 24,29). Die Einladung, in ihr Haus einzukehren und dort zu verweilen, erinnert schließlich an Jesu Sendungsauftrag an die 72 Jünger (Lk 10,1–12). Lukas suggeriert somit zweierlei: Lydias Bitte birgt eine Einladung zum Mahl. Indem die Missionare darauf eingehen, handeln sie nicht anders, als Jesus es von seinen Jüngern *verlangt hat*.

Lydias Gastfreundschaft gebührt hierbei besondere Aufmerksamkeit. Zwar ist im lk Doppelwerk die Gastfreundschaft in keiner Perikope zentrales Thema bzw. Mittelpunkt theologischer Reflektion. Dennoch ist für Lukas „hospitality [...] a key to understanding and describing reality; it is an integral part of human life and of the way God cares for his people and Jesus deals with men and women."[167] Gastfreundschaft ist zweifelsohne ein wichtiges Motiv, das in zahlreichen Perikopen (s. Lk 7,36–50; 10,38–42; 14,1–24; 19,1–10; 24,28–32) und Notizen (z.B. Apg 14,3.28; 28,7) und nicht zuletzt in der lk Darstellung der Mission eine Rolle spielt (exemplarisch: Lk 9,4f.; 10,7.10). Vor allem in den Gründungsperikopen oder solche, die gegründete Gemeinden nennen, findet sich das Motiv (Apg 10,48; 18,20; 21,4.7.17; 28,14) natürlich wiederkehrend in Verbindung mit dem Motiv der Hauskirche (2,1–2.44–47; 4,23.31; 5,42; 12,12; 16,13–15.40; 20,7–78). A. Denaux schreibt: „Perhaps for Luke, this feature of the early Church is not without relation to the experience of the people God in the past." Darüber hinaus drängt sich m.E. die Frage auf, inwiefern dies die Erfahrungswelt des Lukas selbst widerspiegelt.

---

[166] Vgl. ZAHN, Th., *Apostelgeschichte, Bd II*, S. 575.
[167] DENAUX, A., *The Theme of Divine Visits*, S. 258. Wenngleich Lk 10,38–42 die Gastfreundschaft den Rahmen der Erzählung bietet.

Die lk Formulierung erübrigt eine Bestätigung durch die Missionare, die Lydias Angebot gar nicht ablehnen können. Die Frage bzw. die Antwort erübrigt sich.[168] Deshalb erwähnt der Text auch nicht *expressis verbis*, daß die Missionare tatsächlich in ihr Haus eingekehrt sind. In der folgenden Szene heißt es dann lakonisch: ἐγένετο δὲ πορευομένων ἡμῶν εἰς τὴν προσευχήν (...). Der Verfasser setzt einfach voraus, daß Paulus und seine Begleiter in Lydias Haus eingekehrt sind. Diese begeben sich nun (regelmäßig, s. V.18) von ihrem Haus aus zur Gebetsstätte. Der οἶκος der Lydia wird zum Stützpunkt der Missionsarbeit, in der die erste christliche Gemeinde Fuß faßt.

Erst das Perikopenende bringt die Bestätigung. V.40 erfährt der Leser nämlich, daß die freigelassenen Missionare zu den versammelten Brüdern in Lydias Haus gehen. Im Hause der Lydia konnte die kürzlich gegründete Gemeinde Zuwachs verbuchen. Der Aufruf, nach Makedonien überzusetzen, wurde von Paulus und seinen Begleitern zurecht erwidert. In Philippi konnte trotz der Hindernisse und der Verfolgung durch das Eingreifen des Herrn (V.10.14.25-26) die Mission zum Erfolg werden.

Die Wendung erhält weiterhin im Kontext der Philippi-Perikope selbst eine bestimmte Tragweite. So mag die Nötigung der Missionare durch die Bekehrte diskret ein Hinweis auf die bevorstehenden Spannungen innerhalb der Kolonie sein. Durch die Nötigung suggeriert der Erzähler dem Leser, daß ein Beherbergen der Prediger nicht ganz gefahrlos ist. Als Gastgeberin hat sie nämlich für die fremden Gäste zu bürgen. Die Missionare wollen ihre Gastgeberin nicht gefährden und tun sich deshalb schwer, ihre Gastfreundschaft zu beanspruchen. Die Purpurhändlerin argumentiert jedoch mit ihrem Glauben und erklärt sich bereit, das Risiko auf sich zu nehmen. „Lydia muß den christlichen Predigern geradezu

---

[168] Laut SCHOTTROFF, LUISE, *Lydias ungeduldige Schwestern. Feministische Sozialgeschichte des frühen Chrsitentums*, Gütersloh 1994, S. 166–167, weigern die Männer sich in Lydias Haus einzukehren, da diese eine Frau sei und gar „eine Gefahr als Gastgeberin und Leiterin einer christlichen Gemeinde" sei. Paulus lehne ihre Gastfreundschaft und somit politischen Schutz ab, „weil er Frauen Unzuverlässigkeit unterstellt (eben nicht »treu« zu sein im Sinne von V.15), obwohl durch die Taufe diese Zuverlässigkeit bereits besiegelt ist. Auf diesen Widerspruch spricht Lydia die Männer an und setzt sich durch" (S. 167). Es ist fraglich, ob Lukas mit dem Verb παραβίαζομαι gleichweg einen „Frauenwiderstand" andeuten möchte. Es ist auch nicht sicher, daß sich auf geschichtlicher Ebene „eine turbulente Situation" abgespielt hat (RICHTER REIMER, I., *Frauen*, S. 147). Das Ende der Lydia-Episode ist redaktionell gesetzt und birgt eine subtile Anspielung auf die Emmaus-Episode.

ihre Gastfreundschaft aufzwingen (...)".[169] Wenig später eskaliert dann auch
schon der Konflikt mit der römischen Obrigkeit (V.19–24).

§ 8 Der paradigmatische Charakter von Lydias Verhalten

Im Verhalten der Lydia verdichtet Lukas seine theologische Deutung ihrer Taufe.
In ihrem Verhalten spitzt sich der eigentliche Höhepunkt dieser Erzählung zu.
Sie ist diejenige, die der Botschaft zuhört und sie unter Einwirken des Auferstandenen aufnimmt. Sie ist diejenige, die sich den Missionaren anvertraut
und um deren Urteil bittet. Sie ist diejeinige, die sie zu sich nach Hause einlädt,
ihr Heim der Kerngruppe der philippischen Gemeinschaft zur Verfügung stellt
und die Missionare beherbergt.

Lydia ist nicht nur Erstbekehrte nach dem Apostelkonvent, sondern
Gründungsfigur der christlichen Gemeinde in Philippi. Lydias Taufe erhält nicht
nur einen besonderen Stellenwert in der Apostelgeschichte aufgrund ihrer
Platzierung nach dem Apostelkonvent. Als Gründerin der christlichen Gemeinde
in Philippi erhält ihr Verhalten paradigmatischen Charakter für den Leser.

Durch sein redaktionelles Eingreifen hebt Lukas Lydias Verhalten als
exemplarisch hervor. Lydia, die Mitbegründerin der philippischen Gemeinde,
wird zum Paradigma für die Aufnahme der Botschaft und die Unterstützung der
Missionare. Auf die Anfänge des Christentums zurückblickend wird dem Christen
der zweiten und dritten Generation das Verhalten der Erstbekehrten als Beispiel
dafür vorgeführt, daß zur Bekehrung immer das Hören der Botschaft gehört,
der Herr jedoch zum Verständnis der Botschaft beiträgt. Zum Glauben an den
Herrn gehört aber auch die materielle Unterstützung seiner Missionare. Wer
zum Glauben übertritt, unterstützt die wachsende Kirche mit seinem Hab und
Gut. Lydias Verhalten, den Missionaren ihr Haus zur Verfügung zu stellen,
illustriert diese Haltung.

Im Rahmen der ganzen Philippi-Perikope erhält diese materielle Unterstützung
einen weiteren Akzent. Sogar das Risiko, sich selbst einer Verfolgung auszuset-
zen, hält die junge Christin nicht davon ab, die Missionare zu beherbergen. Trotz
der drohenden Gefahr in Mitleidenschaft gezogen zu werden, bietet Lydia den
Wanderpredigern ihre Gastfreundschaft an. Die unglückliche Erfahrung des Jason

---

[169] STEGEMANN, W., *Zwischen Synagoge und Obrigkeit*, S. 214.

in Thessaloniki verdeutlicht schließlich diese Gefahr. Vom Glauben getragen ist Lydia jedoch bereit, diese Gefahr auf sich zu nehmen. Hierin steht Lydias selbstloses Verhalten dem Leser als Beispiel.[170]

§ 9 Der ermahnende Zuspruch

1Thess 2,2 berichtet Paulus selbst davon, daß er und seine Begleiter in Philippi gelitten und Gewalt ertragen hatten (ὑβρίζω, προπάσχω). „Der Abschied des Paulus und eine geraume Zeit seines Aufenthaltes in Philippi standen unter schweren Bedrängnissen."[171] Die lk Darstellung der Abreise (V.38–40) ist deutlich von einer apologetischen Tendenz geprägt. Die Missionare stehlen sich nicht klammheimlich davon oder fliehen etwa. Das Verlassen der Stadt erscheint in einem für die Umstände günstigen Licht: die Beamten bitten sie förmlich weiterzuziehen, wobei ihnen noch genug Zeit bleibt, die Brüder bei der Lydia zu besuchen und sie zu ermutigen.

V.40 erlangt παρακαλέω dabei eine besondere Tragweite. Das Verbum kommt in der Philippi-Episode schon 16,9.15.39 vor, jedoch in einem nicht-religiösen Sinn. Hier aber steht es wie 11,23; 14,22; 15,32; 20,1–2.12 „to denote proclamation, particulary to a Christian audience"[172].

Somit erhält das Ermuntern der Gemeinde durch die Misionare einen pneumatischen Charakter. Von solcher ermunternder Zusprache an Christen, die „der Stärkung bedürfen"[173], berichtet Lukas mehrfach in der Apg (11,23; 14,22; 16,40; 20,1f.). Die Missionare ermahnen jedoch nicht nur aus eigener Kraft, es setzt die Kraft des Heiligen Geistes voraus. Denn Apg 11,24a hebt Lukas speziell hervor, daß Barnabas diesen seelsorgerlichen Hilfsdienst in Antiochia leistet, da er voll des Heiligen Geistes und des Glaubens war (ὅτι ἦν ἀνὴρ ἀγαθὸς καὶ πλήρης πνεύματος ἁγίου καὶ πίστεως).

---

[170] Die Spannungen in der Philippi-Perikope mit den römischen Behörden spiegelt „eine spezifische Erfahrung der lukanischen Christentheit" wider, „die ein besonderes Konfliktpotential für Christen im Verhältnis zum römischen Staat verarbeitet", so STEGEMANN, W., *Zwischen Synagoge und Obrigkeit*, S. 215.

[171] BORMANN, L., *Philippi*, S. 120.

[172] MATSON, D.L., *Household*, S. 149.

[173] SCHMITZ, OTTO, Art. παρακαλέω/παράκλκησις, ThWNT V (1954), S. 771–798, hier S. 791.

Nachdem Paulus Lydia und ihr Haus getauft, die Magd von ihrem Wahrsage-
geist befreit und schließlich den Gefängniswärter samt Haus bekehrt hat, kann
Lukas nicht umhin, diesen ereignisreichen Aufenthalt ohne einen Hinweis auf
die junge, aber schon beachtliche Gemeinde der Christen pointierend zu schließen.
Mit wenigen sorgfältig ausgewählten Worten zeichnet er eine Wachstumsnotiz,
die auf die einzelnen Bekehrungen rahmend zurückgreift. Der Leser weiß: die
von Gott gewollte und durch ihn unterstützte Mission in Philippi trägt ihre
Früchte.

Die Wachstumsangabe in V.40 hat die literarische Funktion, diese Einzelszene
sowie die geschilderten Ereignisse in Philippi „dem dynamischen Gesamtverlauf
der Ausbreitung des Evangeliums zuzuordnen."[174] Theologisch ist dem
Schriftsteller Lukas daran gelegen, somit „den Segen Gottes zu bezeugen, der
auf der Gemeinde ruht und den Weg der Kirche begleitet." Hierin spiegelt sich
des Lukas Vertrauen in die Wirksamkeit der verkündeten Botschaft, in die Kraft
des Geistes und die Erfüllung der Verheißungen der Schrift wider. „Auffallend
ist zugleich die *sieghafte Gewißheit*, mit der Lukas, trotz aller vergangener –
die neronische Verfolgung liegt nicht mehr als 15–20 Jahre zurück – und aller
zukünftigen Leidenserfahrungen der Kirche und einzelner ihrer Glieder, in die
Zukunft schaut, denn allen Widerständen zum Trotz"[175] geht das Wort seinen
Weg. Das triumphierende Wort zieht sich wie ein roter Leitfaden durch das
lukanische Doppelwerk, dies über die letzte Seite seiner Bücher hinaus bis hin
an das Ende der Welt. Darin zeigt sich Lukas als *Wort-Gottes-Theologe*.

---

[174] Dieses sowie folgendes Zitat aus WEISER, A., *Apostelgeschichte, Bd I*, S. 106.
[175] HENGEL, M., *Der Jude Paulus und sein Volk*, S. 350.

III. Ergebnis

Zusammenfasssend hat meine redaktionskritische Arbeit der Bekehrungsgeschichte der aus Thyateira stammenden Purpurhändlerin namens Lydia ermöglicht, *zwei theologische Schwerpunkte* zu erheben.

(1) Einerseits nimmt Lydia im Gesamtkonzept der Apostelgeschichte und der in ihr illustrierten Öffnung zum Heidentum als *Frau* einen beachtlichen Stellenwert ein. An ihr vollzieht sich nun endgültig die Öffnung zum Heidentum. Hatte Lukas schon in der Kindheitsgeschichte die Mutter Jesu als christliches Leitmodell hervorgearbeitet, so wird nun abermals einer Frau die Ehre zuteil, als Paradigma für christliches Verhalten zu fungieren. Dies geschieht an einem Wendepunkt der Verbreitung des Christentums.

(2) Und andererseits konnte es keinen besseren Schauplatz für dieses Geschehen geben als eine *römische* Kolonie. Die detailfreudige Schilderung der Reiseroute nach Philippi und der geographischen und politischen Lage der Stadt zeugen nicht nur vom Lokalpatriotismus des Schreibers, sondern bergen eine theologische Intention. So bieten die Zwischenstationen und Reisebedingungen nicht nur historisch zutreffende Angaben, sondern dienen zudem einem theologischen Konzept: die Makedonienmission entspricht dem Willen Gottes!

Außerdem dürfte zum Vorschein gekommen sein, daß Lukas der im Proömium formulierten Erklärung, er habe sorgfältig recherchiert (Lk 1,3), durchaus alle Ehre macht. Der Evangelist bemüht sich um Geschichte. Wenngleich diese sich auch einem theologischen Projekt unterordnen muß, so darf man den historischen Wert der überlieferten narrativen Details nicht unterschätzen.

Aber der Autor *ad Theophilum* ist Geschichtsschreiber und Theologe zugleich, hierin besteht seine schriftstellerische Arbeit: In beiden Rollen ist er ernstzunehmen. Wie die untersuchte Perikope gut zeigt, bietet er jedoch keine systematische Lehre mit dogmatischen Grundbegriffen. Vielmehr ist er ein Erzähler, dessen Darstellungsweise durch ihre Anschaulichkeit geprägt ist. Weder referiert Lukas nüchtern Fakten, noch konstruiert er abstrakte, theologische Gebilde. Statt dessen verwendet er „lebendige und dramatische Szenen, mit deren Hilfe er den Leser die notwendigen und wichtigsten Einsichten und Fakten vermittelt".[176]

---

[176] JERVELL, J., *Apostelgeschichte*, S. 75.

Hierin zeigt Lukas sich als versierter Schriftsteller, der gekonnt mit einigen Worten Szenen skizziert und durch gewählte Formulierungen seine Deutung des Geschehens gibt. Manchmal suggeriert er dezent, ein andermal macht er deutliche Anspielungen an verwandte Szenen. Außerdem greift er auf die LXX-Sprache als Stilmittel zurück, die er nicht etwa „aus Mangel an rethorischer Bildung" nachahmt, sondern weil die LXX für ihn eine „insperierte Heilige Schrift darstellt".[177] Und dort, wo zur Schilderung eine andere Sprache paßt, ändert er seinen Stil.[178] Auch variiert Lukas die Mittel seiner Darstellung: Reiseberichte, Reden, Dialoge, Gebete, Briefe, Wir-Passagen, Summarien, Gründungsüberlieferungen, knappe Kommentare, Sammelberichte, Visionen, Auditionen, Träume, Eingriffe durch den Geist oder Engel usw.

Dort, wo folgerichtig die gestaltende Hand des Lukas erkannt wurde, bedeutet dies aber keineswegs, daß das Erzählte schlichtweg seiner Phantasie entstammt. Schließlich hält der Autor *ad Theophilum* den Leser in Atem, „indem er nur schrittweise den Sinn der Geschichte enthüllt".[179] Und eben diese ist solide recherchiert! Eines steht fest: Lukas ist über bestimmte historische Zusammenhänge bestens informiert, besser als manch einer seiner modernen Kritiker.

---

[177] HENGEL, M./SCHWEMER A. M., *Paulus zwischen Damaskus und Antiochien*, S. 22, hieraus auch die Zitate.

[178] So z.B. seine Sprache im Bericht über Paulus in Athen und Ephesus sowie besonders im Prozeß die Rede des Rhetors Tertullus Apg 24,2–8.

[179] JERVELL, J., *Apostelgeschichte*, S. 76.

Literaturverzeichnis

1. Wörterbücher und Lexika

BALZ, HORST/SCHNEIDER, Gerhard (Hrsg.), *Exegetisches Wörterbuch zum Neuen Testament*, Band I–III, Stuttgart/Berlin/Köln/Mainz 1980/81/83. [=EWNT]

BAUER, WALTER, *Griechisch-deutsches Wörterbuch zu den Schriften des Neuen Testaments und der frühchristlichen Literatur*, 6. völlig neu bearbeitete Auflage, hrsg. von ALAND, KURT/ALAND, BARBARA, Berlin/New York 1988.

BUCHWALD, WOLFGANG/HOHLWEG, ARMIN/PRINZ, OTTO, *Tusculum-Lexikon griechischer und lateinischer Autoren des Altertums und des Mittelalters*, 3., neu bearb. u. erweit. Aufl., Düsseldorf/Zürich 1982.

CANCIK, HUBERT/SCHNEIDER, Helmuth (Hrsg.), *Der Neue Pauly. Enzyklopädie der Antike*, 16 Bde, 12 Bde Altertum, 3 Bde Rezeption, 1 Registerband, Bd 1–9, Stuttgart/Weimar 1996–2000. [=NP]

COENEN, LOTHAR/HAACKER, KLAUS, *Theologisches Begriffslexikon zum Neuen Testament*, 2 Bde, neu-bearbeitete Ausgabe, Neukirchen/Wuppertal ⁹1993 ¹⁰1997.

BOGAERT, PIERRE-MAURICE, u.a. (Hrsg.), *Dictionnaire Encyclopédique de la Bible*, Maredsous 1987. [=DEB]

DAREMBERG, CHARLES/SAGLIO, EDMOND (Hrsg.), *Dictionnaire des Antiquités Grecques et Romaines*, 5 tomes, Paris 1877–1919. [=DAGR]

DÖPP, SIEGMAR/GEERLINGS, WILHELM (Hrsg.), *Lexikon der antiken christlichen Literatur*, Herder 1997. [=LACL]

FREDOUILLE, JEAN-CLAUDE, Lexikon der Römischen Welt, übers. und hrsg. von R. HILGERS, Darmstadt 1999.

FRIEDRICH, GERHARD (Hrsg.), *Theologisches Wörterbuch zum Neuen Testament*, 9 Bde, Stuttgart 1933–1973, Registerband und Literaturnachträge, Bd 10,1–2, Stuttgart 1978/79. [=ThWNT]

GEORGES, KARL ERNST, *Ausführliches lateinisch-deutsches Handwörterbuch*, 2 Bde, Hannover ⁸1913/1918, reprogr. Ndr. Darmstadt 1998.

LÉON-DUFOUR, XAVIER, *Dictionnaire du Nouveau Testament*, deuxième édition revue, Paris 1975.

KROH, PAUL, *Lexikon der antiken Autoren*, Stuttgart 1972.

MASON, HUGH J., *Greek Terms For Roman Institutions. A Lexicon and Analysis*, ASP 13, Toronto 1974.

MERGUET, HUGO, *Handlexikon zu Cicero*, Leipzig 1905/1906, Ndr. Hildesheim 1964, Darmstadt repr. Ndr. 1997.

NICKEL, RAINER, *Lexikon der antiken Literatur*, Düsseldorf/Zürich, jetzt Darmstadt 1999.

PAPE, W./BENSELER, G., *Wörterbuch der griechischen Eigennamen*, Braunschweig ³1911, unver. Ndr. Graz 1959.

PASSOW, FRANZ, *Handwörterbuch der griechischen Sprache*, neu bearbeit. und zeitgemäß umgestaltet von ROST, VALENTIN CHR.F./PALM, FRIEDRICH/KREUSSLER, OTTO/KEIL, KARL/PETER, FERDINAND, 4 Bde, repr. Ndr. Darmstadt 1993.

POUPARD, PAUL, *Dictionnaire des Religions*, Paris 1984.

SCHWERTNER, SIEGFRIED, *Theologische Realenzyklopädie. Abkürzungsverzeichnis*, Berlin/New York 1976 ²1994.

TRAUT, GEORG, *Lexikon über die Formen der griechischen Verba*, Gießen 1867, repr. Ndr. Darmstadt 1986.

2. Grammatiken und Sprachschlüssel

BLASS, FRIEDRICH/DEBRUNNER, ALBERT/REHKOPF, FRIEDRICH, *Grammatik des neutestamentlichen Griechisch*, Göttingen ¹⁵1979 ¹⁷1990.

HAUBECK, WILFRIED/VON SIEBENTHAL, HEINRICH, *Neuer sprachlicher Schlüssel zum griechischen Neuen Testament, Matthäus bis Apostelgeschichte*, Gießen/Basel 1997.

KÜHNER, RAPHAEL, *Ausführliche Grammatik der lateinischen Sprache*, 2 Teile, Teil 1: *Elementar-, Formen- und Wortlehre*, neubearbeitet von FRIEDRICH HOLZWEISSIG,²1912 repr. Ndr. Darmstadt 1994, Teil 2: *Satzlehre* (2 Bde), neubearbeitet von Carl STEGMANN, ²1914, mit den Zusätzen und Berichtigungen zur 4. u. 5. Aufl. von Andreas THIERFELDER, repr. Ndr. Darmstadt 1997.

THACKERAY, HENRY ST.J., *A Grammar of the Old Testament in Greek according to the Septuagint*, Cambridge 1909, Ndr. Hildesheim 1978.

WINTGENS, LEO, *Et Hat van os Plat. Abriss einer Grammatik der germanischen Regionalsprache im Bereich des ehmaligen Herzogtums Limburg*, ³2001 Montzen.

3. Atlanten

CALDER, W.M./GEORGE, E. BEAN (Hrsg.), *A Classical Map of Asia Minor*, London 1958.

HAMMOND, NICHOLAS G.L. (Hrsg.), *Atlas of the Greek and Roman World in Antiquity*, Park Ridge/New Jersey 1981.

4. Bibel: Text und Hilfsmittel

a) Text und Textkritik

ALAND, KURT U. BARBARA, *Der Text des Neuen Testaments, Einführung in die wissenschaftlichen Ausgaben sowie in Theorie und Praxis der modernen Textkritik*, Stuttgart ²1989.

METZGER, BRUCE M., *A Textual Commentary on the Greek New Testament. A Companion Volume to the United Bible Societies' Greek New Testament (third edition)*, London/New York 1975.

NESTLE, EBERHARD/ALAND, KURT, *Novum Testamentum Graece et Latine*, Stuttgart ²⁶1979.

NESTLE, EBERHARD/ALAND, KURT, *Novum Testamentum Graece*, Stuttgart ²⁷1993. [NTG²⁷]

RAHLFS, ALFRED, *Septuaginta*, Stuttgart 1935.

Die Bibel. Einheitsübersetzung. Altes und Neues Testament, Freiburg/Basel/Wien 1980.
La Bible de Jérusalem, Paris ¹⁰1986.
Traduction Oecuménique de la Bible, édition intégrale, 2 vol., 1979.

b) Synopsen

ALAND, KURT (Hrsg.), *Synopsis Quattuor Evangeliorum*, Stuttgart ¹³1985.

BENOIT, PIERRE/BOISMARD, MARIE-ÉMILE, *Synopse des quatre évangiles en français avec parallèles des apocryphes et des Pères*, tome 1: *Texte*, tome 2: *Commentaire*, Paris ⁴1987/1972.

BOISMARD, MARIE-ÉMILE/LAMOUILLE, ARNAUD, *Synopsis Graece Quattuor Evangeliorum*, Leuven/Paris 1986.

c) Konkordanzen und Statistik

ALAND, KURT, *Vollständige Konkordanz zum griechischen Neuen Testament*, Band I Teil 1 u. 2, Band II *Spezialübersichten*, Berlin/New York 1978/1983.

HATCH, E./REDPATH, H.A., *A Concordance to the Septuagint*, Oxford 1892–1906, Ndr. Graz 1954.

MORGENTHALER, ROBERT, *Statistik des neutestamentlichen Wortschatzes*, Zürich/Frankfurt a.M. 1958.

5. Quellen

a) Inschriften und Papyri

BOECKH, A. (Hrsg.), *Corpus inscriptionum graecarum*, Bd I–IV, 1828–1877, Ndr. 1977. [=CIG]

DITTENBERGER, WILHELM (Hrsg.), *Orientis Graeci Inscriptiones Selectae*, 2 Bde., Leipzig 1915–1924, Ndr. Hildesheim 1960. [=OGI]

EDSON, CHARLES (Hrsg.), *Inscriptiones graecae Epiri, Macedoniae, Thraciaem Scythiae. Pars II: Inscriptiones Macedoniae. Fasciculus I: Inscriptiones Thessalonicae et vicinae*, Berlin 1972. [=IG X 2,1]

FREIS, HELMUT (Hrsg.), *Historische Inschriften zur römischen Kaiserzeit von Augustus bis Konstantin*, TzF 49, Darmstadt 1984.

FREY, JEAN-BAPTISTE (Hrsg.), *Corpus Inscriptionum Iudaicarum. Recueil des inscriptions juives qui vont du IIIème siècle avant Jésus-Christ au VIIème siècle de notre ère*, Bd I und II, Roma 1936/1952. [=CIJ]

FREY, JEAN-BAPTISTE (Hrsg.), *Corpus of Jewish Inscriptions. Jewish Inscriptions fron the Third Century B.C. to the Seventh Century A.D.*, Vol. I: *Europe*. Prolegomenon von Baruch Lifshitz, New York 1975. [=CIJ I²]

FUKS, A./TCHERIKOVER, V./STERN, M. (Hrsg.), *Corpus Papyrorum Judaicarum*, Cambridge (Mass.) 1957–1964, vor allem Bd I, 1960. [=CPJ]

GOURNAROPOULOU, L./HATZOPOULOS, M.B. (Hrsg.), *Inscriptiones Beroeae*, Inscriptiones Macedoniae inferioris 1, Athen 1998.

HANSON, A.E. (Hrsg.), *Collectanea Papyrologica*, Bd 2, Papyrologishe Texte und Abhandlungen 20, Bonn 1976. [=CP]

HERMANN, PETER (Hrsg.), *Tituli Asiae Minoris. Volumen V: Tituli Lydiae. Linguis graeca et latina conscripti. Fasciculus II: Regio septentrionalis ad occidentem vergens*, Wien 1989. [=TAM V 2]

KAIBEL, G. (Hrsg.), *Inscriptiones Graecae*, Bd XIV Vol.10, Berlin 1902. [=IG XIV 10]

NOY, DAVID, *Jewish Inscriptions of Western Europe, Vol. I, Italy (excluding the City of Rome), Spain and Gaule*, Cambridge 1993. [=JIWE I]

NOY, DAVID, *Jewish Inscriptions of Western Europe, Vol. II, The City of Rome*, Cambridge 1995. [=JIWE II]

PILHOFER, PETER, *Philippi, Band II: Katalog der Inschriften von Philippi*, WUNT 119, Tübingen 2000. [=Pilhofer, Phillippi II]

REYNOLDS, JOYCE/TANNENBAUM, ROBERT, *Jews and God-Fearers at Aphrodisias: Greek Inscriptions with Commentary*, Proceedings of the Cambridge Philological Association Suppl. 12, Cambridge 1987.

SASEL KOS, MARIETTA (Hrsg.), *Inscriptiones latinae in Graecia repertae. Additamenta ad CIL III*, Epigrafica e antichità 5, Faenza 1979. [=CIL III]

b) Antike Schriftsteller

Ammianus Marcellinus

SEYFARTH, WOLFGANG (Hrsg.), *Ammianus Marcellinus: Römische Geschichte. Lateinisch und deutsch und mit einem Kommentar*, Teil 1: Buch 14–17, SQAW 21,1, Berlin ⁵1983; Teil 2: Buch 18–21, SQAW 21,2, Berlin ⁵1983; Teil 3: Buch 22–25, SQAW 21,3, Berlin ³1986; Teil 4: Buch 26–31, SQAW 21,4,³1986.

Apokryphen

SCHNEEMELCHER, WILHELM/HENNECKE, EDGAR, *Neutestamentliche Apokryphen in deutscher Übersetzung*, 2 Bde, Tübingen ⁵1987.

Aristeasbrief

PELLETIER, ANDRÉ, *Lettre d'Aristée à Philocrate*, SC 89, Paris 1962.

Aristoteles

FLASHAR, HELMUT (Hrsg.), *Aristoteles: Problemata physica*, Werke in deutscher Übersetzung 19, Berlin ⁴1991.

PRANTL, CARL VON (Hrsg.), *Aristoteles über die Farben. Erläutert durch eine Übersicht der Farbenlehre der Alten*, München 1849, Ndr. Aalen 1978.

Arrian

ROOS, A.G. (Hrsg.), *Flavii Arriani quae extant omnia. Vol.2: Scripta minora et fragmenta. Adiectae sunt tres tabulae geographicae et fragmentum papyri 1248 Societatis Italianae*, BSGRT, Leipzig 1928 Ndr. 1968.

Augustus

WEBER, EKKEHARD (Hrsg.), *Augustus. Meine Taten. Res gestae divi Augusti nach dem Monumentum Ancyranum, Apolloniense und Antiochenum, Lateinisch-greichisch-deutsch*, Sammlung Tusculum, Düsseldorf/Zürich ⁶1999.

Edikt des Diokletian

BLÜMNER, HUGO, *Der Maximaltarif des Diocletian*, Berlin 1893.

CHANIOTIS, A./PREUSS, G., *Neue Fragmente des Preisedikts von Diokletian und weitere lateinische Inschriften aus Kreta*, ZPE 80 (1990), S. 189–193.

LAUFFER, SIEGFRIED (Hrsg.), *Diokletians Preisedikt*, TK 5, Berlin 1971.

MOMMSEN, THEODOR (Hrsg.), *Edictum Diocletiani de Pretiis Rerum Venalium*, Berlin 1843.

Cato

SCHÖBERGER, OTTO (Hrsg.), *Marcius Porcius Cato. Vom Landbau/De re agricultura. Fragmente. Alle erhaltenen Schriften, Lateinisch-deutsch*, Tusculum-Bücherei, Darmstadt 1980.

Catull

SYNDIKUS, HANS PETER, *Catull. Eine Interpretation*, 3 Teile, Teil 1: *Einleitung. Die kleinen Gedichte*

(1–60), Teil 2: *Die großen Gedichte* (61–68), Teil 3: *Die Epigramme* (69–116), Impulse der Forschung 46–48, Darmstadt ²1994/1990/1997.

Cicero

BÜCHNER, KARL (Hrsg.), *Cicero. Vom rechten Handeln/De officiis*, Lateinisch-deutsch, Sammlung Tusculum, Düsseldorf/Zürich ⁴1994.

Dio Cassius (der Historiker)

VEH, OTTO (Hrsg.), *Dio Cassius. Römische Geschichte*, Bd II: Bücher 36–43, BAW.GR, Zürich/ Mannheim 1985.

Eusebius Caesariensis

KRAFT, HEINRICH (Hrsg.), *Eusebius von Caesarea. Kirchengeschichte*, München ²1981.

Gellius

WEISS, FRITZ (Hrsg.), *Aulus Gellius. Die attischen Nächte*, 2 Bde, 1875/76, unveränd., repr. Ndr. Darmstadt 1992.

Herodot

LEGRAND, PH.E. (Hrsg.), *Hérodote. Histoires*, 9 Bde, CUFr, Paris 1932–54, Ndr. 1963–1970.
FEIX, JOSEF (Hrsg.), *Herodot. Historien*, 2 Bde, Griechisch-deutsch, Sammlung Tusculum, Düsseldorf/Zürich ⁵1995.

Irenäus

ROUSEAU, A./DOUTRELEAU, L., *Irénée de Lyon. Conre les hérésies, Livre III, tome 2: Texte et traduction*, SC 211, Paris 1974.

Josephus

BAUERNFEIND, Otto/MICHEL, Otto (Hrsg.), *Flavius Josephus. De bello Judaico. Zweisprachige Ausgabe der sieben Bücher*, 3 Bde, München 1963–1982, Darmstadt ³1982.
NIESE, BENIDICTUS (Hrsg.), *Flavii Josephi opera. Teil 1–4: Antiquitatum Judaicarum libri I–XX*, Berlin ²1955.
PELLETIER, ANDRÉ (Hrsg.), *Flavius Josèphe. Autobiographie*, CUFr, Paris ²1983.

Julian

WEIS, BERTOLD K. (Hrsg.), *Flavius Claudius Julianu. Briefe, Griechisch-deutsch*, Tusculum
Sammlung, München/Zürich 1973.

Livius

FEIX, JOSEF/HILLEN, HANS JÜRGEN (Hrsg.), *T. Livius, Römische Geschichte*, Bd 1: *Buch I–III*,
Lateinisch-deutsch, Tusculum-Bücherei, Düsseldorf/Zürich bzw. Darmstadt [2]1991, Bd 11: *Buch
XLV/Antike Inhaltsangeben und Fragmente der Bücher XLVI–CXLII, Lateinisch-deutsch*,
Sammlung Tusculum, Darmstadt 2000.

Martial

HELM, RUDOLF (Hrsg.), *Martial. Epigramme*, BAW.RR, Zürich 1957.

Ovid

RÖSCH, ERICH, *Ovid. Metamorphosen, Lateinisch-deutsch*, Tusculum-Bücherei, Düsseldorf/Zürich
[14]1996.

Philo aus Alexandrien

COHEN, LEOPOLD, u.a. (Hrsg.), *Mit einem Sachweiser zu Philo. Die Werke in deutscher
Übersetzung*, Bd 7, Berlin 1964.
PELLETIER, ANDRÉ (Hrsg.), *Philo. Legatio ad Caium. Introduction, Traduction et notes*, Les Oeuvres
de Philon d'Alexandrie 32, Paris 1972.

Plinius der Ältere

KÖNIG, RODERICH/WINKLER, GERHARD, *C. Plinius Secundus d.Ä., Naturkunde. Lateinisch-deutsch*,
Tusculum-Bücherei, Buch IX, München 1979.

Plutarch

EYTH, E., *Plutarchs ausgewählte Biographien III*, Langenscheidsche Bibliothek sämtlicher
griechischen und römischen Klasssiker 45, Berlin/Stuttgart 1911.

Polybius

PATON, W.R. (Hrsg.), *Polybius*, London/Cambridge [2]1954.

Sueton

IHM, MAXIMILIAN (Hrsg.), *C. Suetoni Tranquili opera*, Vol. I: *De vita caesarum libri VIII*, BSGRT, Leipzig 1908, Ndr. Stuttgart 1978.

MARTINET, HANS, Sueton. *Die Kaiserviten. Berühmte Männer. De vita Caesarum. De viris illustribus, Lateinisch-deutsch*, Sammlung Tusculum, Düsseldorf/Zürich 1997.

Strabo

MEINICKE, A. (Hrsg.), *Strabo. Geographica*, 3 Bde, Graz 1969.

JONES, HORACE LEONARD (Hrsg.), *Strabo. The Geography of Strabo*, Cambridge 1954.

Tacitus

HELLER, ERICH (Hrsg.), *P. Cornelius Tacitus: Annalen/Annales*, Lateinisch-deutsch, Sammlung Tusculum, München 1982.

Thukydides

JONES, HENRICUS STUART/POWELL, JOHANNES ENOCH (Hrsg.), *Thukydidis historiae*, 2 Bde, Tom. I: *Libri I–IV*, SCOB, Oxford 1900, Ndr. 1970, Tom. II: *Libri V–VIII*, SCOB, Oxford 1900, Ndr. 1967.

Vergil

GÖTTE, JOHANNES UND MARIA (Hrsg.), *Vergil. Landleben, Catalepton, Bucolica, Georgica, Lateinisch-deutsch*, Sammlung Tusculum, Zürich/Düsseldorf ⁶1995.

c) Antike Schriftsteller zum frühen Judentum und Christentum

GUYOT, PETER/KLEIN, RICHARD (Hrsg.), *Das frühe Christentum bis zum Ende der Verfolgungen. Eine Dokumentation*, Bd 1: *Die Christen im heidnischen Staat*, Bd 2: *Die Christen in der heidnischen Gesellschaft*, Sonderausgabe, unveränd. Ndr. der 1993/1994 in erster Aufl. erschienenen zweibd. Ausgabe, Darmstadt 1997.

STERN, MENAHEM, *Greek and Latin Authors on Jews and Judaism*, Vol. 1, *From Herodotus to Plutarch*, Vol. 2, *From Tacitus to Simplicius*, Vol. 3, *Appendixes and Indexes*, Jerusalem 1976/1980/1984. [=GLAJJ]

6. Sekundärliteratur

ABEL, F.M., *Géographie de la Palestine*, 2 Bde, Paris ³1967.

ABRAHAMSEN, VALERIE ANN, *The Rock Reliefs and the Cult of Diana at Philippi*, Cambridge (Mass.) 1986.

ABRAHAMSEN, VALERIE ANN, *Christianity and the Rock Reliefs at Philippi*, BA 51 (1988), S. 46–56

ABRAHAMSEN, VALERIE ANN, *Women at Philippi: The Pagan and the Christian Evidence*, JFSR 3 (1987), S. 17–30.

ADAMS, JOHN PAUL, *Polybius, Pliny and the Via Egnatia*, in: ders., *Philip II, Alexander The Great, and the Macedonian Heritage*, Washington 1982, S. 269–302.

ALBRECHT, RUTH/MÜLLER-ROSENAU, FRANZISKA, *Apostelgeschichte 16,11–15*, in: SCHMIDT, EVA RENATE (Hrsg.), *Feministisch gelesen*, Bd I: *32 ausgewählte Bibeltexte für Gruppen, Gemeinden und Gottesdienste*, Stuttgart 1988, S. 246–252.

ALEXANDER, LOVEDAY, *The preface to Luke's Gospel. Literary Convention and Social Context in Luke 1,1-4 and Acts 1,1*, Society for NTS, MS 78, 1993.

ALFÖLDY, GÉZA, *Römische Sozialgeschichte*, Wiesbaden 1975 ³1984.

ALFÖLDY, GÉZA, *Die Römische Gesellschaft*, Wiesbaden 1986.

ANDERSEN, C., Art. *Antike und Christentum*, TRE 3 (1978), S. 50–99.

ANNEN, F., *Heil für die Heiden: Zur Bedeutung und Geschichte der Tradition vom besessenen Gerasener (Mk 5,1–20 par.)*, FTS 20, Frankfurt a.M. 1976.

APPLEBAUM, S., *The Organization of the Jewish Communities in the Diaspora*, in: SAFRAI, S./STERN, M. (Hrsg.), *The Jewish People in the First Century. Historical Geography, Political History, Social, Cultural and Religious Life and Institutions*, Vol. I, Amsterdam 1974, S. 464–503.

APPLEBAUM, S., *The Legal Status of the Jewish Communities in the Diaspora*, in: SAFRAI, S./STERN, M. (Hrsg.), *The Jewish People in the First Century. Historical Geography, Political History, Social, Cultural and Religious Life and Institutions*, Vol. I, Amsterdam 1974, S. 420–463.

APPLEMAN, S., *The Jewish Women in Judaism. The Significance of Woman's Status in Religious Culture*, Hicksville (New York) 1979.

ARAM, P., Greeks, *Romans and the Jews*, Classicum 18 (1981), S. 9–13.

ARCHER, LÉONIE J., *The Role of Jewish Women in the Religion, Ritual and Cult of Graeco-Roman Palestine*, in: CAMERON, A./KUHRT, A. (Hrsg.), *Images of Women in Antiquity*, London/Detroit 1983, S. 273–287.

ARLANDSON, JAMES MALCOLM, *Women, Class and Society in Early Christianity: Models from Luke-Acts*, Peabody (Mass.) 1997.

ASCOUGH, RICHARD S., *Civic Pride at Philippi. The Text-Critical Problem of Acts 16.12*, NTS 44 (1998), S. 93–103.

AVEMARIE, FRIEDRICH, *Die Tauferzählungen der Apostelgeschichte. Theologie und Geschichte*, WUNT 139, Tübingen 2002.

BALSDON, JOHN P., *Die Frau in der römischen Antike*, München 1989.

BALZ, H., Art. μερίς, EWNT II (1981), Sp. 1006–1007.

BALZ, H., Art. προσεύχομαι/προσευχή, EWNT III (1983), Sp. 396–409

BALZ, H., Art. προσέχω, EWNT III (1983), Sp. 409–410.

BARTSCH, H.-W., Art. δραμα/δρασις, EWNT II (1981), Sp. 1285–1286.1286–1287.

BARRETT, C.K., *The Acts of the Apostles*, ICC 5/1, Edinburgh 1994.

BARRETT, C.K., *The Acts of the Apostles, Volume II, Introduction and Commentary on Acts XV-XXVIII*, ICC 5/2, Edinburgh 1998.

BAUERNFEIND, OTTO, *Die Apostelgeschichte*, ThHK 5, Leipzig 1939; Ndr. in: ders., *Kommentar und Studien zur Apostelgeschichte*, WUNT 22, Tübingen 1980.

BECKER, JÜRGEN, *Paulus und seine Gemeinden*, in: ders. u.a., *Die Anfänge des Christentums. Alte Welt und neue Hoffnung*, Stuttgart u.a. 1987, S. 102–159.

BECKER, JÜRGEN, *Paulus. Der Apostel der Völker*, Tübingen 1989 ²1992, UTB 2014, ³1998.

BEHM, JOHANNES, Art. καρδία κτλ., ThWNT III (1938), S. 611–616.

BELLINGER, ALFRED R., *Philippi in Macedonia*, American Numismatic Society Museum Notes 11 (1964), S. 29–52.

BENOIT, PIERRE, *Les outrages à Jésus prophète*, in: *Neotestamentica et Patristica*, FS O. Cullmann, NT.S 6, Leiden 1962, S. 92–110.

BENOIT, PIERRE, *L'enfance de Jean-Baptiste selon Luc I*, NTS (1956/57), S. 169–194.

BERGER, KLAUS, *Exegese des Neuen Testaments. Neue Wege vom Text zur Auslegung*, UTB 658, Tübingen 1977.

BERGER, KLAUS, *Theologiegeschichte des Urchristentums*, UTB 8082, Tübingen ²1995.

BERGER, KLAUS, *Der verkehrte Jesus. Ansichten über Jesus in unserer Zeit*, Telos 1334, Wuppertal 1990.

BERGER, KLAUS/COLPE, CARSTEN, *Religionsgeschichtliches Textbuch zum Neuen Testament*, TNT 1, Göttingen 1987.

BERNAYS, JAKOB, *Über die Gottesfürchtigen bei Juvenal*, jetzt in: ders., *Gesammelte Abhandlungen II*, Berlin 1885 Ndr. 1971, S. 71–80.

BESNIER, MAURICE, Art. *Purpura* (Πορφύρα), DAGR 4,1 (1877), Sp. 769–778.

BETZ, O./HENGEL, M./SCHMIDT, P. (Hrsg.), *Abraham unser Vater*, FS Otto Michel zum 60. Geburtstag, AGSU 5, Leiden/Köln 1963.

BEUTLER, JOHANNES, Art. ἀδελφός, EWNT I (²1992), Sp. 67–72.

BEYDON, FRANCE, *Luc et «ces dames de la haute sociéte»*, EThR 31/3 (1986), S. 331–341.

BEYER, HERMANN WOLFGANG, *Die Apostelgeschichte*, NTD 5, Göttingen 1921 ⁴1947 ⁸1957.

BIALE, RACHEL, *Women and Jewish Law. An Exploration of Women's Issues in Halakhic Sources*, New York 1984.

BINDEMANN, W., *Verkündigter und Verkündiger. Das Paulusbild der Wir-Stücke der Apostelgeschichte*, ThLZ 114 (1989), Sp. 705–720.

BLUM, HARTMUT, *Purpur als Statussymbol in der griechischen Welt*, Ant. Reihe 1, Abhandlungen zur Alten Geschichte 47, Bonn 1998.

BLUMENTHAL, ALBRECHT VON, Art. *Pomerium*, PRE XXI/2 (1952), Sp. 1867–1876.

BLUMENTHAL, ALBRECHT VON, Art. *Pomerium*, KP 4 (1972), Sp. 1015–1017

BLÜMNER, HUGO, *Technologie der Gewerbe und Künste bei Griechen und Römern*, Bd I, Leipzig 1875.

BLÜMNER, HUGO, *Technologie und Terminologie der Gewerbe und Künste bei Griechen und Römern*, 4 Bde, Ndr. Hildesheim 1969 (I ²1912, II 1879, III 1884, IV 1887).

BOGAERT, PIERRE MAURICE, *Les études sur la Septante. Bilan et perspectives*, RTL 16 (1985), S. 174–200.

BOISMARD, MARIE-ÉMILE, *Le Texte occidental des Actes des Apôtres*, ÉtB NS 40, neue, völlig überarb. Ausg., Paris 2000.

BOISMARD, MARIE-ÉMILE/LAMOUILLE, ARNAUD, *Les Actes des deux Apôtres*, tome I: *Introduction – textes*, tome II: *Le sens des récits*, tome III: *Analyses littéraires*, Paris 1990.

BORMANN, LUKAS, *Philippi. Stadt und Christengemeinde zur Zeit des Paulus*, NT.S 78, Leiden/New York/Köln 1995.

BORNKAMM, GÜNTHER, *Jesus von Nazareth*, Stuttgart/Berlin/Kön/Mainz ¹⁴1988.

BORSE, UDO, *Die Wir-Stellen der Apostelgeschichte und Timotheus*, SNTU 10, Linz 1985.

BOTERMANN, HELGA, *Der Heidenapostel und sein Historiker. Zur historischen Kritik der Apostelgeschichte*, ThBeitr 24 (1993), S. 62–84.

BOVON, FRANÇOIS, *Lukas in neuer Sicht*, BTS 8, Neukirchen-Vluyn 1985.

BOVON, FRANÇOIS, *L'oeuvre de Luc. Études d'exégèse et de théologie*, LeDiv 130, Paris 1987.

BOVON, FRANÇOIS, *Tradition et rédaction en Actes 10,1–11,18*, ThZ 26 (1970), S. 22–45, neu erschienen in: ders., *L'oeuvre de Luc. Études d'exégèse et de théologie*, LeDiv 130, Paris 1987, S. 97–120.

BOVON, FRANÇOIS, *L'importance des médiations dans le projet théologique de Luc*, in: ders., *L'oeuvre de Luc. Études d'exégèse et de théologie*, LeDiv 130, Paris 1987, S. 181–203.

BOVON, FRANÇOIS, *Das Evangelium nach Lukas*, Bd I: Lk 1,1–9,50, Bd II: Lk 9,51–14,35, EKK III/1–2, Zürich/Düsseldorf/Neukirchen-Vluyn 1989/1996.

BOWERS, W.P., *Paul's Route through Mysia. A Note on Acts XVI.8*, JThS 30 (1979), S. 507–511.

BRAUMANN, GEORG, *Die Schuldner und die Sünderin. Luk VII, 36–50*, NTS 10 (1963/64), S. 487–493.

BRAUMANN, GEORG (Hrsg.), *Das Lukas-Evangelium. Die redaktions- und kompositionsgeschichtliche Forschung*, WdF 280, Darmstadt 1974.

BRAUN, HERBERT, *Jesus, der Mann aus Nazareth und seine Zeit*, um 12 Kap. erw. Ausg., GTB 1422, Gütersloh ²1989.

BREMMER, JAN N., *Götter, Mythen und Heiligtümer im antiken Griechenland*, Darmstadt 1996.

BREYTENBACH, CILLIERS, *Paulus und Barnabas in der Provinz Galatien. Studien zu Apostelgeschichte 13f.; 16,6, 18,23 und den Adressaten des Galaterbriefes*, AGAJU 38, Leiden u.a. 1996.

BROCKMEYER, NORBERT, *Sozialgeschichte der Antike. Ein Abriß*, UTB 153, Stuttgart u.a. 1972.

BROER, I., *Die Konversion des Königshauses von Adiabene nach Josephus (Ant. XX)*, in: MAYER, C. (Hrsg.), *Nach den Anfängen fragen*, GSTR 8, 1994.

BROOTEN, BERNADETTE J., *Women Leaders in the Ancient Synagogue*, BJS 36, Chico (California) 1982.

BROOTEN, BERNADETTE J., *Frühchristliche Frauen und ihr kultureller Kontext. Überlegungen zur Methode historischer Rekonstruktion*, Einwürfe 2 (1985), S. 62–93.

BROWN, RAYMOND E., u.a. (Hrsg.), *Maria im Neuen Testament. Eine ökumenische Untersuchung*, Stuttgart 1981.

BRUCE, FREDERICK FYVIE, *St. Paul in Macedonia*, BJRL 61 (1979), S. 337–354.

BRUCE, FREDERICK FYVIE, *The Acts of the Apostles. The Greek Text with Introduction and Commentary*, London ²1952, Grand Rapids (Michigan) third revised and enlarged edition 1990.

BRUTSCHECK, J., *Die Maria-Marta Erzählung. Eine redaktionsgeschichtliche Untersuchung zu Lk 10,38–42*, BBB 64, Frankfurt a.M. 1986.

BRYAN, CHRISTOPHER, *A Further Look at Acts 16:1–3*, JBL 107 (1988), S. 292–294.

BÜCHER, KARL, *Beiträge zur Wirtschaftsgeschichte*, Tübingen 1922.

BULTMANN, RUDOLF, u.a., Art. πιστεύω κτλ., ThWNT VI (1959), S. 174–230.

BULTMANN, RUDOLF, *Zur Frage nach den Quellen der Apostelgeschichte*, in: ders., *Exegetica. Aufsätze zur Erforschung des Neuen Testaments*, hrsg. v. Erich DINKLER, Tübingen 1967, S. 412–423.

BULTMANN, RUDOLF, *Die Geschichte der synoptischen Tradition*, FRLANT 29 (=NF 12) Göttingen ⁵1961; dazu Ergänzungsheft von THEISSEN, GERD/VIELHAUER, PHILIPP, Göttingen ⁴1971.

BULTMANN, RUDOLF, *Das Urchristentum im Rahmen der antiken Religionen*, München ²1993.

BURCHARD, CHRISTOPH, *Fußnoten zum neutestamentlichen Griechisch*, ZNW 61 (1970), S. 157–171.

BURCHARD, CHRISTOPH, *Paulus in der Apostelgeschichte*, ThLZ 100 (1975), Sp. 881–895.

BURCHARD, CHRISTOPH, *Der dreizehnte Zeuge: traditions- und kompositionsgeschichtliche Untersuchungen zu Lukas' Darstellung der Frühzeit des Paulus*, FRLANT 103, Göttingen 1969.

BURFORD, ALISON, *Craftsmen in Greek and Roman Society*, London 1972.

BURFORD, ALISON, *Künstler und Handwerker in Griechenland und Rom*, Kulturgeschichte der antiken Welt 24, Mainz 1985.

BUSSE, ULRICH, *Die Wunder des Propheten Jesus: die Rezeption, Komposition und Interpretation der Wundertradition im Evangelium des Lukas*, FzB 24, Stuttgart 1977.

BUSSE, ULRICH, *Das Nazareth-Manifest Jesu: Eine Einführung in das lukanische Jesusbild nach Lk 4,16–30*, SBS 91, Stuttgart 1978.

BUSSMANN, C./RADL, W. (Hrsg.), *Der Treue Gottes trauen. Beiträge zum Werk des Lukas*, FS Gerhard Schneider, Freiburg/Basel/Wien 1991.

CAGE, J., *Les classes sociales dans l'Empire Romain*, Paris ²1971.

CADBURY, HENRY JOEL, *The Style and Literary Method of Luke*, HThSt 6, Cambridge 1919–1920.

CADBURY, HENRY JOEL, *The Acts of the Apostles in History*, London/New York 1955.

CADBURY, HENRY JOEL, *The Making of Luke-Acts*, New York 1927, Ndr. London 1968.

CASSIDY, RICHARD J., *Jesus, Politics, and Society. A Study of Luke's Gospel*, New York ⁴1983.

CASSIDY, RICHARD J., *Society and Politics in the Acts of the Apostles*, Maryland 1987.

CASSON, LIONEL, *Ships and Seamanship in the Ancient World*, Princeton 1971.

CASSON, LIONEL, *Reisen in der Alten Welt*, München ²1978.

CERFAUX, LUCIEN, *Jésus aux origines de la tradition*, Pour une histoire de Jésus III, Leuven 1968.

CHARLIER, JEAN-PIERRE, *Jésus au milieu de son peuple, tome I*, LiBi 78, Paris 1987.

CHEVALIER, RAYMOND, *Cité et territoire. Solutions romaines aux problèmes de l'organisation de l'espace: Problématique 1948–1973*, ANRW II 1 (1974), S. 649–788.

CHRIST, KARL, *Grundfragen der römischen Sozialstruktur*, in: ECK, W./WOLFF, H./GALSTERER, H. (Hrsg.), *Studien zur antiken Sozialgeschichte*, FS Friedrich VITTINGHOFF, Köln/Wien 1980, S. 197–228.

CHRIST, KARL, *Antike Numismatik. Einführung und Bibliographie*, Darmstadt 1967 ²1972 ³1991.

CLARK, A.C., *The Acts of the Apostles. A Critical Edition with Introduction and Notes on Selected Passages*, Oxford 1970 Ndr. 1993.

COHEN, SHAYE J.D., *Respect of Judaism by Gentiles According to Josephus*, HthR 80 (1987), S. 409–430.

COHEN, SHAYE J.D., *Pagan and Christian Evidence on the Ancient Synagogue*, in: LEVINE, LEE I., *The Synagogue in the Late Antiquity*, Philadelphia 1987.

COLPE, CARSTEN, Art. ὁ υἱὸς τοῦ ἀνθρώπου, ThWNT VIII (1969), S. 403–481.

COLLART, PAUL, *Philippes, ville de Macédoine, depuis ses origines jusqu'à la fin de l'époque romaine*, Bd I u. II, Paris 1937.

COLLART, PAUL, Art. *Philippes*, DACL 14 (1939), S. 712–741.

COLLART, PAUL, *Les milliaires de la Via Egnatia*, BCH 100 (1976), S. 177–200.

CONZELMANN, HANS, *Die Apostelgeschichte*, HNT 7, Tübingen ²1972.

CONZELMANN, HANS, *Die Mitte der Zeit. Studien zur Theologie des Lukas*, BHTh 17, Tübingen 1954 ⁴1962 ⁵1964.

CONZELMANN, HANS, Geschichte, *Geschichtsbild und Geschichtsdarstellung bei Lukas*, ThLZ 85 (1960), Sp. 241–250.

CONZELMANN, HANS, *Der geschichtliche Ort der lukanischen Schriften*, in: BRAUMANN, Georg (Hrsg.), *Das Lukas-Evangelium. Die redaktions- und kompositionsgeschichtliche Forschung*, WdF 280, Darmstadt 1974, S. 236–260.

CONZELMANN, HANS/LINDEMANN, ANDREAS, *Arbeitsbuch zum Neuen Testament*, UTB 52, Tübingen ¹¹1995.

COSGROVE, CH.H., *The Divine* δεῖ *in Luke-Acts*, NT 26 (1984), S. 167–190.

CORLEY, K.E., *Private Women, Public Meals. Social Conflict in the Synoptic Tradition*, Peabody (Mass.) 1993.

CROSSAN, JOHN DOMINIC, *Der historische Jesus*, München 1994.

CULLOM, BARBARA ANN, *Acts 16:6–40: A Redactional and Socio-Historical Analysis*, A Dissertation submitted to the Graduate School of the University of Notre Dame in Partial Fulfillment of the Requirements for the Degree of Doctor of Philosophy (Microfilm), Indiana 1985.

D'ANGELO, MARY ROSE, *Women in Luke-Acts: A Redactional View*, JBL 109 (1990), S. 441–461.

DAUER, ANTON, *„Ergänzungen" und „Variationen" in den Reden der Apostelgeschichte gegenüber vorangegangenen Erzählungen. Beobachtungen zur literarischen Arbeitsweise des Lukas*, in: FRANKEMÖLLE, HUBERT/KERTELGE, KARL (Hrsg.), *Vom Urchristentum zu Jesus*, FS zum 60. Geburtstag von Joachim Gnilka, Freiburg/Basel/Wien 1989, S. 307–324.

DAUTZENBERG, GERHARD/MERKLEIN, HELMUT/MÜLLER, KARLHEINZ (Hrsg.), *Die Frau im Urchristentum*, QD 95, Freiburg/Basel/Wien 1983 Ndr. 1992.

DAVIES, PAUL E., *The Macedonian Scene of Paul's Journeys*, BA 26 (1963), S. 91–106.

DE BOOR, W., *Die Apostelgeschichte*, WStB, Wuppertal 1965.

DE LA POTTERIE, IGNACE (Hrsg.), *De Jésus aux évangiles. Tradition et rédaction dans les évangiles synoptiques*, BEThL 25, Gembloux/Paris 1967.

DE SAINT-DENIS, E., La vitesse des navires anciens, RA XVIII (1941), S. 121–138.

DE ZWAAN, J., *The Use of the Greek Language in the Acts*, in: FOAKES JACKSON, F.J./LAKE, K. (Hrsg.), *The Beginnings of Christianity. Part I: The Acts of the Apostles*, Vol II, London 1922, S. 30–65.

DEHANDSCHUTTER, B., *La persécution des chrétiens dans les Actes des Apôtres*, in: KREMER, JACOB (Hrsg.), *Les Actes des Apôtres. Traditions, rédaction, théologie*, BEThL 48, Gembloux/Leuven 1979, S. 541–546.

DELEBECQUE, ÉDOUARD, *Les deux Actes des Apôtres*, ÉtB NS 6, Paris 1986.

DELLING, GERHARD, *Zur Taufe von „Häusern" im Urchristentum*, NT 7 (1964/65), S. 285–311.

DELLING, GERHARD, *Das letzte Wort der Apostelgeschichte*, NT 15 (1973), S. 193–204.

DELLING, GERHARD, *Studien zum Neuen Testament und zum hellenistischen Judentum. Gesammelte Aufsätze 1950–1968*, Göttingen 1970.

DELLING, GERHARD (Hrsg.), *Bibliographie zur jüdisch-hellenistischen und intertestamentarischen Literatur: 1900–1965*, TU 106, Berlin 1969.

DELOBEL, J., *L'onction de la pécheresse*, EThL 42 (1966), S. 415–475.

DELOBEL, J., *Encore la pécheresse*, EThL 45 (1969), S. 180–183.

DENAUX, ADELBERT, *The Theme of Divine Visits and Human (In)Hospitality in Luke-Acts*, in: VERHEYDEN, JOSEPH (Hsrg.), *The Unity of Luke-Acts*, BEThL 142, Leuven 1999, S. 255–279.

DESCAMPS, ALBERT, *La composition littéraire de Luc XVI.9–13*, NT 1 (1956), S. 47–53.

DEXINDER, F., Art. *Frau, III. Judentum*, TRE 11 (1983), S. 424–431.

DIBELIUS, MARTIN, *Aufsätze zur Apostelgeschichte*, hrsg. v. Heinrich Greeven, FRLANT 60 (=NF 42), Göttingen 1951 ⁵1968.

DODD, C.-H., *Le fondateur du christianisme*, traduit de l'anglais par Paul-André Lessort, Paris 1972.

DREXHAGE, HANS-JOACHIM, *Der πορφυροπώλης, die πορφυρόπωλις und der κογχιστής in den Papyri und Ostraka*, Münstersche Beiträge zur antiken Handelsgeschichte XVII (1998), S. 94–99.

DUCREY, PIERRE, *Le recueil des inscriptions grecques et latines de Philippes de Macédoine: État des questions*, Πρακτικά του Η' Διεθνούς Συνεδρίου Ελληνικής και Λατινικής Επιγραφικής, Αθήνα, 3–9 Οκτωβρίου 1982, Τόμος Β', Athen 1987 [1992], S. 155–157.

DUNN, JAMES, *The Acts of the Apostles. Narrative Commentaries*, Valley Forge (Pennsylvania) 1997.

DUPONT, JACQUES, *Les Sources du Livre des Actes. État de la question*, Bruges 1960.

DUPONT, JACQUES, *"Parole de Dieu" et "Parole du Seigneur"*, RB 62 (1955), S. 47–59, erneut erschienen in: ders., *Études sur les Actes des Apôtres*, LeDiv 47, Paris 1967, S. 523–525.

DUPONT, JACQUES, *Le salut des Gentils et la signification théologique du livre des Actes*, NTS 6 (1960), S. 132–155, auch im Sammmelwerk: ders., *Études sur les Actes des Apôtres*, LeDiv 47, Paris 1967, S. 393–419.

DUPONT, JACQUES, *Études sur les Actes des Apôtres*, LeDiv 47, Paris 1967.

DUPONT, JACQUES, *Le message des Béatitudes*, CEv 24, Paris 1978.

DUPONT, JACQUES, *Le discours à l'Aréopage (Actes 17,22–31): lieu de rencontre entre le christianisme et l'hellénisme*, Bib 60 (1979), S. 530–546.

DUPONT, JACQUES, *La conclusion des Actes et son rapport à l'ensemble de l'ouvrage de Luc*, in: KREMER, JACOB (Hrsg.), *Les Actes des Apôtres. Traditions, rédaction, théologie*, BEThL 48, Gembloux/Leuven 1979, S. 359–404.

DUPONT, JACQUES, *Nouvelles Études sur les Actes des Apôtres*, LeDiv 118, Paris 1984.

DURRY, MARCEL, *Sur une monnaie de Philippes*, REA 42 [=Mélanges Georges RADET] (1940), S. 412–416.

EBEL, EVA, *Collegium et ecclesia. Die Struktur und Attraktivität griechisch-römischer Vereine und der christlichen Gemeinde in Korinth*, Diss. theol. Erlangen 2002.

EICHENAUER, MONIKA, *Untersuchungen zur Arbeitswelt der Frau in der römischen Antike*, EHS III, 360, Frankfurt a.M. 1988.

ELBOGEN, ISMAR, *Der jüdische Gottesdienst in seiner geschichtlichen Entwicklung*, Frankfurt a.M. ³1931, Ndr. Hildesheim 1962.

ELLIGER, WINFRIED, *Paulus in Griechenland. Philippi, Thessaloniki, Athen, Korinth*, SBS 92/93, Stuttgart 1978 Ndr. 1987.

ELLIGER, WINFRIED, *Mit Paulus unterwegs in Griechenland. Philippi, Thessaloniki, Athen, Korinth*, Stuttgart 1998.

ELLIS, E.E., Das Ende der Erde (Apg 1,8), in: BUSSMANN, C./RADL, W. (Hrsg.), *Der Treue Gottes trauen. Beiträge zum Werk des Lukas*, FS GERHARD SCHNEIDER, Freiburg/Basel/Wien 1991, S. 277–288.

ERNST, JOSEF, *Das Evangelium nach Lukas*, RNT 3, Regensburg 1977 Ndr. ²1983.

FABRIS, RINALDO, *La femme dans l'Église primitive*, Paris 1987.

FELDMAN, LOUIS H., *Jewish "Sympathizers" in Classical Literature and Inscriptions*, TAPA 81 (1950), S. 200–208.

FELDMAN, LOUIS H., *Jew and Gentile in the Ancient World. Attitudes and Interactions from Alexander to Justinian*, Princeton/New Jersey 1993.

FERENCY, E., *Römisches Bürgerrecht und „Ius Italicum"*, ANRW II 14 (1982), S. 1017–1058.

FINN, T.M., *The God-Fearers Reconsidered*, CBQ 47 (1985), S. 75–84.

FITZMEYER, J.A., *The Role of the Spirit in Luke-Acts*, in: VERHEYDEN, JOSEPH (Hrsg.), *The Unity of Luke-Acts*, BEThL 142, Leuven 1999, S. 165–184.

FITZMEYER, J.A., Art. κύριος, EWNT II (1981), Sp. 811–820.

FITZMEYER, J.A., *The Acts of the Apostels. A New Translation with Introduction and Commentary*, AncB 31, New York u.a. 1998.

FISCHER, TH., *Zu den Beziehungen zwischen Rom und den Juden im 2. Jh. v. Chr.*, ZAW 86 (1974), S. 90–93.

FOAKES JAKSON, F.J./LAKE, KIRSOPP/CADBURY, HENRI JOEL, *The Beginnings of Christianity. Part I: The Acts of the Apostels, Vol. I.: Prolegomena I*, London 1920, *Vol. II: Prolegomena II, Criticism*, London 1922, *Vol. III: The Text of the Acts*, London 1926; *Part IV: English Translation and Commentary, Vol. V: Additional Notes to the Commentary*, London 1932.

FOERSTER, WERNER, Art. σέβομαι, ThWNT VII (1964), S. 169–172.

FRANKEMÖLLE, HUBERT/KERTELGE, KARL (Hrsg.), *Vom Urchristentum zu Jesus*, FS zum 60. Geburtstag von Joachim Gnilka, Freiburg/Basel/Wien 1989.

FRENCH, D.H., *The Roman Road-System of Asia Minor*, ANRW II 7,2 (1980), S. 698–729.

FRIEDLÄNDER, P., *Über den Farbstoff des antiken Pupurs aus murex brandaris*, Berichte der Deutschen Chemischen Gesellschaft 42 (1909), S. 765–770.

GAGER, J.G., *Jews, Gentiles, and Synagogues in the Book of Acts*, in: NICKELSBURG, G.W.E./MACRAE, G.W. (Hrsg.), *Christians among Jews and Gentiles*, FS K. Stendahl, Philadelphia 1986, S. 91–99.

GALSTERER, H., *Stadt und Territorium*, in: VITTINGHOFF, Friedrich (Hrsg.), *Stadt und Herrschaft. Römische Kaiserzeit und hohes Mittelalter*, HZ.B NF 7, 1982, S. 75–106.

GARDNER, JANE F., *Women in Roman Law and Society*, London 1986.

GARDNER, JANE F., *Frauen im antiken Rom: Familie, Alltag, Recht*, München 1995.

GARDNER, JANE F., *Family und familia in Roman Law and Life*, Oxford 1998.

GASQUE, WARD, *A History of the Criticism of the Acts of the Apostles*, Beiträge zur Geschichte der biblischen Exegese 17, Tübingen 1975.

GAUDEMAT, J., *La condition juridique des Juifs dans les trois premiers siècles de l'empire*, Aug. 28 (1988), S. 339–359.

GEIGER, G., *Der Weg als roter Faden durch Lk-Apg*, in: VERHEYDEN, JOSEPH (Hrsg.), *The Unity of Luke-Acts*, BEThL 142, Leuven 1999, S. 663–673.

GEIGER, RUTHILD, *Die Stellung der geschiedenen Frau in der Umwelt des Neuen Testamentes*, in: DAUTZENBERG, GERHARD/MERKLEIN, HELMUT/MÜLLER, KARLHEINZ (Hrsg.), *Die Frau im Urchristentum*, QD 95, Freiburg/Basel/Wien 1983 Ndr. 1992, S. 134–157.

GEORGE, AUGUSTIN, *Tradition et rédaction chez Luc. La construction du troisième évangile*, in: DE LA POTTERIE, IGNACE (Hrsg.), *De Jésus aux évangiles. Tradition et rédaction dans les évangiles synoptiques*, BEThL 25, Gembloux/Paris 1967, S. 100–129.

GEORGE, AUGUSTIN, *Études sur l'oeuvre de Luc*, Paris 1978.

GEYER, FRITZ, Art. *Makedonia (Μακεδονία)*, PRE XIV/1 (1928), Sp. 697–769.

GLISSEN, JOHN, *Introduction historique au droit*, Bruxelles 1979.

GLOMBITZA, OTTO, *Der Schritt nach Europa: Erwägungen zu Act 16,9–15*, ZNW 53 (1962), S. 77–82.

GNILKA, JOACHIM, *Der Hymnus des Zacharias*, BZ 6 (1962), S. 215–238.

GNILKA, JOACHIM, *Die neutestamentliche Hausgemeinde*, in: SCHREINER, J. (Hrsg.), *Freude am Gottesdienst. Aspekte ursprünglicher Liturgie*, FS J.G. PLÖGER, Stuttgart 1983, S. 229–242.

GNILKA, JOACHIM, *Der Philipperbrief*, HThK X/3, Freiburg/Basel/Wien ⁴1987.

GNILKA, JOACHIM, *Paulus von Tarsus. Apostel und Zeuge*, HthK.S 6, Freiburg/Basel/Wien 1996.

GOODMAN, M., *Jewish Proselytizing in the First Century*, in: LIEU, J./NOTH, J./RAJAK, T. (Hrsg.), *The Jews among Pagans and Christians*, London /New York 1992, S. 53–78.

GÖTTLICHER, ARVID, *Eine Einführung in die Archäologie der Wasserfahrzeuge*, Berlin 1985.

GRANT, M., *The Jews in Roman World*, London 1973.

GRÄSSER, ERICH, *Die Apostelgeschichte in der Forschung der Gegenwart*, ThR 26 (1960), S. 93–167.

GRÄSSER, ERICH, *Acta-Forschung seit 1960*, ThR 41 (1976), S. 141–194.259–290.

GRÄSSER, ERICH, *Acta-Forschung seit 1960*, ThR 42 (1977), S. 1–68.

GRÄSSER, ERICH, *Forschungen zur Apg*, WUNT 137, Tübingen 2001.

GRAYZEL, S., *The Jews and the Roman Law*, JQR 59 (1968/69), S. 93–117.

GRUNDMANN, WALTER, *Das Evangelium nach Lukas*, ThHK 3, Berlin ²1963.

GUTMANN, JOSEF, *Ancient Synagogues. The State of Research*, Chico (California) 1981.

HAAG, HERBERT, *Die biblischen Wurzeln des Minjan*, in: BETZ, O./HENGEL, M./SCHMIDT, P.(Hrsg.), *Abraham unser Vater*, FS Otto Michel zum 60. Geburtstag, AGSU 5, Leiden/Köln 1963, S. 235–242.

HAENCHEN, ERNST, *Tradition und Komposition in der Apostelgeschichte*, ZThK 52 (1955), S. 205–225.

HAENCHEN, ERNST, *Das »Wir« in der Apostelgeschichte und das Itinerar*, ZThK 58 (1961), S. 329–366.

HAENCHEN, ERNST, *Historie und Verkündung bei Markus und Lukas*, in: ders., *Die Bibel und wir. Gesammelte Aufsätze II*, Tübingen 1968, S. 156–181.

HAENCHEN, ERNST, *Die Apostelgeschichte*, KEK III, Göttingen ⁷1977.

HANSON, J.S., *Dreams and Visions in the Graeco-Roman World and Early Christianity*, ANRW II 23,2 (1980), S. 1395–1427.

HARBARTH, A., *„Gott hat sein Volk heimgesucht.“ Eine form- und redaktionsgeschichtliche Untersuchung zu Lk 7,11–17: „Die Erweckung des Jünglings von Nain“*, Heidelberg 1977.

HARNACK, ADOLF VON, *Lukas der Arzt, der Verfasser des dritten Evangeliums und der Apostelgeschichte*, Beiträge zur Einleitung in das Neue Testament I, Leipzig 1906.

HARNACK, ADOLF VON, *Die Apostelgeschichte*, Beiträge zur Einleitung in das Neue Testament III, Leipzig 1908.

HARNACK, ADOLF VON, *Die Mission und Ausbreitung des Christentums in den ersten drei Jahrhunderten*, Bd I, 3. neu durchgearbeitete und vermehrte Auflage, Leipzig 1915.

HARTMANN, L., *Auf den Namen des Herrn Jesus. Die Taufe in den neutestamentlichen Schriften*, SBS 148, Stuttgart 1992.

HAUCK, FRIEDRICH, *Das Evangelium des Lukas*, ThHK 3, Leipzig 1934.

HAUCK, FRIEDRICH, Art. μένω κτλ., ThWNT IV (1942), S. 578–592.

HAWKINS, J.C., *Horae Synopticae. Contributions to the Study of the Synoptic Problem*, Oxford 1899, ²1909 repr. Ndr. 1968.

HEILIGENTHAL, ROMAN, *Der verfälschte Jesus. Eine Kritik moderner Jesusbilder*, Darmstadt 1997.

HEMER, COLIN J., *The Book of Acts in the Setting of Hellenistic History*, WUNT 49, Tübingen 1989.

HENGEL, MARTIN, *Maria Magdalena und die Frauen als Zeugen*, in: BETZ, O./HENGEL, M./SCHMIDT, P.(Hrsg.), *Abraham unser Vater*, FS Otto MICHEL zum 60. Geburtstag, AGSU 5, Leiden/Köln 1963, S. 243–256.

HENGEL, MARTIN, *Proseuche und Synagoge. Jüdische Gemeinde, Gotteshaus und Gottesdienst in der Diaspora und in Palästina*, in: JEREMIAS, GERT/KUHN, HEINZ-WOLFGANG/STEGEMANN, HARTMUT (Hrsg.), *Tradition und Glaube. Das frühe Christentum in seiner Umwelt*, FS Karl Georg Kuhn, Göttingen 1971, S. 157–184.

HENGEL, MARTIN, *Die Ursprünge der christlichen Mission*, NTS 18 (1971/72), S. 15–38.

HENGEL, MARTIN, *Judentum und Hellenismus. Studien zu ihrer Begegnung unter Berücksichtigung Palästinas bis zur Mitte des 2. Jahrhunderts v. Chr.*, WUNT 10, Tübingen ²1973.

HENGEL, MARTIN, *Der Historiker Lukas und die Geographie Palästinas in der Apostelgeschichte*, ZDPV 99 (1983), S. 147–183.

HENGEL, MARTIN, *Die Arbeit im frühen Christentum*, ThBeitr 17/4 (1986), S. 174–212.

HENGEL, MARTIN, *Der vorchristliche Paulus*, in: HENGEL, MARTIN/HECKEL, ULRICH (Hrsg.), *Paulus und das antike Judentum*, WUNT 58, Tübingen 1991, S. 177–293.

HENGEL, MARTIN, *Judaica et Hellenistica*. *Kleine Schriften I*, WUNT 90, Tübingen 1996.

HENGEL, MARTIN/SCHWEMERANNE MARIE, *Paulus zwischen Damaskus und Antiochien*, WUNT 108, Tübingen 1998.

HENGEL, MARTIN, *Early Christian Scripture as a Source for Ancient Judaism*, in: HENGEL, M./BARRETT, C.K., *Conflicts and Challenges in Early Christianity*, hrsg. v. HAGNER, D.A., Harrisburg 1999, S. 14–31.

HENGEL, MARTIN, *Judaica, Hellenistica et Christiana*. *Kleine Schriften II*, WUNT 109, Tübingen 1999.

HENGEL, MARTIN, *The four Gospels and the one Gospel of Jesus Christ. An investigation of the Collection and Origins of the Canonical Gospels*, SMC Press, London 2000.

HENGEL, MARTIN, *Der Jude Paulus und sein Volk. Zu einem neuen Acta-Kommentar*, ThR 66/3 (2001), S. 338–368.

HERMANN, INGO, *Initiation à l'exégèse moderne*, traduit de l'allemand par JEAN LEMOYNE, Paris 1967.

HEUZEY, LÉON/DAUMET, H., *Mission archéologique de Macédoine*, Bd I: *Texte*, Bd II: *Planches*, Paris 1876.

HÖCKMANN, OLAF, *Antike Seefahrt*, München 1985.

HOFFMANN, P., Πάντες ἐργάται ἀδικίας. *Redaktion und Tradition in Lc 13,22–30*, ZNW 58 (1967), S. 188–214.

HOLTZ, TRAUGOTT, *Untersuchungen über die alttestamentlichen Zitate bei Lukas*, TU 104, Berlin 1968.

HOMO, LÉON, *Rome impériale et l'urbanisme dans l'Antiquité*, Paris 1951.

HOPKINS, K., *Models, Ships and Staples*, in: ders./GARNSEY, P./WHITTACKER, C.R., *Trade in the Ancient Economy*, London 1983, S. 100–137.

HORSLEY, G. H. R., *A Review of the Greek Inscriptions and Papyri published in 1977*, NDIEC II, North Ryde (New South Wales) 1982.

HORSLEY, G. H. R., *A Review of the Greek Inscriptions and Papyri published in 1978*, NDIEC III, North Ryde (New South Wales) 1983.

HRUBY, K., *Die Synagoge. Geschichtliche Entwicklung einer Institution*, Zürich 1971.

HUBBARD, BENJAMIN J., *The Role of Commissioning Accounts in Acts*, in: TALBERT, CHARLES H. (Hrsg.), *Perspectives on Luke-Acts*, PIRS.SSS 5, Danville/Edinburgh 1978, S. 187–198.

HÜBNER, H., Art. λαλέω, EWNT II (1981), Sp. 827–829.

HÜTTENMEISTER, FROWALD G., *Die Jüdischen Synagogen. Lehrhäuser und Gerichtshöfe*, BTAVO XII/1, Wiesbaden 1977.

HÜTTENMEISTER, FROWALD G., *»Synagoge« und »Proseuche« bei Josephus und in anderen antiken Quellen*, in: *Begegnungen zwischen Christentum und Judentum in Antike und Mittelalter*, FS Heinz Schreckenberg, Schriften des Institutum Judaicum Delitzschianum 1, Göttingen 1993, S. 163–181.

ILAN, TAL, *Jewish Women in Graeco-Roman Palestine*, TSAJ 44, Tübingen 1995.

ILAN, TAL, *Integrating Women into the Second Temple History*, TSAJ 76, Tübingen 1999.

JACQUIER, EUGÈNE, *Les Actes des Apôtres*, ÉtB 17, Paris 1926.

JASCHKE, HELMUT, „λαλεῖν" bei Lukas, BZ 15 (1971), S. 109–114.

JAUBERT, ANNIE, *Les femmes dans l'Ecriture*, Foi Vivante 302, Paris 1992.

JEREMIAS, GERT/KUHN, HEINZ-WOLFGANG/STEGEMANN, HARTMUT (Hrsg.), *Tradition und Glaube. Das frühe Christentum in seiner Umwelt*, FS Karl Georg Kuhn, Göttingen 1971.

JEREMIAS, JOACHIM, *Jerusalem zur Zeit Jesu. Kulturgeschichtliche Untersuchung zur neutestamentlichen Zeitgeschichte*, Bd I: Teile I und II, Göttingen 1923.

JEREMIAS, JOACHIM, *Die Gleichnisse Jesu*, Göttingen ⁷1965.

JEREMIAS, JOACHIM, *Untersuchungen zum Quellenproblem der Apostelgeschichte*, ZNW 36 (1938), S. 205–221, jetzt in: ders., *Abba. Studien zur neutestamentlichen Theologie und Zeitgeschichte*, Göttingen 1966, S. 238–255.

JEREMIAS, JOACHIM, *Jérusalem au temps de Jésus*, Paris 1967.

JEREMIAS, JOACHIM, *Tradition und Redaktion in Lukas 15*, ZNW 62 (1971), S. 172–189.

JEREMIAS, JOACHIM, *Die Sprache des Lukasevangeliums. Redaktion und Tradition im Nicht-Markusstoff des dritten Evangeliums*, KEK.S, Göttingen 1980.

JERVELL, JACOB, *Paul in the Acts of the Apostles. Tradition, History, Theology*, in: KREMER, JACOB (Hrsg.), *Les Actes des Apôtres. Traditions, rédaction, théologie*, BEThL 48, Gembloux/Leuven 1979, S. 297–306.

JERVELL, JACOB, *Die Apostelgeschichte*, KEK 3, 17. Aufl., 1. Aufl. dieser Auslegung, Göttingen 1998.

JOHNSON, L.T., *The Acts of the Apostles*, Sacra Pagina 5, Collegeville 1992.

JONES, A.H.M., *Die Bekleidungsindustrie in der Zeit des Römischen Imperiums*, in: DIESNER, H.J., u.a. (Hrsg.), *Sozialökonomische Verhältnisse im Alten Orient und im klasssischen Altertum*, Berlin 1961, S. 156–167.

JONES, A.H.M., *Der soziale Hintergrund des Kampfes zwischen Heidentum und Christentum*, in: KLEIN, R. (Hrsg.), *Das frühe Christentum im römischen Staat*, WdF 267, Darmstadt 1971, S. 337–363.

JONES, A.H.M., *Das Wirtschaftsleben in den Städten des römischen Kaiserreiches*, in: SCHNEIDER, H. (Hrsg.), *Sozial- und Wirtschaftsgeschichte der römischen Kaiserzeit*, Darmstadt 1981, S. 48–80.

JUSTER, JEAN, *Les juifs dans l'empire romain: leur condition juridique, économique et sociale*, Paris 1914.

KAMPEN, NATALIE, *Image and Status: Roman Working Women in Ostia*, Berlin 1981.

KAMPEN, NATALIE, *Römische Straßenhändlerinnen*, AW 16 (1985), S. 23–42.

KARLOWA, Otto, *Intra pomoerium und extra pomoerium*, Festgabe zur Feier des siebzigsten

Geburtstages Seiner Königlichen Hoheit des Grossherzogs Friedrich von Baden dargebracht von den Mitgliedern der juristischen Fakultät der Universität Heidelberg, Heidelberg 1896.

KASER, MAX, *Römisches Privatrecht. Ein Studienbuch, Kurzlehrbücher für das juristische Studium*, 10. verbesserte Auflage, München 1977.

KEIL, J., Art. *Thyateira*, PRE 11 (1936), Sp. 657–659.

KERTELGE, KARL, *Die Wunder Jesu im Markusevangelium*, StANT 23, München 1970.

KLAUCK, HANS-JOSEF, *Hausgemeinde und Hauskirche im frühen Christentum*, SBS 103, Stuttgart 1981.

KLAUCK, HANS-JOSEF, *Die Hausgemeinde als Lebensform im Urchristentum*, MThZ 32 (1981), S. 1–15.

KLAUCK, HANS-JOSEF, *Die religiöse Umwelt des Urchristentums*, Bd I: *Stadt- und Hausreligion, Mysterienkulte, Volksglaube*, Bd II: *Herrscher- und Kaiserkult, Philosophie und Gnosis*, KStTh 9/1–2, Stuttgart/Berlin/Köln 1995/1996.

KLEIN, C., *Jüdische Frauen in der Zeit Marias von Nazaret*, Emuna 10 (1975), Suppl. 1, S. 32–36.

KLEIN, GÜNTER, *Die zwölf Apostel. Ursprung und Gehalt einer Idee*, FRLANT 77, Göttingen 1961.

KLEIN, HANS, *Zur Frage nach dem Abfassungsort der Lukasschriften*, EvTh 32 (1972), S. 467–477.

KLIESCH, KLAUS, *Die Apostelgeschichte*, SKK.NT 5, Stuttgart 1986.

KLOFT, HANS, *Die Wirtschaft der griechisch-römischen Welt. Eine Einführung*, Darmstadt 1992.

KOPERSKI, VERONICA, *Luke 10,38–42 and Acts 6,1–7. Women and Discipleship in the Literary Context of Luke-Acts*, in: VERHEYDEN, JOSEPH (Hrsg.), *The Unity of Luke-Acts*, BEThL 142, Leuven 1999, S. 517–544.

KRAABEL, A.T., *The Diaspora Synagogue: Archeological and Epigraphic Evidence since Sukenik*, ANRW II 19,1 (1979), S. 477–510.

KRAABEL, A.T., *The Disappearance of the ‚God Fearers'*, Numen 28 (1981), S. 113–126.

KRAABEL, A.T., *The Roman Diaspora: Six Questionable Assumptions*, JJS 33 (1982), S. 445–457.

KRAABEL, A.T., *Greek, Jews, and Lutherans in the Middle Half of Acts*, in: NICKELSBURG, G.W.E./MACRAE, G.W. (Hrsg.), *Christians among Jews and Gentiles*, FS K. Stendahl, Philadelphia 1986, S. 147–169.

KRAABEL, A.T., *Unity and Diversity among Diaspora Synagogues*, in: LEVINE, Lee I., *The Synagogue in the Late Antiquity*, Philadelphia 1987, S. 49–60.

KRAABEL, A. T., *Immigrants, Exiles, Expatriates, and Missionaries*, in: BORMANN, LUKAS u.a. (Hrsg.), *Religious Propaganda and Missionary Competition in the New Testament World. Essays Honoring Dieter Georgi*, Leiden, New York/Köln 1994, S. 71–88.

KRAEMER, R.S., *Non-Literary Evidence for Jewish Women in Rome and Egypt*, in: SKINNER, M. (Hrsg.), *Rescuing Creusa: New Methodological Approaches to Women in Antiquity*, Helios 13 (1987), S. 85–101.

KRATZ, R., *Rettungswunder. Motiv-, traditions- und formkritische Aufarbeitung einer biblischen Gattung*, EHS.T XXIII 123, Frankfurt a.M./Bern/Las Vegas 1979.

KRAUSS, SAMUEL, *Synagogale Altertümer*, Berlin/Wien 1922 repr. Ndr. Hildesheim 1966.

KREMER, JACOB (Hrsg.), *Les Actes des Apôtres. Traditions, rédaction, théologie*, BEThL 48, Gembloux/Leuven 1979.

KREMER, JACOB, *Pfingstbericht und Pfingstgeschehen. Eine exegetische Untersuchung zu Apg 2,1–13*, SBS 63/64, Stuttgart 1973.

KREMER, JACOB, *Lukasevangelium*, NEB.NT 3, Würzburg 1988.

KROLL, WILHELM, Art. *Schiffahrt*, PRE IIA/1 (1921), Sp. 408–419.

KUHN, KARL GEORG, Art. προσήλυτος, ThWNT VI (1959), S. 727–745.

KUHN, KARL GEORG/STEGEMANN, H., Art. *Proselyten*, PRE.S IX (1962), Sp. 1248–1283.

KÜMMEL, W.G., *Einleitung in das Neue Testament*, Heidelberg [18]1976.

KUNTZMANN, R./SCHLOSSER, J. (Hrsg.), *Études sur le judaïsme hellénistique*, LeDiv 119, Paris 1984.

LAGRANGE, MARIE-JOSEPH, *Évangile selon St. Luc*, ÉtB 3, Paris [8]1948.

LAKE, KIRSOPP, *Proselytes and God-Fearers*, in: LAKE, KIRSOPP/CADBURY, HENRY JOEL, *The Beginnings of Christianity I/5*, London 1933, S. 74–96.

LAMPE, PETER, *Die stadtrömischen Christen in den ersten beiden Jahrhunderten. Untersuchungen zur Sozialgeschichte*, WUNT II/18, Tübingen 1987.

LEIPOLDT, JOHANNES, *Der soziale Gedanke in der altchristlichen Kirche*, Leipzig 1952.

LEIPOLDT, JOHANNES, *Die Frau in der antiken Welt und im Urchristentum*, Leipzig 1953 [2]1955.

LEIPOLDT, JOHANNES/GRUNDMANN, Walter (Hrsg.), *Umwelt des Urchristentums*, Bd I: *Darstellung des neutestamentlichen Zeitalters*, Bd II: *Texte zum neutestamentlichen Zeitalter*, Bd III: *Bilder zum neutestamentlichen Zeitalter*, Berlin [8]1990/[8]1991/[6]1988.

LEMERLE, PAUL, *Philippes et la Macédoine orientale à l'époque chrétienne et byzantine. Recherches d'histoires et d'archéologie*, Bd 1: *Texte*, Bd 2: *Album*, BEFAR 158, Paris 1945.

LEON, H.J., *The Jews of Ancient Rome*, Philadelphia 1960.

L'EPLATTENIER, CHARLES, *Les Actes des Apôtres*, Genève 1987.

LEVICK, BARBARA, *Roman Colonies in Southern Asia Minor*, Oxford 1967.

LEVINE, LEE I. (Hrsg.), *The Synagogue in the Late Antiquity*, Philadelphia 1987.

LEVINE, LEE I., *The Second Temple Synagogue: The Formative Years*, in: ders. (Hrsg.), *The Synagogue in the Late Antiquity*, Philadelphia 1987, S. 7–31.

LEVINSKAYA, IRINA, *A Jewish or Gentile Prayer House? The Meaning of* ΠΡΟΣΕΥΧΗ, TynB 41 (1990), S. 154–159.

LEVINSKAYA, IRINA, *The Book of Acts in Its First Century Setting, Vol. 5, Diaspora Setting*, Grand Rappids 1996.

LICHTENSTEIN, ERNST, *Philippi. Eine historisch-theologische Betrachtung über den Eintritt des Christentums in die abendländische Welt*, in: *Lebenskräfte in der abendländischen Geistesgeschichte*, Dank- und Erinnerungsgabe an Walter Goetz, Marburg/Lahn 1948, S. 1–21.

LIEBENAM, W., *Städteverwaltung im römischen Kaiserreiche*, Leipzig 1900, Ndr. Amsterdam 1967.

LIEBS, DETLEV, *Römisches Recht. Ein Studienbuch*, UTB 465, Göttingen 1975.

LINDER, A., *The Jews in Roman Imperial Legislation*, Detroit/Jerusalem 1987.

LIPINSKI, ÉDOUARD, Art. *Femme*, DEB (1987), S. 472–474.

LIPINSKI, ÉDOUARD, Art. *Craignant Dieu*, DEB (1987), S. 309–310.

LOEWE, RAPHAEL, *The Position of Women in Judaism*, London 1966.

LOHFINK, GERHARD, *Paulus vor Damaskus*, SBS 4, Stuttgart 1966.

LOHSE, EDUARD, *Umwelt des Neuen Testaments*, GNT 1, Göttingen [7]1986.

LOISY, ALFRED, *Les Actes des Apôtres*, Paris 1920.

LÖNIG, KARL, *Die Saulustradition in der Apostelgeschichte*, NTA NF 9, Münster 1973.

LUCK, ULRICH, Kerygma, *Tradition und Geschichte bei Lukas*, ZThK 56 (1959), S. 51–66.

LÜDEMANN, GERD, *Paulus der Heidenapostel, Bd I: Studien zur Chronologie*, FRLANT 123, Göttingen 1980.

LÜDEMANN, GERD, *Das frühe Christentum nach den Traditionen der Apostelgeschichte. Ein Kommentar*, Göttingen 1987.

MAHONEY, ROBERT, *Die Mutter Jesu im Neuen Testament*, in: DAUTZENBERG, GERHARD/ MERKLEIN, HELMUT/MÜLLER, KARLHEINZ (Hrsg.), *Die Frau im Urchristentum*, QD 95, Freiburg/Basel/Wien 1983 Ndr. 1992, S. 92–116.

MARCUS, RALPH, *The Sebomenoi in Josephus*, JSS 14 (1962), S. 247–250.

MARKSHIES, CH., *Zwischen den Welten wandern. Strukturen des antiken Christentums*, Frankfurt 1997.

MARSHALL, IAN HOWARD, *The Acts of the Apostles. An Introduction and Commentary*, TNTC, Leicester 1980 [2]1986.

MARTIN, FRANÇOIS, *Le geolier et la marchande de pourpre. Actes des Apôtres 16,6–40, Première partie*, SémBib 59, S. 9–29 (1989); *Deuxième partie*, SémBib 60 (1990), S. 1–17.

MARTINI, C., *La tradition textuelle des Actes des Apôtres et les tendences de l'Église ancienne*, in: KREMER, JACOB (Hrsg.), *Les Actes des Apôtres. Traditions, rédaction, théologie*, BEThL 48, Gembloux/Leuven 1979, S. 21–35.

MARXSEN, WILLI, *Einleitung in das Neue Testament. Eine Einführung in ihre Probleme*, Gütersloh [4]1978.

MATSON, DAVID LERTIS, *Household Conversion Narratives in Acts. Pattern and Interpretation*, JSNT.SS 123, Sheffield 1996.

MATTILL, A.J. JR., *The Value of Acts as a Source for the Study of Paul*, in: TALBERT, CHARLES H. (Hrsg.), *Perspectives on Luke-Acts*, PIRS.SSS 5, Danville/Edinburgh 1978, S. 76–98.

MAYER, GÜNTER, *Die jüdische Frau in der hellenistisch-römischen Antike*, Stuttgart 1987.

MCCOWN, C.C., *Gospel Geography. Fiction, Fact, and Truth*, JBL 60 (1941), S. 1–25; in der deutschen Übersetzung von ANNA SANNWALD: ders., *Geographie der Evangelien: Fiktion, Tatsache und Wahrheit*, in: BRAUMANN, G. (Hrsg.), *Das Lukas-Evangelium. Die redaktions- und kompositionsgeschichtliche Forschung*, WdF 280, Darmstadt 1974, S. 13–42.

MEEKS, WAYNE A. (Hrsg.), *Zur Soziologie des Urchristentums. Ausgewählte Beiträge zum früh- christlichen Gemeinschaftsleben in seiner gesellschaftlichen Umwelt*, Historische Theologie 62, München 1979.

MEEKS, WAYNE A. (Hrsg.), *The First Urban Christians. The Social World of the Apostle Paul*, New Haven/London 1983.

MEINARDUS, OTTO F.A., *St. Paul in Greece*, Athen ²1972 Ndr. 1976, aus dem Englischen vom Verfasser übertragen: ders., *Paulus in Griechenland*, Athen 1978.

MEINARDUS, OTTO F.A., *Die Reisen des Apostel Paulus, nachvollzogen im 20. Jahrhundert*, Hamburg/Regensburg 1981.

MEISELMAN, M., *Jewish Women in Jewish Law*, New York 1978.

MENOOUD, PH.-H., *Le plan des Actes des Apôtres*, NTS 1 (1954/55), S. 44–51.

MEYER, EDUARD, *Ursprung und Anfänge des Christentums*, Bd III: *Die Apostelgeschichte und die Anfänge des Christentums*, Stuttgart/Berlin 1923.

MEYER, ERNST, *Einführung in die lateinische Epigraphik*, Darmstadt 1973 ²1983 ³1991.

MEYER, REINHOLD, *History of Purple as a Status Symbol in Antiquity*, CollLat 116, Brüssel 1970.

MICHEL, OTTO, Art. οἶκος κτλ., ThWNT V (1954), S. 122–161.

MIESNER, DONALD R., *The Missionary Journeys Narrative: Patterns and Implications*, in: TALBERT, CHARLES H. (Hrsg.), *Perspectives on Luke-Acts*, PIRS.SSS 5, Danville/Edinburgh 1978, S. 199–214.

MITCHELL, STEPHEN, *Wer waren die Gottesfürchtigen?*, Chiros 28 (1998), S. 55–64.

MOLTHAGEN, JOACHIM, *Die ersten Konflikte der Christen in der griechisch-römischen Welt*, Hist. 40 (1991), S. 42–76.

MOURLON BEERNAERT, P., *Marthe, Marie et les autres. Les visages féminins de l'Évangile*, Écritures 5, Bruxelles 1992.

MUHLACK, GUDRUN, *Die Parallelen von Lukas-Evangelium und Apostelgeschichte*, TW 8, Frankfurt u.a. 1979.

MÜLLER, ULRICH B., *Der Brief des Paulus an die Philipper*, ThHK 11/1, Leipzig 1993.

MUNCK, JOHANNES, *The Acts of the Apostles*, AncB 31, Rom 1967.

ΜΕΡΤΖΙΔΗΣ, Σταύρος, Οι Φίλιπποι. Έρευναι και μελέται χωρογραφίκαι υπό αρχαιολογικήν, γεωγραφικήν, ιστορικήν, θρησκευτικήν, και εθνολογικήν έποψιν, Konstantinopel 1897.

NEIRYNCK, F., *Le livre des Actes dans les récents commentaires*, EThL 59 (1983), S. 338–349.

NEIRYNCK, F./VAN SEGEBROECK, F., *Le texte des Actes des Apôtres et les caractéristiques stylistiques lucaniennes*, EthL 61 (1985), S. 304–339.

NICOLS, JOHN, On the Standard Size of the Ordo Decurionum, ZRG 105 (1988), S. 712–719.

NIEBUHR, KARL-WILHELM, *Heidenapostel aus Israel. Die jüdische Identität des Paulus nach ihrer Darstellung in seinen Briefen*, WUNT 62, Tübingen 1992.

NIGDELIS, P.M., *Synagoge(n) und Gemeinde der Juden in Thessaloniki: Fragen aufgrund einer neuen jüdischen Grabinschrift der Kaiserzeit*, ZPE 102 (1994), S. 297–306.

NOCK, ARTHUR DARBY, *Paul and the Magus. Note XIV*, in: FOAKES JACKSON, F.J./LAKE, KIRSOPP, *The Beginnings of Christianity*, Vol. V, S. 164–188.

NOCK, ARTHUR DARBY, *Essays on Religion in the Ancient World*, hrsg. v. Z. STEWART, Oxford 1972, S. 308–330.

NOETHLICHS, KARL LEO, *Judentum und römischer Staat*, in: HORCH, HANS OTTO (Hrsg.), *Judentum, Antisemitismus und europäische Kultur*, Tübingen 1988, S. 35–49.

NOETHLICHS, KARL LEO, *Das Judentum und der römische Staat. Minderheitenpolitik im antiken Rom*, Darmstadt 1996.

NOETHLICHS, KARL LEO, Art. *Edictum Diocletiani*, NP 3 (1997), Sp. 878–879.

NOETHLICHS, KARL LEO, *Der Jude Paulus – ein Tarser und Römer?*, in: VON HAEHLING, RABAN (Hrsg.), *Rom und das himmlische Jerusalem. Die frühen Christen zwischen Anpassung und Ablehnung*, Darmstadt 2000, S. 53–84.

NORDEN, EDUARD, *Agnostos Theos. Untersuchungen zur Formengeschichte religiöser Rede*, Leipzig/Berlin 1913, Darmstadt ⁴1956 repr. Ndr. 1971.

OBERMEIER, KLAUS, *Die Gestalt des Paulus in der lukanischen Verkündigung. Das Paulusbild der Apostelgeschichte*, Bonn 1975.

OENING, MANFRED, *Biblische Hermeneutik. Eine Einführung*, Darmstadt 1998.

OEPKE, ALBRECHT, Art. γυνή, ThWNT I (1933), S. 766–790.

OLLROG, WOLF-HENNING, *Paulus und seine Mitarbeiter. Untersuchungen zur Theorie und Praxis der paulinischen Mission*, WMANT 50, Neukirchen-Vluyn 1979.

O'SULLIVAN, Firmin, *The Egnatian Way*, Newton Abbot/Harrisburg 1972.

OVERMAN, J.A., *The God-Fearers: Some Neglected Features*, JSNT 32 (1988), S. 17–26.

PANIMOLLE, S. A., *Il discorso di Pietro all'assemblea apostolica*, CSB 2, Bologna 1977.

PAPAZOGLOU, FANOULA, *Les villes de Macédoine à l'époque romaine*, BCH Suppl. 16, Athènes/Paris 1988.

PEKARY, THOMAS, *Die Wirtschaft der griechisch-römischen Antike*, Wissenschaftliche Paperbacks Sozial- und Wirtschaftsgeschichte 9, Wiesbaden 1979.

PELLETIER, ANDRÉ, *L'urbanisme romain sous l'Empire*, Paris 1982.

PERROT, CHARLES, *La lecture de la Bible dans la diaspora hellénistique*, in: KUNTZMANN, R./SCHLOSSER, J. (Hrsg.), *Études sur le judaïsme hellénistique*, LeDiv 119, Paris 1984, S. 109–132.

PERROT, G., *Daton, Néapolis, les ruines de Philippes*, RAr 1,2 (1860), S. 45–52.67–77

PERVO, RICHARD I., *Profit with Delight. The Literary Genre of the Acts of the Apostles*, Philadelphia 1987.

PERVO, RICHARD I., *Luke's Story of Paul*, Minneapolis 1990.

PESCH, RUDOLF, *Der Besessene von Gerasa*, SBS 56, Stuttgart 1972.

PESCH, RUDOLF, *Paulus und seine Lieblingsgemeinde. Paulus – neu gesehen. Drei Briefe an die Heiligen in Philippi*, HerBü 1208, Freiburg/Basel/Wien 1985.

PESCH, RUDOLF, *Die Apostelgeschichte 1. Teilband: Apg 1–12, 2. Teilband: Apg 13–28*, EKK V/1–2 Zürich/Köln/Einsiedeln/Neukirchen-Vluyn, 1986.

PETRIKOVITS, HARALD VON, *Die Spezialisierung des römischen Handwerks II (Spätantike)*, ZPE (1981), S. 285–297.

PILHOFER, PETER, *Philippi, Bd I: Die erste christliche Gemeinde Europas*, WUNT 87, Tübingen 1995.

PILHOFER, PETER/WITULSKI, THOMAS, *Archäologie und Neues Testament: Von der Palästinawissenschaft zur lokalgeschichtlichen Methode*, in: ALKIER, STEFAN/BRUCKER, RALPH (Hrsg.), *Exegese und Methodendiskussion*, TANZ 23, Tübingen 1998, S. 237–255.

PILHOFER, PETER, Ο Λουκάς ως „ἀνὴρ Μακεδών". Η Καταγωγή του Ευαγγελιστή από τη Μακεδονία, in: Ancient Makedonia VI 2, Thessaloniki 1999, S. 903–909.

PILHOFER, PETER, *Luke's knowledge of Pisidian Antioch*, in: DREW-BEAR, THOMAS/TASLIALAN, MEHMET/THOMAS, CHRISTINE M. (Hrsg.), *First International Congress on Antioch in Pisidia*, Ismit 1999, S. 70–76.

PILHOFER, PETER, *Die ökonomische Attraktivität christlicher Gemeinden der Frühzeit*, in: ders., *Die frühen Christen und ihre Welt. Greifswalder Aufsätze 1996-2001*, WUNT 145, Tübingen 2002, S. 194–216.

PITTNER, BERTRAM, *Studien zum lukanischen Sondergut. Sprachliche, theologische und formkritische Untersuchungen zu Sonderguttexten Lk 5–19*, ETS 18, Leipzig 1991.

PLEKET, HENRI WILLY, *Wirtschaft*, in: VITTINGHOFF, FRIEDRICH (Hrsg.), *Europäische Wirtschafts- und Sozialgeschichte in der römischen Kaiserzeit*, Handbuch der europäischen Wirtschafts- und Sozialgeschichte I, Stuttgart 1990, S. 25–160.

PLÜMACHER, ECKHARD, *Lukas als hellenistischer Schriftsteller. Studien zur Apostelgeschichte*, StUNT 9, Göttingen 1972.

PLÜMACHER, ECKHARD, *Wirklichkeitserfahrung und Geschichtsschreibung bei Lukas. Erwägungen zu den Wir-Stücken der Apostelgeschichte*, ZNW 68 (1977), S. 2–22.

PLÜMACHER, ECKHARD, Art. *Apostelgeschichte*, TRE 2 (1978), S. 483–528.

PLÜMACHER, ECKHARD, *Identitätsverlust und Identitätsgewinn. Studien zum Verhältnis von kaiserzeitlicher Stadt und frühem Christentum*, BThSt 11, Neukirchen-Vluyn 1987.

POKORNÝ, PETR, *Die Romfahrt des Paulus und der antike Roman*, ZNW 64 (1973), S. 233–244

POKORNÝ, PETR, *Theologie der lukanischen Schriften*, FRLANT 174, Göttingen 1998.

POMEROY, SARAH B., *Frauenleben im klassischen Altertum*, KTA 461, Stuttgart 1985.

PORTEFAIX, LILIAN, *Sisters Rejoice. Paul's Letter to the Philippians and Luke-Acts as Seen by First-Century Philippian Women*, CB.NT 20, Uppsala 1988.

PORTER, STANLEY E., *Excursus:'The "We" Passages'*, in: GILL, DAVID W.J./GEMPF, CONRAD (Hrsg.), *The Book of Acts in Its First Setting Century*, Vol. II: *The Book of Acts in Its Graeco-Roman Setting*, Grand Rappids/Carlisle 1994, S. 545–574.

PORTER, STANLEY E., *The Paul of Acts. Essays in Literary Criticism, Rhetoric, and Theology*, WUNT 115, Tübingen 1999.

PRADER, S.M., *The Problem of the 1st Person Narrative in Acts*, NovT 29 (1987), S. 193–217.

PREMERSTEIN, A. VON, Art. *„Ius Italicum"*, RE X/19, Sp. 1242–1248.

PREUSCHEN, ERWIN, *Die Apostelgeschichte*, HNT 4/1, Tübingen 1912.

PRICE, R.M., *The Widow Tradition in Luke-Acts*, SBL.DS 155, Missoula 1997.

PRIDIK, K.-H., Art. δέ, EWNT I (1980), Sp. 665–668.

PUCCI BEN ZEEV, MIRIAM, *Jewish Rights in the Roman World*, TSAJ 74, 1998.

QUESNEL, M., *Baptisés dans l'Esprit. Baptême et Esprit Saint dans les Actes des Apôtres*, LeDiv 120, Paris 1985.

RACKHAM, R.B., *The Acts of the Apostles: An Exposition*, London 1906.

RAJAK, T., *Was there a Roman Charter for the Jews?*, JRS 74 (1984), S. 107–123.

RAMSAY, W.M., *St. Paul the Traveller and the Roman Citizen*, London 1895 ²1902.

RAMSAY, W.M., *The Cities of St. Paul*, London 1907.

REGUL, J., *Die antimarcionitischen Evangelienprologe*, Freiburg 1969.

REHKOPF, FRIEDRICH, *Die lukanische Sonderquelle. Ihr Umfang und Sprachgebrauch*, Tübingen 1959.

REICKE, BO, *Glaube und Leben der Urgemeinde. Bemerkung zu Apg 1–7*, AThANT 32, Zürich 1957.

REISER, MARIUS, *Hat Paulus Heiden bekehrt?*, BZ 39 (1995), S. 76–91.

RENAN, ERNEST, *Histoire des Origines du Christianisme*, Bd II: *Les apôtres*, Paris 1866 Ndr. 1979, Bd III: *Saint Paul*, Paris 1869.

RESE, MARTIN, *Alttestamentliche Motive in der Theologie des Lukas*, StNt 1, Gütersloh 1969.

RESE, MARTIN, *Rezension* zu WEHNERT, JÜRGEN, *Stilmittel*, ThZB 47 (1991), S. 93–95.

RESE, MARTIN, *„Die Juden" im lukanischen Doppelwerk. Ein Bericht über eine längst nötige „neuere" Diskussion*, in: BUSSMANN, C./RADL, W. (Hrsg.), *Der Treue Gottes trauen. Beiträge zum Werk des Lukas*, FS Gerhard Schneider, Freiburg/Basel/Wien, 1991, S. 61–80.

RESE, MARTIN, *The Jews in Luke-Acts. Some second Thoughts*, in VERHEYDEN, JOSEPH (Hrsg.), *The Unity of Luke-Acts*, BEThL 142, Leuven 1999, S. 185–202.

RICHTER REIMER, IVONI, *Frauen in der Apostelgeschichte des Lukas. Eine feministisch-theologische Exegese*, Gütersloh 1992.

RICHTER REIMER, IVONI, *Die Apostelgeschichte. Aufbruch und Erinnerung*, in: SCHOTTROFF, LUISE/WACKER, MARIE-THERES (Hrsg.), *Kompendium. Feministische Bibelauslegung*, Gütersloh 1998, S. 542–556.

RIESNER, RAINER, *Die Frühzeit des Apostels Paulus. Studien zur Chronologie, Missionsstrategie und Theologie*, WUNT 71, Tübingen 1994.

RIGAUX, BÉDA, *Témoignage de l'évangile de Luc*, Pour une histoire de Jésus IV, Bruges/Paris 1970.

RILINGER, R., *Honestiores – Humiliores*, München 1988.

RIESENFELD, ERNST HARALD, Art. παρά, ThWNT V (1954), S. 724–733.

RITT, HUBERT, *Die Frauen und die Osterbotschaft. Synopse der Grabesgeschichten*, in: DAUTZENBERG, GERHARD/MERKLEIN, HELMUT/MÜLLER, KARLHEINZ (Hrsg.), *Die Frau im Urchristentum*, QD 95, Freiburg/Basel/Wien 1983 Ndr. 1992, S. 117–133.

ROBBINS, VERNON K., *By Land and by Sea: The We-Passages and Ancient Sea Voyages*, in: TALBERT, CHARLES H. (Hrsg.), *Perspectives on Luke-Acts*, PIRS.SSS 5, Danville/Edinburgh 1978, S. 215–242.

ROBERT, LOUIS, *Hellenica V, Inscriptions de Philippes publiées par Mertzidès*, RPH NS XIII (1939), S. 136–150, Ndr. in: ders., *Opera minora selecta II*, Amsterdam 1969, S. 1289–1303.

ROBERT, LOUIS, *Villes d'Asie Mineure*, Paris ²1962.

ROBERTS, COLIN/SKEAT, THEODORE C./NOCK, ARTHUR DARBY, *The Gild of Zeus Hypsistos*, HThR 29 (1936), S. 39–88.

ROGER, J., *L'enceinte basse de Philippes*, BCH 42 (1938), S. 20–41.

ROLOFF, JÜRGEN, *Die Apostelgeschichte*, NTD 5, 17. Auflage, 1. Auflage dieser neuen Fassung, Göttingen 1981.

ROMANUIK, KASIMIERZ, *Die „Gottesfürchtigen" im Neuen Testament*, Aeg. 44 (1964), S. 66–91.

ROOSEN-RUNGE, H., *Farbgebung und Technik frühmittelalterlicher Buchmalerei*, Bd II, Kunstwissenschaftliche Studien XXXVIII, Berlin 1967.

SAFRAI, S./STERN, M. (Hrsg.), *The Jewish People in the First Century. Historical Geography, Political History, Social, Cultural and Religious Life and Institutions*, Vol. I, Amsterdam 1974, Vol. II, CRI Section One, Assen/Amsterdam 1976.

SAFRAI, S., *The Synagogue*, in: SAFRAI, S./STERN, M. (Hrsg.), *The Jewish People in the First Century. Historical Geography, Political History, Social, Cultural and Religious Life and Institutions*, Vol. II, CRI Section One, Assen/Amsterdam 1976, S. 908–944.

SAFRAI, S., *Das jüdische Volk im Zeitalter des zweiten Tempels*, Neukirchen 1978.

SAHLIN, HARALD, *Die Perikope vom gerasenischen Besessenen und der Plan des Markusevangeliums*, StTh 18 (1964), S. 159–172.

SANDBERG, GÖSTA, *The Red Dyes: Cocchineal, Madder, and Murex Purple. A World Tour of Textile Techniques*, English translation from the Swedish by Edith M. MATTESON from the original title: *Purpur Koschnill Krapp* (Stockholm 1994), New York 1997.

SANDERS, J.T., *Tradition and Redaction in Luke XV.11–32*, NTS 15 (1968/69), S. 433–438.

SANDERS, J.T., *The Jews in Luke-Acts*, London 1987.

SAUNDERS, ROSS, *Frauen im Neuen Testament. Zwischen Glaube und Auflehnung*, Darmstadt 1999.

SCHÄFER, P., *Geschichte der Juden in der Antike. Die Juden Palästinas von Alexander dem Großen bis zur arabischen Eroberung*, Neukirchen 1983.

SCHÄPPI, L., *Die Stellung der Frau im Judentum, im Islam und im Christentum. Ein Vergleich*, Judaica 32 (1976), S. 103–112.161–172.

SCHENK, W., Art. ἐξέρχομαι, EWNT II (1981), Sp. 8–11.

SCHENK, W., *Glaube im lukanischen Doppelwerk*, in: HAHN, F./KLEIN, H. (Hrsg.), *Glaube im Neuen Testament*, FS H. Binder, BThSt 7, Neukirchen-Vluyn 1982, S. 69–92.

SCHENKE, L., *Zur sogenannten „Oikosformel" im Neuen Testament*, Kairos 13 (1971), S. 226–243.

SCHILLE, GOTTFRIED, *Die Fragwürdigkeit eines Itinerars des Paulus*, ThLZ 84 (1959), Sp. 165–174.

SCHILLE, GOTTFRIED, *Anfänge der Kirche. Erwägungen zur apostolischen Frühgeschichte*, BEvTh 43, München 1966.

SCHILLE, GOTTFRIED, *Die Apostelgeschichte des Lukas*, ThHK 5, Berlin 1983.

SCHILLE, GOTTFRIED, *Rezension* zu THORNTON, C.-J., Zeuge, ThLZ 118 (1993), Sp. 139–141

SCHNACKENBURG, RUDOLF, *Der eschatologische Abschnitt Lk 17,20–37*, in: *Mélanges Bibliques*, FS Béda Rigaux, Gembloux 1970, S. 213–234.

SCHNEIDER, GERHARD, *Verleugnung, Verspottung und Verhör Jesu nach Lukas 22,54–71. Studien zur lukanischen Darstellung der Passion*, StANT 22, München 1969.

SCHNEIDER, GERHARD, Parusiegleichnisse im Lukas-Evangelium, Stuttgart 1975.

SCHNEIDER, GERHARD, *„Der Menschensohn" in der lukanischen Christologie*, in: *Jesus und der Menschensohn*, FS A. Vögtle, Freiburg 1975, S. 267–282.

SCHNEIDER, GERHARD, Die Apostelgeschichte, HThK V/1–2, Freiburg/Basel/Wien 1980.

SCHNEIDER, GERHARD, *Gott und Christus als* κύριος *nach der Apostelgeschichte*, in: *Begegnung mit dem Wort*, FS H. Zimmermann, Bonn 1980, S. 161–174, erneut veröffentlicht in: ders., *Lukas, Theologe der Heilsgeschichte. Aufsätze zum lukanischen Doppelwerk*, BBB 59, Königstein-Ts./Bonn 1985, S. 213–226.

SCHNEIDER, GERHARD, Lukas, *Theologe der Heilsgeschichte. Aufsätze zum lukanischen Doppelwerk*, BBB 59, Königstein-Ts./Bonn 1985.

SCHNEIDER, GERHARD, *Das Evangelium nach Lukas, Kapitel 1–10*; ÖTBK 3/1, Gütersloh/Würzburg 1977 ³1992.

SCHNEIDER, GERHARD, Art. ἀκούω, EWNT I (1980), Sp. 126–128.

SCHNEIDER, HELMUTH (Hrsg.), *Sozial- und Wirtschaftsgeschichte der römischen Kaiserzeit*, Darmstadt 1981.

SCHNEIDER, HELMUTH, *Einführung in die antike Technikgeschichte*, Darmstadt 1992.

SCHNEIDER, JOHANNES, Art. ἔρχομαι κτλ., ThWNT II (1935), S. 662–682.

SCHNEIDER, K., Art. *purpura*, (πορφύρα), PRE XXIII/2 (1959), Sp. 2000–2020.

SCHMID, JOSEF, *Das Evangelium nach Lukas*, RNT 3, Regensburg ⁴1960.

SCHMIDT, JOHANNA, Art. *Philippoi* (Φίλιπποι), PRE XIX/2 (1938), Sp. 2206–2244.

SCHMITHALS, WALTER, *Die Apostelgeschichte des Lukas*, ZBK.NT 3/2, Zürich 1982.

SCHMITZ, OTTO, Art. παρακαλέω/παράκλησις, ThWNT V (1954), S. 771–798.

SCHOTTROFF, LUISE, *Lydia. Eine neue Qualität der Macht*, in: WALTER, KARIN, *Zwischen Ohnmacht und Befreiung. Biblische Frauengestalten*, Freiburg/Basel/Wien 1988, S. 148–154; Ndr. in: dies., *Befreiungserfahrungen. Studien zur Sozialgeschichte des Neuen Testaments*, TB 82, München 1990, S. 305–309.

SCHOTTROFF, LUISE, *Lydias ungeduldige Schwestern. Feministische Sozialgeschichte des frühen Christentums*, Gütersloh 1994 ²1996.

SCHOTTROFF, LUISE/SCHROER, SILVIA/WACKER, MARIE-THERES, *Feministische Exegese. Forschungserträge zur Bibel aus der Perspektive von Frauen*, Darmstadt 1995.

SCHOTTROFF, LUISE/WACKER, MARIE-THERES (Hrsg.), *Kompendium. Feministische Bibelauslegung*, Gütersloh 1998.

SCHRAGE, WOLFGANG, Art. συναγωγή, ThWNT II (1964), S. 798–850.

SCHRAMM, TIM, *Der Markus-Stoff bei Lukas. Eine historische und redaktionsgeschichtliche Untersuchung*, SNTSt.MS 14, Cambridge 1971.

SCHREIBER, J., *Theologie des Vertrauens. Eine redaktionsgeschichtliche Untersuchung des Markusevangeliums*, Hamburg 1967.

SCHREINER, J., (Hrsg.), *Freude am Gottesdienst. Aspekte ursprünglicher Liturgie*, FS J.G. Plöger, Stuttgart 1983.

SCHRENK, G., Art. τὸ ἱερόν, ThWNT III (1938), S. 230–247.

SCHULZ, SIEGFRIED, *Q. Die Spruchquelle der Evangelisten*, Zürich 1970 ²1972.

SCHÜRER, EMIL, *Geschichte des jüdischen Volkes im Zeitalter Jesu Christi*, Bd. I–III, 4. Auflage, Leipzig 1901, 1907, 1909, Ndr. Hildesheim 1964.

SCHÜRER, EMIL, *The history of the Jewish people in the age of Jesus Christ (175 B.C.–A.D. 135)*, A new English version revised and edited by VERMES, GEZA/MILLAR, FERGUS/BLACK, MATHEW/ GOODMAN, MARTIN, Vol, I–III (1.2), Edinburgh I 1973, II 1979, III 1 1986, III 2 1987.

SCHÜRMANN, HEINZ, *Zur Traditionsgeschichte der Nazaret-Perikope*, in: *Mélanges Bibliques*, FS Béda Rigaux, Gembloux 1970, S. 187–205.

SCHÜRMANN, HEINZ, *Das Lukasevangelium. Erster Teil: Kommentar zu Kap. 1,1–9,50*, HThK III/1, Freiburg 1969 ²1982.

SCHÜSSLER-FIORENZA, ELISABETH, *En mémoire d'elle*, CFi 136, Paris 1986.

SCHÜSSLER-FIORENZA, ELISABETH, *Zu ihrem Gedächtnis. Eine feministisch-theologische Rekonstruktion der christlichen Ursprünge*, München/Mainz 1988.

SCHWANK, BENEDIKT, »*Setze über nach Mazedonien und hilf uns!*«. *Reisenotizen zu Apg 16,9–17,5*, EuA 39 (1963), S. 399–416.

SCHWEIZER, EDUARD, *Zur Frage der Lukasquelle. Analyse von Lk 15,11–32*, ThZ 4 (1948), S. 469–471.

SCHWEIZER, EDUARD, *Zur Frage der Quellenbenutzung durch Lukas*, in: ders., *Neues Testament und Christologie im Werden. Aufsätze*, Göttingen 1982, S. 33–85.

SHERWIN-WHITE, ADRIAN NICHOLAS, *Roman Society and Roman Law in the New Testament*, The Sarum Lectures 1960–61, Oxford 1963.

SIMON, MARCEL, *Verus Israel. Études sur les relations entre Chrétiens et Juifs dans l'Empire Romain*, Paris ²1964.

SIMON, MARCEL, Art. *Gottesfürchtiger*, RAC 11 (1981), Sp. 1060–1070.

SIEGERT, FOLKER, *Gottesfürchtige und Sympathisanten*, JSJ 4 (1973), S. 109–164.

SMALLWOOD, E. MARY, *The Jews under Roman Rule: from Pompey to Diocletian*, Leiden 1976.

STÄHLIN, GUSTAV, *Die Apostelgeschichte*, NTD 5, Göttingen ¹¹1966.

STALEY, JEFFREY L., *Changing Woman: Postcolonial Reflections on Acts 16.6–40*, JSNT 73 (1999), S. 113–135.

STAMBAUCH, J.E./BALCH, D.L., *Das soziale Umfeld des Neuen Testaments*, GNT 9, Göttingen 1992.

STAUFFER, E., *Das Tor des Nikanor*, ZNW 44 (1952/53), S. 44–66.

STEGEMANN, EKKEHARD W./STEGEMANN, WOLFGANG, *Urchristliche Sozialgeschichte: die Anfänge im Judentum und die Christusgemeinden in der mediterranen Welt*, 2. durchges. und erg. Aufl., Stuttgart/Berlin/Köln 1997.

STEGEMANN, WOLFGANG, *Zwischen Synagoge und Obrigkeit. Zur historischen Situation der lukanischen Christen*, FRLANT 152, Göttingen 1991.

STEIGERWALD, G., *Die antike Purpurfärberei nach dem Bericht Plinius' des Älteren in seiner 'Naturalis Historia'*, Tr. 42 (1986), S. 1–57.

STERCK-DEGUELDRE, JEAN-PIERRE, *Le possédé de Gérasa (Mc 5,1–20 et par.): rédaction et théologie*, Mémoire présenté en vue de l'obtention du grade de licencié en Sciences Religieuses, Louvain-la-Neuve 1991.

STERN, MENAHEM, *The Jewish Diaspora*, in: SAFRAI, S./STERN, M. (Hrsg.), *The Jewish People in the First Century: Historical Geography, Political History, Social, Cultural and Religious Life and Institutions*, Vol. II, CRI, Assen/Amsterdam 1976, S. 117–183.

STRACK, HERMANN L./BILLERBECK, PAUL, *Kommentar zum Neuen Testament aus Talmud und Midrasch*, Bd II: *Das Evangelium nach Markus, Lukas und Johannes und die Apostelgeschichte*, Bd IV: *Exkurse zu einzelnen Stellen des Neuen Testaments – Abhandlungen zur neutestamentlichen Theologie und Archäologie*. Zwei Teile, ⁹1989/⁸1986.

STROBEL, AUGUST, *Lukas der Antiochener*, ZNW 49 (1958), S. 131–138.

STRECKER, G./MAIER, J., *Neues Testament – Antikes Judentum*, Stuttgart 1989.

SQUIRES, J.T., *The Plan of God in Luke-Acts*, MSSNTS 76, Cambridge u.a. 1993.

SUHL, ALFRED, *Paulus und seine Briefe. Ein Beitrag zur paulinischen Chronologie*, StNT 11, Gütersloh 1975.

TAJRA, HARRY W., *The Trial of St. Paul. A Juridical Exegesis of the Second Half of the Acts of the Apostles*, WUNT 2/35, Tübingen 1989.

TALBERT, CHARLES, H. (Hrsg.), *Perspectives on Luke-Acts*, PIRS.SSS 5, Danville/Edinburgh 1978.

TALBERT, CHARLES H., *Reading Acts: A Literary and Theological Commentary on the Acts of the Apostles*, New York 1997.

TAYLOR, J., *The Roman Empire in the Acts of Apostles*, ANRW II 26,3 (1973), S. 2501–2614.

TAYLOR, J., *Les Actes des deux Apôtres, tome V*, EtB NS 23, Paris 1994, *tome VI, Commentaire historique*, EtB NS 30, Paris 1996.

TEE, G.D. (Hrsg.), *New Testament Textual Criticism: Its Significance for Exegesis*, Essays in Honour of Bruce M. METZGER, Oxford 1981.

THEISSEN, GERD, *Urchristliche Wundergeschichten. Ein Beitrag zur formgeschichtlichen Erforschung der synoptischen Evangelien*, Gütersloh 1974.

THEISSEN, GERD, *Studien zur Soziologie des Urchristentums*, WUNT 19, Tübingen 1979.

THEISSEN, GERD, *Soziologie der Jesusbewegung. Ein Beitrag zur Entstehungsgeschichte des Urchristentums*, KT 35, München 1977 [6]1991.

THEISSEN, GERD, *Lokalkolorit und Zeitgeschichte in den Evangelien. Ein Beitrag zur Geschichte der synoptischen Tradition*, NTOA 6, Freiburg 1989, 2. durchgesehene Auflage, Göttingen 1992.

THEISSEN, GERD/MERZ, ANNETTE, *Der historische Jesus. Ein Lehrbuch*, Göttingen 1996.

THOMAS, J., Art. παρακαλέω/παράκλησις, EWNT III (1983), Sp. 54–64.

THOMAS, W.D., *The Place of Women in the Church at Philippi*, ExpT 83 (1971–72), S. 117–120.

THORNTON, CLAUS-JÜRGEN, *Der Zeuge des Zeugen. Lukas als Historiker der Paulusreisen*, WUNT 56, Tübingen 1991.

THRAEDE, KLAUS, Art. *Frau*, RAC 6 (1970), Sp. 197–267.

TREBILCO, PAUL R., *Paul and Silas – "Servants of the Most High God" (Acts 16.16–18)*, JSNT 36 (1989), S. 51–73.

TREBILCO, PAUL R., *Jewish Communities in Asia Minor*, Cambridge 1991.

TREPP, LEO, *Der jüdische Gottesdienst. Gestalt und Entwicklung*, Stuttgart/Berlin/Köln 1992.

TRITES, ALLISON A., *The Prayer Motif in Luke-Acts*, in: TALBERT, CHARLES, H. (Hrsg.), *Perspectives on Luke-Acts*, PIRS.SSS 5, Danville/Edinburgh 1978, S. 168–186.

TROCMÉ, ÉTIENNE, *Le "Livre des Actes" et l'histoire*, EHPhR 45, Paris 1957.

VAGANAY, LÉON, *Initiation à la critique textuelle du Nouveau Testament*, deuxième édition, entièrement revue et actualisée par CHRISTIAN-BERNARD AMPHOUX, Paris 1986.

VAN AMERSFOORT, J./VAN OORT, J. (Hrsg.), *Juden und Christen in der Antike*, Studien der Patristischen Arbeitsgemeinschaft 1, Kampen 1990.

VAN DER HORST, PIET WILLEM, *Juden und Christen in Aphrodisias im Licht ihrer Beziehungen in anderen Städten Kleinasiens*, in: VAN AMERSFOORT, J./VAN OORT, J. (Hrsg.), *Juden und Christen in der Antike*, Studien der Patristischen Arbeitsgemeinschaft 1, Kampen 1990, S. 125–143.

VAN DER HORST, PIET WILLEM, *Ancient Jewish Epitaphs. An introductory survey of a millenium of Jewish funerary epigraphy (300 BCE–700 CE)*, Kampen 1991.

VAN IERSEL, B., *The Finding of Jesus in the Temple. Some Observations on the Original Form of Luke 2,41–51a*, NT 4 (1960), S. 161–173.

VAN UNNIK, WILLEM CORNELIS, *Die Anklage gegen die Apostel in Philippi (Apostelgeschichte XVI 20f.)*, in: *Mullus*, FS Theodor Klauser, JAC.E 1, Münster 1964, S. 366–373; Ndr. in: ders., *Sparsa Collecta. The Collected Essays of W.C. Van Unnik*, Part One, NT.S XXIX, Leiden 1973, S. 374–385.

VAN UNNIK, WILLEM CORNELIS, *Der Ausdruck EWS ESCATOU THS GHS (Apostelgeschichte 1,8) und sein alttestamentlicher Hintergrund*, in: ders., *Sparsa Collecta. The Collected Essays of W.C. Van Unnik*, Part One, NT.S XXIX, Leiden 1973, S. 386–391.

VAN UNNIK, WILLEM CORNELIS, *Das Selbstverständnis der jüdischen Diaspora in der hellenistisch-römischen Zeit*, aus dem Nachlaß hrsg. und bearb. v. PIET WILLEM VAN DER HORST, Leiden/New York/Köln 1993.

VANHOAOYE, A., *Les Juifs selon les Actes des Apôtres et les épîtres du Nouveau Testament*, Biblica 72 (1991), S. 70–89.

VERHEYDEN, JOSEPH (Hrsg.), *The Unity of Luke-Acts*, BEThL 142, Leuven 1999.

VIELHAUER, PHILIPP, *Zum »Paulinismus« der Apostelgeschichte*, EvTh 10 (1950), S. 1–15, erneut veröffentlicht in: ders., *Aufsätze zum Neuen Testament*, München 1965, S. 9–27.

VIELHAUER, PHILIPP, *Geschichte der urchristlichen Literatur. Einleitung in das Neue Testament, die Apokryphen und Apostolischen Väter*, Berlin/New York 1975 durchg. Ndr. 1978.

VITTINGHOFF, FRIEDRICH, *Gesellschaft*, in: VITTINGHOFF, FRIEDRICH (Hrsg.), *Europäische Wirtschafts- und Sozialgeschichte in der römischen Kaiserzeit*, Handbuch der Europäischen Wirtschafts- und Sozialgeschichte I, S. 161–369.

VITTINGHOFF, FRIEDRICH, *Römische Kolonisation und Bürgerrechtspolitik unter Caesar und Augustus*, AAWLM.G 1951, Nr. 14, Wiesbaden 1952.

VOGEL, THEODOR, *Zur Charakteristik des Lukas nach Sprache und Stil. Eine philologische Laienstudie*, zweite, vornehmlich für jüngere Theologen völlig umgearbeitete Auflage, Leipzig 1899.

VOM BROCKE, CHRISTOPH, *Thessaloniki – Stadt des Kassander und Gemeinde des Paulus. Eine frühe christliche Gemeinde in ihrer heidnischen Umwelt*, WUNT II/125, Tübingen 2001.

VON HAEHLING, RABAN (Hrsg.), *Rom und das himmlische Jerusalem. Die frühen Christen zwischen Anpassung und Ablehnung*, Darmstadt 2000.

VOUGA, FRANÇOIS, *Geschichte des frühen Christentums*, UTB 1733, Tübingen 1994.

WALTER, KARIN, *Zwischen Ohnmacht und Befreiung. Biblische Frauengestalten*, Freiburg/Basel/Wien 1988.

WALTZING, JEAN-PIERRE, *Étude historique sur les coporations professionnelles chez les Romains. Depuis les origines jusqu'à la chute de l'Empire d'Occident*, 4 Bde, repr. Ndr. der Ausgabe Bruxelles (I), Bruxelles 1896 (II), Leuven 1899/1900 (III), Leuven 1900 (IV), Hildesheim/New York 1970.

WANDER, BERND, *Gottesfürchtige und Sympathisanten. Studien zum heidnischen Umfeld von Diasporasynagogen*, WUNT 104, Tübingen 1998.

WEDER, H., Art. εἰσέρχομαι, EWNT I (1980), Sp. 972–976.

WEHNERT, JÜRGEN, *Die Wir-Passagen der Apostelgeschichte: ein lukanisches Stilmittel aus jüdischer Tradition*, GTA 40, Göttingen 1989.

WEIGANDT, P., *Zur sogenannten „Oikosformel"*, NT 6 (1963), S. 49–74.

WEIGANDT, P., Art. οἰκία/οἶκος, EWNT II (1981), Sp. 1210f.1222–1229.

WEIL, E., *La femme juive – sa condition légale d'après la Bible et le Talmud*, Paris 1974.

WEISER, ALFONS, *Die Knechtsgleichnisse der Synoptischen Evangelien*, Münster 1971.

WEISER, ALFONS, Art. Θυάτ(ε)ιρα, EWNT II (1981), Sp. 391–392.

WEISER, ALFONS, *Die Rolle der Frau in der urchristlichen Mission*, in: DAUTZENBERG, GERHARD/MERKLEIN, HELMUT/MÜLLER, KARLHEINZ (Hrsg.), *Die Frau im Urchristentum*, QD 95, Freiburg/Basel/Wien 1983 Ndr. 1992, S. 158–181.

WEISER, ALFONS, *Die Apostelgeschichte*, ÖTBK 5/1, Gütersloh ²1989, ÖTBK 5/2, Gütersloh 1985.

WENDT, HANS HINRICH, *Die Apostelgeschichte*, KEK 3, Göttingen ⁵1913.

WENGER, LEOPOLD, *Die Quellen des römischen Rechts*, DGA 2, Wien 1953.

WENGST, KLAUS, *Pax Romana. Anspruch und Wirklichkeit*, München 1986.

WIEFEL, WOLFGANG, *Das Evangelium nach Lukas*, ThHK 3, Berlin 1989.

WIKENHAUSER, ALFRED, *Die Apostelgeschichte und ihr Geschichtswert*, NTA VIII/3–5, Münster 1921.

WIKENHAUSER, ALFRED, *Religionsgeschichtliche Parallelen zu Apg 16,9*, BZ 23 (1935), S. 180–186.

WIKENHAUSER, ALFRED, *Die Apostelgeschichte*, RNT 5, Regensburg ⁴1961.

WIKGREN, ALLEN P., *The Problem in Acts 16.12*, in: TEE, G.D. (Hrsg.), *New Testament Textual Criticism: Its Significance for Exegesis*, Essays in Honour of Bruce M. Metzger, Oxford 1981, S. 171–178.

WILCKENS, U., *Vergebung für die Sünderin*, in: HOFFMANN, PAUL (Hrsg.), *Orientierung an Jesus*, FS J. SCHMID, Freiburg 1973, S. 394–424.

WILCOX, MAX, *The "God-Fearers" in Acts – A Reconsideration*, JSNT 13 (1981), S. 102–122.

WILL, E./ORRIEUX, C., *„Prosélytisme juif?' Histoire d'une erreur*, Paris 1992.

ZAHN, THEODOR, *Die Apostelgeschichte des Lucas. Zweite Hälfte Kap. 13–28*, KNT V/2, Leipzig ⁴1927.

ZE'EV, HERZOG, *Das Stadttor in Israel und in den Nachbarländern*, Mainz 1986.

ZELLER, D., *Das Logion Mt 8,11f./Lk 13,28f.*, BZ 15 (1971), S. 222–237; BZ 16 (1972), S. 84–93.

ZETTNER, CH., *Amt, Gemeinde und christliche Einheit in der Apostelgeschichte des Lukas*, EHS.T 423, Frankfurt a.M./Bern 1991.

ZIMMERMANN, H., *„Selig, die das Wort Gottes hören und es bewahren".* Eine exegetische Studie zu Lk 11,27f., Cath 29 (1975), S. 114–119.

ZINGG, PAUL, *Das Wachsen der Kirche. Beiträge zur Frage der lukanischen Redaktion und Theologie*, OBO 3, Freiburg (Ch)/Göttingen 1974.

ZMIJEWSKI, JOSEF, *Die Eschatologiereden des Lukas-Evangeliums. Eine traditions- und redaktionsgeschichtliche Untersuchung zu Lk 21,5–36 und Lk 17,20–37*, BBB 40, Bonn 1972.

ZMIJEWSKI, JOSEF, *Maria im Neuen Testament*, ANRW II 26,1 (1992), S. 596–716.

ZMIJEWSKI, JOSEF, *Die Mutter des Messias. Maria in der Christusverkündigung des Neuen Testaments: eine exegetische Studie*, Kevelaer 1989.

ZMIJEWSKI, JOSEF, *Die Apostelgeschichte*, RNT 5, Regensburg 1994.

ZSCHARNACK, LEOPOLD, *Der Dienst der Frau in den ersten Jahrhunderten der christlichen Kirche*, Göttingen 1902.

Register

Die Register erfassen I. Stellen, II. Inschriften und Papyri, III. Orte, Landschaften, Flüsse etc., IV. Personen und Sachen. Das Stellenregister ist wie folgt gegliedert: Altes Testament, Neues Testament, Lateinische und Griechische Autoren. Die mit hochgestellten Zahlen versehenen Seitenangaben verweisen auf Fußnoten.

I. Stellen

Altes Testament

Genesis

19,3	183[504]
19,26	122
30,23	178
33,11	183[504]

Exodus

2,2–10	110
3,7f.	153[398]
13,2	163[427]
13,12	163[427]
13,15	163[427]
21,11–4	221[79]
26,1	221[79]
26,31	221[79]
27,16	221[79]
28,5f.	221[79]
31,4	221[79]

Deuteronomium

12,12	57
14,27	57
18,15	153[397]
23,1f.	198[9]

1. Samuel

28,23	183[504]

1. Könige

17	75.118[280]

2. Könige

4	75
4,30	75
4,33	75[114]
4,35	75[114]
5	118[220]
5,16	183[504]

1. Makkabäer

15,5–21	104[222]
15,23	104

2. Makkabäer

1,4	163

3. Makkabäer

7,20	100[210]

Psalmen

49,18	56[44]

Jesaja

29,13	139
53,7f.	114
55,3	175[471]
58,6	114

II. Inschriften und Papyri

CIG	
3480	135[338]
3496	135[338]
3497	135[338]
3498	135[338]
9903	149
3496	135[338]
3497	135[338]
3498	135[338]

CIL	
III 5224	215
III 664	134[332], 136, 148
III 2824	215
V 88	148
VI 4016	215
VI 8863	228[112]
VI 9843–9846	215
VI 9848	215
VI 29756	149
VI 29759	148
VI 29760	148
VI 29763	148[381]
VI 31839	148[381]
VI 32454	215
XI 1069a	228[112]

CIJ	
I 3*	148
I 5	148[381]
I 72	148[381]
I 285	148
I 524	148
I 642	148
I 693	104[223]
I² 693a	104
I² 693b	104[223]
I² 693c	104[223]

I² 693d	104[223]
I 694	104
I 694a	104
I 694b	104
I 709	104
I 710	104
I 711	104
I 711b	103
II 1433	103
II 1442	103
III 1441	102

CJL	
VI 1231	94[192]

CPJ	
I 129,5	103[216]
I 134	102[215]
I 134,17	103[216]
I 134,18	103[216]
I 134,29	103[216]
I 138,1	103[216]
II 432,57	103[216]
II 434	102[215]

GLAJJ	199[12]
II 5–6	149[384]
II 71	149[384]
II 103–106	147[377.379]
II 380–384	149[384]

IG X 2,1	
Nr. 72	104[223]
Nr. 431	104[223]
Nr. 449	104[223]
Nr. 633	104[223]
Nr. 772	104[223]
Nr. 789	104

III. Orte, Landschaften, Flüsse etc.

IV. Personen und Sachen

- -weg 35, 106, 229

Segelbedingungen 32

Segeln 45f.

Sergius Paulus (Prokonsul) 140, 140³⁵¹, 236

Sesterze 224⁹¹

Silas 1, 11, 16, 22, 22²¹, 24, 176

Simon (Gerber) 84, 180

Simon (Zauberer) 166

Sitte 85f., 88, 90, 93, 98f., 112, 114, 146³⁷¹, 148³⁸², 192, 196, 196, 199¹⁵, 205, 205³⁵, 208

Sklave(-in) 104, 169⁴⁴⁹, 216, 227¹⁰⁴, 231, 233¹²⁷, 237

Sokrates (-Überlieferung) 174, 224

Sondergut 57, 65, 69⁹⁰, 81, 82¹⁴¹, 118ff., 118²⁷⁹, 119²⁸³, 155, 163, 165⁴³⁸, 168, 174, 180, 242

sordidi 234

spatha 228

Stater 224⁹¹

Statthalter 157, 212

Stephanas 169

Stephanus 77, 110, 163, 210

στρατηγοί 32, 205, 232

Sud 214, 218, 220, 228

sulcus primigenius 91

Sympathisanten 140, 144, 152, 199

Synagoge (s. III.)

- -nbesucher 69

- -ngebäude 88, 96, 101ff., 132

Synedrion 76

συνεργοί 241¹⁵⁰, 242

συνέρχομαι 113ff., 117, 123, 132, 193, 208, 210

Syntyche 137, 236

Συντύχη 137

Tabita 74, 212

Tagelöhner 214, 232

Talent 224, 224⁹¹·⁹³

Taufe 10, 41, 100, 111, 114, 125, 132f., 143, 145, 151f., 159, 161, 167ff., 171, 175f., 183f., 193f., 197, 208, 238f., 243–248

taufen 1, 108, 128, 136, 169, 186, 197, 240, 243, 250

Taufgeschehen 183, 208, 243f.

τε 133

Tempel 13, 79²²⁶, 110, 143³⁶¹·³⁶³, 146, 157

- -bezirk 78

- -reinigung 79¹²⁶, 157

- -tor 78f.

- -zerstörung 108, 143³⁶³

Textilien 214f., 227

Textil

- -branche 22¹⁸⁰

- -gewerbe 214, 216

- -industrie 222

- -produktion 135, 214

τῇ δὲ ἐπιούσῃ 37, 48f.

τῇ τε ἡμέρᾳ τῶν σαββάτων 68ff., 133, 192, 208, 210

Titus Justus 139, 182, 198

τις ὀνόματι 119f., 133

Thedotos-Inschrift 189

theosebeis 144, 148³⁷⁹

θεοσεβεῖς 130, 141, 144, 147³⁷⁹, 149³⁸⁴

Timotheus 1, 19f., 22, 22²¹, 24, 121f., 175

Traum 48, 102, 187, 200

- -gesicht 32, 58, 114, 187

- -episode 49

- -szene 49²¹

- -vision 37, 162, 172⁴⁵⁷

Unterschicht 230–233

Urgemeinde 212

Trompeten schnecke(-n) 216f., 218⁶⁹, 223

Vereinigung 130, 135

Verkehrsader 106

Verkündigung 1, 39⁸⁷, 41, 68, 101, 113f., 116, 125, 151–160, 163–166, 168, 194f., 202, 209f., 239f.

Vespasian 94

Vision(-sbericht) 1, 39²⁷, 49²¹, 77, 84, 163, 172, 172⁴⁵⁷, 200, 206³⁹, 252

Wissenschaftliche Untersuchungen zum Neuen Testament

Alphabetische Übersicht der ersten und zweiten Reihe

Brocke, Christoph vom: Thessaloniki – Stadt des Kassander und Gemeinde des Paulus. 2001. *Band II/125.*

Brunson, Andrew: Psalm 118 in the Gospel of John. 2003. *Band II/158.*

Büchli, Jörg: Der Poimandres – ein paganisiertes Evangelium. 1987. *Band II/27.*

Bühner, Jan A.: Der Gesandte und sein Weg im 4. Evangelium. 1977. *Band II/2.*

Burchard, Christoph: Untersuchungen zu Joseph und Aseneth. 1965. *Band 8.*

– Studien zur Theologie, Sprache und Umwelt des Neuen Testaments. Hrsg. von D. Sänger. 1998. *Band 107.*

Burnett, Richard: Karl Barth's Theological Exegesis. 2001. *Band II/145.*

Byron, John: Slavery Metaphors in Early Judaism and Pauline Christianity. 2003. *Band II/162.*

Byrskog, Samuel: Story as History – History as Story. 2000. *Band 123.*

Cancik, Hubert (Hrsg.): Markus-Philologie. 1984. *Band 33.*

Capes, David B.: Old Testament Yaweh Texts in Paul's Christology. 1992. *Band II/47.*

Caragounis, Chrys C.: The Son of Man. 1986. *Band 38.*

– siehe *Fridrichsen, Anton.*

Carleton Paget, James: The Epistle of Barnabas. 1994. *Band II/64.*

Carson, D.A., O'Brien, Peter T. und *Mark Seifrid* (Hrsg.): Justification and Variegated Nomism: A Fresh Appraisal of Paul and Second Temple Judaism. Band 1: The Complexities of Second Temple Judaism. *Band II/140.*

Ciampa, Roy E.: The Presence and Function of Scripture in Galatians 1 and 2. 1998. *Band II/102.*

Classen, Carl Joachim: Rhetorical Criticsm of the New Testament. 2000. *Band 128.*

Colpe, Carsten: Iranier – Aramäer – Hebräer – Hellenen. 2003. *Band 154.*

Crump, David: Jesus the Intercessor. 1992. *Band II/49.*

Dahl, Nils Alstrup: Studies in Ephesians. 2000. *Band 131.*

Deines, Roland: Jüdische Steingefäße und pharisäische Frömmigkeit. 1993. *Band II/52.*

– Die Pharisäer. 1997. *Band 101.*

Dettwiler, Andreas und *Jean Zumstein (Hrsg.):* Kreuzestheologie im Neuen Testament. 2002. *Band 151.*

Dickson, John P.: Mission-Commitment in Ancient Judaism and in the Pauline Communities. 2003. *Band II/159.*

Dietzfelbinger, Christian: Der Abschied des Kommenden. 1997. *Band 95.*

Dobbeler, Axel von: Glaube als Teilhabe. 1987. *Band II/22.*

Du Toit, David S.: Theios Anthropos. 1997. *Band II/91*

Dunn, James D.G. (Hrsg.): Jews and Christians. 1992. *Band 66.*

– Paul and the Mosaic Law. 1996. *Band 89.*

Dunn, James D.G., Hans Klein, Ulrich Luz und *Vasile Mihoc* (Hrsg.): Auslegung der Bibel in orthodoxer und westlicher Perspektive. 2000. *Band 130.*

Ebel, Eva: Die Attraktivität früher christlicher Gemeinden. 2004. *Band II/178.*

Ebertz, Michael N.: Das Charisma des Gekreuzigten. 1987. *Band 45.*

Eckstein, Hans-Joachim: Der Begriff Syneidesis bei Paulus. 1983. *Band II/10.*

– Verheißung und Gesetz. 1996. *Band 86.*

Ego, Beate: Im Himmel wie auf Erden. 1989. *Band II/34*

Ego, Beate und *Lange, Armin* sowie *Pilhofer, Peter (Hrsg.):* Gemeinde ohne Tempel – Community without Temple. 1999. *Band 118.*

Eisen, Ute E.: siehe *Paulsen, Henning.*

Ellis, E. Earle: Prophecy and Hermeneutic in Early Christianity. 1978. *Band 18.*

– The Old Testament in Early Christianity. 1991. *Band 54.*

Endo, Masanobu: Creation and Christology. 2002. *Band 149.*

Ennulat, Andreas: Die 'Minor Agreements'. 1994. *Band II/62.*

Ensor, Peter W.: Jesus and His 'Works'. 1996. *Band II/85.*

Eskola, Timo: Messiah and the Throne. 2001. *Band II/142.*

– Theodicy and Predestination in Pauline Soteriology. 1998. *Band II/100.*

Fatehi, Mehrdad: The Spirit's Relation to the Risen Lord in Paul. 2000. *Band II/128.*

Feldmeier, Reinhard: Die Krisis des Gottessohnes. 1987. *Band II/21.*

– Die Christen als Fremde. 1992. *Band 64.*

Feldmeier, Reinhard und *Ulrich Heckel* (Hrsg.): Die Heiden. 1994. *Band 70.*

Fletcher-Louis, Crispin H.T.: Luke-Acts: Angels, Christology and Soteriology. 1997. *Band II/94.*

Förster, Niclas: Marcus Magus. 1999. *Band 114.*

Forbes, Christopher Brian: Prophecy and Inspired Speech in Early Christianity and its Hellenistic Environment. 1995. *Band II/75.*

Fornberg, Tord: siehe *Fridrichsen, Anton.*

Fossum, Jarl E.: The Name of God and the Angel of the Lord. 1985. *Band 36.*

Foster, Paul: Community, Law and Mission in Matthew's Gospel. *Band II/177.*

Fotopoulos, John: Food Offered to Idols in Roman Corinth. 2003. *Band II/151.*

Frenschkowski, Marco: Offenbarung und Epiphanie. Band 1 1995. *Band II/79 –* Band 2 1997. *Band II/80.*

Frey, Jörg: Eugen Drewermann und die biblische Exegese. 1995. *Band II/71.*
- Die johanneische Eschatologie. Band I. 1997. *Band 96.* – Band II. 1998. *Band 110.*
- Band III. 2000. *Band 117.*

Freyne, Sean: Galilee and Gospel. 2000. *Band 125.*

Fridrichsen, Anton: Exegetical Writings. Hrsg. von C.C. Caragounis und T. Fornberg. 1994. *Band 76.*

Garlington, Don B.: 'The Obedience of Faith'. 1991. *Band II/38.*
- Faith, Obedience, and Perseverance. 1994. *Band 79.*

Garnet, Paul: Salvation and Atonement in the Qumran Scrolls. 1977. *Band II/3.*

Gese, Michael: Das Vermächtnis des Apostels. 1997. *Band II/99.*

Gheorghita, Radu: The Role of the Septuagint in Hebrews. 2003. *Band II/160.*

Gräbe, Petrus J.: The Power of God in Paul's Letters. 2000. *Band II/123.*

Gräßer, Erich: Der Alte Bund im Neuen. 1985. *Band 35.*
- Forschungen zur Apostelgeschichte. 2001. *Band 137.*

Green, Joel B.: The Death of Jesus. 1988. *Band II/33.*

Gregory, Andrew: The Reception of Luke and Acts in the Period before Irenaeus. 2003. *Band II/169.*

Gundry Volf, Judith M.: Paul and Perseverance. 1990. *Band II/37.*

Hafemann, Scott J.: Suffering and the Spirit. 1986. *Band II/19.*
- Paul, Moses, and the History of Israel. 1995. *Band 81.*

Hahn, Johannes (Hrsg.): Zerstörungen des Jerusalemer Tempels. 2002. *Band 147.*

Hannah, Darrel D.: Michael and Christ. 1999. *Band II/109.*

Hamid-Khani, Saeed: Relevation and Concealment of Christ. 2000. *Band II/120.*

Harrison; James R.: Paul's Language of Grace in Its Graeco-Roman Context. 2003. *Band II/172.*

Hartman, Lars: Text-Centered New Testament Studies. Hrsg. von D. Hellholm. 1997. *Band 102.*

Hartog, Paul: Polycarp and the New Testament. 2001. *Band II/134.*

Heckel, Theo K.: Der Innere Mensch. 1993. *Band II/53.*

- Vom Evangelium des Markus zum viergestaltigen Evangelium. 1999. *Band 120.*

Heckel, Ulrich: Kraft in Schwachheit. 1993. *Band II/56.*
- Der Segen im Neuen Testament. 2002. *Band 150.*
- siehe *Feldmeier, Reinhard.*
- siehe *Hengel, Martin.*

Heiligenthal, Roman: Werke als Zeichen. 1983. *Band II/9.*

Hellholm, D.: siehe *Hartman, Lars.*

Hemer, Colin J.: The Book of Acts in the Setting of Hellenistic History. 1989. *Band 49.*

Hengel, Martin: Judentum und Hellenismus. 1969, ³1988. *Band 10.*
- Die johanneische Frage. 1993. *Band 67.*
- Judaica et Hellenistica . Kleine Schriften I. 1996. *Band 90.*
- Judaica, Hellenistica et Christiana. Kleine Schriften II. 1999. *Band 109.*
- Paulus und Jakobus. Kleine Schriften III. 2002. *Band 141.*

Hengel, Martin und *Ulrich Heckel* (Hrsg.): Paulus und das antike Judentum. 1991. *Band 58.*

Hengel, Martin und *Hermut Löhr* (Hrsg.): Schriftauslegung im antiken Judentum und im Urchristentum. 1994. *Band 73.*

Hengel, Martin und *Anna Maria Schwemer:* Paulus zwischen Damaskus und Antiochien. 1998. *Band 108.*
- Der messianische Anspruch Jesu und die Anfänge der Christologie. 2001. *Band 138.*

Hengel, Martin und *Anna Maria Schwemer* (Hrsg.): Königsherrschaft Gottes und himmlischer Kult. 1991. *Band 55.*
- Die Septuaginta. 1994. *Band 72.*

Hengel, Martin; Siegfried Mittmann und *Anna Maria Schwemer* (Ed.): La Cité de Dieu / Die Stadt Gottes. 2000. *Band 129.*

Herrenbrück, Fritz: Jesus und die Zöllner. 1990. *Band II/41.*

Herzer, Jens: Paulus oder Petrus? 1998. *Band 103.*

Hoegen-Rohls, Christina: Der nachösterliche Johannes. 1996. *Band II/84.*

Hofius, Otfried: Katapausis. 1970. *Band 11.*
- Der Vorhang vor dem Thron Gottes. 1972. *Band 14.*
- Der Christushymnus Philipper 2,6-11. 1976, ²1991. *Band 17.*
- Paulusstudien. 1989, ²1994. *Band 51.*
- Neutestamentliche Studien. 2000. *Band 132.*
- Paulusstudien II. 2002. *Band 143.*

Hofius, Otfried und *Hans-Christian Kammler:* Johannesstudien. 1996. *Band 88.*

Holtz, Traugott: Geschichte und Theologie des Urchristentums. 1991. *Band 57.*

Hommel, Hildebrecht: Sebasmata. Band 1
1983. *Band 31* – Band 2 1984. *Band 32.*
Hvalvik, Reidar: The Struggle for Scripture and
Covenant. 1996. *Band II/82.*
Johns, Loren L.: The Lamb Christology of the
Apocalypse of John. 2003. *Band II/167.*
Joubert, Stephan: Paul as Benefactor. 2000.
Band II/124.
Jungbauer, Harry: „Ehre Vater und Mutter".
2002. *Band II/146.*
Kähler, Christoph: Jesu Gleichnisse als Poesie
und Therapie. 1995. *Band 78.*
Kamlah, Ehrhard: Die Form der katalogischen
Paränese im Neuen Testament. 1964.
Band 7.
Kammler, Hans-Christian: Christologie und
Eschatologie. 2000. *Band 126.*
– Kreuz und Weisheit. 2003. *Band 159.*
– siehe *Hofius, Otfried.*
Kelhoffer, James A.: Miracle and Mission. 1999.
Band II/112.
Kieffer, René und *Jan Bergman (Hrsg.):* La
Main de Dieu / Die Hand Gottes. 1997.
Band 94.
Kim, Seyoon: The Origin of Paul's Gospel.
1981, ²1984. *Band II/4.*
– "The 'Son of Man'" as the Son of God.
1983. *Band 30.*
Klauck, Hans-Josef: Religion und Gesellschaft
im frühen Christentum. 2003. *Band 152.*
Klein, Hans: siehe *Dunn, James D.G..*
Kleinknecht, Karl Th.: Der leidende Gerechtfer-
tigte. 1984, ²1988. *Band II/13.*
Klinghardt, Matthias: Gesetz und Volk Gottes.
1988. *Band II/32.*
Koch, Stefan: Rechtliche Regelung von
Konflikten im frühen Christentum. 2004.
Band II/174.
Köhler, Wolf-Dietrich: Rezeption des Matthäus-
evangeliums in der Zeit vor Irenäus. 1987.
Band II/24.
Kooten, George H. van: Cosmic Christology
in Paul and the Pauline School. 2003.
Band II/171.
Korn, Manfred: Die Geschichte Jesu in
veränderter Zeit. 1993. *Band II/51.*
Koskenniemi, Erkki: Apollonios von Tyana in
der neutestamentlichen Exegese. 1994.
Band II/61.
Kraus, Thomas J.: Sprache, Stil und historischer
Ort des zweiten Petrusbriefes. 2001.
Band II/136.
Kraus, Wolfgang: Das Volk Gottes. 1996.
Band 85.
– und *Karl-Wilhelm Niebuhr* (Hg.): Früh-
judentum und Neues Testament im Horizont
Biblischer Theologie. 2003. *Band 162.*
– siehe *Walter, Nikolaus.*

Kreplin, Matthias: Das Selbstverständnis Jesu.
2001. *Band II/141.*
Kuhn, Karl G.: Achtzehngebet und Vaterunser
und der Reim. 1950. *Band 1.*
Kvalbein, Hans: siehe *Ådna, Jostein.*
Laansma, Jon: I Will Give You Rest. 1997.
Band II/98.
Labahn, Michael: Offenbarung in Zeichen und
Wort. 2000. *Band II/117.*
Lambers-Petry, Doris: siehe *Tomson, Peter J.*
Lange, Armin: siehe *Ego, Beate.*
Lampe, Peter: Die stadtrömischen Christen in
den ersten beiden Jahrhunderten. 1987,
²1989. *Band II/18.*
Landmesser, Christof: Wahrheit als Grundbe-
griff neutestamentlicher Wissenschaft. 1999.
Band 113.
– Jüngerberufung und Zuwendung zu Gott.
2000. *Band 133.*
Lau, Andrew: Manifest in Flesh. 1996.
Band II/86.
Lawrence, Louise: An Ethnography of the
Gospel of Matthew. 2003. *Band II/165.*
Lee, Pilchan: The New Jerusalem in the Book of
Relevation. 2000. *Band II/129.*
Lichtenberger, Hermann: siehe *Avemarie,
Friedrich.*
Lierman, John: The New Testament Moses.
2004. *Band II/173.*
Lieu, Samuel N.C.: Manichaeism in the Later
Roman Empire and Medieval China. ²1992.
Band 63.
Loader, William R.G.: Jesus' Attitude Towards
the Law. 1997. *Band II/97.*
Löhr, Gebhard: Verherrlichung Gottes durch
Philosophie. 1997. *Band 97.*
Löhr, Hermut: Studien zum frühchristlichen und
frühjüdischen Gebet. 2003. *Band 160.*
– : siehe *Hengel, Martin.*
Löhr, Winrich Alfried: Basilides und seine
Schule. 1995. *Band 83.*
Luomanen, Petri: Entering the Kingdom of
Heaven. 1998. *Band II/101.*
Luz, Ulrich: siehe *Dunn, James D.G.*
Maier, Gerhard: Mensch und freier Wille. 1971.
Band 12.
– Die Johannesoffenbarung und die Kirche.
1981. *Band 25.*
Markschies, Christoph: Valentinus Gnosticus?
1992. *Band 65.*
Marshall, Peter: Enmity in Corinth: Social
Conventions in Paul's Relations with the
Corinthians. 1987. *Band II/23.*
Mayer, Annemarie: Sprache der Einheit im
Epheserbrief und in der Ökumene. 2002.
Band II/150.

McDonough, Sean M.: YHWH at Patmos: Rev. 1:4 in its Hellenistic and Early Jewish Setting. 1999. *Band II/107.*

McGlynn, Moyna: Divine Judgement and Divine Benevolence in the Book of Wisdom. 2001. *Band II/139.*

Meade, David G.: Pseudonymity and Canon. 1986. *Band 39.*

Meadors, Edward P.: Jesus the Messianic Herald of Salvation. 1995. *Band II/72.*

Meißner, Stefan: Die Heimholung des Ketzers. 1996. *Band II/87.*

Mell, Ulrich: Die „anderen" Winzer. 1994. *Band 77.*

Mengel, Berthold: Studien zum Philipperbrief. 1982. *Band II/8.*

Merkel, Helmut: Die Widersprüche zwischen den Evangelien. 1971. *Band 13.*

Merklein, Helmut: Studien zu Jesus und Paulus. Band 1 1987. *Band 43.* – Band 2 1998. *Band 105.*

Metzdorf, Christina: Die Tempelaktion Jesu. 2003. *Band II/168.*

Metzler, Karin: Der griechische Begriff des Verzeihens. 1991. *Band II/44.*

Metzner, Rainer: Die Rezeption des Matthäus-evangeliums im 1. Petrusbrief. 1995. *Band II/74.*

– Das Verständnis der Sünde im Johannesevangelium. 2000. *Band 122.*

Mihoc, Vasile: siehe *Dunn, James D.G..*

Mineshige, Kiyoshi: Besitzverzicht und Almosen bei Lukas. 2003. *Band II/163.*

Mittmann, Siegfried: siehe *Hengel, Martin.*

Mittmann-Richert, Ulrike: Magnifikat und Benediktus. *1996. Band II/90.*

Mußner, Franz: Jesus von Nazareth im Umfeld Israels und der Urkirche. Hrsg. von M. Theobald. 1998. *Band 111.*

Niebuhr, Karl-Wilhelm: Gesetz und Paränese. 1987. *Band II/28.*

– Heidenapostel aus Israel. 1992. *Band 62.*

– siehe *Kraus, Wolfgang*

Nielsen, Anders E.: "Until it is Fullfilled". 2000. *Band II/126.*

Nissen, Andreas: Gott und der Nächste im antiken Judentum. 1974. *Band 15.*

Noack, Christian: Gottesbewußtsein. 2000. *Band II/116.*

Noormann, Rolf: Irenäus als Paulusinterpret. 1994. *Band II/66.*

Novakovic, Lidija: Messiah, the Healer of the Sick. 2003. *Band II/170.*

Obermann, Andreas: Die christologische Erfüllung der Schrift im Johannesevangelium. 1996. *Band II/83.*

Öhler, Markus: Barnabas. 2003. *Band 156.*

Okure, Teresa: The Johannine Approach to Mission. 1988. *Band II/31.*

Oropeza, B. J.: Paul and Apostasy. 2000. *Band II/115.*

Ostmeyer, Karl-Heinrich: Taufe und Typos. 2000. *Band II/118.*

Paulsen, Henning: Studien zur Literatur und Geschichte des frühen Christentums. Hrsg. von Ute E. Eisen. 1997. *Band 99.*

Pao, David W.: Acts and the Isaianic New Exodus. 2000. *Band II/130.*

Park, Eung Chun: The Mission Discourse in Matthew's Interpretation. 1995. *Band II/81.*

Park, Joseph S.: Conceptions of Afterlife in Jewish Insriptions. 2000. *Band II/121.*

Pate, C. Marvin: The Reverse of the Curse. 2000. *Band II/114.*

Peres, Imre: Griechische Grabinschriften und neutestamentliche Eschatologie. 2003. *Band 157.*

Philonenko, Marc (Hrsg.): Le Trône de Dieu. 1993. *Band 69.*

Pilhofer, Peter: Presbyteron Kreitton. 1990. *Band II/39.*

– Philippi. Band 1 1995. *Band 87.* – Band 2 2000. *Band 119.*

– Die frühen Christen und ihre Welt. 2002. *Band 145.*

– siehe *Ego, Beate.*

Pöhlmann, Wolfgang: Der Verlorene Sohn und das Haus. 1993. *Band 68.*

Pokorný, Petr und *Josef B. Souček:* Bibelauslegung als Theologie. 1997. *Band 100.*

Pokorný, Petr und *Jan Roskovec* (Hrsg.): Philosophical Hermeneutics and Biblical Exegesis. 2002. *Band 153.*

Porter, Stanley E.: The Paul of Acts. 1999. *Band 115.*

Prieur, Alexander: Die Verkündigung der Gottesherrschaft. 1996. *Band II/89.*

Probst, Hermann: Paulus und der Brief. 1991. *Band II/45.*

Räisänen, Heikki: Paul and the Law. 1983, ²1987. *Band 29.*

Rehkopf, Friedrich: Die lukanische Sonderquelle. 1959. *Band 5.*

Rein, Matthias: Die Heilung des Blindgeborenen (Joh 9). 1995. *Band II/73.*

Reinmuth, Eckart: Pseudo-Philo und Lukas. 1994. *Band 74.*

Reiser, Marius: Syntax und Stil des Markus-evangeliums. 1984. *Band II/11.*

Richards, E. Randolph: The Secretary in the Letters of Paul. 1991. *Band II/42.*

Riesner, Rainer: Jesus als Lehrer. 1981, ³1988. *Band II/7.*

– Die Frühzeit des Apostels Paulus. 1994. *Band 71.*

Rissi, Mathias: Die Theologie des Hebräerbriefs. 1987. *Band 41.*

Röhser, Günter: Metaphorik und Personifikation
der Sünde. 1987. *Band II/25.*

Roskovec, Jan: siehe *Pokorný, Petr.*

Rose, Christian: Die Wolke der Zeugen. 1994.
Band II/60.

Rothschild, Clare K.: Luke Acts and the
Rhetoric of History. 2004. *Band II/175.*

Rüegger, Hans-Ulrich: Verstehen, was Markus
erzählt. 2002. *Band II/155.*

Rüger, Hans Peter: Die Weisheitsschrift aus der
Kairoer Geniza. 1991. *Band 53.*

Sänger, Dieter: Antikes Judentum und die
Mysterien. 1980. *Band II/5.*

– Die Verkündigung des Gekreuzigten und
Israel. 1994. *Band 75.*

– siehe *Burchard, Christoph*

Salzmann, Jorg Christian: Lehren und
Ermahnen. 1994. *Band II/59.*

Sandnes, Karl Olav: Paul – One of the
Prophets? 1991. *Band II/43.*

Sato, Migaku: Q und Prophetie. 1988. *Band II/29.*

Schäfer, Ruth: Paulus bis zum Apostelkonzil.
2004. *Band II/179.*

Schaper, Joachim: Eschatology in the Greek
Psalter. 1995. *Band II/76.*

Schimanowski, Gottfried: Die himmlische
Liturgie in der Apokalypse des Johannes.
2002. *Band II/154.*

– Weisheit und Messias. 1985. *Band II/17.*

Schlichting, Günter: Ein jüdisches Leben Jesu.
1982. *Band 24.*

Schnabel, Eckhard J.: Law and Wisdom from
Ben Sira to Paul. 1985. *Band II/16.*

Schutter, William L.: Hermeneutic and
Composition in I Peter. 1989. *Band II/30.*

Schwartz, Daniel R.: Studies in the Jewish
Background of Christianity. 1992. *Band 60.*

Schwemer, Anna Maria: siehe *Hengel, Martin*

Schwindt, Rainer: Das Weltbild des
Epheserbriefes. 2002. *Band 148.*

Scott, James M.: Adoption as Sons of God.
1992. *Band II/48.*

– Paul and the Nations. 1995. *Band 84.*

Shum, Shiu-Lun: Paul's Use of Isaiah in
Romans. 2002. *Band II/156.*

Siegert, Folker: Drei hellenistisch-jüdische
Predigten. Teil I 1980. *Band 20* – Teil II
1992. *Band 61.*

– Nag-Hammadi-Register. 1982. *Band 26.*

– Argumentation bei Paulus. 1985. *Band 34.*

– Philon von Alexandrien. 1988. *Band 46.*

Simon, Marcel: Le christianisme antique et son
contexte religieux I/II. 1981. *Band 23.*

Snodgrass, Klyne: The Parable of the Wicked
Tenants. 1983. *Band 27.*

Söding, Thomas: Das Wort vom Kreuz. 1997.
Band 93.

– siehe *Thüsing, Wilhelm.*

Sommer, Urs: Die Passionsgeschichte des
Markusevangeliums. 1993. *Band II/58.*

Souček, Josef B.: siehe *Pokorný, Petr.*

Spangenberg, Volker: Herrlichkeit des Neuen
Bundes. 1993. *Band II/55.*

Spanje, T.E. van: Inconsistency in Paul? 1999.
Band II/110.

Speyer, Wolfgang: Frühes Christentum im
antiken Strahlungsfeld. Band I: 1989.
Band 50.

– Band II: 1999. *Band 116.*

Stadelmann, Helge: Ben Sira als Schriftgelehr-
ter. 1980. *Band II/6.*

Stenschke, Christoph W.: Luke's Portrait of
Gentiles Prior to Their Coming to Faith.
Band II/108.

Sterck-Degueldre, Jean-Pierre: Eine Frau
namens Lydia. 2004. *Band II/176.*

Stettler, Christian: Der Kolosserhymnus. 2000.
Band II/131.

Stettler, Hanna: Die Christologie der Pastoral-
briefe. 1998. *Band II/105.*

Stökl Ben Ezra, Daniel: The Impact of
Yom Kippur on Early Christianity. 2003.
Band 163.

Strobel, August: Die Stunde der Wahrheit. 1980.
Band 21.

Stroumsa, Guy G.: Barbarian Philosophy. 1999.
Band 112.

Stuckenbruck, Loren T.: Angel Veneration and
Christology. 1995. *Band II/70.*

Stuhlmacher, Peter (Hrsg.): Das Evangelium
und die Evangelien. 1983. *Band 28.*

– Biblische Theologie und Evangelium. 2002.
Band 146.

Sung, Chong-Hyon: Vergebung der Sünden.
1993. *Band II/57.*

Tajra, Harry W.: The Trial of St. Paul. 1989.
Band II/35.

– The Martyrdom of St.Paul. 1994. *Band II/67.*

Theißen, Gerd: Studien zur Soziologie des
Urchristentums. 1979, ³1989. *Band 19.*

Theobald, Michael: Studien zum Römerbrief.
2001. *Band 136.*

Theobald, Michael: siehe *Mußner, Franz.*

Thornton, Claus-Jürgen: Der Zeuge des
Zeugen. 1991. *Band 56.*

Thüsing, Wilhelm: Studien zur neutestamentlichen Theologie. Hrsg. von Thomas Söding.
1995. *Band 82.*

Thurén, Lauri: Derhethorizing Paul. 2000.
Band 124.

Tomson, Peter J. und *Doris Lambers-Petry
(Hg.):* The Image of the Judaeo-Christians in
Ancient Jewish and Christian Literature.
2003. *Band 158.*

Treloar, Geoffrey R.: Lightfoot the Historian.
1998. *Band II/103.*

Tsuji, Manabu: Glaube zwischen Vollkommen-
heit und Verweltlichung. 1997. *Band II/93*

Twelftree, Graham H.: Jesus the Exorcist. 1993.
Band II/54.

Urban, Christina: Das Menschenbild nach dem
Johannesevangelium. 2001. *Band II/137.*

Visotzky, Burton L.: Fathers of the World. 1995.
Band 80.

Vollenweider, Samuel: Horizonte neutestamentlicher Christologie. 2002. *Band 144.*

Vos, Johan S.: Die Kunst der Argumentation bei
Paulus. 2002. *Band 149.*

Wagener, Ulrike: Die Ordnung des „Hauses
Gottes". 1994. *Band II/65.*

Walker, Donald D.: Paul's Offer of Leniency
(2 Cor 10:1). 2002. *Band II/152.*

Walter, Nikolaus: Praeparatio Evangelica. Hrsg.
von Wolfgang Kraus und Florian Wilk.
1997. *Band 98.*

Wander, Bernd: Gottesfürchtige und Sympathisanten. 1998. *Band 104.*

Watts, Rikki: Isaiah's New Exodus and Mark.
1997. *Band II/88.*

Wedderburn, A.J.M.: Baptism and Resurrection.
1987. *Band 44.*

Wegner, Uwe: Der Hauptmann von Kafarnaum.
1985. *Band II/14.*

Weissenrieder, Annette: Images of Illness in the
Gospel of Luke. 2003. Band II/164.

Welck, Christian: Erzählte ‚Zeichen'. 1994.
Band II/69.

Wiarda, Timothy: Peter in the Gospels . 2000.
Band II/127.

Wilk, Florian: siehe *Walter, Nikolaus.*

Williams, Catrin H.: I am He. 2000.
Band II/113.

Wilson, Walter T.: Love without Pretense. 1991.
Band II/46.

Wisdom, Jeffrey: Blessing for the Nations and
the Curse of the Law. 2001. *Band II/133.*

Wucherpfennig, Ansgar: Heracleon Philologus.
2002. *Band 142.*

Yeung, Maureen: Faith in Jesus and Paul. 2002.
Band II/147.

Zimmermann, Alfred E.: Die urchristlichen
Lehrer. 1984, ²1988. *Band II/12.*

Zimmermann, Johannes: Messianische Texte
aus Qumran. 1998. *Band II/104.*

Zimmermann, Ruben: Geschlechtermetaphorik
und Gottesverhältnis. 2001. *Band II/122.*

Zumstein, Jean: siehe *Dettwiler, Andreas*

*Einen Gesamtkatalog erhalten Sie gerne vom Verlag
Mohr Siebeck – Postfach 2040 – D–72010 Tübingen
Neueste Informationen im Internet unter www.mohr.de*